Über dieses Buch Dreißig Jahre nach Gründung der Bundesrepublik und der DDR regt sich ein vielseitiges Interesse an der Geschichte beider deutscher Staaten. Gleichwohl fehlte es bislang an brauchbaren Dokumenten-Sammlungen, die bis an die Gegenwart heranreichen. In Fortsetzung der von Rolf Steininger verantworteten beiden Bände (Fischer Taschenbuch Nr. 4315 und 4316) liegen nunmehr auch die beiden Dokumentationen deutscher Geschichte von 1962 bis 1983 vor.

Die Dokumente sind thematisch und chronologisch gegliedert und werden blockweise kommentiert.

Der vorliegende Band behandelt die Ära der sozialliberalen Koalitionsregierung mit ihren Reformplänen der ersten Legislaturperiode bis zur Vertrauensfrage von Bundeskanzler Helmut Schmidt und zur Bonner »Wende« im Jahre 1983.

Schwerpunkte liegen auf der Darstellung der Ost- und Entspannungspolitik sowie des allgemeinen Bewußtseinswandels angesichts sich neu stellender globaler Probleme (Wachstums- und Ökologie-Krise, Terrorismus, Bedrohung des Weltfriedens, strukturelle Arbeitslosigkeit etc.).

Die vorgelegten Materialien zeigen, daß die Krise von 1983 nicht von ungefähr herrührte, sie zeigen aber auch, wohin nun nach der »Wende«, die von vielen herbeigesehnt worden ist, die Reise wirklich geht.

Die Herausgeberin Irmgard Wilharm, geboren 1940 in Rinteln, ist Professorin für Neuere Geschichte und Geschichtsdidaktik an der Universität Hannover. Studium der Geschichte und Germanistik in Köln und Wien, 1965 Staatsexamen, 1968 bis 1970 Mitarbeit in der Forschungsabteilung des Historischen Seminars der Universität Köln, 1970 Promotion, 1970 bis 1975 Lehrtätigkeit an der Gesamthochschule Duisburg, 1975 Ruf nach Hannover.

Veröffentlichungen zur neueren griechischen Geschichte und zur Didaktik der Geschichte; Mitarbeit im Projekt Begleitmaterial zu Filmen zur deutschen Nachkriegsgeschichte sowie an Fernstudienprojekten zum gleichen Schwerpunkt; ständige Mitarbeiterin in der Zeitschrift Geschichtsdidaktik.

Deutsche Geschichte 1962–1983

Dokumente in zwei Bänden

Band 2

Herausgegeben und kommentiert
von Irmgard Wilharm

Fischer
Taschenbuch
Verlag

Lektorat: Walter H. Pehle

9.–10. Tausend: April 1989

Originalausgabe
Veröffentlicht im Fischer Taschenbuch Verlag GmbH,
Frankfurt am Main, September 1985

Umschlaggestaltung: Jan Buchholz/Reni Hinsch
Umschlagfotos: Ullstein Bilderdienst

Printed in Germany
ISBN 3-596-24318-5

Inhalt

4. Kapitel

5. Kapitel

Inhalt von Band 2 (Bd. Nr. 4318)

16. Kapitel

Dokumente

3. Teil

Soziallliberale Reformversuche (1969–1974)

»Mehr Demokratie wagen« – das soziallliberale Reformprogramm; Ostpolitik und Entspannung; Extremistenbeschluß und die Folgen; Rezession; Rücktritt

Mit der Wahl Gustav Heinemanns (SPD) zum Bundespräsidenten am 5. März 1969 hatte sich deutlich sichtbar der wichtige Schritt zur Veränderung des politischen Klimas in der Bundesrepublik vollzogen: Mit den Stimmen von FDP und SPD wurde Heinemann gegen Gerhard Schröder, den Kandidaten von CDU/CSU, gewählt. Gegen Heinemann, der einst als Gegner der Wiederbewaffnung der Bundesrepublik ein Ministeramt aufgab, die CDU verließ, Mitbegründer der GVP (Gesamtdeutsche Volkspartei) wurde und 1957 in die SPD eintrat, gab es viele konservative Ressentiments. Sein Verhältnis zur Bundeswehr im besonderen und zum Staat im allgemeinen wurde beargwöhnt. Heinemanns Interview in der Stuttgarter Zeitung direkt nach der Wahl, in dem von einem Stück »Machtwechsel« die Rede war und davon, daß der Staat nichts »Übermenschliches« sei, löste heftige Diskussionen aus. Darüber gerieten die reiche politische Erfahrung und die integere politische Position des ehemaligen Oberbürgermeisters von Essen, Bundesinnenministers, Justizministers in Nordrhein-Westfalen, Bundesjustizministers und Mitglieds des Rates der EKD (Ev. Kirche Deutschlands) fast aus dem Blickfeld.
Die Koalition von SPD und FDP war schon durch die Wahlen in Nordrhein-Westfalen und das Mißtrauensvotum gegen Franz Meyers (CDU) am 8. Dezember 1966 mit der nachfolgenden sozialliberalen Regierung Kühn vorbereitet worden. Die Große Koalition auf Bundesebene vom November 1966 war im Bewußtsein beider Parteien eine Verbindung auf kurze Zeit. Mit der Verabschiedung der Wirtschafts- und Finanzreform und der verfassungsändernden Notstandsgesetze waren die großen Programmpunkte erschöpft. Die geplante Einführung des Mehrheitswahlrechts war an der SPD gescheitert, die Positionen in der Deutschlandpolitik gingen auseinander, und die Frage der DM-Aufwertung war zwischen Wirtschaftsminister Schiller (SPD) und Finanzminister Strauß (CSU) umstritten. So war vorhersehbar, daß bei auch nur einigermaßen ausreichender Mehrheit die Wahlen zum 6. Deutschen Bundestag eine SPD/FDP-Koalition ergeben würden. Das Ergebnis vom 28. September 1969 war entsprechend: CDU/CSU 242 Mandate, SPD 224 Mandate, FDP 30 Mandate. Die Wahlaussage der FDP zugunsten der SPD und ihre Positionsverschiebung in der Deutschlandpolitik hatten sie etwa 40 % der Stimmen von 1965 gekostet. Der Verlust der konservativen Wähler war durch den Gewinn neuer Wählerschichten noch nicht ausgeglichen. Beim 19. ordentlichen Parteitag der FDP in Freiburg (29.–31. 1. 1968) waren

besonders im Referat von Dahrendorf alle Reformansätze enthalten, die Grundlage der neuen Koalition werden sollten.[1]

Die zentralen Programmpunkte der neuen Regierung Brandt/Scheel waren die Deutschland- und Ostpolitik und das Paket der »inneren Reformen«. Die Regierungserklärung Brandts am 28.10.1969 unterscheidet sich von früheren Regierungserklärungen in Stil und Inhalt: Sie ist weniger eine nüchterne Programmerklärung als vielmehr der Plan für eine »neue Gesellschaft« mit »mehr Demokratie« (Dok. 69).

Höhepunkt der Regierung Brandt/Scheel war die Auseinandersetzung um die Ostverträge. Die ohnehin schwache Mehrheit der Regierungskoalition geriet durch Parteiwechsel von konservativen FDP-Abgeordneten und des SPD-Abgeordneten Hupka in Gefahr und betrug im April 1972 nur noch vier Stimmen. Bis dahin waren in erstaunlichem Tempo wichtige Schritte in Richtung des zwischen den Großmächten bereits seit zehn Jahren laufenden Entspannungsprozesses vollzogen worden: Im November 1969 unterzeichnete die Bundesregierung den Atomwaffensperrvertrag. Im gleichen Monat begannen die Verhandlungen zur Begrenzung der strategischen Rüstung (SALT) zwischen Vertretern der UdSSR und der USA in Helsinki. Im Januar 1970 begannen die Vertragsverhandlungen zwischen der UdSSR und der Bundesrepublik in Moskau, im Februar zwischen der Volksrepublik Polen und der Bundesrepublik in Warschau. Im März kam es zum ersten Spitzentreffen deutscher Politiker, Bundeskanzler Brandt und DDR-Ministerratspräsident Stoph, in Erfurt, im Mai folgte das zweite Treffen in Kassel. Im August 1970 wurde der Moskauer Vertrag unterzeichnet, im Dezember 1970 der Warschauer Vertrag. Im September 1971 kam nach großen Schwierigkeiten das Viermächteabkommen über Berlin zur Unterzeichnung.

Neben der ostpolitischen Aktivität gab es erste Finanzprobleme bei der Finanzierung des Reformprogramms. Im Mai 1971 trat Bundesfinanzminister Möller zurück, sein Ressort wurde von Wirtschaftsminister Schiller mitübernommen. Die erste Faszination für die neue Regierung schien gebrochen. Besonders der sogenannte Radikalenerlaß vom Januar 1972, die innenpolitische Abgrenzung nach »links« als Pendant zur Ostpolitik, führte zur Verunsicherung vieler Anhänger der Koalition. So schien angesichts der geschmolzenen Regierungsmehrheit im Parlament ein Mißtrauensvotum Aussicht auf Erfolg zu haben. Am 27. April 1972 stellte die Fraktion der CDU/CSU den Antrag nach Artikel 67 des Grundgesetzes auf ein konstruktives Mißtrauensvotum gegen Bundeskanzler Brandt und schlug gleichzeitig Rainer Barzel zum neuen Bundeskanzler vor. Die diesbezüglichen Reden im Bundestag drehten sich vor allem um den ostpolitischen Kurs der Regierung und nahmen, so besonders Außenminister Scheel, das Ende der Koalition schon als sicher an. Die Resonanz in der Öffentlichkeit war unerwartet hoch: ganze Belegschaften, Schulen,

Hochschulen, Straßenpassanten sammelten sich vor Fernsehern, es kam zu einzelnen Warnstreiks in Betrieben.
Das Mißtrauensvotum scheiterte knapp. Bei einem Stimmenverhältnis von 249 zu 246 erhielt Barzel 247 Stimmen; das hieß bei einem als sicher angenommenen Abstimmungsverhalten von zwei weiteren FDP-Abgeordneten, daß Barzel nicht alle Stimmen seiner Fraktion bekommen hatte.
Damit war die Regierung Brandt/Scheel bestätigt, die Mehrheitsverhältnisse zu den Ostverträgen hatten sich aber nicht geändert. Um das an sich gewollte Viermächteabkommen über Berlin nicht scheitern zu lassen, entschloß sich die Opposition zur Stimmenthaltung gegenüber den an sich abgelehnten Ostverträgen, so daß der Bundestag am 17. Mai 1972 die Annahme beschließen konnte.
Bei der Haushaltsabstimmung fehlte der Regierung endgültig die Mehrheit, und Bundeskanzler Brandt stellte im September 1972 die Vertrauensfrage, um auf dem komplizierten Weg, den das Grundgesetz vorsieht, die Auflösung des Bundestages und Neuwahlen möglich zu machen.
Die Wahlen vom 19. November 1972 waren in fast jeder Hinsicht eine Ausnahme: Die Mobilisierung der Bevölkerung für die neue Politik durch spontane Bürgerinitiativen war außerordentlich. Bei einer Wahlbeteiligung von über 90 % wurde die SPD zum ersten Mal seit 1945 stärkste Fraktion (45,8 %). Mit Hilfe der durch neue Wählerschichten und Zweitstimmenkampagne wieder stabilisierten FDP (8,4 %) hatte die Regierung eine solide Mehrheit von 271 (230+41) Mandaten gegenüber 225 Mandaten (44,9 %) der CDU/CSU. Mit dieser Mehrheit konnte der im Dezember 1972 unterzeichnete Grundlagenvertrag zwischen Bundesrepublik und DDR im Mai 1973 ratifiziert werden. Programmgemäß traten die Bundesrepublik und die DDR den Vereinten Nationen bei, beide deutsche Außenminister hielten dort am 23. 9. 1974 ihre Antrittsreden.
Bevor dieser Einschnitt in der Ostpolitik erreicht war, trat Bundeskanzler Brandt am 6. Mai 1974 anläßlich der Affäre um den Kanzlermitarbeiter und DDR-Spion Guillaume zurück. Wie weit dieses der eigentliche Grund war, ist auch nach der detaillierten Beschreibung der Abläufe in Barings *Machtwechsel* nicht eindeutig. Wichtiger als die persönlichen Motivationen des Bundeskanzlers Brandt ist wohl die politische und wirtschaftliche Situation im Jahre 1974, die in globalerem Sinne eine Zäsur darstellt. Die wirtschaftliche Entwicklung war bereits seit zwei Jahren ungünstig und hatte im Juli 1972 zum Rücktritt von Wirtschafts- und Finanzminister Schiller geführt. Nach dem »Ölschock« 1973 im Zusammenhang mit dem Krieg in Nahost setzte eine Entwicklung in der Weltwirtschaft ein, die 1974/75 in der Bundesrepublik erstmals wieder seit den 50er Jahren zu einer Million Arbeitslosen führte. Der Streik im öffentlichen Dienst vom Februar 1974 hatte das innenpolitische Klima belastet.

Die Deutschland- und Ostpolitik, die eigentliche Leistung der Regierung Brandt und der Anlaß für die Verleihung des Friedensnobelpreises, schien zu einem vorläufigen Stillstand gekommen zu sein. Die Integrationskraft des sozialliberalen Reformanlaufs, der an den Finanzen scheiterte, reichte nicht aus, um terroristische Splittergruppen zu integrieren. So gesehen bezeichnet das Jahr 1974 einen Einschnitt, der aber erst im Rückblick als das Ende des optimistischen Fortschrittsdenkens erscheint.

10. Kapitel
»Mehr Demokratie wagen« – sozialliberales Reformprogramm

Bundeskanzler Brandts Regierungserklärung vom 28.10.1969 (Dok. 68) enthält die Ankündigung der »inneren Reformen«, die die Gesellschaft im Hinblick auf mehr Demokratie, mehr Information, mehr Mitbestimmung und Mitverantwortung verändern sollten. Dazu gehörten: ein wirtschafts- und finanzpolitisches Sofortprogramm nach der erfolgten DM-Aufwertung, ein Pressegesetz, das die Konzentrationstendenzen stoppen sollte, Reformen im Bildungswesen, eine von allen Regierungen immer wieder angekündigte Finanz- und Steuerreform, eine Reform des Strafrechts, wachstumsorientierte Strukturpolitik, Entwicklung von Kriterien für Forschungsprioritäten, Ausbau des Gesundheitswesens, der Sozialmedizin und des Umweltschutzes, Ausbau des Sozialsystems, der Mitbestimmung und der realen Gleichberechtigung der Frauen. Der übrige große Anteil der Regierungserklärung bezieht sich auf die Ost- und Deutschlandpolitik, die europäische Zusammenarbeit, die Friedenssicherung und Institutionalisierung der Friedensforschung, die dringend notwendige Steigerung der Entwicklungshilfe um 11 % pro Jahr. Die Regierungserklärung schließt mit dem Appell an das demokratische Engagement der Bürger und dem programmatischen Satz: »Wir stehen nicht am Ende unserer Demokratie, wir fangen erst richtig an«, der Aufruhr im Bundestag verursachte.
Die Regierungserklärung vom 18.1.1973 (Dok. 69), nach den erfolgreichen Wahlen, setzt deutlichere Schwerpunkte, die bei der knappen Mehrheit von 1969 nicht möglich gewesen wären: ein umfassendes Programm für Umweltschutz in Verbindung mit einer Konzeption für die räumliche Entwicklung des Bundesgebiets. Ein entsprechender Gesetzentwurf, nachdem die Verursacher von Umweltschäden die Kosten der Beseitigung zu tragen haben, wird angekündigt – allerdings bis heute nicht durchgesetzt. Bei der Reform des Bodenrechts und des gemeindlichen Planungsrechts soll eine Bodenwertzuwachssteuer zur Zurückdrängung der Bodenspekulation helfen. Bildungsreform, Presserechtsrahmengesetz und Gleichberechtigung der Frauen stehen weiter auf dem Programm, die Reform des § 218 wird angekündigt. Der Appell an den neuen Bürgertypus mit geschärftem politischem Bewußtsein mutet nach dem »Radikalenerlaß« (Dok. 94) vom Januar 1972 etwas merkwürdig an und ist wohl nur zu verstehen, wenn man annimmt, daß Brandt, wie er rückblickend formulierte, die Auswirkungen nicht klar genug waren.
Die Regierungserklärung von Bundeskanzler Helmut Schmidt vom

17.5.1974 (Dok. 70) wird im Zusammenhang des sozialliberalen Reformprogramms hier aufgenommen, weil sie eine Bilanz des Realisierten und des Aufgeschobenen zieht und zugleich ein neues, nüchternes Klima anzeigt. Aus dem Hinweis auf die Reform des § 218 wird bereits deutlich, daß nicht nur die Finanzen, sondern auch politische Widerstände den Reformen Grenzen setzen. Die größten Widerstände der Opposition gab es gegen die Reform des § 218, gegen die Mitbestimmungs- und Bildungspolitik. In den beiden letzten Bereichen kam der Widerstand auch von der FDP. Erreicht wurden Ausweitungen der Rentenversicherung, der Leistungen der Krankenversicherung, der Bildungsinstitutionen und – in geringem Maße – der Mitbestimmung[2]; die geplante Bodenwertzuwachssteuer dagegen scheiterte. Wo die Mehrheiten ausreichten, wurde das Bundesverfassungsgericht bemüht (gegen die Fristenregelung, gegen die Aufhebung der Gewissensprüfung für Wehrdienstverweigerer).

Dokumente zum 10. Kapitel

[68] Regierungserklärung von Bundeskanzler Brandt vor dem Deutschen Bundestag
(28.10.1969, Auszug)

[...]
Unser Volk braucht wie jedes andere seine innere Ordnung. In den 70er Jahren werden wir aber in diesem Lande nur so viel Ordnung haben, wie wir an Mitverantwortung ermutigen. Solche demokratische Ordnung braucht außerordentliche Geduld im Zuhören und außerordentliche Anstrengung, sich gegenseitig zu verstehen.
Wir wollen mehr Demokratie wagen. Wir werden unsere Arbeitsweise öffnen und dem kritischen Bedürfnis nach Information Genüge tun. Wir werden darauf hinwirken, daß nicht nur durch Anhörungen im Bundestag, (Abg. Dr. Barzel: Anhörungen?) sondern auch durch ständige Fühlungnahme mit den repräsentativen Gruppen unseres Volkes und durch eine umfassende Unterrichtung über die Regierungspolitik jeder Bürger die Möglichkeit erhält, an der Reform von Staat und Gesellschaft mitzuwirken.
(Abg. Dr. Barzel: Die Regierung will uns gnädigst anhören?! – Abg. Wehner: Beruhigen Sie sich! Das heißt neudeutsch »Hearing«, nichts anderes! – Abg. Dr. Barzel: Dann soll er es doch richtig sagen!)
Wir wenden uns an die im Frieden nachgewachsenen Generationen, die nicht mit den Hypotheken der Älteren belastet sind und belastet werden dürfen; jene jungen Menschen, die uns beim Wort nehmen wollen – und sollen. Diese jungen Menschen müssen aber verstehen, daß auch sie gegenüber Staat und Gesellschaft Verpflichtungen haben.
Wir werden dem Hohen Hause ein Gesetz unterbreiten, wodurch das aktive *Wahlalter* von 21 auf 18, das passive von 25 auf 21 Jahre herabgesetzt wird.
(Beifall bei den Regierungsparteien)
Wir werden auch die Volljährigkeitsgrenze überprüfen.
Mitbestimmung, *Mitverantwortung in den verschiedenen Bereichen unserer Gesellschaft* wird eine bewegende Kraft der kommenden Jahre sein. Wir können nicht die perfekte Demokratie schaffen. Wir wollen eine Gesellschaft, die mehr Freiheit bietet und mehr Mitverantwortung fordert. [...]
Meine Damen und Herren! Diese Regierung geht davon aus, daß die Fragen, die sich für das deutsche Volk aus dem Zweiten Weltkrieg und aus dem nationalen Verrat durch das Hitlerregime ergeben haben, abschließend nur in einer europäischen Friedensordnung beantwortet werden können. Niemand kann uns jedoch ausreden, daß die Deutschen ein Recht auf Selbstbestimmung haben, wie alle anderen Völker auch.
(Beifall bei den Regierungsparteien und Abgeordneten der CDU/CSU)

Aufgabe der praktischen Politik in den jetzt vor uns liegenden Jahren ist es, die Einheit der Nation dadurch zu wahren, daß das *Verhältnis zwischen den Teilen Deutschlands* aus der gegenwärtigen Verkrampfung gelöst wird. Die Deutschen sind nicht nur durch ihre Sprache und ihre Geschichte – mit ihrem Glanz und Elend – verbunden; wir sind alle in Deutschland zu Haus. Wir haben auch noch gemeinsame Aufgaben und gemeinsame Verantwortung: für den Frieden unter uns und in Europa. 20 Jahre nach Gründung der Bundesrepublik Deutschland und der DDR müssen wir ein weiteres Auseinanderleben der deutschen Nation verhindern, also versuchen, über ein geregeltes Nebeneinander zu einem Miteinander zu kommen. Dies ist nicht nur ein deutsches Interesse, denn es hat seine Bedeutung auch für den Frieden in Europa und für das Ost-West-Verhältnis. Unsere und unserer Freunde Einstellung zu den internationalen Beziehungen der DDR hängt nicht zuletzt von der Haltung Ost-Berlins selbst ab. Im übrigen wollen wir unseren Landsleuten die Vorteile des internationalen Handels und Kulturaustausches nicht schmälern.

Die Bundesregierung setzt die im Dezember 1966 durch Bundeskanzler Kiesinger und seine Regierung eingeleitete Politik fort und bietet dem Ministerrat der DDR erneut Verhandlungen beiderseits ohne Diskriminierung auf der Ebene der Regierungen an, die zu vertraglich vereinbarter Zusammenarbeit führen sollen. Eine völkerrechtliche Anerkennung der DDR durch die Bundesregierung kann nicht in Betracht kommen. Auch wenn zwei Staaten in Deutschland existieren, sind sie doch füreinander nicht Ausland; ihre Beziehungen zueinander können nur von besonderer Art sein.

(Beifall bei den Regierungsparteien; – Unruhe bei der CDU/CSU)

Anknüpfend an die Politik ihrer Vorgängerin erklärt die Bundesregierung, daß die Bereitschaft zu verbindlichen Abkommen über den gegenseitigen Verzicht auf Anwendung oder Androhung von Gewalt auch gegenüber der DDR gilt.

Die Bundesregierung wird den USA, Großbritannien und Frankreich raten, die eingeleiteten Besprechungen mit der Sowjetunion über die Erleichterung und *Verbesserung der Lage Berlins* mit Nachdruck fortzusetzen. Der Status der unter der besonderen Verantwortung der Vier Mächte stehenden Stadt Berlin muß unangetastet bleiben. Dies darf nicht daran hindern, Erleichterungen für den Verkehr in und nach Berlin zu suchen. Die Lebensfähigkeit Berlins werden wir weiterhin sichern. West-Berlin muß die Möglichkeit bekommen, zur Verbesserung der politischen, wirtschaftlichen und kulturellen Beziehungen der beiden Teile Deutschlands beizutragen.

Wir begrüßen es, daß der *innerdeutsche Handel* wieder zunimmt. Hierzu haben auch die Erleichterungen beigetragen, die durch die Vereinbarung am 6. Dezember 1968 eingetreten sind. Die Bundesregierung hält einen weiteren Ausbau der nachbarlichen Handelsbeziehungen für wünschenswert.

Wir haben das bisherige Ministerium für gesamtdeutsche Fragen entsprechend seinen Aufgaben in *Ministerium für innerdeutsche Beziehungen* umbenannt. Die Deutschlandpolitik insgesamt kann nicht Sache eines Ressorts sein. Sie ist eine ständige Aufgabe der ganzen Regierung und umfaßt Aspekte der auswärtigen Politik, der Sicherheits- und Europapolitik, ebenso wie die

Bemühungen um den Zusammenhalt unseres Volkes und um die Beziehungen im geteilten Deutschland.
Meine Damen und Herren, in unserer Bundesrepublik stehen wir vor der Notwendigkeit umfassender Reformen. Die Durchführung der notwendigen Reformen und ein weiteres Steigen des Wohlstandes sind nur möglich bei wachsender Wirtschaft und gesunden Finanzen. [...]
Meine Damen und Herren, *Bildung und Ausbildung, Wissenschaft und Forschung* stehen an der Spitze der Reformen, die es bei uns vorzunehmen gilt. Wir haben die Verantwortung, soweit sie von der Bundesregierung zu tragen ist, im Bundesministerium für Bildung und Wissenschaft zusammengefaßt.
Mit diesem Hohen Haus sind wir uns wohl darin einig, daß die Aufgaben von Bildung und Wissenschaft nur gemeinsam von Bund, Ländern und Gemeinden gelöst werden können. Der 5. Deutsche Bundestag hat für die Zusammenarbeit von Bund und Ländern eine Reihe neuer Möglichkeiten geschaffen, die diese Bundesregierung voll ausschöpfen will; sie will den Ländern – ohne deren Zuständigkeiten anzutasten – helfen.
Schwere Störungen des gesamten Bildungssystems ergeben sich daraus, daß es bisher nicht gelungen ist, die vier Hauptbereiche unseres Bildungswesens – *Schule, Hochschule, Berufsausbildung und Erwachsenenbildung* – nach einer durchsichtigen und rationalen Konzeption zu koordinieren. Solange aber ein *Gesamtplan* fehlt, ist es nicht möglich, Menschen und Mittel so einzusetzen, daß ein optimaler Effekt erzielt wird.
Die Bundesregierung hat auf Grund des Art. 91b des Grundgesetzes eine klare verfassungsrechtliche Grundlage für eine Bildungsplanung gemeinsam mit den Ländern erhalten. Besonders dringlich ist ein *langfristiger Bildungsplan* für die Bundesrepublik für die nächsten 15 bis 20 Jahre. Dieser dem Bundestag und den Länderparlamenten vorzulegende Plan soll gleichzeitig erklären, wie er verwirklicht werden kann. Gleichzeitig muß ein nationales Bildungsbudget für einen Zeitraum von 5 bis 15 Jahren aufgestellt werden. (Beifall bei den Regierungsparteien) Die Bundesregierung wird in den Grenzen ihrer Möglichkeiten zu einem Gesamtbildungsplan beitragen. Das Ziel ist die Erziehung eines kritischen, urteilsfähigen Bürgers, der imstande ist, durch einen permanenten Lernprozeß die Bedingungen seiner sozialen Existenz zu erkennen und sich ihnen entsprechend zu verhalten. Die Schule der Nation ist die Schule.
(Lebhafter Beifall bei der SPD und Beifall bei der FDP. – Lachen bei der CDU/CSU)
Wir brauchen das 10. Schuljahr, und wir brauchen einen möglichst hohen Anteil von Menschen in unserer Gesellschaft, der eine differenzierte Schulausbildung bis zum 18. Lebensjahr erhält. Die finanziellen Mittel für die Bildungspolitik müssen in den nächsten Jahren entsprechend gesteigert werden. (Zuruf von der CDU/CSU: Wie?) Die Bundesregierung wird sich von der Erkenntnis leiten lassen, daß der zentrale Auftrag des Grundgesetzes, allen Bürgern gleiche Chancen zu geben, noch nicht annähernd erfüllt wurde. Die Bildungsplanung muß entscheidend dazu beitragen, die soziale Demokratie zu verwirklichen. (Beifall bei den Regierungsparteien) Zu den neuen Aufga-

ben der Bundesregierung gehört es, ein *Hochschulrahmengesetz* vorzulegen. Ein solches Gesetz wird auch die Lage der bisherigen Fachhochschulen im Rahmen eines Gesamthochschulsystems zu berücksichtigen haben. Fragen der Personalstruktur stehen zunächst im Mittelpunkt. Für Hochschulen und staatliche Forschungseinrichtungen müssen wirksame Vorschläge für die Überwindung überalterter hierarchischer Formen vorgelegt werden. Soweit der Bund vorwiegend betroffen ist, werden entsprechende Maßnahmen beschleunigt getroffen. Der *Ausbau der Hochschulen* muß verstärkt vorangetrieben werden. Um eine kurzfristige Erweiterung der Kapazitäten der Hochschulen zu erreichen, soll ein möglichst großer Teil der Mittel für den Hochschulbau sofort für solche Bauten bereitgestellt werden, die durch eine Rationalisierung des Bauverfahrens innerhalb von 12 bis 15 Monaten schlüsselfertig zur Verfügung stehen können.

Die Bundesregierung wird prüfen, wie den Ländern bei der Überwindung des Numerus clausus in wesentlichen Fachbereichen am besten geholfen werden kann. Vordringlich werden auch die modernen Unterrichts-Technologien und das Fernstudium anzuwenden sein.

Die Hochschulreform ist aber nur ein Teil der vor uns liegenden *Reformen unseres allgemeinen Bildungswesens*. Die Bildungspolitik kann und darf nicht mehr nach Ausbildungsstufen isoliert betrachtet werden. Bildung, Ausbildung und Forschung müssen als ein Gesamtsystem begriffen werden, das gleichzeitig das Bürgerrecht auf Bildung sowie den Bedarf der Gesellschaft an möglichst hochqualifizierten Fachkräften und an Forschungsergebnissen berücksichtigt. Grundlegende Reformen in Bildung und Forschung sind zugleich Bedingung für die zukünftige wirtschaftliche Wettbewerbsfähigkeit unseres Landes.

Meine Damen und Herren, neuerdings wird viel über die technologische Lücke, über das, was einige den Mut zur Lücke nennen, und über rationale Kriterien für die Festsetzung von Prioritäten in und zwischen den verschiedenen Kategorien der Forschung diskutiert. Wir meinen, ein Land von der Größe der Bundesrepublik kann und muß auch heute noch die Grundlagenforschung in ihrer ganzen Breite fördern. Dies steht nicht in Widerspruch zur Auswahl von Schwerpunkten für die staatliche Förderung von Forschung und Entwicklung, die wegen der begrenzten Mittel unerläßlich ist. Ein wichtiges Ziel der Bundesregierung ist, *Methoden des politischen Entscheidungsprozesses über Forschungsprioritäten* zu entwickeln, die heute kaum in den Anfängen vorhanden sind.

Die Bundesregierung beabsichtigt, verstärkt Haushaltsmittel für die Förderung der *Informatik* und der Entwicklung von *Computer-Sprachen* einzusetzen. Diese Seite der Datenverarbeitung ist besonders umfangreich und erfordert mehr Mittel als die Entwicklung der eigentlichen Rechenmaschinen. Man übertreibt nicht, wenn man der Computertechnik eine katalytische Wirkung nicht allein für die gesamte wissenschaftlich-technische Entwicklung zuspricht, sondern weit darüber hinaus auch für die industrielle Produktion, die Verwaltung und andere Bereiche.

Wir sind uns bewußt, daß moderne Forschungsvorhaben weltweit miteinan-

der verflochten sind. Wir werden jede *internationale*, vor allem *europäische Arbeitsteilung* auf diesem Gebiet fördern. Meine Damen und Herren, in Europa gibt es eine Gemeinschaft der Wissenschaftler, die in ihrer Leistungsfähigkeit hinter der amerikanischen und sowjetrussischen dann nicht zurückzustehen braucht, wenn sie es lernt, ihre Kräfte zu vereinigen.
(Beifall bei den Regierungsparteien)
[...]
Bei alledem dürfen wir nicht vergessen: Nur der *Friede* macht unsere Welt sicher; nur auf der Grundlage der *Sicherheit* kann der Friede sich ausbreiten. Diese Erkenntnis teilen wir mit den meisten Völkern dieser Erde. Die Bundesregierung ist entschlossen, dazu den deutschen Anteil zu leisten im Bewußtsein ihrer besonderen Verantwortung in Europa und nach besten Kräften, die wir aber nicht überschätzen.
Wir werden die Initiative des Herrn Bundespräsidenten aufgreifen und die *Friedensforschung* – im Wissen um die begrenzte Zahl der dafür gegenwärtig zur Verfügung stehenden Kräfte – koordinieren, ohne die Unabhängigkeit dieser Arbeit zu beeinträchtigen. Wir wollen auch damit einen deutschen Beitrag für die Befriedung der von Krisen und Kriegen zerrissenen Welt leisten. Es liegt im nationalen Interesse, die internationale Zusammenarbeit zu verstärken, damit die Völker ihre Umwelt besser verstehen. Professor Carl Friedrich von Weizsäcker hat sich bereit erklärt, der Bundesregierung auf diesem Gebiet beratend zur Seite zu stehen.
(Beifall bei den Regierungsparteien)
Zur notwendigen internationalen Zusammenarbeit gehört der *Austausch geistiger Leistungen*. Die Darstellung der deutschen Kultur im Ausland wird sich künftig stärker darauf richten, anderen Völkern neben den unvergänglichen Leistungen der Vergangenheit ein Bild dessen zu vermitteln, was in dieser Zeit des Überganges auch in Deutschland an geistiger Auseinandersetzung und fruchtbarer Unruhe tägliche Wirklichkeit ist.
Die Bundesrepublik Deutschland wird ihre *Zusammenarbeit mit den Ländern Afrikas, Lateinamerikas und Asiens* im Geiste der Partnerschaft ausbauen.
Am Vorabend der zweiten Entwicklungsdekade erklärt sie: Wir werden zu einer gemeinsamen Strategie der Entwicklung beitragen und Anregungen aus dem Bericht der Pearson-Kommission in Betracht ziehen. Die Bundesregierung wird sich bemühen, das dort vorgesehene Ziel für die öffentlichen Leistungen an der *Entwicklungshilfe* durch eine Steigerungsrate von durchschnittlich 11% im Jahr zu erreichen. Wir werden Wege suchen, um Rückflüsse aus Mitteln der öffentlichen Kapitalhilfe wieder voll für Zwecke der Entwicklungshilfe zu verwenden. Die Zahl der deutschen *Entwicklungsexperten* und *Entwicklungshelfer* wird erhöht mit dem Ziel, sie bis zur Mitte der 70er Jahre zu verdoppeln. Die Bundesregierung wird fortfahren, die *Qualität der deutschen Hilfe* zu verbessern. Dazu wird sie Planung und Durchführung der Entwicklungshilfe vereinfachen und straffen. Partnerschaft mit den Ländern der Dritten Welt ist nicht allein Sache des Staates. Daher wird die Bundesregierung auch alle nichtstaatlichen Initiativen fördern, die den Entwicklungsprozeß in diesen Ländern beschleunigen können. [...]

Die Regierung kann in der Demokratie nur erfolgreich wirken, wenn sie getragen wird vom *demokratischen Engagement der Bürger.* Wir haben so wenig Bedarf an blinder Zustimmung, wie unser Volk Bedarf hat an gespreizter Würde und hoheitsvoller Distanz. (Lebhafter Beifall bei den Regierungsparteien) Wir suchen keine Bewunderer; wir brauchen Menschen, die kritisch mitdenken, mitentscheiden und mitverantworten. (Beifall bei den Regierungsparteien) Das Selbstbewußtsein dieser Regierung wird sich als Toleranz zu erkennen geben. (Lachen bei der CDU/CSU) Sie wird daher auch jene Solidarität zu schätzen wissen, die sich in Kritik äußert. Wir sind keine Erwählten; wir sind Gewählte. (Lebhafter Beifall bei den Regierungsparteien) Deshalb suchen wir das Gespräch mit allen, die sich um diese Demokratie mühen.

Meine Damen und Herren, in den letzten Jahren haben manche in diesem Land befürchtet, die zweite deutsche Demokratie werde den Weg der ersten gehen. Ich habe dies nie geglaubt. Ich glaube dies heute weniger denn je.

Nein: Wir stehen nicht am Ende unserer Demokratie, wir fangen erst richtig an. (Abg. Dr. Barzel: Aber Herr Brandt! – Weitere Zurufe von der CDU/CSU) Wir wollen ein Volk der guten Nachbarn sein und werden im Inneren und nach außen.

(Verhandlungen des Deutschen Bundestages, V, 28.10.1969)

[69] Sozialliberale Reformpläne
(Regierungserklärung von Bundeskanzler Brandt; 18.1.1973, Auszug)

[...]

Meine Damen und Herren, ich möchte nun einige grundsätzliche Bemerkungen machen: Wirtschaftliches Wachstum und steigender Wohlstand haben seit dem Zweiten Weltkrieg den Lebensstandard unserer Bürger wesentlich verbessert. Mehr Produktion bedeutet aber noch nicht automatisch mehr Freiheit für den einzelnen. *Lebensqualität* ist mehr als Lebensstandard. Sie ist Bereicherung unseres Lebens über Einkommen und Konsum hinaus. Sie setzt ein neues Verständnis vom Allgemeininteresse voraus. Sie hängt immer mehr davon ab, wieviel gute Nachbarschaft es bei uns gibt und was die Gemeinschaftseinrichtungen zu leisten vermögen.

(Beifall bei den Regierungsparteien)

Weder die einzelnen noch die Gemeinschaft können auf die Dauer auf Kosten der Natur leben. (Zustimmung bei Abgeordneten der Regierungsparteien) Sonst wird die Entwicklung unserer Umwelt inhuman, zumal dort, wo die Experten von »Verdichtungsräumen« sprechen.

Lärm, Luft- und Wasserverschmutzung und Störungen des Naturhaushaltes stellen in der Tat die Vorteile des wirtschaftlichen Wachstums in Frage. Doch ich warne zugleich vor dem gedanklichen Kurzschluß, den Ausweg etwa in einer generellen Einschränkung des Wachstums und der Produktivität zu sehen. (Zustimmung bei den Regierungsparteien) Es geht vielmehr um die Frage des Wo, Wie und Wofür des wirtschaftlichen Wachstums – und um die

Abb. 1 Sozialliberale Koalition nach der Bundestagswahl vom 19. 11. 1972: Als Wahlsieger geben Willy Brandt, Vorsitzender der SPD, und Walter Scheel, Vorsitzender der FDP, erste Erklärungen ab.

Einsicht, daß Wachstum und ökonomisches Prinzip im Dienste des Menschen stehen müssen. (Beifall bei den Regierungsparteien und bei Abgeordneten der CDU/CSU) Wenn die »Verhältnisse« nicht über uns herrschen sollen, sondern wenn wir sie beherrschen wollen, dann müssen wir ein wenig schärfer nachdenken, mitunter sogar härter arbeiten als bisher.

(Beifall bei den Regierungsparteien und bei Abgeordneten der CDU/CSU)

Umweltschutz, Raumordnung, Stadtentwicklung, Verkehrsausbau und damit die Verbesserung der Lebens-, Arbeits-, Freizeit- und Erholungsmöglichkeiten müssen in engem Zusammenhang gesehen werden. Wir werden unser *Umweltprogramm* verwirklichen und weiter entwickeln. Zunächst wollen wir die Gesetze, die wegen der Verkürzung der vergangenen Legislaturperiode nicht mehr verabschiedet wurden, wieder vorlegen.

Im Alltag muß durchgesetzt werden, daß die Verursacher von Umweltschäden die Kosten für die Beseitigung zu tragen haben. (Beifall bei den Regierungsparteien) Und auch dies muß generelle Leitlinie sein: Schädigungen der Umwelt sind kein Kavaliersdelikt; (Beifall bei den Regierungsparteien und bei Abgeordneten der CDU/CSU) sie müssen als kriminelles Unrecht bestraft werden.

(Erneuter Beifall bei den Regierungsparteien)

[...]

Für alle Bürger in unserem Bundesstaat müssen gleichwertige Lebenschancen geschaffen und gesichert werden. Dazu wird eine Konzeption für die *räum-*

liche Entwicklung des Bundesgebietes ausgearbeitet, eine bessere regionale Abstimmung der Bundesmaßnahmen vorgenommen werden. Städtische Verdichtungsräume und ländliche Gebiete müssen sich in ihren Funktionen gegenseitig ergänzen. Bund und Länder haben bereits in der vergangenen Legislaturperiode wesentliche Arbeiten am Bundesraumordnungsprogramm geleistet. Die Bundesregierung wird auf einen raschen Abschluß drängen.
[...]
Ich will im übrigen sagen, daß unsere *Wohnungsbaupolitik*, die individuelle Wohngeldhilfe und die Modernisierung der Bautätigkeit fortgeführt werden sollen. Die Befristung des Kündigungsschutzes im sozialen Mietrecht werden wir überprüfen. Als einen Schwerpunkt unserer Arbeit nenne ich die Reform des *Bodenrechts* und des *gemeindlichen Planungsrechts*.
(Beifall bei der SPD)
Mit dem Städtebauförderungsgesetz verfügen die Gemeinden schon über bessere Möglichkeiten, im Zusammenwirken mit Eigentümern und Mietern die Innenstädte zu sanieren und Neubaugebiete so zu planen, daß sie dem Anspruch der Bürger auf eine menschenwürdige Umwelt besser dienen. Wir wollen diese Möglichkeiten in das allgemeine Baurecht übertragen. Die Steigerung im Kaufwert, die Grundstücken durch Planungen und Investitionen der öffentlichen Hand zufällt, soll zur Finanzierung herangezogen werden. Wir werden eine Bodenwertzuwachssteuer vorbereiten, die zur Bekämpfung des Preisanstiegs auf dem Bodenmarkt beiträgt und das Angebot an Bauland in städtischen Regionen größer werden läßt. Damit soll auch das Ärgernis der verantwortungslosen Bodenspekulation zurückgedrängt werden.
(Beifall bei den Regierungsparteien und bei Abgeordneten der CDU/CSU)
Um die Lebensbedingungen in den Städten zu verbessern, müssen zur Lösung der Probleme des Nahverkehrs neue Modelle erprobt werden. Der öffentliche Personennahverkehr hat Vorrang vor dem Individualverkehr.
(Beifall bei den Regierungsparteien)
Dabei hat es gar keinen Sinn, nicht gleich hinzuzufügen, daß die dafür erforderlichen Programme in dieser Legislaturperiode und über kommende Legislaturperioden hinweg sehr viel Geld kosten werden. Wir werden deshalb vorschlagen, die Verwendung des zweckgebundenen Anteils der Einnahmen aus der Mineralölsteuer auf weitere verkehrspolitische Ziele auszuweiten. Der Bau von Bundesfernstraßen wird selbstverständlich weitergehen.
[...]
Diese technische Zivilisation, die der Mensch, auch aus der Freude an der Leistung, geschaffen hat, soll er mit geistigen Werten durchdringen und damit menschlicher machen.
Bildung und Ausbildung, Wissenschaft und Forschung habe ich in meiner Regierungserklärung vom Oktober 1969 an die Spitze der notwendigen Reformen gestellt. Daran hat sich nichts geändert. Es war allerdings sehr schwierig, zwischen Ländern und Bund eine gemeinsame Grundlage zu finden. Wir müssen nun einen neuen Anlauf nehmen. Dazu ist eine größere Kooperation aller Länder erforderlich. (Beifall bei den Regierungsparteien) Die Bundesregierung wird ihre Kompetenzen ganz nutzen, um die gesamtstaatliche Bildungs-

planung mitzugestalten. Sie will das Ziel der Einheitlichkeit unseres Bildungswesens in der Reform sichern.
Die Bildungsreform ist – wie die meisten von uns wissen – ein langer und ein teurer Prozeß. Ihre Ziele, ihr Zeitverlauf und ihre Kosten sollten so schnell wie möglich in einem Gesamtplan und in einem Budget in diesem gemeinsamen Arbeitsprozeß von Bund und Ländern dargestellt werden, damit ein gemeinsames Gerüst für die Reform entsteht. Die Bürger sollen dadurch wissen können, bis wann welche Ziele erreicht sein können.
Zu oft wird Bildungsreform bei uns noch als bloße Verlängerung der Ausbildungsdauer verstanden. Chancengleichheit fördern wir jedoch nicht durch eine immer längere Ausbildung für wenige, sondern durch eine möglichst gute Ausbildung für viele, wenn nicht für alle, einschließlich der Förderung der besonders Begabten. Die Verkürzung der Jahre in der Oberstufe der Schule, also eine Schulzeit von insgesamt zwölf Jahren, erscheint der Bundesregierung vernünftig und notwendig.
(Beifall bei den Regierungsparteien)
Die Chancengleichheit verlangt für die *berufliche Bildung* den gleichen Rang, wie ihn andere Bildungsbereiche haben. Diesem Ziel dient auch die Konzentration der Kompetenzen des Bundes an einer Stelle. Berufliche und allgemeine schulische Bildung müssen stärker miteinander verflochten werden.
(Beifall bei den Regierungsparteien)
[...] Unsere Aufmerksamkeit gilt auch den Jugendlichen, die kein Ausbildungsverhältnis herkömmlicher Art eingehen. Das Berufsbildungsgesetz muß neu gefaßt werden.
Meine Damen und Herren, Bund und Länder haben in den vergangenen Jahren mehr Studienplätze geschaffen, sie haben den Ausbau und die Reform von Wissenschaft und Lehre an den Hochschulen gefördert. Das soll fortgesetzt werden. Durch die Hochschulrahmengesetzgebung wird die Bundesregierung darauf drängen, daß die Studienreform verwirklicht wird. Die Bundesregierung ist dafür, daß die Studienzeiten verkürzt, das Studienjahr eingeführt und der Numerus clausus abgebaut werden.
(Beifall bei der SPD)
Die Vielfalt der Meinungen in Forschung und Lehre gehört zur *Freiheit wissenschaftlicher Arbeit.* Intoleranz schadet Wissenschaft und Lehre und auch dem Lernen. (Beifall) Die Stätten der Lehre und Forschung dürfen nicht in politische Kampfstätten umfunktioniert werden.
(Beifall bei den Regierungsparteien und lebhafter Beifall bei der CDU/CSU)
Über Erkenntnisse und Wahrheit kann übrigens nicht mit Mehrheit beschlossen werden.
(Beifall bei der CDU/CSU)
Die Anerkennung dieser Prinzipien entscheidet, ob die Demokratisierung der Hochschulen gelingen wird und ob sich in den Universitäten die Kräfte der Reform behaupten können. Sie, die Kräfte der Reform, möchte ich von dieser Stelle aus bitten, sich nicht entmutigen zu lassen und sich nicht zu zersplittern.
(Beifall bei den Regierungsparteien)

Forschung und Technologie bestimmen die Zukunft unserer Gesellschaft entscheidend mit. Sie zu fördern ist eine gemeinsame Aufgabe von Staat und Wirtschaft. Die hohen Aufwendungen in diesen Bereichen zwingen zu klaren Prioritäten und erfordern eine Abstimmung aller Forschungszweige. Große Forschungszentren werden ihre Zielsetzung teilweise ändern und sich neuen Aufgaben öffnen müssen. [...]
Technische Großprojekte – wie in den Bereichen der Weltraumforschung, der Luftfahrt, der neuen Verkehrstechnologie, der Kerntechnik und der Datenverarbeitung – werden in Zukunft stärker daran zu messen sein, was sie zur Verbesserung der Lebensbedingungen der Menschen beitragen.
Neuerungen auf dem Gebiet der *Informationsverarbeitung und Kommunikation* beeinflussen mehr und mehr die technisch-wirtschaftliche Entwicklung, aber auch das Zusammenleben der Menschen. Für den Ausbau des technischen Kommunikationssystems wird die Bundesregierung zusammen mit den Ländern, der Wissenschaft und der Wirtschaft ihre Vorschläge entwickeln. Bei der Entwicklung der Nachrichtentechnologie fällt der Bundespost eine besondere Rolle zu.
Meine Damen und Herren! Aus der Sicht und Verantwortung des Bundeskanzlers will ich einige andere kulturpolitische Aufgaben, wenn auch nur sehr kurz, erwähnen.
Zunächst weise ich darauf hin, daß die umfassende Information des Bürgers und die Meinungsvielfalt in den Massenmedien für unsere Demokratie lebenswichtig sind. An der *Meinungsfreiheit* läßt die Bundesregierung nicht rütteln. (Beifall bei den Regierungsparteien) Die Verfügungsgewalt einzelner über wichtige Kommunikationsmittel darf nicht dazu führen, daß nur *eine* Meinung zu Wort kommt. (Beifall bei den Regierungsparteien und bei Abgeordneten der CDU/CSU) Das Wettbewerbsrecht wird auch eine *Fusionskontrolle für Presse- und Medienunternehmen* umfassen müssen. (Beifall bei den Regierungsparteien) Zur Pressefreiheit und Medienfreiheit gehört die Freiheit *in* der Presse und *in* den Medien.
(Beifall bei den Regierungsparteien)
Die Arbeit am Entwurf des *Presserahmengesetzes* ist darum vordringlich. Eine einheitliche und klare Regelung soll das Zeugnisverweigerungsrecht in Presse und Funk garantieren. Der öffentlich-rechtliche Charakter des Rundfunkwesens darf nicht ausgehöhlt werden.
(Beifall bei den Regierungsparteien)
Auch für die Medien ist richtig, was für die Kunst, die Künste wahr ist: zu ihrem Wesen gehört Freiheit. Die Kunst ist jeder Bevormundung – auch der des guten Willens – entzogen. Trotzdem können wir helfen, ein Klima zu schaffen, in dem die Aufgeschlossenheit für die Künste wächst: Die bildende Kunst – um nur sie als Beispiel zu nennen – kann sehr wohl die Qualität unserer Umwelt stärker bestimmen. Dafür wollen wir das Interesse staatlicher und privater Bauherren wecken. Die Literatur ist uns eine kritische Begleiterin geworden, die wir nicht entbehren wollen. (Beifall bei den Regierungsparteien) Für alle Kunst ist der Weg in die Politik kürzer geworden, und das ist gut so.

Es würden sich, wie ich meine, meine Damen und Herren, viele Träume erfüllen, wenn eines Tages öffentliche und private Anstrengungen zur *Förderung der Künste* in eine Deutsche Nationalstiftung münden könnten.

[...]

Was nun die Verwirklichung der im Grundgesetz verbürgten *Gleichberechtigung der Frau in Staat und Gesellschaft* angeht, so meinen wir, sie könne nicht allein durch den Abbau rechtlicher Benachteiligungen geschehen. Wir müssen das gesellschaftliche Klima in unserem Land verbessern – wie wir wohl auch noch aus der Vorbereitung der Bundestagswahlen und den Nominierungen wissen –, damit das neue Selbstbewußtsein und das politische Engagement der Frauen wirksamer werden können. Die Bundesregierung möchte mithelfen, Vorurteile abzutragen, um damit einem der großen Wandlungsprozesse unserer Zeit besser als bisher gerecht zu werden.

Zu unseren Aufgaben gehört die weitere Arbeit am neuen *Ehe- und Familienrecht.* Auch das Recht des Kindes ist neu und besser zu ordnen. Weiter beschäftigt uns, allerdings als langfristige Aufgabe, wie ich ausdrücklich hinzufüge, eine *eigenständige soziale Sicherung für alle Frauen.* Die Öffnung der Rentenversicherung und die Berücksichtigung von Ausfallzeiten sind Schritte, wenn auch bescheidene Schritte in diese Richtung.

Neben einem Abbau kinderfeindlicher Tendenzen und dem Ausbau der Familienplanung bedarf es, so meinen wir, in dieser Legislaturperiode einer *Reform des §218.* Die Bundesregierung geht nach ihren Gesprächen mit den Koalitionsfraktionen davon aus, daß diese Reform auf Grund von Vorschlägen aus der Mitte des Parlaments beraten und verabschiedet werden kann.

[...]

Meine Damen und Herren, der Staat, der den Menschen in den Verwaltungen der Städte und Gemeinden, der Länder und des Bundes begegnet, soll den Forderungen nach der guten Nachbarschaft und der Qualität des Lebens unterworfen sein; denn ihre Wirklichkeit ist entscheidend von ihm bestimmt. In unserer Geschichte stand jedoch, wie wir alle wissen, der Staat dem Volk allzulang wie eine fremde Macht gegenüber.

Seit der Zeit der Gewaltherrschaft hat sich ein gewandelter *Bürgertypus* gebildet, der seine Freiheit auch im Geflecht der sozialen und wirtschaftlichen Abhängigkeiten behaupten will. In diesem Prozeß, der in die Tiefen unserer sozialen Existenz reicht, sammelt sich, neben anderem, die produktive Unruhe aus den Reihen der Jungen und die Einsicht der Älteren. Ihr politischer Wille strömt ein in das, was sich uns als die neue Mitte darstellt: die soziale und die liberale Mitte.

Wir brauchen Menschen, die kritisch mitdenken, mitentscheiden und mitverantworten; das sage ich heute wie 1969. Manches, was sich uns verzerrt zuweilen als »Polarisierung« anzeigte, ist oft genug nur – richtig verstanden – eine *Schärfung des politischen Bewußtseins*, die man begrüßen kann.

[...]

(Verhandlungen des Deutschen Bundestages, VII, 18.1.1973)

***[70]** Sozialliberale Reformen im Rückblick*
(Regierungserklärung von Bundeskanzler Helmut Schmidt; 17.5.1974, Auszug)

[...]
Meine Damen und Herren, die sozialliberale Koalition ist seit 1969 der Motor des Fortschritts in der Bundesrepublik. (Beifall bei den Regierungsparteien; – Lachen bei der CDU/CSU) Sie war das auch in den vergangenen 18 Monaten. Der Tätigkeitsbericht der Bundesregierung vom Dezember 1973 ist dafür ein eindrucksvoller Beleg.
Lassen Sie mich bei der *Zwischenbilanz* zunächst auf die Schwerpunkte der bisherigen Arbeit dieser Legislaturperiode zu sprechen kommen.
Ich nenne als erstes die *Steuer- und Kindergeldreform.* Unser Steuerreformprogramm liegt dem Bundestag für diesen Teil der Lohn- und Einkommensteuer und des Kindergeldes seit Beginn dieses Jahres als ein Paket vor. Verabschiedet wurde vorher das neue Außensteuerrecht, das die Möglichkeit zur Steuerflucht eingeschränkt hat. Verabschiedet ist die Reform der Vermögensteuer und der Erbschaftsteuer. Die kleineren Vermögen haben wir dabei spürbar entlastet. Die Freibeträge der Gewerbesteuer werden zum 1. Januar des kommenden Jahres angehoben, und jeder zweite Gewerbetreibende wird dann keine Gewerbeertragsteuer mehr zu zahlen haben. Die neue Abgabenordnung steht im Finanzausschuß des Parlaments zur abschließenden Beratung an.
Jetzt und in diesen Wochen geht es um das Hauptstück der Reform, nämlich um die *Umgestaltung der Lohn- und Einkommensteuer* und um die damit verbundene *Neuordnung des Familienlastenausgleichs* mit dem neuen Kindergeld. Wir wollen damit den elementaren Anspruch auf ein sozial gerechteres und, soweit dies möglich ist, ein einfacheres Einkommensteuerrecht erfüllen. Wenn diese Reform in Kraft getreten sein wird, d. h. am 1. Januar 1975, wird die Belastung der Steuerzahler, insbesondere die Belastung kleinerer und mittlerer Einkommen, jährlich um 10 bis 12 Milliarden DM geringer sein als vorher. Die Einkommen der unteren und mittleren Einkommensbezieher werden sich also netto entsprechend erhöhen. Auf die schwerwiegenden Konsequenzen für die öffentlichen Finanzen und für die Leistungsfähigkeit der öffentlichen Haushalte komme ich nachher noch zurück.
Ich nenne an zweiter Stelle *Mitbestimmung*. Am 20. Februar hat die Bundesregierung den Entwurf des neuen Mitbestimmungsgesetzes beschlossen. Wir sehen in dieser Koalition in einer Mitbestimmung, die vom Grundsatz der Gleichberechtigung und der Gleichgewichtigkeit von Arbeitnehmern und Anteilseignern ausgeht, einen der wesentlichen gesellschaftspolitischen Aktivposten der sozialliberalen Koalition. Eine Gesellschaft, die sich wirtschaftlich und sozial nach vorne bewegen will, ist ohne Mitbestimmung und ohne die dazugehörige Mitverantwortung nicht zu denken.
(Beifall bei den Regierungsparteien)
Durch die Verabschiedung des Betriebsverfassungsgesetzes und des Personalvertretungsgesetzes ist die Position des einzelnen Arbeitnehmers am Arbeits-

platz, in den Betrieben und in den Verwaltungen, gestärkt worden. Jetzt geht es um die Mitbestimmung der Arbeitnehmer in den Entscheidungsgremien der Unternehmen. Wir wollen durch Mitbestimmung den Arbeitnehmern Chancen und Rechte schaffen, auf die Gestaltung ihrer Arbeits- und Lebensverhältnisse mehr Einfluß zu nehmen. Sie sollen ihre Erfahrungen, ihre Vorschläge zur Geltung bringen können. Wir sind überzeugt, daß es zum Anfang des Jahres 1975 gelingen wird, dieses wichtige Gesetz in Kraft zu setzen.
Ich nenne drittens das *Bodenrecht*. Zur Reform des Bodenrechts ist mit der Verabschiedung der Novelle zum Bundesbaugesetz durch die Bundesregierung ein weiterer wichtiger Schritt getan worden. Die Novelle wird einen Teil der Wertsteigerungen, die von der Gemeinschaft bewirkt worden sind, für die Gemeinschaft in Anspruch nehmen. Sie soll den Bodenpreisanstieg dämpfen, der Spekulation Einhalt gebieten und breiten Schichten unseres Volkes den Eigentumserwerb erleichtern.
Ich nenne viertens den *Umweltschutz*. Die Bundesregierung hat Vorsorge getroffen zum besseren Schutz der Lebens- und Umweltbedingungen. Das Bundesimmissionsschutzgesetz schafft die Voraussetzungen, gegen die Verursacher von Luftverschmutzung und Lärmbelästigung vorzugehen. Das Wasserhaushalts- und Abwasserabgabengesetz, das Bundeswald-, das Naturschutz-, das Landschaftspflegegesetz sowie die dafür notwendigen Grundgesetzänderungen liegen dem Deutschen Bundestage vor. Es ist jetzt an der Opposition zu zeigen, ob Umweltschutz für sie nur ein Bekenntnis ist (Beifall bei den Regierungsparteien) oder ob sie auch bereit ist, durch konstruktive Mitarbeit den Umweltschutz in die Tat umzusetzen. Wir werden prüfen, ob die derzeitige Organisation zur Bewältigung dieser Probleme optimal ist. Die Energiekrise der vergangenen Monate wird ja über Jahre hin andauern. Niemand darf sich täuschen: Auch wenn wir genug Öl haben, die Krise ist trotzdem nicht verschwunden. Energie ist so teuer geworden, daß wir es uns bei jedem Quentchen Energie überlegen müssen, ob wir es benutzen. (Abg. Wehner: Sehr wahr!) Die Energiekrise hat in den vergangenen Monaten, was die Organisation des Umweltschutzes angeht, einige Fragen neu und dringlicher aufgeworfen, als wir sie in der Vergangenheit gestellt hatten.
Fünftens nenne ich die *berufliche Bildung*. Die Bundesregierung wird sich anstrengen, um unseren jungen Mitbürgern eine qualifizierte berufliche Bildung zu sichern. Sie hat Grundsätze für die Neufassung des Berufsbildungsgesetzes vorgelegt. Bei der Gestaltung dieses Gesetzes wird die Bundesregierung nicht an dem Rat und den Erfahrungen der Betroffenen aus der Praxis der beruflichen Bildung vorbeigehen.
(Beifall bei den Regierungsparteien)
Wir wollen Gleichwertigkeit für die berufliche Bildung. Wir werden umsichtig vorgehen und uns in enger Zusammenarbeit mit allen Beteiligten um Lösungen bemühen, die sich an den berechtigten Ansprüchen der Jugendlichen auf eine qualifizierte Ausbildung orientieren und die Entwicklung unserer Volkswirtschaft fördern.
Weiterentwicklung der beruflichen Bildung heißt nicht Verschulung. Uns geht es darum, eine sinnvolle Aufgabenteilung und Zusammenarbeit von Betrieb,

Schule und – soweit notwendig – auch von überbetrieblichen Ausbildungsstätten zu erreichen. Bundeskanzler Brandt hat dazu am 25. April 1974 in Hannover gesagt: »In der Bundesregierung denkt niemand daran, das bewährte zweispurige System der beruflichen Bildung, also die gemeinsame Verantwortung von Staat und Wirtschaft abzuschaffen.« So weit das Zitat, zu dem wir stehen.
(Beifall bei den Regierungsparteien)
Bund und Länder, Wirtschaft, Schule, Betrieb und Handwerk, Arbeitgeber und Gewerkschaften, Ausbilder und Auszubildende, sie alle müssen zur Reform der Berufsbildung beitragen. Ausdrücklich erkennen wir die großen Leistungen an, die von vielen Ausbildern und Trägern der Ausbildung in den vergangenen Jahren erbracht worden sind.
(Allgemeiner Beifall)
Wir wollen für unsere jungen Menschen nicht weniger, sondern mehr Ausbildungsplätze in Werkstätten und Büros, die eine qualifizierte Berufsausbildung ermöglichen.
(Beifall bei den Regierungsparteien)
Meine Damen und Herren, ich kann heute gewiß nicht alles aufzählen, was die sozialliberale Koalition seit der Bundestagswahl 1972 in den übrigen gesellschaftspolitisch bedeutsamen Bereichen verwirklicht oder auf den Weg gebracht hat.
(Beifall bei den Regierungsparteien. – Zurufe von der CDU/CSU)
Ich nenne hier nur noch einige Beispiele. Wir haben das System der sozialen Sicherung ausgebaut und die Sozialleistungen verbessert. Allein in den drei Jahren 1972, 1973 und 1974 sind die Renten um 44% gestiegen.
(Zurufe von der CDU/CSU)
– Sicher, ein Teil davon ist durch Preissteigerungen aufgezehrt worden. Tatsache bleibt, daß die reale Kaufkraft – nach Abzug der Preissteigerungen – für die Rentner binnen drei Jahren um 19% gestiegen ist.
(Beifall bei den Regierungsparteien)
Wirksame Verbesserungen gab es nicht nur bei den Sozialrenten, sondern auch in der Kriegsopferversorgung. Zusätzlich zu den Erhöhungen und den Strukturverbesserungen der letzten Jahre wurden die Termine für die Erhöhung der Kriegsopferrenten stufenweise vorgezogen.
Auch der Ausbau der *Agrarsozialpolitik* geht weiter. Im Zuge dieser Entwicklung wird das landwirtschaftliche Altersgeld ab 1. Januar 1975 dynamisiert.
Die *betriebliche Altersversorgung* wird in Zukunft – z. B. im Falle des Betriebswechsels oder im Fall des Konkurses – unverfallbar sein, und dies wird 12 Millionen Arbeitnehmern zusätzliche Sicherheit geben.
Bedeutende Verbesserungen für ältere Menschen, für Pflegebedürftige und Behinderte bringt das Dritte Gesetz zur *Änderung des Bundessozialhilfegesetzes*, das vor wenigen Wochen, am 1. April 1974, in Kraft getreten ist.
Der *Humanisierung des Arbeitslebens* dienen das neue Arbeitssicherheitsgesetz, das die Betriebe verpflichtet, Betriebsärzte und Fachkräfte für Arbeitssicherheit zu beschäftigen, und der Entwurf eines neuen Jugendarbeitsschutzgesetzes. Daß das neue Betriebsverfassungsgesetz und demnächst die

Mitbestimmung wichtige Instrumente auch zur Humanisierung des Arbeitslebens sind, muß ich hier nicht noch einmal betonen.
Der Kernpunkt des Aktionsprogramms für *Rehabilitation*, das neue *Schwerbehindertengesetz*, ist am 1. Mai in Kraft getreten, und ein Gesetz zur Angleichung der Leistungen der Rehabilitation liegt dem Parlament vor.
Der *Gesundheitsschutz* wird konsequent verbessert. Alle Krankenversicherten haben seit Beginn dieses Jahres einen Rechtsanspruch auf zeitlich unbegrenzte Krankenhauspflege. Einer besseren Krankenhausversorgung dient neben dem Krankenhausfinanzierungsgesetz auch die neue Bundespflegesatzverordnung. Die Bundesregierung wird auch die medizinische Grundlagenforschung und die Forschung zur Krankheitsbekämpfung vornehmlich bei den weit verbreiteten Krankheiten, insbesondere was den Krebs angeht, systematisch fortsetzen.
Zugleich haben wir eine moderne *Familienpolitik* eingeleitet. Die Reform des Ehe- und Familienrechts steht im Bundestag zur abschließenden Beratung an. Das Gesetz über die elterliche Sorge erweitert den Schutz und die Rechte der Kinder.
Erlauben Sie mir in diesem Zusammenhang auch noch ein Wort zur *Reform des § 218 des Strafgesetzbuches*, zu einer Reform, um die in den Beratungen des Deutschen Bundestages in den letzten Wochen von allen Seiten mit großem Ernst gerungen worden ist. Ich wünsche mir, daß wir uns auch weiterhin in diesem Geist und in dieser gegenseitigen Achtung vor der Meinung des anderen begegnen. (Beifall bei den Regierungsparteien) Alle unter uns hier sind durch die hinter uns liegende Entscheidung vor schwerwiegende Gewissensfragen gestellt worden. Beratung und Hilfe – getragen vom Verständnis der Gesellschaft für die in solchen Konfliktsituationen stehenden Frauen und Familien – sowie die Achtung vor der Würde der Frau und ihrem Verantwortungsbewußtsein gehören zum wirksamen Schutz des werdenden Lebens. (Zustimmung bei Abgeordneten der SPD) Wie ernst wir das nehmen – und nehmen müssen –, zeigen die neuen Angebote der Krankenversicherung für Beratung und Familienplanung, die Leistungen für berufstätige Mütter bei Erkrankung ihrer Kinder, das Angebot von Hauspflege in schwierigen familiären Situationen und damit die Gesamttendenz des Ausbaus unserer sozialen Sicherung, nicht nur den einzelnen, sondern auch den Familien mehr Lebenssicherheit zu geben.
(Beifall bei den Regierungsparteien)
So wird auch der *Kündigungsschutz* des sozialen Mietrechts in das Bürgerliche Gesetzbuch übernommen. Das neue Mietrecht hat schon in den vergangenen beiden Jahren wesentlich und wirksam zu einer Verbesserung des Schutzes der Mieter beigetragen, wie es übrigens auch den Interessen der Vermieter gerecht wird. Die Zahl der Räumungsprozesse hat seither spürbar abgenommen. Neben die rechtliche Sicherung der Mieter ist auch der Ausbau der finanziellen Sicherung getreten. Heute wird dreimal so viel *Wohngeld* gezahlt wie 1969. (Zurufe von der CDU/CSU) Fast anderthalb Millionen Haushalte erhalten heute Wohngeld.
(Beifall bei den Regierungsparteien)

Der im Herbst 1973 von den Landesregierungen und der Bundesregierung beschlossene Bildungsgesamtplan ist der langfristige Rahmen für die Entwicklung des gesamten Bildungswesens unseres Staates, der mit nüchternem Blick für das Mögliche ausgefüllt werden muß. Dazu zitiere ich aus dem Protokoll der Besprechung der Regierungschefs des Bundes und der Länder vom 20. September letzten Jahres. Es heißt dort: »Soweit die bildungspolitischen Zielvorstellungen für diesen Zeitraum finanzielle Auswirkungen haben, erfolgt ihre Festlegung in quantitativer und zeitlicher Hinsicht in Abstimmung mit den mittelfristigen Finanzplanungen.« Das heißt: der elf Länder und des Bundes.

Das dem Bundestag vorliegende *Hochschulrahmengesetz* ebnet den Weg nicht nur zu einer bundeseinheitlichen Rahmenregelung der Hochschulorganisation, sondern schafft vor allem auch notwendige Voraussetzungen für die längst überfällige Studienreform. (Beifall bei den Regierungsparteien) Dieses Gesetz muß zügig verabschiedet werden. Die Länder und der Bund tragen dafür gleichermaßen große Verantwortung. Das *Bundesausbildungsförderungsgesetz* haben wir für weitere Gruppen geöffnet. Es gilt nun auch für große Gruppen von Berufsfachschülern.

Wir haben sodann das *Wettbewerbsrecht* und den *Verbraucherschutz* weiterentwickelt: Das neue Kartellrecht verstärkt den Wettbewerb. Das Abzahlungsgesetz gibt dem Käufer bei Abzahlungsgeschäften ein befristetes Widerrufsrecht. Das Lebensmittelrecht wird verschärft, der Schutz vor schädlichen Stoffen in der Nahrung erhöht. Der entsprechende Gesetzentwurf liegt dem Bundestag zur Beschlußfassung vor.

Unser *Programm zur inneren Sicherheit* stärkt den entschlossen handelnden und die Rechte des Bürgers achtenden Rechtsstaat. Dieses Programm kostet Geld; das ist wahr. Aber es trägt zur Sicherung, zur Sicherheit der demokratischen Ordnung bei. Dieses gemeinsame Programm ist auch ein Ausdruck für die Möglichkeiten der Kooperation in unserem Bundesstaat, der Länder und des Bundes.

Wir haben inzwischen das *Bundeskriminalamt* zu einer modernen Behörde der Verbrechensbekämpfung ausgebaut. Wir garantieren die Entschädigung der Opfer von Gewaltverbrechen.

Dies alles, was ich beispielhaft nenne, meine Damen und Herren, sind Verbesserungen der Qualität unseres Lebens, die jeder Bürger überprüfen kann, Verbesserungen, auf denen wir heute und in den nächsten Monaten und Jahren aufbauen können. Diese Erfolgsbilanz spricht für sich selbst. Die Opposition, die statt dessen vom Scheitern der Reformpolitik spricht – um Sie zu zitieren, meine Damen und Herren –, muß sich vorrechnen lassen, daß die Tatsachen anders sind. (Beifall bei den Regierungsparteien) Wir werden uns diese Leistungen von Ihnen nicht zerreden lassen.

(Erneuter Beifall bei den Regierungsparteien)

[...]

(Verhandlungen des Deutschen Bundestages, VII, 17.5.1974)

11. Kapitel
Ostpolitik und Entspannung

Die Ost- und Entspannungspolitik gehört zu den am gründlichsten dokumentierten Abschnitten der jüngsten deutschen Geschichte.[3] Diese Dokumentation beschränkt sich deshalb auf die Entwicklung der deutsch-deutschen Vertragspolitik, die schon umfangreich genug ist. Möglich war diese Vertragspolitik nur im Gesamtzusammenhang und auf der Grundlage der Ost- und Entspannungspolitik.

Zu Beginn der Regierung Brandt/Scheel bestand eine gewaltige Diskrepanz zwischen den konservierten Rechtsansprüchen auf Wiedervereinigung und der Gültigkeit der Grenzen von 1937 bis zu einem Friedensvertrag einerseits und den politischen Realitäten in Gestalt der Oder-Neiße-Linie als polnischer Westgrenze und der Existenz der DDR andererseits. Spätestens seit 1962 hatte die »deutsche Frage« ihre weltpolitische Brisanz verloren, und das Interesse der Westmächte an einer deutschen Wiedervereinigung war seit der Westintegration der Bundesrepublik vermutlich nie besonders groß, was schon Rubin in seinem *stern*-Artikel über »Die Stunde der Wahrheit« (Dok. 56, Bd. I) festgestellt hatte.

Im Harmel-Bericht vom Dezember 1967, den der NATO-Ministerrat billigte, wurden Sicherheit und Entspannung ausdrücklich als Ergänzung, nicht als Gegensatz bezeichnet. Mit dem Amtsantritt von Präsident Nixon und seinem Sicherheitsberater Kissinger setzte sich die nach der Kuba-Krise begonnene Entspannungslinie, die auf Akzeptieren des politischen Status quo als Voraussetzung seiner möglichen Überwindung zielte, für etwa ein Jahrzehnt durch. Das amerikanische Interesse an einer Ost /West-Entspannung in Mitteleuropa verstärkte sich angesichts der in diesem Maße unerwarteten finanziellen, militärischen und politischen Belastungen durch den Krieg in Vietnam.

Borowsky[4] zerlegt die Interessenlage der sozialliberalen Bundesregierung in fünf Stränge, die aber wechselseitig aufeinander bezogen waren und sich deshalb in der Vertragspolitik als zeitliche Koordinierung und Formulierung von »Junktims« widerspiegelten:

1. Bereitschaft der Bundesregierung, die Existenz der DDR anzuerkennen und mit ihr gleichberechtigt zu verhandeln, ohne sie völkerrechtlich als Ausland anzuerkennen.

2. Sicherung der westlichen Präsenz in West-Berlin und der Bindungen West-Berlins an die Bundesrepublik als Voraussetzung der Anerkennung der DDR; Sicherung des Berlin-Status durch ein Abkommen der vier Siegermächte von 1945.

3. Bereitschaft der Bundesregierung, die Oder-Neiße-Linie als polnische Westgrenze anzuerkennen, vorbehaltlich einer Regelung in einem gesamtdeutschen Friedensvertrag.
4. Bereitschaft der Bundesregierung zur Anerkennung der Grenzen in Europa entsprechend der Forderung der UdSSR, soweit diese zu einem Viermächteabkommen über Berlin bereit ist.
5. Bereitschaft der Bundesregierung, das Münchner Abkommen von 1938 für ungültig zu erklären, ohne daß daraus negative Rechtsfolgen für die Sudetendeutschen entstünden.

Da die angestrebten Regelungen eine Einheit bildeten, ein Vertrag mit der UdSSR aber der Angelpunkt des Ganzen war, begannen die Moskauer Gespräche schon im Dezember 1969 mit einem Gespräch zwischen dem sowjetischen Außenminister und dem deutschen Botschafter in Moskau. Aus den ab Januar 1970 von Egon Bahr weitergeführten Gesprächen ergab sich ein Arbeitspapier, das sogenannte Bahr-Papier, das als gezielte Indiskretion im Juni 1970 in die *Bild*-Zeitung gelangte.[5] Das Papier enthielt eine wechselseitige Gewaltverzichtserklärung, die Verpflichtung zur Achtung der territorialen Integrität der Staaten in Europa und ihrer Grenzen einschließlich der Oder-Neiße-Linie und der Grenze zwischen Bundesrepublik und DDR und den Verzicht auf Gebietsansprüche. Das Papier löste heftige Proteste aus (»Verzichtspolitiker« – in Anlehnung an Weimar), wurde aber im wesentlichen – zumal Änderungen nach der Publikation kaum noch durchsetzbar sein konnten – Teil des Moskauer Vertrages.[6] Ergänzt wurde der Text durch einen Hinweis auf den Briefwechsel Adenauer/Bulganin vom 13. September 1955, in dem die Wiedervereinigungsfrage offengehalten wurde. Vor Paraphierung und Unterzeichnung des Vertrages im August 1970 wurde der sowjetischen Regierung ein »Brief zur deutschen Einheit« überreicht, der die Wiedervereinigungsfrage offenhalten sollte, und die Ratifizierung des Vertrages durch den Bundestag wurde an befriedigende Ergebnisse im Berlinabkommen geknüpft.

Am 5. Februar 1970 begannen in Warschau die Verhandlungen über einen deutsch-polnischen Vertrag. Zentrale Probleme waren die Oder-Neiße-Grenze, die Aussiedlung deutschstämmiger Bürger aus Polen und Fragen der wirtschaftlichen Zusammenarbeit. Der schließlich ausgehandelte Vertrag enthält in Artikel I die Feststellung, daß die Oder-Neiße-Linie Polens westliche Staatsgrenze und als solche »unverletzlich« (nicht »endgültig«, wegen des Vorbehalts des fehlenden Friedensvertrags) sei. Auf territoriale Ansprüche wird verzichtet. Artikel II enthält Gewaltverzichtserklärungen. Artikel III regelt »sonstige Beziehungen«, wobei die Ausreisemöglichkeiten für Deutschstämmige, über deren Anzahl Uneinigkeit bestand, nicht innerhalb des Vertrages, sondern in einer zusätzlichen »Information« seitens der polnischen Regierung enthalten sind.[7] Der Vertrag wurde am 18. November 1970 in Warschau paraphiert und am 7. Dezember 1970 von Bundeskanzler Brandt, dem polnischen Ministerpräsidenten Cyrankiewicz und dem deutschen und dem polnischen Außenminister in Warschau unterzeichnet. Bei diesem Anlaß kniete Brandt vor dem Denkmal für die Opfer des Aufstands im Warschauer Ghetto nieder – ein Bild, das durch die Weltpresse ging und die Besonderheiten des deutsch-polnischen Verhältnisses symbolisierte. Die Aussiedlerfrage blieb noch lange ungelöst. Erst 1975 wurde am Rande der KSZE-Konferenz zwischen Edward Gierek und Helmut Schmidt durch die Koppelung von Aussiedlerfrage und Kreditregelungen das Problem entschärft.

In der Regierungserklärung vom 28. 10. 1969 (Dok. 68) hatte Bundeskanzler Brandt die Bereitschaft erklärt, über ein geregeltes Nebeneinander zu einem »Miteinander« mit der DDR zu kommen, im deutschen und europäischen Interesse und im Interesse der gesamten Ost/West-Beziehungen. Die Antwort auf dieses Verhandlungsangebot kam am 17. 12. 1969 mit dem Schreiben des Staatsratsvorsitzenden Ulbricht an Bundespräsident Heinemann, verbunden mit einem Vertragsentwurf zur Regelung des Verhältnisses zwischen beiden deutschen Staaten (Dok. 71). Der Vertragsentwurf war in der vorgelegten Form nicht akzeptabel, weil er von Maximalforderungen ausging: völkerrechtliche Anerkennung (Art. I), Ausklammerung von Beziehungen auf Teilgebieten (Art. VI) und Achtung des Status von West-Berlin als selbständige politische Einheit. Die anderen Elemente (Achtung der Unverletzlichkeit der bestehenden Grenzen, Gewaltverzicht und Aufnahme beider Staaten in die UNO) wurden Teil des späteren Vertragswerks. Das Schreiben wurde von Heinemann beantwortet und an die Bundesregierung weitergeleitet.

Trotz deutlich unterschiedlicher Ausgangspositionen kam es auf Einladung der DDR-Regierung am 19. März 1970 zu einem ersten Gespräch zwischen den beiden deutschen Regierungschefs Brandt und Stoph. Die spektakuläre Begrüßung Brandts durch die Erfurter Bevölkerung machte deutlich, wie vorsichtig die Verhandlungen geführt werden mußten. Die jeweiligen »grundsätzlichen Ausführungen«[8] verharrten bei den unterschiedlichen Positionen, was für dieses erste Treffen nicht anders erwartet werden konnte. Bei dem Gegenbesuch Stophs in Kassel am 21. Mai 1970[9] blieb Stoph bei der Forderung der völkerrechtlichen Anerkennung als Voraussetzung für alles andere. Die Bundesregierung hatte eine Erklärung von zwanzig Punkten erarbeitet, in denen Zusammenarbeit auf verschiedenen Ebenen vorgeschlagen wurde, und an deren Ende erst die Aufnahme gegenseitiger Beziehungen und der Eintritt in die UNO standen. Man einigte sich auf Vertagung der Gespräche, um die Ergebnisse der anderen laufenden Verhandlungen (Moskauer Vertrag und Berlin-Abkommen) abzuwarten.

Das Viermächteabkommen über Berlin (Dok. 72) lag im Interesse der Bundesregierung und der drei Westmächte: Es ging um rechtliche Sicherung des Status quo mit westlicher Präsenz in Berlin, Sicherung der Zufahrtswege, Sicherung der Bindungen an die Bundesrepublik. Für die DDR hieß das: Einschränkung der Möglichkeiten, über die Situation in und um Berlin politischen Druck auszuüben. Das Interesse der DDR und der UdSSR am Berlin-Abkommen bestand nur insofern, als es die Voraussetzung für das übrige Vertragswerk bilden sollte.

Die Berlin-Gespräche stockten lange wegen der unterschiedlichen Rechtspositionen der Westmächte einerseits und der UdSSR andererseits über das gemeinte Gebiet, nämlich *ganz* Berlin (so die Westmächte nach ihrer Interpretation des Potsdamer Abkommens von 1945) oder West-Berlin. Nach Ausklammerung dieser Frage, die aber seitdem problematisch geblieben ist, gab es Verhandlungsfortschritte. Grund dafür war wohl auch die Ablösung Ulbrichts durch den flexibleren Honekker.

Das Vertragswerk besteht aus dem Viermächteabkommen, am 3. September 1971 unterzeichnet, darauf aufbauenden Vereinbarungen zwischen der Bundesregierung und West-Berlin einerseits sowie der DDR andererseits, und dem Schlußprotokoll[10], das am 3. September 1971 paraphiert wurde. Das Schlußprotokoll, unterzeichnet am 3. Juni 1972, setzt das Viermächteabkommen mit dem Tage der Unterzeichnung in Kraft und regelt, daß im Falle auftretender Schwierigkeiten bei der Anwendung des Viermächteabkommens die vier Mächte zu Konsultationen zusammentreten. Damit war die Verantwortung für Konflikte im Zusammenhang mit Berlin der DDR entzogen und den vier Mächten zurückgegeben.

Die Erklärung der Bundesregierung (Dok. 74) und die Ansprache des Bundeskanzlers zur Unterzeichnung des Viermächteabkommens geben der Genugtuung über das Erreichte Ausdruck und fixieren die bundesdeutsche Interpretation des Abkommens, was angesichts der unterschiedlichen Bedeutungen von »Bindungen« oder »Verbindungen« zu Berlin nicht unwichtig war und auch strittig blieb, da es keine offiziell gültige deutsche Übersetzung des Abkommens gibt.

Seit Ende 1970 liefen Gespräche mit der DDR über die Einzelvereinbarungen, die Voraussetzung für das Inkrafttreten des Viermächteabkommens sein sollten. Am 17. 12. 1971 wurde das Transitabkommen[11] unterzeichnet. Es beruht auf den in Anlage I des Viermächteabkommens formulierten Grundsätzen, sichert den behinderungsfreien Transitverkehr und definiert, was unter Mißbrauch der Transitwege zu verstehen ist. Der Vorwurf des Mißbrauchs der Transitwege hat mehrfach, berechtigt oder nicht, zu Schwierigkeiten in den deutsch-deutschen Beziehungen geführt.

Weitere Einzelvereinbarungen betreffen Erleichterungen im Reise- und Besucherverkehr. Mit den Einzelvereinbarungen im Rahmen des Viermächteabkommens und der Ratifizierung der Ostverträge, die durch Stimmenthaltung der CDU/CSU möglich wurde, konnte das Viermächteabkommen am 3. Juni 1972 in Kraft treten.
Der Verkehrsvertrag, am 26. Mai 1972 unterzeichnet, war der erste Staatsvertrag zwischen der Bundesrepublik und der DDR als gleichberechtigte Partner. Seine politische Bedeutung lag in erster Linie in genau dieser Tatsache, was auch aus den Erklärungen der Staatssekretäre Bahr und Kohl (Dok. 76 und 75) bei der Unterzeichnung des Vertrages hervorgeht. Die relativ günstigen Bedingungen im Rahmen des für die DDR Möglichen brachten dem Verkehrsvertrag auch die Zustimmung der Opposition. Er wurde am 17. 10. 1972 in Kraft gesetzt. Die DDR verzichtete durch Gesetz vom 16. 10. 1972 (Dok. 77) auf strafrechtliche Verfolgung von ehemaligen DDR-Bürgern, die vor dem 1. Januar 1972 illegal die DDR verlassen hatten, und entließ sie aus der DDR-Staatsbürgerschaft. Das hieß, daß auch dieser Personenkreis in die DDR einreisen konnte. Die Anordnungen vom 17. 10. 1972 (Dok. 78 und 79) regelten Einzelheiten der Einreise von DDR-Bürgern in die Bundesrepublik und umgekehrt. Die gesamten Reiseregelungen waren gegenüber dem früheren Zustand eine außerordentliche Erleichterung.
Am Ende der ostpolitischen Verhandlungen stand der Grundlagenvertrag (Dok. 81), der die Beziehungen zwischen den beiden deutschen Staaten regelte. Die »Normalisierung der Beziehungen« sollte nach den ursprünglichen Vorstellungen von UdSSR und DDR Anfang und Voraussetzung aller anderen möglichen Regelungen sein. Es war ein wesentlicher Verhandlungserfolg, daß das Berlinabkommen und die damit verbundenen Vereinbarungen vorher abgeschlossen wurden. Der Grundlagenvertrag war nach Beginn der Verhandlungen im August 1972 von den Staatssekretären Bahr und Kohl am 21. Dezember 1972 in Ost-Berlin unterzeichnet worden. Er enthält Elemente, die sowohl im Vertragsentwurf Ulbrichts vom 17. 12. 1969 (Dok. 71) vorkamen – Gewaltverzicht, Achtung der Unverletzlichkeit der bestehenden Grenzen, Förderung der Abrüstung –, als auch Bestandteil des Moskauer und Warschauer Vertrages waren. In Artikel IV wird auf den Alleinvertretungsanspruch der Bundesrepublik verzichtet, ohne daß damit eine Aussage zu Fragen der Staatsbürgerschaft verbunden ist. Die Bundesrepublik hält bis heute an der Regelung im Grundgesetz, Artikel 116, über eine einheitliche deutsche Staatsbürgerschaft fest und erkennt die der DDR nicht an. In Artikel VI erkennen beide Staaten die Hoheitsgewalt des jeweils anderen in seinem Staatsgebiet an, ohne daß damit eine völkerrechtliche Anerkennung ausgesprochen wird. Artikel VII bildet die Voraussetzung für spätere Abmachungen im Sinn des Vertrages.

Der Vertrag enthält keine Aussage, die eine mögliche spätere Wiedervereinigung der beiden deutschen Staaten ausschließt. Der anläßlich der Vertragsunterzeichnung von Bahr und Kohl übergebene »Brief zur deutschen Einheit« (Dok. 83), der schon den Moskauer Vertrag begleitet hatte, enthält die gleiche Feststellung.

Die Ankündigung der Vertragsunterzeichnung in Brandts Regierungserklärung vom 15.12.1972 führte zu heftigem Protest Barzels (Dok. 80): Der Vertrag sei schlecht und hastig ausgehandelt, begünstige nur die DDR durch Gebrauch der neuen Formel von »zwei deutschen Staaten« und enthalte nichts über die Wahrung der Menschenrechte in der DDR. Der vor den Wahlen vom November 1972 ausgehandelte Vertrag hat aber vermutlich die maximalen Zugeständnisse von DDR und UdSSR erreicht, weil beide an einem für die Koalition günstigen Wahlausgang interessiert waren[12]. Die Wahlen vom November 1972 waren im Bewußtsein der Wähler quasi eine Abstimmung über die Ostverträge.

Am 20. Juni 1973 setzten DDR und Bundesrepublik den Vertrag in Kraft, weil am 21. Juni 1973 die Aufnahmeanträge beider deutschen Staaten in die UNO behandelt werden sollten.

Zugleich lief der Antrag Bayerns beim Bundesverfassungsgericht auf Prüfung der Verfassungsmäßigkeit des Grundlagenvertrages. Aufgrund der mündlichen Verhandlung vom 19. Juni 1973 erklärte das BVG den Vertrag als verfassungsgemäß (Bezug auf das Wiedervereinigungsgebot in der Präambel des Grundgesetzes). In der Begründung des Urteils vom 31. Juli 1973[13] wird festgestellt, daß die Einhaltung des verfassungsrechtlichen Gebots zur Wiedervereinigung den Organen der Bundesrepublik aufgegeben sei, daß aber gerade für den Gesetzgeber ein breiter Ermessensspielraum bestehe: »Das Bundesverfassungsgericht kann dem Gesetzgeber erst entgegentreten, wenn er die Grenzen dieses Ermessens eindeutig überschreitet [...] Der Vertrag kann so interpretiert werden, daß er mit keiner der dargelegten Aussagen des Grundgesetzes in Widerspruch gerät [...]«

Die Begründung enthielt auch Aussagen über die Fortdauer des Deutschen Reiches, die – isoliert vom Kontext der Begründung – als konservatives Element gegen die Vertragspolitik benutzt wurden und das politische Klima belasteten.

In der Begründung des Urteils wird unter B III formuliert:

»Mit der Errichtung der Bundesrepublik Deutschland wurde nicht ein neuer westdeutscher Staat gegründet, sondern ein Teil Deutschlands neu organisiert [...]. Die Bundesrepublik Deutschland ist also nicht ›Rechtsnachfolger‹ des Deutschen Reiches, sondern als Staat identisch mit dem Staat ›Deutsches Reich‹, – in bezug auf seine räumliche Ausdehnung allerdings ›teilidentisch‹, so daß insoweit die Identität keine Ausschließlichkeit beansprucht [...].«

Unter B IV wird dem Grundlagenvertrag die Geltungskraft eines völkerrechtlichen Vertrages bestätigt, zugleich wird er aber bezeichnet als besonderer Vertrag »zwischen zwei Staaten, die Teile eines noch immer existierenden, wenn auch handlungsunfähigen, weil noch nicht reorganisierten umfassenden Staates Gesamtdeutschland mit einem einheitlichen Staatsvolk sind, dessen Grenzen genauer zu bestimmen, hier nicht nötig ist [...].« Die relative Offenheit der Begründung, die gerade auf die Verrechtlichung politischer Entscheidungen verzichtete, führte zur unterschiedlichen Nutzung in der politischen Auseinandersetzung.

Die vor der Ratifizierung des Grundlagenvertrages veröffentlichten Erläuterungen der Bundesregierung zu diesem Vertrag fassen Leistung und Grenzen des Vertrages noch einmal zusammen und geben eine Übersicht über die Verhandlungsschritte. Die auch nach Abschluß der ostpolitischen Verträge unveränderten Positionen von Regierung und Opposition werden in der Debatte zur Regierungserklärung vom 18.1.1973 (Dok. 86) klar. Im Bericht des Bundeskanzlers zur Lage der Nation am 24.1.1974 (Dok. 87) kann auf den inzwischen erfolgten Abschluß des Vertrages mit der CSSR hingewiesen werden und auf die Aufnahme diplomatischer Beziehungen mit Ungarn und Bulgarien. Die Ausführungen über das Verhältnis zur DDR mahnen zum Realismus in der Einschätzung des Erreichten und zur Einhaltung des einzig möglichen Weges der Verhandlungen.

Am 14.3.1974 werden die »Ständigen Vertretungen« (nicht Botschaften) von Bundesrepublik und DDR errichtet (Dok. 88).

Im September 1974 halten die beiden deutschen Außenminister ihre Antrittsrede vor der UNO. Dabei spricht DDR-Außenminister Fischer (Dok. 89) von völkerrechtlichen Anerkennungen der Ergebnisse des Zweiten Weltkrieges und von der Existenz einer kapitalistischen und einer sozialistischen Nation in den zwei deutschen Staaten. Damit wurde die im Vertragswerk mühsam vermiedene völkerrechtliche Anerkennung als vollzogen bezeichnet und die Weiterexistenz der deutschen Nation in Frage gestellt.

Vier Tage später, am 27.9.1974, begründet Honecker (Dok. 90) die Änderung der DDR-Verfassung (Dok. 91) vom 7.10.1974 hinsichtlich des Nationsbegriffes: Der Begriff der »ganzen deutschen Nation«, der noch in Präambel und Artikel 1 der Verfassung von 1968 enthalten war, ist entfallen. Der Bundesminister für innerdeutsche Beziehungen, Franke, stellt zutreffend fest, daß die Verfassungsänderung sich seit einiger Zeit angekündigt habe, daß sie aber nichts an den vertraglichen Vereinbarungen ändere (Dok. 92). Das ist sicher richtig, doch muß die Verfassungsänderung als ein Akt weiterer Abgrenzung verstanden werden. Politisch erstaunlich ist eigentlich nur, daß dieser Akt der DDR notwendig erschien. Man geht wohl nicht fehl in der Annahme, daß die aufgrund der

Abb. 2.: Am 19. 3. 1970 kamen in Erfurt die Regierungschefs der beiden deutschen Staaten, Bundeskanzler Willy Brandt und der stellvertretende Staatsratsvorsitzende Willi Stoph, zum ersten Mal zusammen. Die Gespräche wurden am 21. 5. 1970 in Kassel fortgesetzt. Auf dem Bild die Verhandlungsdelegationen in Erfurt. V. l. n. r.: DDR-Außenminister Otto Winzer, Stoph, Staatssekretär Dr. M. Kohl, Dr. Hans Voss, Abteilungsleiter im DDR-Außenministerium; Ministerialdirektor D. Ulrich Sahm, Staatssekretär Conrad Ahlers, Willy Brandt, Bundesminister Egon Franke.

Vertragspolitik gewachsenen Kontakte dafür eine Rolle spielen. In den gleichen Zusammenhang dürften die anhaltenden Versuche gehören, über Anhebung der Mindestumtauschsätze für Besuche in der DDR Einfluß auf das Ausmaß dieser Besuche zu nehmen. Daß diese Bemühungen zugleich in der wirtschaftlichen Situation begründet sind, ist dabei keine Frage. In der Erklärung von Bundeskanzler Schmidt vom 11.12.1974 (Dok. 93) wird deutlich, wie eng die vertraglichen Abmachungen, die Anhebung und dann wieder Rücknahme der Mindestumtauschsätze von 1974 und die Verhandlungen über den »Swing« (zinsloser Überziehungskredit für die DDR) zusammenhängen. Wenn man sich vor Augen hält, daß die Wirtschaftskrise, die die Ölpreisentwicklung von 1973/74 auslöste, die DDR mit ihren knappen Devisenreserven trotz Importe russischen Erdöls stärker treffen mußte als die westlichen Staaten, ist es nicht verwunderlich, daß die deutsch-deutschen Beziehungen eher einen Geschäftscharakter bekamen als den des 1969 angestrebten »gutnachbarlichen Miteinander«. Trotz dieser seit 1974 zunehmenden Tendenz haben die Verträge eine bemerkenswerte Stabilität in internationalen Krisenlagen bewiesen und menschliche Erleichterungen gebracht, die – wenn sie nicht mit irrealen Wunschvorstellungen wie Aufhebung von Mauer und Schießbefehl konfrontiert werden – nicht gering zu schätzen sind.[14]

Dokumente zum 11. Kapitel

[71] Entwurf eines Vertrages über die Aufnahme gleichberechtigter Beziehungen zwischen der Deutschen Demokratischen Republik und der Bundesrepublik Deutschland
(Anlage zum Schreiben Walter Ulbrichts an Bundespräsident Heinemann; 17.12.1969)

Artikel I
Die Hohen vertragschließenden Seiten vereinbaren die Aufnahme normaler gleichberechtigter Beziehungen, frei von jeder Diskriminierung, zwischen der Deutschen Demokratischen Republik und der Bundesrepublik Deutschland auf der Grundlage der allgemein anerkannten Prinzipien und Normen des Völkerrechts. Ihre gegenseitigen Beziehungen beruhen insbesondere auf den Prinzipien der souveränen Gleichheit, der territorialen Integrität und Unantastbarkeit der Staatsgrenzen, der Nichteinmischung in die inneren Angelegenheiten und des gegenseitigen Vorteils.

Artikel II
Die Hohen vertragschließenden Seiten anerkennen gegenseitig ihren gegenwärtigen territorialen Bestand in den bestehenden Grenzen und deren Unverletzlichkeit. Sie anerkennen die im Ergebnis des Zweiten Weltkrieges entstandenen Grenzen in Europa, insbesondere die Grenzen zwischen der Deutschen Demokratischen Republik und der Bundesrepublik Deutschland sowie die Grenze an Oder und Neiße zwischen der Deutschen Demokratischen Republik und der Volksrepublik Polen.

Artikel III
Die Hohen vertragschließenden Seiten verpflichten sich, auf die Androhung und Anwendung von Gewalt in ihren gegenseitigen Beziehungen zu verzichten und untereinander alle Streitfragen auf friedlichem Wege und mit friedlichen Mitteln zu lösen.
Beide Seiten verpflichten sich, alle den Festlegungen im Artikel I entgegenstehenden und den Vertragspartner diskriminierenden Maßnahmen zu unterlassen, ohne Verzögerung diesem Vertrag entgegenstehende Gesetze und andere Normativakte aufzuheben, sowie die Revision entsprechender Gerichtsentscheidungen zu veranlassen. Sie werden auch in Zukunft jegliche Diskriminierung des Vertragspartners unterlassen.

Artikel IV
Die Deutsche Demokratische Republik und die Bundesrepublik Deutschland verzichten darauf, Kernwaffen zu erlangen oder in irgendeiner Form über

diese zu verfügen. Sie verpflichten sich, dafür einzutreten, daß Verhandlungen über Abrüstung durchgeführt werden. Auf dem Boden der beiden deutschen Staaten dürfen weder chemische noch biologische Waffen hergestellt, stationiert oder gelagert werden.

Artikel V
Die Deutsche Demokratische Republik und die Bundesrepublik Deutschland nehmen miteinander diplomatische Beziehungen auf. Sie lassen sich gegenseitig in den Hauptstädten Berlin und Bonn durch Botschaften vertreten. Die Botschaften genießen alle Immunitäten und Privilegien entsprechend der Wiener Konvention über diplomatische Beziehungen vom 18. April 1961.

Artikel VI
Die Beziehungen auf Teilgebieten werden gesondert vertraglich vereinbart.

Artikel VII
Die Deutsche Demokratische Republik und die Bundesrepublik Deutschland verpflichten sich, den Status West-Berlins als selbständige politische Einheit zu achten und unter Berücksichtigung dieses Status ihre Beziehungen zu West-Berlin zu regeln.

Artikel VIII
Die Deutsche Demokratische Republik und die Bundesrepublik Deutschland beantragen ohne Verzögerung in Übereinstimmung mit dem Prinzip der Universalität der Organisation der Vereinten Nationen ihre Aufnahme als vollberechtigte Mitglieder in die Organisation der Vereinten Nationen. Sie werden dafür eintreten, daß andere Staaten die Aufnahme der beiden deutschen Staaten in die Organisation der Vereinten Nationen unterstützen.

Artikel IX
Der Vertrag wird auf die Dauer von 10 Jahren abgeschlossen. Er unterliegt der Ratifizierung und tritt einen Monat nach Austausch der Ratifikationsurkunden in Kraft.
Dieser Vertrag wird gemäß Artikel 102 der Charta der Vereinten Nationen dem Sekretär der Organisation der Vereinten Nationen zur Registrierung übergeben.
(Bulletin des Presse- und Informationsamtes der Bundesregierung, Nr. 156, 23. 12. 1969)

[72] Viermächte-Abkommen vom 3. September 1971

Die Regierungen der Französischen Republik, der Union der Sozialistischen Sowjetrepubliken, des Vereinigten Königreichs Großbritannien und Nordirland, der Vereinigten Staaten von Amerika,
vertreten durch ihre Botschafter, die in dem früher vom Alliierten Kontrollrat

benutzten Gebäude im amerikansichen Sektor Berlins eine Reihe von Sitzungen abgehalten haben,
handelnd auf der Grundlage ihrer Viermächte-Rechte und -Verantwortlichkeiten und der entsprechenden Vereinbarungen und Beschlüsse der Vier Mächte aus der Kriegs- und Nachkriegszeit, die nicht berührt werden,
unter Berücksichtigung der bestehenden Lage in dem betreffenden Gebiet,
von dem Wunsch geleitet, zu praktischen Verbesserungen der Lage beizutragen,
unbeschadet ihrer Rechtspositionen,
haben folgendes vereinbart:

I.
Allgemeine Bestimmungen

1. Die Vier Regierungen werden bestrebt sein, die Beseitigung von Spannungen und die Verhütung von Komplikationen in dem betreffenden Gebiet zu fördern.
2. Unter Berücksichtigung ihrer Verpflichtungen nach der Charta der Vereinten Nationen stimmen die Vier Regierungen darin überein, daß in diesem Gebiet keine Anwendung oder Androhung von Gewalt erfolgt und daß Streitigkeiten ausschließlich mit friedlichen Mitteln beizulegen sind.
3. Die Vier Regierungen werden ihre individuellen und gemeinsamen Rechte und Verantwortlichkeiten, die unverändert bleiben, gegenseitig achten.
4. Die Vier Regierungen stimmen darin überein, daß ungeachtet der Unterschiede in den Rechtsauffassungen die Lage, die sich in diesem Gebiet entwikkelt hat und wie sie in diesem Abkommen sowie in den anderen in diesem Abkommen genannten Vereinbarungen definiert ist, nicht einseitig verändert wird.

II.
Bestimmungen, die die Westsektoren Berlins betreffen

A. Die Regierung der Union der Sozialistischen Sowjetrepubliken erklärt, daß der Transitverkehr von zivilen Personen und Gütern zwischen den Westsektoren Berlins und der Bundesrepublik Deutschland auf Straßen, Schienen- und Wasserwegen durch das Territorium der Deutschen Demokratischen Republik ohne Behinderungen sein wird, daß dieser Verkehr erleichtert werden wird, damit er in der einfachsten und schnellsten Weise vor sich geht und daß er Begünstigung erfahren wird.
Die diesen zivilen Verkehr betreffenden konkreten Regelungen, wie sie in Anlage I niedergelegt sind, werden von den zuständigen deutschen Behörden vereinbart.
B. Die Regierungen der Französischen Republik, des Vereinigten Königreichs und der Vereinigten Staaten von Amerika erklären, daß die Bindungen zwischen den Westsektoren Berlins und der Bundesrepublik Deutschland aufrechterhalten und entwickelt werden, wobei sie berücksichtigen, daß diese

Sektoren so wie bisher kein Bestandteil (konstitutiver Teil) der Bundesrepublik Deutschland sind und auch weiterhin nicht von ihr regiert werden.
Konkrete Regelungen, die das Verhältnis zwischen den Westsektoren Berlins und der Bundesrepublik Deutschland betreffen, sind in Anlage II niedergelegt.
C. Die Regierung der Union der Sozialistischen Sowjetrepubliken erklärt, daß die Kommunikationen zwischen den Westsektoren Berlins und Gebieten, die an diese Sektoren grenzen, sowie denjenigen Gebieten der Deutschen Demokratischen Republik, die nicht an diese Sektoren grenzen, verbessert werden. Personen mit ständigem Wohnsitz in den Westsektoren Berlins werden aus humanitären, familiären, religiösen, kulturellen oder kommerziellen Gründen oder als Touristen in diese Gebiete reisen und sie besuchen können, und zwar unter Bedingungen, die denen vergleichbar sind, die für andere in diese Gebiete einreisende Personen gelten.
Die Probleme der kleinen Enklaven einschließlich Steinstückens und anderer kleiner Gebiete können durch Gebietsaustausch gelöst werden.
Konkrete Regelungen, die die Reisen, die Kommunikationen und den Gebietsaustausch betreffen, wie in Anlage III niedergelegt, werden zwischen den zuständigen deutschen Behörden vereinbart.
D. Die Vertretung der Interessen der Westsektoren Berlins im Ausland und die konsularische Tätigkeit der Union der Sozialistischen Sowjetrepubliken in den Westsektoren Berlins können wie in Anlage IV niedergelegt ausgeübt werden.

III.
Schlußbestimmungen

Dieses Viermächte-Abkommen tritt an dem Tage in Kraft, der in einem Viermächte-Schlußprotokoll festgelegt wird, das abzuschließen ist, sobald die in Teil II dieses Viermächte-Abkommens und in seinen Anlagen vorgesehenen Maßnahmen vereinbart worden sind.
Geschehen in dem früher vom Alliierten Kontrollrat benutzten Gebäude im amerikanischen Sektor Berlins am 3. September 1971, in vier Urschriften, jede in englischer, französischer und russischer Sprache, wobei jeder Wortlaut gleichermaßen verbindlich ist.

Für die Regierung der Französischen Republik
Jean Sauvagnargues

Für die Regierung der Union der Sozialistischen Sowjetrepubliken
Pjotr Abrassimow

Für die Regierung des Vereinigten Königreichs Großbritannien und Nordirland
R. W. Jackling

Für die Regierung der Vereinigten Staaten von Amerika
Kenneth Rush

Anlage I
Mitteilung der Regierung der Union der Sozialistischen Sowjetrepubliken an die Regierungen der Französischen Republik, des Vereinigten Königreiches und der Vereinigten Staaten von Amerika

Die Regierung der Union der Sozialistischen Sowjetrepubliken hat die Ehre, unter Bezugnahme auf Teil II Abschnitt A des Viermächte-Abkommens vom heutigen Tage und nach Konsultationen und in Übereinkunft mit der Regierung der Deutschen Demokratischen Republik den Regierungen der Französischen Republik, des Vereinigten Königreiches und der Vereinigten Staaten von Amerika folgendes mitzuteilen:
1. Der Transitverkehr von zivilen Personen und Gütern zwischen den Westsektoren Berlins und der Bundesrepublik Deutschland auf Straßen, Schienen- und Wasserwegen durch das Territorium der Deutschen Demokratischen Republik wird erleichtert werden und ohne Behinderungen sein. Er wird in der einfachsten, schnellsten und günstigsten Weise erfolgen, wie es in der internationalen Praxis vorzufinden ist.
2. In Übereinstimmung damit
a) können für die Beförderung von zivilen Gütern auf Straßen, Schienen- und Wasserwegen zwischen den Westsektoren Berlins und der Bundesrepublik Deutschland vor der Abfahrt verplombte Transportmittel benutzt werden. Die Kontrollverfahren werden auf die Prüfung der Plomben und der Begleitdokumente beschränkt werden.
b) werden bei Transportmitteln, die nicht verplombt werden können, wie zum Beispiel offene Lastkraftwagen, die Kontrollverfahren auf die Prüfung der Begleitdokumente beschränkt werden. In besonderen Fällen, in denen hinreichende Verdachtsgründe dafür vorliegen, daß nichtverplombte Transportmittel Materialien enthalten, die zur Verbreitung auf den vorgesehen Wegen bestimmt sind, oder daß sich in ihnen Personen oder Materialien befinden, die auf diesen Wegen aufgenommen worden sind, kann der Inhalt der nichtverplombten Transportmittel geprüft werden. Die Verfahren zur Behandlung derartiger Fälle werden zwischen den zuständigen deutschen Behörden vereinbart.
c) können für Reisen zwischen den Westsektoren Berlins und der Bundesrepublik Deutschland durchgehende Züge und Autobusse benutzt werden. Die Kontrollverfahren umfassen außer der Identifizierung von Personen keine anderen Formalitäten.
d) werden Personen, die als Transitreisende identifiziert sind und individuelle Transportmittel zwischen den Westsektoren Berlins und der Bundesrepublik Deutschland auf den für den Durchgangsverkehr vorgesehenen Wegen benutzen, zu ihrem Bestimmungsort gelangen können, ohne individuelle Gebühren und Abgaben für die Benutzung der Transitwege zu zahlen.
Die Verfahren, die auf solche Reisende Anwendung finden, werden keine Verzögerungen mit sich bringen. Die Reisenden, ihre Transportmittel und ihr persönliches Gepäck werden nicht der Durchsuchung und der Festnahme unterliegen oder von der Benutzung der vorgesehenen Wege ausgeschlossen

werden, außer in besonderen Fällen, wie das zwischen den zuständigen deutschen Behörden vereinbart werden kann, in denen hinreichende Verdachtsgründe bestehen, daß ein Mißbrauch der Transitwege für Zwecke beabsichtigt ist, die nicht mit der direkten Durchreise von und nach den Westsektoren Berlins in Zusammenhang stehen und die den allgemein üblichen Vorschriften bezüglich der öffentlichen Ordnung zuwiderlaufen.

e) kann eine entsprechende Kompensation für Abgaben, Gebühren und andere Kosten, die den Verkehr auf den Verbindungswegen zwischen den Westsektoren Berlins und der Bundesrepublik Deutschland betreffen, einschließlich der Instandhaltung der entsprechenden Wege, Einrichtungen und Anlagen, die für diesen Verkehr benutzt werden, in Form einer jährlichen Pauschalsumme erfolgen, die von der Bundesrepublik Deutschland an die Deutsche Demokratische Republik gezahlt wird.

3. Regelungen zur Durchführung und Ergänzung der in den Absätzen 1 und 2 genannten Bestimmungen werden zwischen den zuständigen deutschen Behörden vereinbart.

Anlage II
Mitteilung der Französischen Regierung, des Vereinigten Königreichs und der Vereinigten Staaten von Amerika an die Regierung der Union der Sozialistischen Sowjetrepubliken

Die Regierungen der Französischen Republik, des Vereinigten Königreichs und der Vereinigten Staaten von Amerika beehren sich, unter Bezugnahme auf Teil II Abschnitt B des Viermächte-Abkommens vom heutigen Tage und nach Konsultationen mit der Regierung der Bundesrepublik Deutschland der Regierung der Union der Sozialistischen Sowjetrepubliken folgendes mitzuteilen:

1. In Ausübung ihrer Rechte und Verantwortlichkeiten erklären sie, daß die Bindungen zwischen den Westsektoren Berlins und der Bundesrepublik Deutschland aufrechterhalten und entwickelt werden, wobei sie berücksichtigen, daß diese Sektoren wie bisher kein Bestandteil (konstitutiver Teil) der Bundesrepublik Deutschland sind und auch weiterhin nicht von ihr regiert werden. Die Bestimmungen des Grundgesetzes der Bundesrepublik Deutschland und der in den Westsektoren Berlins in Kraft befindlichen Verfassung, die zu dem Vorstehenden in Widerspruch stehen, sind suspendiert worden und auch weiterhin nicht in Kraft.

2. Der Bundespräsident, die Bundesregierung, die Bundesversammlung, der Bundesrat und der Bundestag, einschließlich ihrer Ausschüsse und Fraktionen, sowie sonstige staatliche Organe der Bundesrepublik Deutschland werden in den Westsektoren Berlins keine Verfassungs- oder Amtsakte vornehmen, die in Widerspruch zu Absatz I stehen.

3. Die Regierung der Bundesrepublik Deutschland wird in den Westsektoren Berlins bei den Behörden der Drei Regierungen und beim Senat durch eine ständige Verbindungsbehörde vertreten sein.

Anlage III
Mitteilung der Regierung der Union der Sozialistischen Sowjetrepubliken an die Regierungen der Französischen Republik, des Vereinigten Königreiches und der Vereinigten Staaten von Amerika

Die Regierung der Union der Sozialistischen Sowjetrepubliken hat die Ehre, unter Bezugnahme auf Teil II Abschnitt C des Viermächte-Abkommens vom heutigen Tage und nach Konsultationen und in Übereinkunft mit der Regierung der Deutschen Demokratischen Republik den Regierungen der Französischen Republik, des Vereinigten Königreiches und der Vereinigten Staaten von Amerika folgendes mitzuteilen:
1. Die Kommunikationen zwischen den Westsektoren Berlins und Gebieten, die an diese Sektoren grenzen, sowie denjenigen Gebieten der Deutschen Demokratischen Republik, die nicht an diese Sektoren grenzen, werden verbessert werden.
2. Personen mit ständigem Wohnsitz in den Westsektoren Berlins werden aus humanitären, familiären, religiösen, kulturellen oder kommerziellen Gründen oder als Touristen in diese Gebiete reisen und sie besuchen können, und zwar unter Bedingungen, die denen vergleichbar sind, die für andere in diese Gebiete einreisende Personen gelten. Zur Erleichterung der oben beschriebenen Besuche und Reisen von Personen mit ständigem Wohnsitz in den Westsektoren Berlins werden zusätzliche Übergangsstellen eröffnet.
3. Die Probleme der kleinen Enklaven einschließlich Steinstückens und anderer kleiner Gebiete können durch Gebietsaustausch gelöst werden.
4. Die Telefon-, Telegrafen-, Transport- und anderen Verbindungen der Westsektoren Berlins nach außen werden erweitert werden.
5. Regelungen zur Durchführung und Ergänzung der Bestimmungen der Absätze 1 bis 4 werden zwischen den zuständigen deutschen Behörden vereinbart.

Anlage IV
A Mitteilung der Regierungen der Französischen Republik, des Vereinigten Königreiches und der Vereinigten Staaten von Amerika an die Regierung der Sozialistischen Sowjetrepubliken

Die Regierungen der Französischen Republik, des Vereinigten Königreiches und der Vereinigten Staaten von Amerika beehren sich, unter Bezugnahme auf Teil II D des Viermächte-Abkommens vom heutigen Tage und nach Konsultation mit der Regierung der Bundesrepublik Deutschland, der Regierung der Union der Sozialistischen Sowjetrepubliken folgendes mitzuteilen:
1. Die Regierungen der Französischen Republik, des Vereinigten Königreiches und der Vereinigten Staaten von Amerika behalten ihre Rechte und Verantwortlichkeiten hinsichtlich der Vertretung im Ausland der Interessen der Westsektoren Berlins und der Personen mit ständigem Wohnsitz in den Westsektoren einschließlich der Rechte und Verantwortlichkeiten, die Angelegenheiten der Sicherheit und des Status betreffen, sowohl in internationalen Organisationen als auch in Beziehungen zu anderen Ländern bei.

2. Unbeschadet des Vorstehenden und unter der Voraussetzung, daß Angelegenheiten der Sicherheit und des Status nicht berührt werden, haben sie sich einverstanden erklärt, daß
a) die Bundesrepublik Deutschland die konsularische Betreuung für Personen mit ständigem Wohnsitz in den Westsektoren Berlins ausüben kann;
b) in Übereinstimmung mit den festgelegten Verfahren völkerrechtliche Vereinbarungen und Abmachungen, die die Bundesrepublik Deutschland schließt, auf die Westsektoren Berlins ausgedehnt werden können, vorausgesetzt, daß die Ausdehnung solcher Vereinbarungen und Abmachungen jeweils ausdrücklich erwähnt wird;
c) die Bundesrepublik Deutschland die Interessen der Westsektoren Berlins in internationalen Organisationen und auf internationalen Konferenzen vertreten kann;
d) Personen mit ständigem Wohnsitz in den Westsektoren Berlins gemeinsam mit Teilnehmern aus der Bundesrepublik Deutschland am internationalen Austausch und an internationalen Ausstellungen teilnehmen können. Tagungen internationaler Organisationen und internationale Konferenzen sowie Ausstellungen mit internationaler Beteiligung können in den Westsektoren Berlins durchgeführt werden. Einladungen werden vom Senat oder gemeinsam von der Bundesrepublik Deutschland mit dem Senat ausgesprochen.
3. Die drei Regierungen genehmigen die Errichtung eines Generalkonsulates der Union der Sozialistischen Sowjetrepubliken in den Westsektoren Berlins, das gemäß den üblichen in diesen Sektoren geltenden Verfahren bei den entsprechenden Behörden der drei Regierungen zum Zwecke der Ausübung konsularischer Betreuung nach Maßgabe der in einem gesonderten Dokument vom heutigen Tage niedergelegten Bestimmungen akkreditiert wird.

B Mitteilung der Regierung der Union der Sozialistischen Sowjetrepubliken an die Regierungen der Französischen Republik, des Vereinigten Königreichs und der Vereinigten Staaten von Amerika

Die Regierung der Union der Sozialistischen Sowjetrepubliken hat die Ehre, unter Bezugnahme auf Teil II D des Viermächte-Abkommens vom heutigen Tage und auf die Mitteilung der Regierungen der Französischen Republik, des Vereinigten Königreichs und der Vereinigten Staaten von Amerika, die die Vertretung im Ausland der Interessen der Westsektoren Berlins und der Personen mit ständigem Wohnsitz in den Westsektoren betreffen, den Regierungen der Französischen Republik, des Vereinigten Königreichs und der Vereinigten Staaten von Amerika folgendes mitzuteilen:
1. Die Regierung der Union der Sozialistischen Sowjetrepubliken nimmt die Tatsache zur Kenntnis, daß die drei Regierungen ihre Rechte und Verantwortlichkeiten in bezug auf die Vertretung im Ausland der Interessen der Westsektoren Berlins und der Personen mit ständigem Wohnsitz in den Westsektoren einschließlich der Rechte und Verantwortlichkeiten, die Angelegen-

heiten der Sicherheit und des Status betreffen, sowohl in internationalen Organisationen als auch in Beziehungen zu anderen Ländern beibehalten.
2. Unter der Voraussetzung, daß Angelegenheiten der Sicherheit und des Status nicht berührt werden, wird sie ihrerseits keine Einwände haben gegen
a) die Ausübung der konsularischen Betreuung für Personen mit ständigem Wohnsitz in den Westsektoren Berlins durch die Bundesrepublik Deutschland;
b) die Ausdehnung von völkerrechtlichen Vereinbarungen und Abmachungen, die die Bundesrepublik Deutschland schließt, auf die Westsektoren Berlins in Übereinstimmung mit den festgelegten Verfahren, vorausgesetzt, daß die Ausdehnung solcher Vereinbarungen und Abmachungen jeweils ausdrücklich erwähnt wird;
c) die Vertretung der Interessen der Westsektoren Berlins durch die Bundesrepublik Deutschland in internationalen Organisationen und auf internationalen Konferenzen;
d) die Teilnahme von Personen mit ständigem Wohnsitz in den Westsektoren Berlins gemeinsam mit Teilnehmern aus der Bundesrepublik Deutschland am internationalen Austausch und an internationalen Ausstellungen, oder die Abhaltung von Tagungen internationaler Organisationen und von internationalen Konferenzen sowie Ausstellungen mit internationaler Beteiligung in diesen Sektoren, wobei berücksichtigt wird, daß Einladungen durch den Senat oder gemeinsam durch die Bundesrepublik Deutschland und den Senat ausgesprochen werden.
3. Die Regierung der Union der Sozialistischen Sowjetrepubliken nimmt die Tatsache zur Kenntnis, daß die drei Regierungen der Errichtung eines Generalkonsulates der Union der Sozialistischen Sowjetrepubliken in den Westsektoren Berlins zugestimmt haben. Es wird bei den entsprechenden Behörden der drei Regierungen für die Zwecke und in Übereinstimmung mit den Bestimmungen akkreditiert, die in ihrer Mitteilung genannt und in einem gesonderten Dokument vom heutigen Tage niedergelegt sind.
(Beilage zum Bundesanzeiger Nr. 174, 15. 9. 1972, S. 44ff.)

[73] Schreiben der Botschafter der drei Westmächte an den Bundeskanzler betreffend Klarstellungen und Interpretationen zum Viermächte-Abkommen vom 3. September 1971

Exzellenz,
unter Bezugnahme auf das am 3. September 1971 unterzeichnete Viermächte-Abkommen möchten unsere Regierungen mit diesem Brief die Regierung der Bundesrepublik Deutschland von folgenden Klarstellungen und Interpretationen der Erklärungen unterrichten, welche in Anlage II enthalten sind, die während der Viermächte-Verhandlungen Gegenstand von Konsultationen mit der Regierung der Bundesrepublik Deutschland waren.
Diese Klarstellungen und Interpretationen geben das wieder, was unsere Regierungen unter dem Teil des Viermächte-Abkommens verstehen, nämlich:

a) Der Satz in Anlage II Absatz 2 des Viermächte-Abkommens, der lautet »...werden in den Westsektoren Berlins keine Verfassungs- oder Amtsakte vornehmen, die den Bestimmungen von Absatz 1 widersprechen«, ist so auszulegen, daß darunter Akte in Ausübung unmittelbarer Staatsgewalt über die Westsektoren Berlins verstanden werden.
b) In den Westsektoren Berlins werden keine Sitzungen der Bundesversammlung und weiterhin keine Plenarsitzungen des Bundesrats und des Bundestags stattfinden. Einzelne Ausschüsse des Bundesrats und des Bundestags können in den Westsektoren Berlins im Zusammenhang mit der Aufrechterhaltung und Entwicklung der Bindungen zwischen diesen Sektoren und der Bundesrepublik Deutschland tagen. Im Falle der Fraktionen werden Sitzungen nicht gleichzeitig abgehalten werden.
c) Die Verbindungsbehörde der Bundesregierung in den Westsektoren Berlins umfaßt Abteilungen, denen in ihren jeweiligen Bereichen Verbindungsfunktionen obliegen.
d) Geltende Verfahren bezüglich der Anwendbarkeit der Gesetzgebung der Bundesrepublik Deutschland auf die Westsektoren Berlins bleiben unverändert.
e) Der Ausdruck »staatliche Organe« in Anlage II Absatz 2 bedeutet: der Bundespräsident, der Bundeskanzler, das Bundeskabinett, die Bundesminister und die Bundesministerien sowie die Zweigstellen dieser Ministerien, der Bundesrat und der Bundestag sowie alle Bundesgerichte.

Genehmigen Sie, Exzellenz, die erneute Versicherung unserer ausgezeichneten Hochachtung.
Für die Regierung der Französischen Republik
Jean Sauvagnargues
Für die Regierung des Vereinigten Königreichs Großbritannien und Nordirland
R. W. Jackling
Für die Regierung der Vereinigten Staaten von Amerika
Kenneth Rush
(Beilage zum Bundesanzeiger Nr. 174, 15.9.1972, S. 61)

[74] Erklärung der Bundesregierung zur Unterzeichnung des Viermächte-Abkommens
(3.9.1971, Auszug)

[...]
2. Die Bundesregierung stellt fest, daß die vier für Berlin verantwortlichen Mächte mit der heute vollzogenen Einigung die tragfähige Grundlage einer befriedigenden Berlin-Regelung geschaffen haben. Diese selbst wird vorliegen, wenn die im Viermächte-Abkommen vorgesehenen ergänzenden Vereinbarungen zwischen der Bundesregierung bzw. dem Senat von Berlin und der Regierung der DDR geschlossen und mit dem Viermächte-Abkommen

durch das heute ebenfalls paraphierte Viermächte-Schlußprotokoll zu einem Ganzen zusammengebunden sind.
Die Bundesregierung begrüßt, daß praktische Regelungen gefunden werden konnten, ohne daß der Status Berlins geändert und die Rechtsstellung der für Berlin (West) verantwortlichen Drei Mächte beeinträchtigt wurde.
3. Die Bundesregierung sieht in diesen praktischen Regelungen wesentliche Verbesserungen für Berlin (West) und seine Einwohner [...].
4. Die engen Bindungen, die zwischen Berlin (West) und der Bundesrepublik Deutschland in allen Lebensbereichen bestehen und die dem Bewußtsein der Zusammengehörigkeit entsprechen, sind in ihrem Bestand und in ihrer Entwicklungsmöglichkeit bestätigt und bekräftigt worden. Die Bundesregierung betrachtet dies als einen entscheidenden Gewinn für die Lebensfähigkeit der Stadt.
5. Das Viermächte-Abkommen hat das rechtliche Grundverhältnis zwischen der Bundesrepublik Deutschland und Berlin (West) nicht geändert. Dieses Grundverhältnis wird nach wie vor nicht nur durch deutsches Verfassungsrecht, sondern auch durch alliierte Vorbehaltsrechte bestimmt. Das deutsche Verfassungsrecht, d. h. die einschlägigen Vorschriften des Grundgesetzes und der Berliner Verfassung, bleibt unverändert; es wird jedoch weiterhin von den alliierten Vorbehaltsrechten überlagert. Alle Bundesregierungen haben diese vorrangigen alliierten Rechte stets als im Interesse der Sicherheit Berlins liegend betrachtet und respektiert. In der Verantwortung, die ihnen für Berlin und seine Sicherheit obliegt, haben die Alliierten kraft dieses Vorrangs deutsches Verfassungsrecht dergestalt suspendiert, daß Berlin (West) nicht vollgültig in die Verfassungsorganisation des Bundes einbezogen ist und nicht vom Bund regiert wird.
6. Die Sicherung der lebensnotwendigen Bindungen zwischen Berlin (West) und der Bundesrepublik Deutschland setzt eine Klarstellung voraus, wie die Drei Mächte die ihnen vorbehaltenen Rechte hinsichtlich Berlins ausüben werden. Diese Klarstellung haben die Alliierten in dem Viermächte-Abkommen gegeben. Die Beschränkungen, die sich daraus für die Tätigkeit des Bundes und seiner Organe in Berlin ergeben, hält die Bundesregierung für vertretbar, weil die lebenswichtigen Bindungen aufrechterhalten und entwickelt werden können. In diesem Rahmen
– werden Bundesorgane in Berlin (West) in Erscheinung treten können,
– bleibt das geltende Verfahren für die Anwendbarkeit der Gesetzgebung der Bundesrepublik Deutschland in Berlin (West) wie auch die Anwendung von Gesetzen durch die in seinen Angelegenheiten tätigen Verwaltungs- und Gerichtsinstanzen unverändert,
– wird an der Anwesenheit von Behörden und Einrichtungen des Bundes in Berlin nichts geändert.
7. Die Bundesregierung ist sich bewußt, daß die Berlin-Regelung, deren erste Stufe jetzt vorliegt, die Berlin-Frage insgesamt nicht zu lösen vermag, dies vielmehr erst im Rahmen einer Regelung der deutschen Frage möglich sein wird. Sie erwartet jedoch von der noch zu vollendenden Berlin-Regelung eine krisenfreie Entwicklung in und um Berlin. Eine solche Entwicklung wird nicht

nur die Lebensfähigkeit der Stadt stärken, sondern auch die Entspannung im Zentrum Europas fördern. Beides ist gleichermaßen für eine Entwicklung in Deutschland unentbehrlich, die dem Auftrag des Grundgesetzes gerecht wird.

(Bulletin des Presse- und Informationsamtes der Bundesregierung, Nr. 127, 3.9.1971, S. 1359ff.)

[75] Erklärung von Staatssekretär Bahr bei der Unterzeichnung des Vertrages zwischen der Bundesrepublik Deutschland und der Deutschen Demokratischen Republik über Fragen des Verkehrs am 26. Mai 1972

Der Vertrag, den wir soeben unterzeichnet haben, hat eine dreifache Bedeutung. Er schafft feste Rechtsgrundlagen für den Verkehr, er wird Verbesserungen für den Kontakt zwischen den Menschen mit sich bringen und er öffnet die Tür zu Vereinbarungen über weitere Bereiche der Beziehungen zwischen unseren Staaten. Die Geschichte wird ihn als den ersten Vertrag verzeichnen, den die Bundesrepublik Deutschland und die Deutsche Demokratische Republik aus ihrer eigenen Verantwortung heraus miteinander geschlossen haben.

Das am 17. Dezember vorigen Jahres unterzeichnete Abkommen über den Transitverkehr von zivilen Personen und Gütern zwischen der Bundesrepublik und West-Berlin ist gewiß nicht von geringerer Bedeutung. Aber es gehört in den übergeordneten Rahmen der Viermächte-Vereinbarungen vom 3. September 1971. Anders der Verkehrsvertrag, der das Ergebnis des freien Entschlusses der Verkehrspartner ist, ihre Beziehungen auf einem wichtigen Teilgebiet zu regeln. Auch dieser Vertrag entfaltet Wirkungen für Berlin (West).

Ich bestätige das bestehende Einvernehmen, die Bestimmungen des Vertrages zwischen der Bundesrepublik Deutschland und der Deutschen Demokratischen Republik über Fragen des Verkehrs vom 26. Mai 1972 in Übereinstimmung mit dem Viermächte-Abkommen vom 3. September 1971 auf Berlin (West) unter der Voraussetzung sinngemäß anzuwenden, daß in Berlin (West) die Einhaltung der Bestimmungen des Verkehrsvertrages gewährleistet wird. Die Bundesrepublik Deutschland wird im Rahmen ihrer Gesetzgebung die Anwendung des Verkehrsvertrages auf Berlin (West) im üblichen Verfahren unter Beachtung der Bestimmungen des Viermächte-Abkommens regeln.

Die Bundesregierung strebt seit längerer Zeit bekanntlich eine grundsätzliche Regelung des Verhältnisses zwischen unseren beiden Staaten an. Die Regierung der Deutschen Demokratischen Republik hat sich ihrerseits zu einem Meinungsaustausch über die damit zusammenhängenden Fragen bereit erklärt. Ich kann heute mitteilen, daß die beiden Regierungen sich darüber verständigt haben, diesen Meinungsaustausch nach der Unterzeichnung des Schlußprotokolls zum Viermächte-Abkommen zu beginnen.

Ein wichtiger Abschnitt ist erreicht. Nunmehr gilt es, den Blick auf die vor uns liegenden Aufgaben zu richten.

(Bulletin des Presse- und Informationsamtes der Bundesregierung Nr. 78, 27.5.1972, S. 1093)

[76] Erklärung von Staatssekretär Kohl bei der Unterzeichnung des Vertrages zwischen der Bundesrepublik Deutschland und der Deutschen Demokratischen Republik über Fragen des Verkehrs am 26. Mai 1972

Der erste Staatsvertrag zwischen der DDR und der BRD, den wir soeben unterzeichnet haben, ist mit Recht in der internationalen Öffentlichkeit als ein weiterer Beitrag zur Entspannung im Zentrum Europas gewertet worden. Die Initiative für diesen Vertrag ging im März 1971 von der DDR aus. Der Erfolg der Verhandlungen zeigt, daß bei beiderseitigem guten Willen ein neues Verhältnis zwischen der Deutschen Demokratischen Republik und der Bundesrepublik Deutschland möglich ist. Der Verkehrsvertrag beruht auf dem Grundsatz der souveränen Gleichheit der Staaten und zeigt anschaulich, daß vertragliche Regelungen, die zur Herstellung normaler Beziehungen der friedlichen Koexistenz zwischen der DDR und der BRD beitragen, für alle Seiten von Nutzen sind.
Im Zusammenhang mit der Unterzeichnung möchte ich auf das Einvernehmen verweisen, die Bestimmungen dieses Vertrages in Übeteinstimmung mit dem Vierseitigen Abkommen vom 3. September 1971 auf Berlin (West) unter der Voraussetzung sinngemäß anzuwenden, daß in Berlin (West) die Einhaltung der Bestimmungen des Verkehrsvertrages gewährleistet wird. Ferner besteht Übereinstimmung, daß durch diesen Vertrag die Vereinbarungen zwischen der Regierung der Deutschen Demokratischen Republik und dem Senat über Erleichterungen und Verbesserungen des Reise- und Besucherverkehrs vom 20. September 1971 sowie die Rechtslage der Eisenbahn und Wasserstraßen in Berlin (West) unberührt bleiben.
Ich habe Sie, Herr Bahr, heute in einem Schreiben noch einmal über die Verbesserungen im Reiseverkehr zwischen der DDR und der BRD informiert, die die DDR bei Inkrafttreten des Verkehrsvertrages einzuführen beabsichtigt. Sie haben mir den Erhalt dieses Schreibens bestätigt.
Die Deutsche Demokratische Republik begrüßt die Ratifizierung der Verträge der UdSSR und der Volksrepublik Polen mit der BRD. Diese Verträge haben große Bedeutung für die Festigung des Friedens und der Sicherheit in Europa. Die Durchführung dieser Verträge nach ihrem Geist und nach ihrem Buchstaben wird einen positiven Einfluß auf die weitere Gestaltung der Beziehungen zwischen der DDR und der BRD haben.
Die Deutsche Demokratische Republik hält nunmehr die Zeit für gekommen, in einen Meinungsaustausch über die Herstellung normaler Beziehungen zwischen der Deutschen Demokratischen Republik und der Bundesrepublik Deutschland einzutreten und die dazu erforderlichen weiteren völkerrechtsmäßigen Vereinbarungen zu treffen. Es geht dabci um Beziehungen, wie sie zwischen souveränen, voneinander unabhängigen Staaten üblich sind, um solche Beziehungen, die der Sicherheit und Zusammenarbeit auf unserem Kontinent dienen.

(Bulletin des Presse- und Informationsamtes der Bundesregierung Nr. 78, 27.5.1972, S. 1093)

[77] Gesetz zur Regelung von Fragen der Staatsbürgerschaft vom 16. Oktober 1972

§ 1

(1) Bürger der Deutschen Demokratischen Republik, die vor dem 1. Januar 1972 unter Verletzung der Gesetze des Arbeiter-und-Bauern-Staates die Deutsche Demokratische Republik verlassen und ihren Wohnsitz nicht wieder in der Deutschen Demokratischen Republik genommen haben, verlieren mit dem Inkrafttreten dieses Gesetzes die Staatsbürgerschaft der Deutschen Demokratischen Republik.
(2) Abkömmlinge der in Abs. 1 genannten Personen verlieren mit dem Inkrafttreten dieses Gesetzes die Staatsbürgerschaft der Deutschen Demokratischen Republik, soweit sie ohne Genehmigung der staatlichen Organe der Deutschen Demokratischen Republik ihren Wohnsitz außerhalb der Deutschen Demokratischen Republik haben.

§ 2

Eine strafrechtliche Verfolgung der in § 1 Abs. 1 des Gesetzes genannten Personen wegen ungenehmigten Verlassens der Deutschen Demokratischen Republik findet nicht statt.

§ 3

Der Ministerrat erläßt die zur Durchführung dieses Gesetzes erforderlichen Rechtsvorschriften.

§ 4

(1) Das Gesetz tritt am 17. Oktober 1972 in Kraft.
(2) Entgegenstehende Rechtsvorschriften sind aufgehoben.
Das vorstehende, von der Volkskammer der Deutschen Demokratischen Republik am sechzehnten Oktober neunzehnhundertzweiundsiebzig beschlossene Gesetz wird hiermit verkündet.

Berlin, den sechzehnten Oktober neunzehnhundertzweiundsiebzig
Der Vorsitzende des Staatsrates
der Deutschen Demokratischen Republik
W. Ulbricht
(Gesetzblatt der DDR 1972 I, S. 265)

[78] Anordnung über Regelungen im Reiseverkehr von Bürgern der DDR vom 17. Oktober 1972

Zum Reiseverkehr von Bürgern der DDR nach nichtsozialistischen Staaten und West-Berlin wird in Durchführung der Beschlüsse des Ministerrates der DDR folgendes angeordnet:

§ 1
(1) Bürgern der DDR kann auf Einladung von Verwandten die Ausreise aus der DDR nach nichtsozialistischen Staaten, die die Reisedokumente der DDR anerkennen, und nach West-Berlin in dringenden Familienangelegenheiten genehmigt werden.
(2) Dringende Familienangelegenheiten im Sinne des Abs. 1 sind Geburten, Eheschließungen, lebensgefährliche Erkrankungen und Sterbefälle. Das Vorliegen dieser Gründe ist durch Urkunden bzw. amtsärztliche Bestätigungen nachzuweisen.
(3) Genehmigungen zur Ausreise in dringenden Familienangelegenheiten können den in der DDR wohnhaften Großeltern, Eltern, Kindern und Geschwistern erteilt werden.

§ 2
(1) Bürgern der DDR, die das gesetzliche Rentenalter erreicht haben oder Invaliden sind, kann außer den in § 1 genannten Fällen wie bisher die Ausreise aus der DDR nach nichtsozialistischen Staaten und West-Berlin zum Besuch ihrer Verwandten genehmigt werden.
(2) Die Ausreise kann einmal oder mehrmals bis zu einer Dauer von insgesamt 30 Tagen – bei Reisen nach Staaten außerhalb Europas bis zu 3 Monaten – im Jahr genehmigt werden.

§ 3
(1) Bei der Beantragung von Ausreisen nach nichtsozialistischen Staaten und West-Berlin haben Berufstätige eine schriftliche Zustimmung ihrer Arbeitsstelle vorzulegen.
(2) Die Ausreise nach nichtsozialistischen Staaten und West-Berlin kann in dringenden Fällen mit Pkw genehmigt werden.

§ 4
Diese Anordnung tritt am 17. Oktober 1972 in Kraft.

Berlin, den 17. Oktober 1972
Der Minister des Innern und Chef der Deutschen Volkspolizei
Dickel
(Gesetzblatt der DDR, 1972 II, S. 653 f.)

[79] Anordnung über Einreisen von Bürgern der BRD in die DDR vom 17. Oktober 1972

Zum Reiseverkehr von Bürgern der BRD in die DDR wird in Durchführung der Beschlüsse des Ministerrates der DDR folgendes angeordnet:

§ 1
(1) Bürger der BRD können auf Einladung ihrer in der DDR wohnhaften

Verwandten und Bekannten aus privaten Gründen oder auf Einladung der zuständigen Organe der DDR aus kommerziellen, kulturellen, sportlichen oder religiösen Gründen in die DDR einreisen.
(2) Die Einreise zum Besuch von Verwandten und Bekannten kann einmal oder mehrmals bis zu einer Dauer von insgesamt 30 Tagen im Jahr genehmigt werden.
(3) Der Aufenthalt wird in der Regel für das gesamte Gebiet der DDR erteilt.

§ 2
Bürger der BRD können auf der Grundlage entsprechender Vereinbarungen zwischen der Generaldirektion des Reisebüros der DDR und Reisebüros der BRD als Touristen einreisen.

§ 3
Die Einreise kann mit Pkw genehmigt werden, wenn
a) es sich um dringende Einreisen handelt oder das Reiseziel mit öffentlichen Verkehrsmitteln nicht rechtzeitig erreicht werden kann oder der Zielort verkehrsungünstig liegt,
b) die Einreise mit Kindern bis zu 3 Jahren erfolgt,
c) Einreisende wegen Körperbehinderung auf die Benutzung von Pkw angewiesen sind,
d) es sich um Einreisen aus kommerziellen, kulturellen, sportlichen oder religiösen Gründen handelt.

§ 4
Berechtigungsscheine zum Empfang von Einreisevisa für Bürger der BRD sind
a) von den in der DDR wohnhaften Bürgern bzw. den einladenden Stellen bei den dafür zuständigen staatlichen Organen (Dienstellen des Paß- und Meldewesens oder Räte der Städte und Gemeinden) und
b) im Falle der Einreise als Tourist von den Bürgern der BRD bei der Generaldirektion des Reisebüros der DDR über Reisebüros der BRD zu beantragen.

§ 5
Diese Anordnung tritt am 17. Oktober 1972 in Kraft.

Berlin, den 17. Oktober 1972
Der Minister des Innern und Chef der Deutschen Volkspolizei *Dickel*
(Gesetzblatt der DDR, 1972 II, S. 653 f.)

***[80]** Rainer Barzel, CDU, im Deutschen Bundestag zur Deutschland- und Entspannungspolitik der Bundesregierung*
(15. 12. 1972, Auszug)

[...]
Ich muß ein Wort zu der Ankündigung des Herrn Bundeskanzlers sagen, am 21. Dezember, also in der kommenden Woche, den *Grundvertrag* unterschrei-

ben zu lassen, also eine Unterschrift zu leisten, obwohl der *Schießbefehl* andauert, obwohl sich die DDR an den *Verkehrsvertrag*, dem wir zugestimmt hatten, nicht hält. Trotz dieser Erfahrung wollen Sie einen so weitgehenden Vertrag ohne verbindlich gesicherte, ausreichende menschliche Erleichterungen unterschreiben. Dies bleibt festzuhalten: Dieser Vertrag – schlecht und eilig ausgehandelt, ohne angemessene Leistung und Gegenleistung – soll, so wird gesagt, dem Frieden dienen. Frieden aber – dieses Wort ist früher auch von Ihnen und Ihrer Regierung zitiert worden, Herr Bundeskanzler – ist doch nach einem berühmten Wort des Präsidenten Kennedy eine Sache der *Menschenrechte*. Ebenso sieht es doch die Satzung der Vereinten Nationen, auf die dieser schlechte Vertrag vielfach Bezug nimmt. Über dieses Problem wird später im einzelnen zu sprechen sein wie über Ihre neue *Formel von den zwei deutschen Staaten*. Es hieß vor kurzem noch: zwei Staaten in Deutschland. Wieder ein anderer Anfang, wieder genau wie 1969. Darüber wird im einzelnen zu sprechen sein.

Was wir Ihnen vorwerfen, Herr Bundeskanzler, ist dies: Mit der Unterschrift unter den Grundvertrag bereiten Sie der *DDR* den *Weg in die UNO*, ohne daß diese auch nur die mindesten Zusicherungen gemacht hätte – ganz zu schweigen von Verbindlichkeiten –, den Bürgern der DDR die in der UNO-Charta beschworenen Menschenrechte zu gewährleisten. Diesen Vorwurf müssen wir Ihnen heute und rechtzeitig machen.

(Beifall bei der CDU/CSU)

Die *Menschenrechtserklärung der Vereinten Nationen* enthält u. a. folgende Vorschriften. In Art. 12:

»Niemand darf willkürlicher Einmischung in sein Privatleben, seine Familie, sein Heim oder seinen Briefwechsel oder Angriffen auf seine Ehre und seinen Ruf ausgesetzt werden.«

Art. 13:

»Jeder hat das Recht auf Freizügigkeit und Aufenthalt innerhalb der Grenzen aller Staaten. Jeder hat das Recht, jedes beliebige Land einschließlich seines eigenen zu verlassen sowie in sein Land zurückzukehren.

Volljährige Männer und Frauen haben ohne Rücksicht auf Rasse, Staatsangehörigkeit oder Religion das Recht, eine Ehe einzugehen oder eine Familie zu gründen.«

Ich will es bei diesen drei Auszügen sein Bewenden sein lassen. Nichts davon, Herr Bundeskanzler, sichert dieser Vertrag. Nichts davon entspricht der Wirklichkeit in der DDR.

Auch wir verlangen und erwarten nicht, daß dies alles auf einmal anders werden könnte. Wir haben einen verbindlichen Stufenplan vorgelegt. Daß aber nun alles hier weggegeben wird, ohne verbindlich Zusicherungen auf mehr Menschenrechte im ganzen Deutschland zu haben, dies muß heute gesagt werden, bevor Sie diese weitgehende Unterschrift in der nächsten Woche leisten werden.

(Beifall bei der CDU/CSU)

Demokraten, wenn sie wie dieses ganze Haus zum Frieden entschlossen sind, müssen oft und manchmal für lange Zeit Unrecht hinnehmen. Aber Demo-

kraten sollten dies nie bestätigen. Sonst verwischen sie die Grundlage der Grundsätze, auf denen sie selbst stehen. Der geistige Kampf um das ganze Deutschland hört doch mit diesem Vertrag nicht auf, der politische auch nicht. Wer soll den geistigen und politischen gewinnen, wenn in diesen Grundansätzen und Grundlagen Verwischung statt Klarheit eintritt?
[...]
(Verhandlungen des Deutschen Bundestages, VII, 15.12.1972)

[81] Vertrag über die Grundlagen der Beziehungen zwischen der Bundesrepublik Deutschland und der Deutschen Demokratischen Republik vom 21. Dezember 1972

Die Hohen Vertragschließenden Seiten
eingedenk ihrer Verantwortung für die Erhaltung des Friedens, in dem Bestreben, einen Beitrag zur Entspannung und Sicherheit in Europa zu leisten,
in dem Bewußtsein, daß die Unverletzlichkeit der Grenzen und die Achtung der territorialen Integrität und der Souveränität aller Staaten in Europa in ihren gegenwärtigen Grenzen eine grundlegende Bedingung für den Frieden sind,
in der Erkenntnis, daß sich daher die beiden deutschen Staaten in ihren Beziehungen der Androhung oder Anwendung von Gewalt zu enthalten haben,
ausgehend von den historischen Gegebenheiten und unbeschadet der unterschiedlichen Auffassungen der Bundesrepublik Deutschland und der Deutschen Demokratischen Republik zu grundsätzlichen Fragen, darunter zur nationalen Frage,
geleitet von dem Wunsch, zum Wohle der Menschen in den beiden deutschen Staaten die Voraussetzungen für die Zusammenarbeit zwischen der Bundesrepublik Deutschland und der Deutschen Demokratischen Republik zu schaffen,
sind wie folgt übereingekommen:

Artikel 1
Die Bundesrepublik Deutschland und die Deutsche Demokratische Republik entwickeln normale gutnachbarliche Beziehungen zueinander auf der Grundlage der Gleichberechtigung.

Artikel 2
Die Bundesrepublik Deutschland und die Deutsche Demokratische Republik werden sich von den Zielen und Prinzipien leiten lassen, die in der Charta der Vereinten Nationen niedergelegt sind, insbesondere der souveränen Gleichheit aller Staaten, der Achtung der Unabhängigkeit, Selbständigkeit und territorialen Integrität, dem Selbstbestimmungsrecht, der Wahrung der Menschenrechte und der Nichtdiskriminierung.

FREIHEIT WÄHLEN!

Noch 3 Tage bis zur Entscheidung um Deutschland

Der soziale Sozialismus ist tot †

Die SPD hat ihr neuestes Theaterstück eingeläutet. Hereinspaziert! Sie sehen die sozialistische Wunderwelt!

1. Akt: Reformruinen, Preiswucher, Geldentwertung, Steuererhöhungen, Demuts-Politik. Im 2. Akt: Klassenkampf, Lebensqualität, Reichwerden auf Kosten anderer, Steuerverfolgung der Tüchtigen, „Einheitspolitik" mit den Ost-Kommunisten.

Vorbei die Zeiten eines Friedrich Ebert, eines Kurt Schumacher, eines Ernst Reuter. Dem nationalen und humanen Sozialismus folgt der häßliche Sozialismus. Die menschliche Spaltung des Volkes durch Klassenkampf.

Was muß noch geschehen, ehe die Deutschen aufbegehren?

Unser Land nach dem Willen Moskaus aufgeteilt. Unsere Nation durch den Grundvertrag aus der Geschichte gelöscht.

Sollen SED-Chef Honeckers Worte in Ostberlin: „Ganz Deutschland muß sozialistisch werden!" wahr werden?

Unsere Wählerstimmen sind unsere letzten demokratischen Waffen gegen den Sozialismus. Gegen das allmähliche Eingliedern Deutschlands in den sozialistischen Völkerblock des Ostens.

Wählen Sie am 19. November Ihre persönliche Freiheit. Schutz für Familie und Eigentum. Freie Wirtschaft und freie Entfaltung der Persönlichkeit.

Gegen neue Unterdrückung!

Wenn Sie sich für Freiheit, Frieden und Sicherheit entscheiden – dann bleibt Ihnen nur die CDU/CSU.

Die einzigen Parteien, die in Deutschland für Einigkeit und Recht und Freiheit einstehen.

Wählerinitiative freiheitlich gesinnter Staatsbürger in der Vereinigung zur Förderung der politischen Willensbildung 874 Bad Neustadt/S., Postfach 1673

Abb. 3: Drei Tage vor der Bundestagswahl vom 19. 11. 1972: Anzeige einer »Wählerinitiative freiheitlich gesinnter Staatsbürger in der Vereinigung zur Förderung der politischen Willensbildung«, Sitz in Bad Neustadt. Aus: Westdeutsche Allgemeine, Nr. 266, vom 16. 11. 1972

Artikel 3

Entsprechend der Charta der Vereinten Nationen werden die Bundesrepublik Deutschland und die Deutsche Demokratische Republik ihre Streitfragen ausschließlich mit friedlichen Mitteln lösen und sich der Drohung mit Gewalt oder der Anwendung von Gewalt enthalten.
Sie bekräftigen die Unverletzlichkeit der zwischen ihnen bestehenden Grenze jetzt und in der Zukunft und verpflichten sich zur uneingeschränkten Achtung ihrer territorialen Integrität.

Artikel 4

Die Bundesrepublik Deutschland und die Deutsche Demokratische Republik gehen davon aus, daß keiner der beiden Staaten den anderen international vertreten oder in seinem Namen handeln kann.

Artikel 5

Die Bundesrepublik Deutschland und die Deutsche Demokratische Republik werden friedliche Beziehungen zwischen den europäischen Staaten fördern und zur Sicherheit und Zusammenarbeit in Europa beitragen.
Sie unterstützen die Bemühungen um eine Verminderung der Streitkräfte und Rüstungen in Europa, ohne daß dadurch Nachteile für die Sicherheit der Beteiligten entstehen dürfen.
Die Bundesrepublik Deutschland und die Deutsche Demokratische Republik werden mit dem Ziel einer allgemeinen und vollständigen Abrüstung unter wirksamer internationaler Kontrolle der internationalen Sicherheit dienende Bemühungen um Rüstungsbegrenzung und Abrüstung, insbesondere auf dem Gebiet der Kernwaffen und anderen Massenvernichtungswaffen, unterstützen.

Artikel 6

Die Bundesrepublik Deutschland und die Deutsche Demokratische Republik gehen von dem Grundsatz aus, daß die Hoheitsgewalt jedes der beiden Staaten sich auf sein Staatsgebiet beschränkt. Sie respektieren die Unabhängigkeit und Selbständigkeit jedes der beiden Staaten in seinen inneren und äußeren Angelegenheiten.

Artikel 7

Die Bundesrepublik Deutschland und die Deutsche Demokratische Republik erklären ihre Bereitschaft, im Zuge der Normalisierung ihrer Beziehungen praktische und humanitäre Fragen zu regeln. Sie werden Abkommen schließen, um auf der Grundlage dieses Vertrages und zum beiderseitigen Vorteil die Zusammenarbeit auf dem Gebiet der Wirtschaft, der Wissenschaft und Technik, des Verkehrs, des Rechtsverkehrs, des Post- und Fernmeldewesens, des Gesundheitswesens, der Kultur, des Sports, des Umweltschutzes und auf anderen Gebieten zu entwickeln und zu fördern. Einzelheiten sind in dem Zusatzprotokoll geregelt.

Artikel 8
Die Bundesrepublik Deutschland und die Deutsche Demokratische Republik werden ständige Vertretungen austauschen. Sie werden am Sitz der jeweiligen Regierung errichtet.
Die praktischen Fragen, die mit der Einrichtung der Vertretungen zusammenhängen, werden zusätzlich geregelt.

Artikel 9
Die Bundesrepublik Deutschland und die Deutsche Demokratische Republik stimmen darin überein, daß durch diesen Vertrag die von ihnen früher abgeschlossenen oder sie betreffenden zweiseitigen und mehrseitigen internationalen Verträge und Vereinbarungen nicht berührt werden.

Artikel 10
Dieser Vertrag bedarf der Ratifikation und tritt am Tage nach dem Austausch entsprechender Noten in Kraft.
Zu Urkund dessen haben die Bevollmächtigten der Hohen Vertragschließenden Seiten diesen Vertrag unterzeichnet.
Geschehen in Berlin, am 21. Dezember 1972, in zwei Urschriften in deutscher Sprache.
Für die Bundesrepublik Deutschland
Egon Bahr
Für die Deutsche Demokratische Republik
Dr. Michael Kohl
(Bundesgesetzblatt, 1973 II, S. 423 ff.)

[82] Zusatzprotokoll zum Vertrag über die Grundlagen der Beziehungen zwischen der Bundesrepublik Deutschland und der Deutschen Demokratischen Republik vom 21. Dezember 1972

I
Zu Artikel 3
Die Bundesrepublik Deutschland und die Deutsche Demokratische Republik kommen überein, eine Kommission aus Beauftragten der Regierungen beider Staaten zu bilden. Sie wird die Markierung der zwischen den beiden Staaten bestehenden Grenze überprüfen und, soweit erforderlich, erneuern oder ergänzen sowie die erforderlichen Dokumentationen über den Grenzverlauf erarbeiten. Gleichermaßen wird sie zur Regelung sonstiger mit dem Grenzverlauf im Zusammenhang stehender Probleme, zum Beispiel der Wasserwirtschaft, der Energieversorgung und der Schadensbekämpfung, beitragen.
Die Kommission nimmt nach Unterzeichnung des Vertrages ihre Arbeit auf.

II

Zu Artikel 7

1. Der Handel zwischen der Bundesrepublik Deutschland und der Deutschen Demokratischen Republik wird auf der Grundlage der bestehenden Abkommen entwickelt.

Die Bundesrepublik Deutschland und die Deutsche Demokratische Republik werden langfristige Vereinbarungen mit dem Ziel abschließen, eine kontinuierliche Entwicklung der wirtschaftlichen Beziehungen zu fördern, überholte Regelungen anzupassen und die Struktur des Handels zu verbessern.

2. Die Bundesrepublik Deutschland und die Deutsche Demokratische Republik bekunden ihren Willen, zum beiderseitigen Nutzen die Zusammenarbeit auf den Gebieten der Wissenschaft und Technik zu entwickeln und die hierzu erforderlichen Verträge abzuschließen.

3. Die mit dem Vertrag vom 26. Mai 1972 begonnene Zusammenarbeit auf dem Gebiet des Verkehrs wird erweitert und vertieft.

4. Die Bundesrepublik Deutschland und die Deutsche Demokratische Republik erklären ihre Bereitschaft, im Interesse der Rechtsuchenden den Rechtsverkehr, insbesondere in den Bereichen des Zivil- und des Strafrechts, vertraglich so einfach und zweckmäßig wie möglich zu regeln.

5. Die Bundesrepublik Deutschland und die Deutsche Demokratische Republik stimmen überein, auf der Grundlage der Satzung des Weltpostvereins und des Internationalen Fernmeldevertrages ein Post- und Fernmeldeabkommen abzuschließen. Sie werden dieses Abkommen dem Weltpostverein (UPU) und der Internationalen Fernmelde-Union (UIT) notifizieren.

In dieses Abkommen werden die bestehenden Vereinbarungen und die für beide Seiten vorteilhaften Verfahren übernommen werden.

6. Die Bundesrepublik Deutschland und die Deutsche Demokratische Republik erklären ihr Interesse an einer Zusammenarbeit auf dem Gebiet des Gesundheitswesens. Sie stimmen überein, daß in dem entsprechenden Vertrag auch der Austausch von Medikamenten sowie die Behandlung in Spezialkliniken und Kuranstalten im Rahmen der gegebenen Möglichkeiten geregelt werden.

7. Die Bundesrepublik Deutschland und die Deutsche Demokratische Republik beabsichtigen, die kulturelle Zusammenarbeit zu entwickeln. Zu diesem Zweck werden sie Verhandlungen über den Abschluß von Regierungsabkommen aufnehmen.

8. Die Bundesrepublik Deutschland und die Deutsche Demokratische Republik bekräftigen ihre Bereitschaft, nach Unterzeichnung des Vertrages die zuständigen Sportorganisationen bei den Absprachen zur Förderung der Sportbeziehungen zu unterstützen.

9. Auf dem Gebiet des Umweltschutzes sollen zwischen der Bundesrepublik Deutschland und der Deutschen Demokratischen Republik Vereinbarungen geschlossen werden, um zur Abwendung von Schäden und Gefahren für die jweils andere Seite beizutragen.

10. Die Bundesrepublik Deutschland und die Deutsche Demokratische Republik werden Verhandlungen mit dem Ziel führen, den gegenseitigen Bezug

von Büchern, Zeitschriften, Rundfunk- und Fernsehproduktionen zu erweitern.

11. Die Bundesrepublik Deutschland und die Deutsche Demokratische Republik werden im Interesse der beteiligten Menschen Verhandlungen zur Regelung des nichtkommerziellen Zahlungs- und Verrechnungsverkehrs aufnehmen. Dabei werden sie im gegenseitigen Interesse vorrangig für den kurzfristigen Abschluß von Vereinbarungen unter sozialen Gesichtspunkten Sorge tragen.

Protokollvermerk

Wegen der unterschiedlichen Rechtsposition zu Vermögensfragen konnten diese durch den Vertrag nicht geregelt werden.

Erklärungen zu Protokoll

Die Bundesrepublik Deutschland erklärt zu Protokoll:

»Staatsangehörigkeitsfragen sind durch den Vertrag nicht geregelt worden.«

Die Deutsche Demokratische Republik erklärt zu Protokoll:

»Die Deutsche Demokratische Republik geht davon aus, daß der Vertrag eine Regelung der Staatsangehörigkeitsfragen erleichtern wird.«

(Bundesgesetzblatt 1973 II, S. 423ff.)

[83] Brief der Regierung der Bundesrepublik Deutschland zur deutschen Einheit an die Regierung der Deutschen Demokratischen Republik vom 21. Dezember 1972

Sehr geehrter Herr Kohl!

Im Zusammenhang mit der heutigen Unterzeichnung des Vertrages über die Grundlagen der Beziehungen zwischen der Bundesrepublik Deutschland und der Deutschen Demokratischen Republik beehrt sich die Regierung der Bundesrepublik Deutschland festzustellen, daß dieser Vertrag nicht im Widerspruch zu dem politischen Ziel der Bundesrepublik Deutschland steht, auf einen Zustand des Friedens in Europa hinzuwirken, in dem das deutsche Volk in freier Selbstbestimmung seine Einheit wiedererlangt.

Mit vorzüglicher Hochachtung

Bahr

(Bundesgesetzblatt, 1973 II, S. 423ff.)

[84] Erläuterungen der Bundesregierung zum Grundlagenvertrag (8.11.1972)

I.

Die deutsche Geschichte der Nachkriegszeit ist von der immer tiefer werdenden Spaltung eines Volkes gekennzeichnet, das jetzt in zwei Staaten gegensätzlicher Gesellschaftsordnung lebt, die verschiedenen Bündnissen angehören.

Ziel einer realistischen Politik, die das weitere Auseinanderleben verhindern, zum Abbau der Spannungen beitragen und das Gefühl des Zusammengehörens unter den Menschen stärken will, konnte nur ein Vertrag auf der Grundlage der Gleichberechtigung sein.
Ein Vertrag wäre nicht zustande gekommen, hätte eine Seite von der anderen verlangt, ihre Ziele aufzugeben. Daß diese Ziele in grundsätzlichen Fragen zutiefst verschieden sind, ist durch diesen Vertrag nicht vertuscht worden.
Die Bundesregierung wird noch vor der Unterzeichnung in gehöriger Form zum Ausdruck bringen, daß dieser Vertrag zu den Zielen des Grundgesetzes nicht im Widerspruch steht.
Die Bundesregierung hat die Verhandlungen in dauernder enger Abstimmung mit ihren Verbündeten geführt. Sie ist sich mit ihnen einig, daß die Politik der Entspannung, der auch dieser Vertrag dient, für den Frieden notwendig ist und im Interesse des Bündnisses liegt.
Beide Staaten wollen nach Ratifizierung des Vertrages Mitglieder der Vereinten Nationen werden. Den Antrag werden sie etwa zur gleichen Zeit stellen. Voraussetzung für den Antrag der Bundesrepublik ist die vorherige Zustimmung des Deutschen Bundestages.
Im Verhältnis zueinander werden sich die Vertragspartner von den Zielen und Grundsätzen der Charta der Vereinten Nationen leiten lassen. Dazu gehören der noch einmal besonders verankerte Verzicht auf Gewalt, das Selbstbestimmungsrecht und die Menschenrechte.
Die Vereinbarung von Konsultationen über politische Fragen, vor allem solchen, die für die Sicherung des Friedens in Europa wichtig sind, soll dazu beitragen, die Lösung internationaler Probleme zu erleichtern, statt sie – wie bisher – mit spezifisch deutschem Streit zu belasten.

II.

Der Vertrag steht in voller Übereinstimmung mit der Rechtsauffassung der Bundesrepublik Deutschland. Er entspricht den Geboten des Grundgesetzes.
Unberührt vom Vertrag bleiben die Rechte und Verantwortlichkeiten der Vier Mächte.
Diese Klammer für die beiden Staaten in Deutschland wird erneut unterstrichen durch die Erklärung, die die Vereinigten Staaten, Frankreich, Großbritannien und die Sowjetunion im Zusammenhang mit dem beabsichtigten Beitritt der Bundesrepublik und der DDR zu den Vereinten Nationen abgeben werden. Sie macht das Weiterbestehen der Verantwortung der Vier bis zu einem Friedensvertrag deutlich.
Durch die Erklärung und den Briefwechsel zu Artikel 9 wird klar, daß eine gleichberechtigte Stellung der DDR im internationalen Bereich keine Schwächung unserer Auffassung bedeutet, nach der der andere deutsche Staat für uns kein Ausland ist. Dementsprechend tauschen wir mit dem Vertragspartner auch keine Botschafter, sondern ständige Vertretungen aus.
Andererseits stellt der Vertrag formell etwas fest, was seit vielen Jahren eine

von allen Parteien unbestrittene Tatsache ist: Die DDR ist kein Teil der Bundesrepublik. Sie ist ein selbständiger Staat mit eigener Verantwortung für seine inneren und äußeren Angelegenheiten.
Der Vertrag regelt weder Staatsangehörigkeits- noch Vermögensfragen. Die Rechtslage in beiden Bereichen bleibt daher unberührt.
Ein besonders wichtiges Ergebnis des Vertrages ist die Feststellung, daß die künftige ständige Vertretung der Bundesrepublik in der DDR die Interessen von Berlin (West) vertritt und daß die noch zu schließenden Vereinbarungen zwischen den beiden Staaten im Einklang mit dem Vier-Mächte-Abkommen auf Berlin (West) ausgedehnt werden können.

III.

Die Regelung der politischen Beziehungen unter Wahrung der rechtlichen Belange war die Voraussetzung für eine Zusammenarbeit in praktischen Fragen. Die Erfahrung hat gezeigt, daß das eine ohne das andere nicht zu erreichen ist.
Der Vertrag selbst bringt eine Reihe von Fortschritten. Andere kündigt er an. Der für viele Menschen wichtigste Punkt wird der Briefwechsel über Familienzusammenführung und Reiseerleichterungen sein, der mit dem Inkrafttreten des Vertrages wirksam wird.
Bei Vorliegen der Voraussetzungen werden künftig Eheleute wieder zusammenkommen, Eltern zu ihren Kindern, Großeltern zu ihren Enkeln ziehen können und Heiraten zwischen Deutschen in Ost und West möglich sein. Vier weitere Grenzübergänge für den Personenverkehr werden eröffnet.
Für 6,5 Millionen Einwohner der Bundesrepublik aus 56 Kreisen, die in der Nähe der Grenze zur DDR liegen, werden besondere Reisemöglichkeiten in ein entsprechendes Gebiet von 54 Kreisen in der DDR eröffnet. Im Rahmen von 30 Tagen im Jahr können sie zusätzlich zu den bisherigen Reisemöglichkeiten auf einen Antrag hin neunmal im Vierteljahr zu Tagesaufenthalten in das vereinbarte Gebiet der DDR fahren, zu touristischen Zwecken oder um Verwandte und Freunde zu besuchen. Dies entspricht der Regelung der »Sofortbesuche«, die seit einigen Monaten für die Westberliner in Kraft ist.
Auch in der umgekehrten Richtung sind Erleichterungen vorgesehen: Zu den dringenden Familienangelegenheiten, aus deren Anlaß Einwohner der DDR in die Bundesrepublik fahren können, gehören künftig auch Silberne und Goldene Hochzeiten. Der Kreis der antragsberechtigten Bürger der DDR ist auf Halbgeschwister erweitert worden.
Im Transitverkehr durch die DDR mit Eisenbahn und Binnenschiffen entfällt künftig die schriftliche Antragstellung. Die Transitreise kann (außer im Berlin-Verkehr) auch zu Besuchen innerhalb der DDR unterbrochen werden, falls das Reisebüro der DDR vorher eingeschaltet worden ist.
Passagiere aus der Bundesrepublik auf Frachtschiffen, die Seehäfen der DDR anlaufen, können künftig dort an Land gehen. Im Reiseverkehr von West nach Ost werden die Einfuhrverbote für Filme, Fotoplatten, Dias, Fotopapier

und Schallplatten aufgehoben und die bisherige Einfuhrhöchstmenge von 500 auf 1000 Gramm Kaffee gesteigert.
Allgemein wird die Freigrenze für Geschenksendungen aus der DDR von 30,– DM auf 100,– DM der Deutschen Notenbank erhöht und das Ausfuhrverbot von Textilien aufgehoben. Diese Sendungen dürfen allerdings den Wert von 60,– DM der Deutschen Notenbank nicht überschreiten.
Im Zusammenhang mit dem Vertrag haben sich die beiden Staaten auch über eine Verbesserung der Arbeitsmöglichkeiten für Journalisten geeinigt. Hierzu werden Briefe ausgetauscht, deren Bestimmungen schon mit Unterzeichnung des Vertrages in Kraft treten. Auch diese Vereinbarung gilt für Berlin (West). Sie soll dazu beitragen, die Berichterstattung über die Menschen und die Verhältnisse im einen wie im anderen Staat zu verbessern und falsche Vorstellungen abzubauen.

IV.

Im Zusatzprotokoll wird der Rahmen für die künftige Zusammenarbeit auf den Sachgebieten abgesteckt.
Eine Kommission wird nach Unterzeichnung des Vertrages die Markierung der Grenze zwischen den beiden Staaten überprüfen, Klärung schaffen, wo sie nötig ist, und Vorschläge für die Lösung von Problemen vorlegen, die bisher für viele Bewohner des Grenzgebietes zu erheblichen Unzuträglichkeiten geführt haben. Viele scheinbar kleine Probleme entlang der Grenze von der Ostsee bis zum Böhmerwald können endlich einer Regelung zugeführt werden.
Auf der rechtlichen Grundlage des bisherigen Systems wird der Handel weiter entwickelt werden. Die bestehenden Vereinbarungen und Verfahren im Post- und Fernmeldeverkehr, die für beide Seiten Vorteile gebracht haben, werden auch in ein umfassendes Abkommen aufgenommen werden, zu dem Verhandlungen demnächst beginnen sollen. Der bestehende Verkehr zwischen den Behörden wird beibehalten und nach Möglichkeit beschleunigt; ein Abkommen auf dem Gebiet der Rechtshilfe soll Erleichterungen auch in diesem Bereich bringen. Entsprechendes gilt für das wichtige Gebiet des nichtkommerziellen Zahlungs- und Verrechnungsverkehrs, auf dem die Probleme unter besonderer Beachtung von sozialen Gesichtspunkten gelöst werden sollen. Weiterhin sind Vereinbarungen vorgesehen auf den Gebieten des Gesundheitswesens, der wissenschaftlichen und kulturellen Zusammenarbeit, des Umweltschutzes, zur Förderung der Sportbeziehungen und zur Verbesserung des gegenseitigen Bezugs von Büchern, Zeitschriften, Rundfunk- und Fernsehprodukten. Insgesamt ist das ein umfangreiches Programm, das keinen Anspruch auf Vollständigkeit erhebt. Die praktische Verwirklichung durch Verhandlungen und den Abschluß von Vereinbarungen wird noch Jahre in Anspruch nehmen. Der Weg zur Normalisierung ist nicht kurz, aber jetzt frei.
(Bundesgesetzblatt, 1973 II, S. 425)

[85] Erklärung von Außenminister Scheel zum Abschluß der Verhandlungen über den Grundlagenvertrag (7.11.1972)

Um den Grundvertrag haben die Delegationen der Bundesrepublik und der DDR lange Zeit gerungen. Er ist das Ergebnis sorgfältiger Arbeit, die dankenswerterweise durch die Bemühungen der Vier Mächte um eine Erklärung über ihre Rechte und Verantwortlichkeiten wirksam unterstützt wurde.
Der Grundvertrag ist kein Schlußstein im Verhältnis zwischen den beiden Teilen Deutschlands. Er ist das für uns wichtigste Stück einer Entspannungspolitik, die in die Zukunft weist.
Der Vertrag ist nur möglich geworden, weil wir vorher unsere Politik der Entspannung gegenüber Osteuropa auf breiter Front betrieben haben und mit den Verträgen von Moskau und Warschau zu einem konkreten Ergebnis kommen konnten.
Der Grundvertrag enthält zwei Elemente, die auch unsere Deutschlandpolitik kennzeichnen. Er ändert nichts an der rechtlichen Lage in Deutschland. Dazu gehört:
1. Beide Staaten sind Teil einer Nation mit gemeinsamer Sprache, gemeinsamer Geschichte und einem engen Geflecht von Bindungen.
2. Es gibt für Deutschland noch keinen Friedensvertrag; deshalb bestehen die Rechte und Verantwortlichkeiten der Vier Mächte fort. Diese Rechtspositionen haben wir im Vertrag aufrechterhalten.
Unsere Politik bleibt, auf einen Zustand des Friedens in Europa hinzuwirken, in dem das deutsche Volk in freier Selbstbestimmung seine Einheit wiedererlangt.
Der Vertrag ist ein Vertrag für die Menschen und für die Zukunft in Deutschland. Wir wollen die Bindung zwischen beiden Teilen Deutschlands stärken und wir wollen wieder Kontakte zwischen den Menschen möglich machen.
Dem Vertrag werden eine Reihe praktischer Vereinbarungen über Zusammenarbeit und Austausch zwischen den beiden Staaten in Deutschland folgen. Die Einbeziehung Berlins in diesen Vorgang ist sichergestellt.
Mit dem Grundvertrag wird zugleich eine wichtige Voraussetzung dafür geschaffen, daß die Bemühungen zur Stärkung der Sicherheit und Zusammenarbeit in Europa auf dem am 22. November in Helsinki beginnenden Treffen zur Vorbereitung der KSZE erfolgreich sein können.

(Bulletin des Presse- und Informationsamtes der Bundesregierung, Nr. 155, 8.11.1972, S. 1855f.)

[86] Rainer Barzel, CDU, zur Deutschlandpolitik (Debatte über die Regierungserklärung vom 18.1.1973; Auszug)

Frau Präsidentin! Meine Damen und Herren! Heute jährt sich ein für alle Deutschen nach wie vor wichtiges Ereignis: Am *18. Januar 1871* wurde das *Deutsche Reich* gegründet. Das ist nicht nur unter dem Gesichtspunkt der

Vergangenheit, sondern auch unter dem der Zukunft wichtig. Heute hörten wir eine Regierungserklärung, die mit keinem Wort dieses Tages gedachte. Auch wer diese Terminplanung oder diese Unterlassung als einen Zufall oder als Flüchtigkeit entschuldigt, wird dies doch gleichwohl als ein Zeichen bedrückender Geschichtslosigkeit empfinden.
(Beifall bei der CDU/CSU; – Widerspruch bei der SPD)
[...]
Wir haben doch, Herr Bundeskanzler – die Väter der Verfassung, unterstützt von Historikern und Juristen –, darum gekämpft, wirksam festzuhalten, daß das *Deutsche Reich* in der Niederlage Hitlers *nicht untergegangen* ist; daß dieses Reich fortbestehe; daß diese Bundesrepublik Deutschland im Interesse der Einheit der Rechtsnachfolger dieses Deutschen Reiches sei. Diesen Tatbestand hat unser höchstes Gericht bestätigt. Die deutsche Politik sah in dem Fortbestand des Reiches einen für die Zukunft so hohen Wert, daß die Bundesrepublik Deutschland z. B. viele, viele Milliarden Deutsche Mark für die Wiedergutmachung von Schäden geleistet hat, welche das Deutsche Reich unter Hitler anderen zugefügt hat.
Das Ganze – das ist eben an diesem Tag festzuhalten – war Bestandteil einer Politik, welche die Einheit wahrte, indem sie mit Erfolg die deutsche Frage in der Substanz offenhielt. Das war eine Politik, die für viele draußen nicht bequem war. Aber wir meinen, wer moralisch, politisch und historisch verpflichtet ist, die Menschenrechte von 17 Millionen Deutschen einzufordern, der kann nicht immer bequem sein. (Beifall bei der CDU/CSU) Wer aufhört, diese Rechte einzufordern, wird sie hier im freien Teil Deutschlands verspielen. Wer aufhört, Unrecht und Unfreiheit beim Namen zu nennen, wird Recht und Freiheit hier nicht bewahren. Dem Frieden dient das nicht, denn Frieden ist eine Sache der Menschenrechte.
(Beifall bei der CDU/CSU)
Mit keinem Wort ist in dieser Regierungserklärung – was doch zu Beginn dieses 7. Bundestages wichtig gewesen wäre – Bezug genommen worden auf die völkerrechtlich relevante *gemeinsame Entschließung* des letzten Bundestages *vom 17. Mai 1972.* Wir haben sie damals beinahe einstimmig angenommen. Es wäre doch gut gewesen, Herr Bundeskanzler, zunächst einmal jene Gemeinsamkeiten festzuhalten, über die wir uns bereits verständigen konnten.
Vergleichen wir nämlich den deutschlandpolitischen Teil Ihrer Regierungserklärung z. B. mit dem letzten NATO-Kommuniqué oder mit dieser gemeinsamen Entschließung, wo doch sehr präzise die Rede ist von Deutschland, von dem einen deutschen Volk, von der fehlenden Einheit, dem Selbstbestimmungsrecht und dem Friedensvertrag, so müssen wir diesen Teil der Regierungserklärung als unzureichend qualifizieren.
(Beifall bei der CDU/CSU)
Statt dessen spricht die Regierung von den beiden deutschen Staaten und nicht mehr, wie noch anläßlich des Verkehrsvertrages gemeinsam verabredet, von den *beiden Staaten in Deutschland.* Dies letztere ist doch eine Aussage von hohem Wert für den, der an der Einheit der Nation nicht nur im Wort festzuhalten die Absicht hat.

Aber, meine Kolleginnen und Kollegen, man wird uns dann wohl entgegenhalten: Kann nicht die Einheit der Nation weit besser dadurch bewahrt werden, daß man *lebendige Kontakte* hin und her ermöglicht? Nun, uns braucht keiner über *Freizügigkeit* für Menschen, Informationen und Meinungen als einen Maßstab für Entspannung und als eine Möglichkeit, die Wirklichkeit der Nation lebendig zu halten, zu belehren! Das ist ja unsere eigene Politik, und wir haben dazu unseren konkreten *Stufenplan* vorgelegt.
Es ist doch aber leider wahr, daß es der Ostpolitik der Bundesregierung eben nicht gelungen ist, diese Freizügigkeit herzustellen. Wir stimmen dem Gedanken zu, daß durch mehr Freizügigkeit die Zusammengehörigkeit der Nation und der Wille, ein Volk zu bleiben, in praktischer Weise lebendig erhalten werden können. Aber was ist erreicht? Es ist erreicht, daß z. B. früher entstandene Verwandtschaften zu einer Einladung führen können und damit zu einer Begegnung. Es ist aber nicht erreicht, daß sich z. B. junge Menschen hin und her begegnen können, um neue Verwandtschaften zu begründen. Das allein würde doch für die Zukunft die Einheit der Nation eine lebendige Wirklichkeit werden lassen. (Beifall bei der CDU/CSU) Für die Zukunft wird dieser Zusammenhang nicht stärker. Dieses Rinnsal an Freizügigkeit, das nur in einer Richtung fließt, kann zudem noch durch Manipulationen der anderen Seite jederzeit wieder abgeschnitten werden.
So haben wir für die Zukunft also nicht die lebendige Nation, die sich manche als Ergebnis dieser Politik erhofften. Der Bundeskanzler selbst hat diesen unseren Einwand eben bestätigt, indem er davon sprach, Familien und Freunde »aus alten Tagen«, so seine Worte, fänden wieder zusammen. Was wird auf diesem Wege in zehn oder zwanzig Jahren sein, wenn diese Gründe »aus alten Tagen« für das Zusammenfinden nicht mehr bestehen.
Dabei war an diesem Punkt, Herr Bundeskanzler, die deutsche Politik nicht nur der Unterstützung der Opposition sicher, sondern auch der nachdrücklichen Hilfe aller NATO-Staaten. Die Kommuniqués der NATO bezeichnen seit vielen Jahren die Freizügigkeit als Inhalt und Maßstab wirksamer Entspannung zwischen Ost und West.
Die Koalition hat dies beides nicht genutzt. Und ich muß leider hinzufügen: Der deutsche Vertreter in Helsinki hat am 29. November 1972 anläßlich der Vorbereitung der Konferenz über Sicherheit und Zusammenarbeit in Europa mit peinlicher Zaghaftigkeit dieses Thema eher als einen Merkposten denn als zentrale Forderung einer freiheitlichen und realen Entspannungspolitik behandelt. Und die Regierungserklärung dazu war eben mehr als dürftig.
Wir vermissen auch, Herr Bundeskanzler, jedweden Hinweis darauf, daß Sie entschlossen sind, die Ihnen gegebenen *Zusagen auf dem humanitären Gebiet* einzufordern. Denn diese Zusagen werden doch nicht sämtlich so eingehalten, wie sie uns hier mitgeteilt worden sind. Wir sehen – und das sollte debattiert werden –, daß sich z. B. die Zahl der *Umsiedler aus* der *Sowjetunion* kurz vor Bundestagswahl erhöhte; und nun ist diese Zahl rapide gesunken. Immerhin darf nicht in Vergessenheit geraten, daß vor den Verträgen und ohne sie, also von 1955 bis 1970, 22568 Menschen aus der Sowjetunion kamen.

Dasselbe gilt für *Polen*. Die Zahl der Umsiedler verringerte sich 1972 gegenüber 1971; sie ging um fast die Hälfte zurück. Und so ließe sich auch über die Zahlen aus der *DDR* hier vieles sagen.
Inzwischen aber sehen wir, daß die Behörden der DDR die durch den *Verkehrsvertrag*, dem wir zugestimmt haben, verabredeten Reise- und Besuchsmöglichkeiten durch Druck und durch Drohung einengen, manipulieren, ja verhindern. Wann und wie werden Sie das, Herr Bundeskanzler, in Ordnung bringen, damit die Buchstaben dieses Vertrages so erfüllt werden, wie sie hier im Hause vorgetragen wurden?
Die Regierung und auch Sie selbst, Herr Bundeskanzler, haben vor dieser Debatte mitteilen lassen, Ihre Regierungserklärung werde zugleich die Lage der Nation behandeln. Nun, es ist die Pflicht der Bundesregierung, einem Parlamentsauftrag entsprechend, über die Lage der Nation *im gespaltenen Deutschland* zu berichten – so der Auftrag an die Regierung.
(Sehr wahr! bei der CDU/CSU)
Schon 1971 haben Sie dem nicht entsprochen, indem Sie lediglich einen Bericht zur Lage der Nation vorlegten.
(Zuruf von der CDU/CSU: Das ist der Umgang mit dem Parlament!)
Seither haben wir immer wieder gerügt, daß Sie Mitteilungen über die Zahl der an der innerdeutschen Grenze Ermordeten und über die Fluchtversuche ebensowenig machten wie über die innere Lage und die menschenrechtswidrige Situation der Menschen in der DDR.
Auch Ihre heutige Regierungserklärung schweigt sich – entgegen den öffentlichen Ankündigungen – über die Wirklichkeit in der DDR aus und verzichtet darauf, den schuldigen Bericht über die Lage der Nation im gespaltenen Deutschland hier einzubeziehen.
[...]
Deshalb, Herr Bundeskanzler, kann ich Ihnen den Vorwurf nicht ersparen – der wird nicht gemildert durch Ihre Ankündigung, künftig jedes Jahr über den Stand der Beziehungen zwischen den Regierungen zu berichten –, daß Sie, indem Sie darzutun unterlassen, was drüben wirklich ist, dazu beitragen, daß die fundamentalen Unterschiede verwischt werden und die Wertvorstellungen unserer freiheitlichen Ordnung hier im Bewußtsein vieler an Strahlkraft verlieren.
(Zustimmung bei Abgeordneten der CDU/CSU)
Meine Damen und Herren, am Beginn dieser Politik stand die von dem jetzigen Minister Bahr begründete Forderung nach einem *»Wandel durch Annäherung«*. Als man danach fragte, was dies heiße, antwortete man: Wandel in der DDR durch Annäherung an die DDR. Besteht inzwischen nicht die Gefahr, daß daraus ein Wandel in der Bundesrepublik Deutschland wird?
(Verhandlungen des Deutschen Bundestages, VII, 18.1.1973)

[87] Bundeskanzler Willy Brandt in seinem Bericht zur Lage der Nation zur Ost- und Entspannungspolitik
(24.1.1974, Auszug)

[...]
Der Abschluß unseres Vertrages mit der *Tschechoslowakei* im Dezember 1973 und die Aufnahme diplomatischer Beziehungen mit *Ungarn* und *Bulgarien* werden ebenso wie die Verstärkung unserer wirtschaftlichen Bindungen mit allen Staaten des Warschauer Paktes dazu beitragen, den beiderseitigen Interessen zu entsprechen und unserem Volk einen gesicherten Platz der Achtung und des Respekts unter seinen Nachbarn in Ost und West zu verschaffen.
Besondere Beachtung fand verständlicherweise der *Beitritt der Bundesrepublik Deutschland zu den Vereinten Nationen*. Daß gleichzeitig der zweite deutsche Staat Mitglied der UNO wurde, demonstriert die reale Lage in Mitteleuropa. Wir haben in New York erklärt, daß Gewaltverzicht und das rechte Verhältnis zur Wirklichkeit für uns zu den beiden Hauptfaktoren einer konkreten Friedenssicherung geworden waren. Wir haben selbstverständlich dort auch unsere nationale Zielsetzung deutlich gemacht.
[...]
Meine Damen und Herren, niemand kann daran zweifeln, daß die außenpolitischen Vorgänge, von denen ich gesprochen habe, Bedingungen auch für Deutschland – und für Deutschland in seiner Gesamtheit – setzen. Der Kern der deutschen Situation ist weiterhin in unserem *Verhältnis zur DDR* zu suchen; von ihm wird die Lage der Nation vor allem bestimmt. Die Bundesregierung kann hier, wo es um die Lage der Nation geht, nicht allein wirken. Alle Kräfte unseres Landes tragen durch ihre Arbeit zur Lage der Nation bei. Die Regierung dankt für die Hilfe, die sie bei der Erfüllung ihrer nationalen Pflichten gefunden hat und findet. Sie bittet darum, in gegenseitiger Achtung, auch bei unterschiedlicher politischer Auffassung, weiter zusammenzuwirken zum Wohle unseres Volkes und unseres Staates, der nun seit 25 Jahren unsere demokratische Ordnung garantiert und der das von außen vielfach bewunderte Gehäuse unserer Freiheiten geworden ist.
Die Lage unserer Nation im geteilten Deutschland: Meine Damen und Herren, gelegentlich weiß ich nicht, was einen mehr verwundern soll, die Illusionen, die es da und dort über eine schnelle Regelung der deutsch-deutschen Beziehungen – wenn man so sagen darf – gegeben hat oder gibt, sozusagen über eine Regelung im glatten Gang, oder die Befriedigung, mit der mancherorts die Schwierigkeiten unserer Deutschlandpolitik verzeichnet werden.
(Beifall bei der SPD)
Darüber befriedigt zu sein, wie rechtfertigt sich das? Die Schwierigkeiten bei der Regelung unseres Verhältnisses zum anderen deutschen Staat, von denen jedenfalls wir in der Bundesregierung nicht überrascht worden sind, gehen doch gewiß nicht zu Lasten der einen und zu Nutzen einer anderen Partei. Das sind doch immer Schwierigkeiten, Nöte und Belastungen, die wir alle zu tragen und alle zu beklagen haben, meine Damen und Herren.
(Beifall bei den Regierungsparteien)

Wir wissen hier miteinander, daß es im vergangenen Jahr von seiten der DDR aus Verhärtungen gegeben hat. Die Erhöhung des Mindestumtauschsatzes bei der Einreise, Versuche der DDR, zu bestreiten, daß im Viermächteabkommen die Bindungen zwischen der Bundesrepublik und West-Berlin bestätigt und als entwicklungsfähig deklariert worden sind – dies und anderes zeigt, daß es eben auch in der DDR Kräfte gibt, denen die Entspannungspolitik nicht gefällt.
(Zurufe von der CDU/CSU)
Die Führung der DDR muß wissen, daß sie die Lage nicht weiter verschärfen darf, ohne daß dies Folgen hätte, die über das Verhältnis zwischen den beiden Staaten hinausreichten. (Beifall bei den Regierungsparteien) Es wird für beide Seiten von Vorteil sein, wenn sich beide Seiten um eine konstruktive Haltung bemühen.
Wir werden uns in unserer Politik nicht beirren lassen. Die Schwierigkeiten und Verhärtungen, die uns, wie gesagt, nicht überrascht haben, sind ein Anlaß mehr, Schritt für Schritt zu einem geregelten Nebeneinander mit der Chance auf ein späteres gutnachbarliches Miteinander zu kommen. (Lachen und Zurufe von der CDU/CSU) Diese Regierung hat ihre Politik gegenüber und mit der DDR unter den Umständen anfangen müssen, die sie vorfand. Illusionen hatten wir keine.
(Zuruf von der CDU/CSU: Nein, nein! – Weitere Zurufe von der CDU/CSU)
In meiner *Regierungserklärung vom Oktober 1969* habe ich die Aufgabe dieser Politik so gekennzeichnet, daß es darauf ankomme, das Verhältnis zwischen den Teilen Deutschlands, aus, wie ich sagte, »der gegenwärtigen Verkrampfung« zu lösen. Ich habe damals hinzugefügt: »Dabei geben wir uns keinen trügerischen Hoffnungen hin: Interessen, Machtverhältnisse und gesellschaftliche Unterschiede sind weder dialektisch aufzulösen, noch dürfen sie vernebelt werden.«
Und weiter sagte ich:
»Wir sind frei von der Illusion zu glauben, das Werk der Versöhnung sei leicht oder schnell zu vollenden. Es handelt sich um einen Prozeß; aber es ist an der Zeit, diesen Prozeß voranzubringen.«
Das galt im Oktober 1969, und das gilt heute.
(Beifall bei den Regierungsparteien)
[...]
Wo, meine Damen und Herren, von den anhaltenden Schwierigkeiten die Rede ist, wird man auch von bescheidenen Fortschritten sprechen dürfen. Es sind dies Ergebnisse, die meine Regierung dort hoch einstuft, wo sie im Interesse der Menschen und der deutschen Sache zu Buche schlagen.
Ich nenne einige Zahlen: Seit Inkrafttreten des Verkehrsvertrages im Oktober 1972 hat sich die Zahl der *Reisen von Bewohnern der Bundesrepublik Deutschland in die DDR* um weit über 60 % erhöht. Mehr als 2,5 Millionen Menschen sind in der genannten Zeit von hier in den anderen deutschen Staat gereist.
Im Oktober 1973 machten knapp 50000 Menschen von der neuen Möglichkeit des *grenznahen Verkehrs* Gebrauch.

Die *Steigerung des Transitverkehrs zwischen West-Berlin und der Bundesrepublik* in beiden Richtungen macht seit Inkrafttreten des Transitabkommens im Juni 1972 über 65 % aus. Vom Juni 1972 bis zum Jahresende 1973 kam es im Transitverkehr unter den zwischen den beiden deutschen Staaten im einzelnen geregelten Bedingungen zu über 19 Millionen Reisen.
Noch eine Zahl will ich hier nennen. In *dringenden Familienangelegenheiten* konnten vom November 1972 bis zum Dezember 1973 knapp 53000 Bewohner der DDR, die noch nicht im Rentenalter stehen, ins Bundesgebiet reisen.
Diese Zahlen sind hier beispielhaft genannt. Zu der letztgenannten füge ich hinzu, daß ein Vergleich mit Vorjahreszahlen nicht möglich ist, da diese Reisemöglichkeiten überhaupt erst mit Inkrafttreten des Verkehrsvertrages zwischen den beiden deutschen Staaten gegeben sind.
Ich weiß, daß die Besucherzahlen seit der Erhöhung des Mindestumtauschsatzes stark zurückgegangen sind. Immerhin, zwischen Weihnachten und Silvester des jüngst vergangenen Jahres haben über 120000 Westberliner von den lange Jahre nicht gegebenen Besuchsmöglichkeiten drüben in Ost-Berlin und in der DDR Gebrauch gemacht. Es bleibt im übrigen – daran soll kein Zweifel sein – unser zäh verfolgtes Ziel, die Regierung der Deutschen Demokratischen Republik
(Zuruf von der CDU/CSU)
zu einem Verhalten zu bewegen, das dem Geist der Verträge voll gerecht wird.
In dieser Debatte wird – vom Transitverkehr abgesehen – gewiß über den beklagenswerten Besucherrückgang gesprochen werden. Soweit dabei die Bundesregierung in ihren Bemühungen unterstützt wird, die Kontakte zwischen den Menschen in den beiden deutschen Staaten zu vervielfältigen, nehmen wir das dankbar auf. Unbegreiflich ist mir in den vergangenen Wochen allerdings geblieben, wenn manche bei den Argumenten, die sie aus dieser Entwicklung der letzten Monate ableiten, Ursache und Wirkung durcheinanderbringen. Aus den Besucherzahlen läßt sich im übrigen ablesen, daß es trotz allem wieder einen nennenswerten Reiseverkehr gibt, daß man etwas hat, woran man das messen kann, was sich leider zurückentwickelt hat und was wir wieder nach vorn entwickeln wollen.
Natürlich hätten wir es gern, daß noch viel mehr Menschen, gerade auch jüngere, von drüben zu uns reisen können. Aber es wäre nicht vernünftig, wenn man, weil diese Forderung vorerst noch unerfüllbar bleibt, den Versuch ablehnen würde, zunächst wenigstens ein paar Einbahnstraßen zu öffnen und offenzuhalten.
(Beifall bei den Regierungsparteien)
Das Ziel kann ein optimales sein; der Weg dahin aber muß Schritt für Schritt zurückgelegt werden. Wir können nirgends mitfahren, sondern müssen selbst gehen; niemand wird uns tragen oder uns die Lösung der deutschen Fragen gar entgegenbringen. Appelle allein legen natürlich die Grenzzäune nicht nieder, und die Minen entschärfen sie auch nicht. Und gerade deswegen: Unsere Politik ist und bleibt *gegen die Gewalt an den Grenzen zwischen den beiden deutschen Staaten* gerichtet.
(Beifall bei den Regierungsparteien)

An dieser Stelle möchte ich Gelegenheit nehmen, den Westberlinern zu sagen: Sie sollen sich nicht beirren lassen, weder von dem einen oder anderen hier im deutschen Westen, der die Fakten leugnet, noch von reaktionären Kräften drüben.

Der erste Punkt ist: Das *Viermächteabkommen* hat den Westberlinern die Sicherheit für ihre Stadt verbrieft und verbürgt. Der zweite Punkt ist: Wir lassen an den *Bindungen mit West-Berlin* nicht rütteln – und stützen uns dabei auf das Viermächteabkommen, das unsererseits selbstverständlich und ebenso wie alle Verträge, die wir selbst geschlossen haben, voll beachtet und exakt gehalten wird.

(Beifall bei den Regierungsparteien)

Die Bundesregierung hat beschlossen, daß das *Umweltbundesamt* in West-Berlin seinen Sitz haben soll. Wir haben diesen Beschluß, der ja kein feindseliger ist, sondern der konstruktiven Aufgaben dient – eben denen des Umweltschutzes bei uns und im europäischen und weltweiten Zusammenhang –, sorgfältig mit unseren drei Verbündeten, die für West-Berlin Träger der obersten Gewalt sind, abgestimmt. Ich sage in aller Offenheit: Befänden wir uns hier nicht in voller Übereinstimmung mit den Drei Westmächten, dann wäre unser Beschluß überprüft worden. Wir haben es begrüßt, daß wir uns in der Frage des Umweltbundesamtes auf die Erklärung stützen konnten, die die Drei Westmächte der Sowjetunion gegeben haben.

[...]

Meine Damen und Herren, die notwendigen *Folgeverhandlungen zum Grundlagenvertrag* sind mit der DDR in Gang gekommen. West-Berlin ist dabei einbezogen. Unbeschadet der im Grundvertrag festgehaltenen unterschiedlichen Auffassungen zur nationalen Frage wird die Bundesregierung die DDR als einen unabhängigen, souveränen Staat behandeln und entsprechende Abmachungen mit ihm treffen. Wir kennen die Unterschiede in den Gesellschaftssystemen der beiden deutschen Staaten; sie trennen uns noch stärker als die unterschiedlichen Auffassungen von der Nation.

Diese Bundesregierung steht dafür ein, daß es keine erfolgreichen Versuche geben wird, die realitätsbezogene, den Menschen in beiden deutschen Staaten dienende Politik zurückzudrehen oder aufzugeben. Wir suchen weiter die Verständigung.

Das *Bundesverfassungsgericht* hat in seinem *Urteil* die *Verfassungsmäßigkeit des Grundvertrags* bestätigt. Daran habe ich nie gezweifelt. Die gegenteilige Auffassung des Antragstellers wurde verworfen. Kreise, die hinter den Anträgen standen, versuchen jetzt gelegentlich, den Spruch des Gerichts nachträglich zu relativieren; etwa dadurch, daß sie aus der Begründung einzelne Teile oder Sätze isolieren und zu selbständigen politischen Richtlinien zu erheben versuchen. (Lachen bei der CDU/CSU) Die Bundesregierung hält derartige Versuche mit der Stellung und der Aufgabe des Gerichts für unvereinbar. (Beifall bei den Regierungsparteien – Abg. Seiters: Sagen Sie das mal Herrn Hansen!) Das Verfassungsgericht legt das Grundgesetz aus, es treibt keine Politik. (Beifall bei den Regierungsparteien) Darüber bestehen bei Regierung und Gericht keine Zweifel. Wer derartige Zweifel jedoch nährt und dem Gericht eine Rolle zuzuschreiben versucht, die es selbst zu übernehmen ablehnt, erweist unserer Verfassungsordnung keinen guten, sondern einen schlechten Dienst. (Beifall bei den Regierungsparteien) Die Regierung beteiligt sich aus Respekt vor dem Gericht und seiner bedeutsamen Aufgabe im Rahmen unserer Verfassung nicht an solchen Argumentationen. (Abg. Stücklen: Sie soll das Urteil nur befolgen!) Aus den gleichen Gründen hält sie sich auch aus der kritischen Diskussion heraus, die in unserer Rechtswissenschaft um Leitsätze und Gründe des Urteils entstanden ist. Die unsachliche und häufig ganz abwegige Kritik, die aus dem Osten am Verfassungsgericht geübt wird, weisen wir zurück. [...]

(Verhandlungen des Deutschen Bundestages, VII, 24.1.1974)

[88] Protokoll zwischen der Regierung der Bundesrepublik Deutschland und der Regierung der Deutschen Demokratischen Republik über die Errichtung der Ständigen Vertretungen vom 14. März 1974

Die Regierung der Bundesrepublik Deutschland und die Regierung der Deutschen Demokratischen Republik sind auf der Grundlage von Artikel 8 des Vertrages über die Grundlagen der Beziehungen vom 21. Dezember 1972 wie folgt übereingekommen:

1. Die Ständigen Vertretungen werden mit Inkrafttreten dieses Protokolls eröffnet.

2. Die Vertretungen führen die amtliche Bezeichnung »Ständige Vertretung der Bundesrepublik Deutschland« beziehungsweise »Ständige Vertretung der Deutschen Demokratischen Republik«.

Die Leiter führen die Amtsbezeichnung »Der Leiter der Ständigen Vertretung der Bundesrepublik Deutschland« beziehungsweise »Der Leiter der Ständigen Vertretung der Deutschen Demokratischen Republik«.

3. Der Leiter der Ständigen Vertretung der Bundesrepublik Deutschland wird beim Vorsitzenden des Staatsrates, der Leiter der Ständigen Vertretung der Deutschen Demokratischen Republik beim Bundespräsidenten akkreditiert.

4. Für die Ständigen Vertretungen, ihre Mitglieder sowie die zu ihrem Haushalt gehörenden Familienangehörigen und privaten Hausangestellten gilt die Wiener Konvention vom 18. April 1961 entsprechend.

5. Die Ständigen Vertretungen haben unter anderem die Aufgabe, die Interessen des Entsendestaates im Gastland zu vertreten, einschließlich Hilfe und Beistand für Personen, sowie normale gutnachbarliche Beziehungen zwischen der Bundesrepublik Deutschland und der Deutschen Demokratischen Republik auf politischem, wirtschaftlichem und kulturellem Gebiet wie auch auf anderen Gebieten zu fördern und auszubauen.

6. Zuständig für Angelegenheiten der Ständigen Vertretung der Bundesrepublik Deutschland ist das Ministerium für Auswärtige Angelegenheiten. Zuständig für Angelegenheiten der Ständigen Vertretung der Deutschen Demokratischen Republik ist das Bundeskanzleramt.

7. Die Zahl der Mitglieder der Ständigen Vertretung wird im beiderseitigen Einvernehmen auf der Grundlage der Gegenseitigkeit festgelegt.
8. Dieses Protokoll tritt zu einem gegenseitig zu vereinbarenden Zeitpunkt in Kraft.

Bonn, den 14. März 1974
Für die Regierung der Bundesrepublik Deutschland
Günter Gaus

Für die Regierung der Deutschen Demokratischen Republik
Kurt Nier

Protokollvermerk

1. Das Einvernehmen über die Person des jeweiligen Leiters der Ständigen Vertretung wird durch die Notenwechsel der Regierungen herbeigeführt. Die übrigen Mitglieder der Ständigen Vertretungen werden schriftlich benannt. Die Regierung des Gastlandes kann verlangen, daß der Leiter oder Mitglieder der Ständigen Vertretungen abberufen werden.
2. Es besteht Übereinstimmung, daß die Leiter und Mitglieder der Ständigen Vertretungen sowie die in ihrem Haushalt lebenden Familienangehörigen und privaten Hausangestellten berechtigt sind, jederzeit aus- und einzureisen.
3. Beide Seiten gewähren sich das Recht, in den Ständigen Vertretungen Funksendeanlagen zu errichten und zu betreiben. Die Beantragung und der Betrieb sind entsprechend den Bestimmungen jeder Seite vorzunehmen.
4. Die Regierung der Bundesrepublik Deutschland erklärt ihr Einverständnis, daß das bisherige Büro des Ministeriums für Außenhandel der Deutschen Demokratischen Republik in Düsseldorf in eine Nebenstelle der Handelspolitischen Abteilung der Ständigen Vertretung der Deutschen Demokratischen Republik umgewandelt wird.
Die Regierung der Deutschen Demokratischen Republik erklärt, daß sie auf Antrag zu einer vergleichbaren Regelung zugunsten der Bundesrepublik Deutschland bereit ist.
5. Es besteht Übereinstimmung, daß der Entsenderstaat beim Erwerb von Grundstücken für Zwecke seiner Ständigen Vertretung sowie hinsichtlich des in seinem Eigentum stehenden oder von ihm gemieteten Grundbesitzes, der für die Zwecke der Ständigen Vertretung sowie für Wohnzwecke des Leiters und der Mitglieder der Ständigen Vertretung genutzt wird, von allen Steuern und sonstigen Abgaben (staatlicher, regionaler, kommunaler Art) befreit ist, soweit diese nicht als Vergütung für bestimmte Dienstleistungen erhoben werden.
6. Die Ständige Vertretung der Bundesrepublik Deutschland in der Deutschen Demokratischen Republik wird in Übereinstimmung mit dem Viermächte-Abkommen vom 3. September 1971 die Interessen von Berlin (West) vertreten. Vereinbarungen zwischen der Regierung der Deutschen Demokratischen Republik und dem Senat bleiben hiervon unberührt.

(Bundesgesetzblatt, 1974 II, S. 933)

***[89]** Rede des Stellvertretenden DDR-Außenministers Oskar Fischer vor der UNO-Vollversammlung*
(23.9.1974, Auszug)

[...]
Aus den Erfahrungen des Zweiten Weltkrieges zogen die Völker die Schlußfolgerung, daß nur durch gleichberechtigte und wachsende Zusammenarbeit zwischen allen friedliebenden Nationen die höchsten Bestrebungen der Menschheit verwirklicht werden können, nämlich, einen sicheren und dauerhaften Frieden zu gewährleisten. Eine antifaschistisch-demokratische Nachkriegsregelung war das Kernstück der Beschlüsse und Abkommen der Hauptmächte der Antihitlerkoalition. Als Vertreter der Deutschen Demokratischen Republik kann ich hier feststellen, daß unserer Auffassung nach mit dem seit 1970 zustande gekommenen großen Vertragswerk eine Nachkriegsregelung vereinbart werden konnte, die eine gute Zusammenarbeit für Staaten und Völker ermöglicht. Die entscheidende Voraussetzung für die von den Völkern der Welt begrüßten Fortschritte auf dem Wege der Entspannung in Europa war die völkerrechtliche, definitive Anerkennung der Ergebnisse des Zweiten Weltkrieges und der Nachkriegsentwicklung. Dem dient bekanntlich das auf dem europäischen Kontinent seit 1970 zustande gekommene große Vertragswerk. Der europäischen und internationalen Sicherheit dienen daher keineswegs Wunschforderungen, in denen längst überholte Vorstellungen nach einer Änderung der europäischen Landkarte formuliert werden. Was die nationale Frage auf deutschem Boden betrifft, so hat hierüber die Geschichte längst entschieden. Das Volk der Deutschen Demokratischen Republik hat in freier Ausübung seines Selbstbestimmungsrechtes ein für allemal die sozialistische Gesellschaftsordnung gewählt. Heute existieren auf deutschem Boden ein sozialistischer Staat, die Deutsche Demokratische Republik, in dem sich die sozialistische Nation entwickelt, und die kapitalistische Bundesrepublik Deutschland, in der die kapitalistische Nation besteht. Zwischen sozialistischen und kapitalistischen Staaten kann es nur Beziehungen der friedlichen Koexistenz geben, deren Prinzipien allerorts bekannt sein sollten. [...]
(*Neues Deutschland*, 26.9.1974)

***[90]** Erich Honecker, Erster Sekretär des ZK der SED, vor der Volkskammer zur Ergänzung und Änderung der Verfassung der DDR*
(27.9.1974, Auszug)

Herr Präsident! Verehrte Abgeordnete der Volkskammer!
Mir ist der ehrenvolle Auftrag zuteil geworden, vor der Obersten Volksvertretung der Deutschen Demokratischen Republik den gemeinsamen Antrag aller Fraktionen zum »Gesetz über die Ergänzung und Änderung der Verfassung der DDR« zu begründen.
Die Notwendigkeit der Ergänzung und Veränderung der Verfassung ist herangereift. Gerade anläßlich des 25. Jahrestages der Gründung unseres sozialisti-

schen Arbeiter-und-Bauern-Staates wird deutlich, wie tiefgreifend sich das Leben unseres Volkes in diesem geschichtlich so entscheidenden Zeitabschnitt, beim Übergang vom Kapitalismus zum Sozialismus verändert hat. In der vom VIII. Parteitag der Sozialistischen Einheitspartei Deutschlands vorgezeichneten Richtung legte die Deutsche Demokratische Republik erfolgreich eine große Wegstrecke zurück. Als das grundlegende Gesetz unserer Gesellschaft und unseres Staates muß die Verfassung die neuen qualitativen Fortschritte bei der Gestaltung der entwickelten sozialistischen Gesellschaft in unserem Land zum Ausdruck bringen und zugleich dem gesetzmäßigen Vormarsch der Deutschen Demokratischen Republik in die kommunistische Zukunft Rechnung tragen. Es gilt, bestimmte Seiten unserer Verfassung, die der Wirklichkeit nicht mehr gerecht werden, einer sorgfältigen Prüfung zu unterziehen und sie entsprechend zu ändern.

Vor uns steht also die verantwortungsvolle Aufgabe, die Verfassung mit dem Leben, mit dem politischen und sozial-ökonomischen Entwicklungsstand unseres sozialistischen Arbeiter-und-Bauern-Staates, mit der ideologischen Grundhaltung unseres Volkes in Übereinstimmung zu bringen. Dies erfolgt durch den vorliegenden Entwurf des »Gesetzes zur Ergänzung und Änderung der Verfassung der DDR«, der heute im Einklang mit den Artikeln 63 und 108 der Verfassung, in denen die Fragen von Verfassungsänderungen geregelt sind, der Volkskammer zum Beschluß unterbreitet wird.

[...]

Die Deutsche Demokratische Republik von heute ist ein international anerkannter, souveräner sozialistischer Staat, der seine Gegenwart und Zukunft unlösbar und für immer mit dem Lande Lenins und den anderen Staaten der sozialistischen Gemeinschaft verbunden hat. (Starker Beifall!) Der vorliegende Gesetzentwurf enthält deshalb den Vorschlag, die bisherige Präambel der Verfassung durch eine neue zu ersetzen, die diesen historischen Tatsachen und Veränderungen vollauf gerecht wird. In diesem Zusammenhang ist es zweckmäßig, den Charakter unseres Staates zu präzisieren und in Artikel 1 der Verfassung deutlich zu machen, daß die Deutsche Demokratische Republik ein sozialistischer Staat der Arbeiter und Bauern ist. Der neue Text läßt auch klarer hervortreten, daß der Mensch im Mittelpunkt aller Bemühungen der sozialistischen Gesellschaft und des Staates steht, weil bei uns alle politische Macht von den Werktätigen in Stadt und Land ausgeübt wird. [...]

(*Neues Deutschland*, 28.9.1974)

[91] Gesetz zur Ergänzung und Änderung der Verfassung der Deutschen Demokratischen Republik vom 7. Oktober 1974

§ 1

Die Präambel erhält folgende Fassung: »In Fortsetzung der revolutionären Traditionen der deutschen Arbeiterklasse und gestützt auf die Befreiung vom Faschismus hat das Volk der Deutschen Demokratischen Republik in Übereinstimmung mit den Prozessen der geschichtlichen Entwicklung unserer

Epoche sein Recht auf sozial-ökonomische, staatliche und nationale Selbstbestimmung verwirklicht und gestaltet die entwickelte sozialistische Gesellschaft.
Erfüllt von dem Willen, seine Geschicke frei zu bestimmen, unbeirrt auch weiter den Weg des Sozialismus und Kommunismus, des Friedens, der Demokratie und Völkerfreundschaft zu gehen, hat sich das Volk der Deutschen Demokratischen Republik diese sozialistische Verfassung gegeben.«

§ 2
Artikel 1 erster Absatz erhält folgende Fassung:
»Die Deutsche Demokratische Republik ist ein sozialistischer Staat der Arbeiter und Bauern. Sie ist die politische Organisation der Werktätigen in Stadt und Land unter Führung der Arbeiterklasse und ihrer marxistisch-leninistischen Partei.«
(Gesetzblatt der DDR, 1974 I, S. 425)

[92] Erklärung des Bundesministers für innerdeutsche Beziehungen, Franke, zur Änderung der Verfassung der DDR
(27.9.1974)

Die Volkskammer der DDR hat eine Änderung der DDR-Verfassung zur Frage der Nation im Sinne der schon seit längerem propagierten »Klassennation« vorgenommen.
Nach Auffassung der Bundesregierung kann eine Nation, und so auch die deutsche Nation, durch Akte bloßer Gesetzgebung weder geschaffen noch beseitigt werden.
Das deutsche Volk, das nach dem Zweiten Weltkrieg gegen seinen Willen geteilt wurde und heute in zwei Staaten unterschiedlicher Gesellschaftsordnung getrennt lebt, hat Anspruch auf das nationale Selbstbestimmungsrecht.
Solange die Deutschen keine Gelegenheit erhalten, über ihre staatliche und nationale Existenz frei zu bestimmen, bleibt ihnen ein fundamentales Recht vorbehalten.
Die Bundesregierung bekräftigt darum das politische Ziel der Bundesrepublik Deutschland, auf einen Zustand des Friedens in Europa hinzuwirken, in dem das deutsche Volk seine Einheit in freier Selbstbestimmung wiedererlangt.
Im übrigen ändert die jetzt vorgenommene Verfassungsänderung der DDR nichts an dem Vertrag über die Grundlagen der Beziehungen zwischen der Bundesrepublik Deutschland und der Deutschen Demokratischen Republik vom 21. Dezember 1972. Dort ist in der Präambel ausdrücklich niedergelegt, daß dieser Vertrag geschlossen wurde »unbeschadet der unterschiedlichen Auffassungen der Bundesrepublik Deutschland und der Deutschen Demokratischen Republik zu grundsätzlichen Fragen, darunter zur nationalen Frage«.

Die Verpflichtungen des Grundlagenvertrages, im Interesse der europäischen Entspannung und Sicherheit und zum Wohle der Menschen in den beiden deutschen Staaten das Nebeneinander der beiden Ordnungen auf deutschem Boden zu regeln und durch Zusammenarbeit zu normalisieren, bilden nach Auffassung der Bundesregierung die einzige reale Chance, der deutschen Nation den Weg in die Zukunft offenzuhalten.
(Bulletin des Presse- und Informationsamtes der Bundesregierung, Nr. 113, 1.10.1974, S. 1155)

[93] Erklärung von Bundeskanzler Schmidt zu den Verhandlungen mit der DDR
(11.12.1974, Auszug)

[...]
Im Juni dieses Sommers hat ein Kreis von Bundesministern zusammen mit dem Präsidenten der Bundesbank und dem Vertreter des Regierenden Bürgermeisters von Berlin über die Prioritäten für unsere Verhandlungsvorstellung beraten. Nach jener Beratung bestand unter anderem Übereinstimmung darüber, daß die Wiederherstellung der Geschäftsgrundlage beim Mindestumtausch die Voraussetzung aller weiterführenden Verhandlungen sein müsse, daß Stromversorgung und Verkehrsverbund von West-Berlin als erste Priorität in einer Liste neuer Verhandlungen mit der DDR zu stehen haben würde und daß sodann der »Swing« eine wesentliche Bedeutung für den Umfang und für die Abwicklung des innerdeutschen Handels habe.
Auf dieser Grundlage, die ich hier nicht vollständig darstellen kann, wurden dann im Laufe des Monats Juli Stellungnahmen der Bundesressorts zu Einzelfragen ausgearbeitet. Im August fanden Sondierungen mit der DDR statt. Anfang September wurde das Ergebnis der Sondierungen in einem Briefwechsel zwischen Herrn Honecker und mir zusammengefaßt.
Der Briefwechsel enthielt die Zusagen und Angebote der DDR, wie sie jetzt am letzten Montag bekanntgegeben wurden, mit Ausnahme damals einer befriedigenden Regelung des Mindestumtauschs.
Mitte September kam dann der gleiche Kreis im Bundeskanzleramt zusammen – er hat ein paarmal getagt –, um den erreichten Stand zur Kenntnis zu nehmen und die weitere Linie festzulegen. Anschließend hat es zahlreiche Gespräche gegeben zwischen dem Leiter unserer Ständigen Vertretung, Staatssekretär Gaus, und den zuständigen Personen, Ministern, Beamten der DDR, darunter dreimal mit Herrn Honecker.
Ein erster Erfolg wurde Ende Oktober mit der Senkung der Sätze für den Mindestumtausch durch die DDR erreicht. Herr Honecker teilte mir diesen Beschluß schriftlich mit. Ich habe geantwortet, daß ich jene Maßnahme der DDR als einen Fortschritt würdigte, daß ich mich aber ohne eine Befreiung der Rentner vom Mindestumtausch nicht in der Lage sähe, dem Beginn der vorgesehenen Verhandlungen zwischen den Regierungen über Fragen des beiderseitigen Interesses zuzustimmen.
Ich erhielt dann Ende November eine verbindliche Zusage von Herrn

Honecker, daß die Befreiung der Rentner vom Mindestumtausch am 10. Dezember verkündet, am 20. Dezember in Kraft treten würde.
In einem Gespräch der zuständigen Ressortminister haben wir daraufhin beschlossen, ad referendum mit der DDR einen Text für einen Briefwechsel über die Weiterführung des Swing abzustimmen, über den das Kabinett noch zu beschließen haben würde. Die DDR hat sodann am 9. Dezember offiziell mitgeteilt, daß die Rentner mit Wirkung vom 20. Dezember an vom Mindestumtausch befreit sein würden und daß sie bereit sei, über eine seit September abgestimmte umfangreiche Liste von gemeinsam interessierenden Fragen zu verhandeln. Die Koalitionsparteien, die Bundesregierung und der Senat von Berlin haben inzwischen das Ergebnis begrüßt. Das Kabinett wird heute über die Unterzeichnung der »Swing«-Vereinbarung, über die Aufnahme von Verhandlungen über Fragen des Verkehrs, der Stromversorgung, der wirtschaftlichen Zusammenarbeit, des nichtkommerziellen Zahlungsverkehrs usw. entscheiden.
[...]

(Bulletin des Presse- und Informationsamtes der Bundesregierung, Nr. 150, 12. 12. 1974, S. 1501)

12. Kapitel
Extremistenbeschluß und die Folgen

Der sogenannte »Radikalenerlaß« vom 29. Januar 1972 (Dok. 94) hatte mehrere Voraussetzungen. Zum einen war die SPD bemüht, wegen ihrer Ostpolitik nicht in den Verdacht der Kommunistenfreundlichkeit zu geraten, und drängte auf Abgrenzung im Innern. Da aus allgemeinen politischen Opportunitätsgründen und aus dem besonderen Grund, das Verhältnis zur UdSSR nicht zu belasten, die neue DKP nicht verboten werden sollte, wurde ein Abgrenzungsbeschluß betreffend »Sozialdemokratie und Kommunismus« gefaßt.[15] Darin hieß es, der eigentliche Gegensatz sei der von »Rechtsstaatlichkeit und Willkür, von freiheitlicher Demokratie und Parteidiktatur, von Selbstbestimmung«. Daraus folgte dann die Unvereinbarkeit der Mitgliedschaft in sozialdemokratischen und sozialistischen/kommunistischen Organisationen.

Die Abgrenzung der Sozialdemokratie von den Kommunisten hat eine lange zurückreichende Tradition. Sieht man einmal ab von individuell erklärbaren Fällen wie Schumacher, so stößt man immer auf den Mechanismus, daß die SPD unter dem konservativen Verdacht, sich staatsgefährdend zu verhalten, sich besonders staatsstabilisierend verhielt. Noch in der *Spiegel*-Affäre waren die SPD-Abgeordneten mehr damit beschäftigt, sich vom Verdacht der Unterstützung von Landesverrat zu distanzieren als zu fragen, ob eigentlich von Landesverrat im Zusammenhang mit der *Spiegel*-Affäre gesprochen werden könne. Der gleiche Mechanismus führte in Gestalt einer kleinen Anfrage der CDU/CSU im Bundestag am 29. Juni 1971 zum Thema Umgang mit DKP-Mitgliedern im öffentlichen Dienst bei der SPD zu der Vorstellung, ihre rechtsstaatliche Zuverlässigkeit unter Beweis stellen zu müssen.[16] So kam zu der Motivation im Zusammenhang mit der Ostpolitik ein aktueller Anlaß hinzu. Außerdem gab es innerhalb der SPD, hauptsächlich in München und Hamburg, starke linkssozialistische Strömungen, die den Konsens der »Volkspartei« zu bedrohen schienen, und so war der Hamburger Senat zu einer Verschärfung der Einstellungsvoraussetzungen für den öffentlichen Dienst eher bereit als der FDP-Innenminister des Landes Nordrhein-Westfalen.

Nach Baring hatte Wehner die Gefahr, die in dem geplanten Extremistenbeschluß lag, erkannt und schrieb in einer SPD-internen Information:

> »Denn wenn man hier einmal anfängt, wo wird man enden? Wann wird die nächste Gruppe fällig sein und die übernächste, wann würden wir dann portugiesische Zustände haben? Was geschieht, wenn Angehörige des öffentlichen Dienstes, die bisher der DKP angehörten, formal

austreten, ohne ihre Gesinnung zu ändern? Wird dann eine Gesinnungsschnüffelei einsetzen? Ich sehe keinen Sinn darin, die freiheitliche Grundordnung durch einen ersten Schritt zu ihrer Beseitigung schützen zu wollen.«[17]

Trotzdem kam der »Radikalenerlaß« am 28.1.1972 auf Initiative Hamburgs zustande. Offenbar wurden seine Folgen von den Mitwirkenden nicht so klar gesehen wie von Wehner, oder jedenfalls, wie im Falle Willy Brandts, zu spät. Daß das ohnehin geltende Beamtenrechtsrahmengesetz zum Schutz der Demokratie ausreiche, wurde von allen Kritikern gesagt, blieb aber ohne Erfolg. Die Regelüberprüfung in allen möglichen, auch nicht sicherheitsrelevanten Berufen führte zu absurden Größenordnungen (Dok. 98). Die Tatsache, daß aufgrund der besonderen Form des deutschen Berufsbeamtentums der Staat für bestimmte Berufe ein Einstellungs- und Ausbildungsmonopol hat, führte, bezogen auf die abgewiesenen Bewerber, zum Begriff der »Berufsverbote« und machte die ausländische Presse aufmerksam. Zwar erklärte das Bundesverfassungsgericht in einem Grundsatzurteil vom 22. Mai 1975 den Begriff für »völlig fehl am Platz«[18], forderte aber zugleich den Gesetzgeber auf, für Ausbildungsgänge, in denen der Staat ein Monopol hat (z. B. Referendariat für Lehrer und Juristen), eine Ersatzlösung zu schaffen.

Der Beitrag von Dr. Carstens für die CDU/CSU in der Debatte über die »Ordnung im Innern« vom 24.1.1974 (Dok. 95) ist typisch für das konservative Argumentationsmuster. Bundeskanzler Schmidt erklärte am 17.5.1974 entschlossen: »Gegner der freiheitlich-demokratischen Grundordnung gehören nicht in den öffentlichen Dienst« (Dok. 96) und kündigte einheitliche gesetzliche Regelungen im Zusammenwirken mit den Ländern an. Dazu ist es nicht gekommen, weil die CDU/CSU-Länder am Kriterium der Zugehörigkeit zu bestimmten Organisationen als Einstellungshindernis festhalten, die SPD/FDP-Länder für ihren Gesetzentwurf (Dok. 97) keine Zustimmung bekamen. In den SPD/FDP-Grundsätzen, die seit 1976 im Bund und in den SPD/FDP-Ländern angewandt wurden, entfällt die Regelüberprüfung. Damit wächst aber der Ermessensspielraum der einstellenden Behörde. Die CDU/CSU-Länder halten am Extremistenbeschluß in der Form von 1972 fest. Auf die inzwischen erkannten Folgen der Regelüberprüfung und die »Grundsätze« von 1976 bezieht sich Bundeskanzler Schmidt in seiner Regierungserklärung vom 16.12.1976 (Dok. 99). Eine differenzierte Neufassung der »Grundsätze« von 1976 mit einer Begründung, die die negativen Folgen des Beschlusses vom Januar 1972 aufführt, existiert seit 1979 (Dok. 100) für die öffentliche Verwaltung des Bundes. Die uneinheitlichen Länderregelungen sind davon nicht betroffen.

Dokumente zum 12. Kapitel

[94] Beschluß der Regierungschefs des Bundes und der Länder vom 28. Januar 1972
(»Radikalenerlaß«)

Die Regierungschefs der Länder haben in einer Besprechung mit dem Bundeskanzler am 28. 1. 1972 auf Vorschlag der Ständigen Konferenz der Innenminister der Länder die folgenden Grundsätze beschlossen:

1. Nach den Beamtengesetzen in Bund und Ländern darf in das Beamtenverhältnis nur berufen werden, wer die Gewähr dafür bietet, daß er jederzeit für die freiheitliche demokratische Grundordnung im Sinne des Grundgesetzes eintritt,
sind Beamte verpflichtet, sich aktiv innerhalb und außerhalb des Dienstes für die Erhaltung dieser Grundordnung einzusetzen.
Es handelt sich hierbei um zwingende Vorschriften.

2. Jeder Einzelfall muß für sich geprüft und entschieden werden. Von folgenden Grundsätzen ist dabei auszugehen:

2.1 *Bewerber*
2.1.1 Ein Bewerber, der verfassungsfeindliche Aktivitäten entwickelt, wird nicht in den öffentlichen Dienst eingestellt.
2.1.2 Gehört ein Bewerber einer Organisation an, die verfassungsfeindliche Ziele verfolgt, so begründet diese Mitgliedschaft Zweifel daran, ob er jederzeit für die freiheitliche demokratische Grundordnung eintreten wird. Diese Zweifel rechtfertigen in der Regel eine Ablehnung des Einstellungsantrages.

2.2 *Beamte*
Erfüllt ein Beamter durch Handlungen oder wegen seiner Mitgliedschaft in einer Organisation verfassungsfeindlicher Zielsetzung die Anforderungen des § 35 Beamtenrechtsrahmengesetz nicht, aufgrund derer er verpflichtet ist, sich durch sein gesamtes Verhalten zu der freiheitlichen demokratischen Grundordnung im Sinne des GG zu bekennen und für deren Erhaltung einzutreten, so hat der Dienstherr aufgrund des jeweils ermittelten Sachverhaltes die gebotenen Konsequenzen zu ziehen und insbesondere zu prüfen, ob die Entfernung des Beamten aus dem Dienst anzustreben ist.

3. Für Arbeiter und Angestellte im öffentlichen Dienst gelten entsprechend den jeweiligen tarifvertraglichen Bestimmungen dieselben Grundsätze.
(Ministerialblatt von Nordrhein-Westfalen, 1972, S. 324)

[95] *Karl Carstens, CDU, über die »Ordnung im Inneren«*
(Debatte über den Bericht zur Lage der Nation vom 24. 1. 1974; Auszug)

[...]
Wir sind schließlich der Auffassung, daß Entspannungspolitik mit der Verteidigung unserer *freiheitlichen Ordnung im Inneren* gekoppelt sein muß. Diese Ordnung ist vielfach bedroht. Sie haben davon nicht gesprochen, Herr Bundeskanzler, aber die Tatsachen sind nicht zu leugnen. Angehörige der DKP wurden in Hessen und in Bremen zu Beamten berufen, und in Nordrhein-Westfalen standen der Ministerpräsident und der Justizminister auf dem Standpunkt, daß ein der DKP angehörender Funktionär Richter in diesem Lande werden sollte. An einer Reihe von Schulen in der Bundesrepublik Deutschland wird für die marxistische Ideologie geworben, und die freiheitliche Ordnung unseres Landes wird unter negativen Vorzeichen dargestellt. Dies geschieht auf Grund von *Rahmenrichtlinien*, die in Hessen, Niedersachsen und Nordrhein-Westfalen von den dort verantwortlichen Kultusministern, den Herren von Friedeburg, Girgensohn und von Oertzen erlassen worden sind. An einigen deutschen Universitäten breiten sich Drohung, Einschüchterung und Gewaltanwendung aus. (Zuruf von der CDU/CSU: Terror!)
Die Freiheit der Lehre und die Meinungsfreiheit sind in Teilbereichen dieser Universitäten aufgehoben. Die Universität Bremen ist nach dem Urteil Sachverständiger, auch im sozialdemokratischen Lager, eine kommunistische Kaderschule geworden. (Hört! Hört! bei der CDU/CSU)
Die staatliche Ordnung wird auch außerhalb der Universitäten in vielen Fällen in Frage gestellt. Ich darf einen Satz aus der Frankfurter Allgemeinen Zeitung aus den letzten Tagen vorlesen. Der Satz lautet:
»Dieser Tage strebt das wilde Treiben einem neuen Höhepunkt zu. Die Stadt bietet das Bild einer vorrevolutionären Situation und die Behörden verhalten sich, wie es im Buch der Revolutionsgeschichte steht: unsicher, ratlos und ängstlich, (Zuruf von der CDU/CSU: Wie der Kanzler!) eine ständige Ermutigung für das politisch-akademische Bandenwesen.«
Die Bundesregierung steht diesen Erscheinungen schwach und unentschlossen gegenüber. Mit einem Treuebekenntnis zur Verfassung allein, Herr Bundeskanzler, ist es nicht getan. (Lebhafter Beifall bei der CDU/CSU) [...]
(Verhandlungen des Deutschen Bundestages, VII, 24. 1. 1974)

[96] *Bundeskanzler Schmidt zur freiheitlich demokratischen Grundordnung*
(Regierungserklärung vom 17. 5. 1974; Auszug)

[...]
Meine Damen und Herren, Sie und wir stehen für das *Grundgesetz der Bundesrepublik Deutschland* ein, das in diesen Tagen 25 Jahre alt sein wird. Wir sind uns in diesem frei gewählten deutschen Parlament alle einig, daß sich

diese Verfassung hervorragend bewährt hat. Die Bundesregierung tritt deshalb dafür ein, an diesem bewährten verfassungsrechtlichen Rahmen unverbrüchlich festzuhalten, (Beifall bei den Regierungsparteien) den in ihm liegenden Auftrag zu erfüllen und unseren freiheitlichen Rechtsstaat zu einem ebenso freiheitlichen Sozialstaat auszubauen.
(Erneuter Beifall bei den Regierungsparteien)
Unser demokratischer Staat lebt vom Engagement des Bürgers, der verantwortlich mitdenkt, der mitbestimmt und mitentscheidet. Den *Bürger* gibt es nicht nur am Wahltag. Nur dann, wenn er sich für den Staat, den Wahrer und Hüter der Freiheiten und Rechte aller, selber mit einsetzt, hat der Staat die Kraft, die Freiheiten und die Rechte des Bürgers zum Wohle aller gegen einseitige Gruppeninteressen abzuschirmen oder durchzusetzen.
Die Bundesregierung erwartet auch, daß der zur Erhaltung unserer freiheitlichen Rechtsordnung gezogene gesetzliche Rahmen von allen gesellschaftlichen und politischen Gruppierungen eingehalten wird. Wir sind entschlossen, die Freiheit und die sie schützende gesetzliche Ordnung zu wahren und zu verteidigen.
(Beifall bei den Regierungsparteien)
Justiz, Polizei und die anderen Organe der inneren Sicherheit können bei der rechtsstaatlichen Erfüllung ihrer Aufgaben der festen Unterstützung der Bundesregierung gewiß sein.
(Beifall bei den Regierungsparteien)
Der Bundeskanzler und die Bundesminister haben mit ihrem Amtseid gestern und heute morgen bekräftigt, daß sie das Grundgesetz und die Gesetze des Bundes wahren und verteidigen werden. Der Grundgedanke dieses Eides gilt für alle Demokraten.
(Beifall bei den Regierungsparteien)
Gegner der freiheitlich-demokratischen Grundordnung gehören nicht in den öffentlichen Dienst. (Beifall auf allen Seiten) Dabei muß die Freiheit auch gegenüber ihren Feinden rechtsstaatlich verteidigt werden. (Erneuter Beifall auf allen Seiten) Deshalb wird die Bundesregierung um der Rechtseinheit in der Bundesrepublik willen im Zusammenwirken mit den Ländern eine baldige Verabschiedung der von ihr vorgeschlagenen gesetzlichen Regelungen betreiben. [...]
(Verhandlungen des Deutschen Bundestages, VII, 17.5.1974)

[97] Grundsätze der SPD/FDP-regierten Länder für Einstellungen im öffentlichen Dienst
(Februar 1976)

1. Die Einstellungsbehörden sind verpflichtet, Bedenken, die gegen die Einstellung eines Bewerbers sprechen, und die dafür erheblichen Tatsachen schriftlich mitzuteilen.
2. Der Bewerber hat das Recht, sich hierzu mündlich oder schriftlich zu äußern.

3. Findet ein Anhörungsgespräch statt, ist ein Protokoll zu führen. Dem Bewerber ist auf Antrag Einsicht zu gewähren.
4. Die Mitwirkung eines Rechtsbeistandes ist auf Antrag des Bewerbers zu gestatten. Sie ist auf die Beratung des Bewerbers und auf Verfahrensfragen zu beschränken.
5. Die Entscheidungszuständigkeit in den Fällen, in denen die Eignung des Bewerbers nicht festgestellt werden kann, liegt bei der obersten Dienstbehörde, das heißt grundsätzlich bei dem politisch verantwortlichen Minister oder der Landesregierung.
6. Ablehnende Entscheidungen dürfen nur auf gerichtsverwertbare Tatsachen gestützt werden.
7. Dem Bewerber ist die Ablehnungsbegründung unter Angabe der hierfür maßgeblichen Tatsachen, jedenfalls auf seinen Antrag hin, schriftlich mitzuteilen. Der Bescheid enthält eine Rechtsmittelbelehrung.
8. Die für den Verfassungsschutz zuständigen Ressorts stellen sicher, daß den anfragenden Stellen nur solche (gerichtsverwertbaren oder vorbehaltbaren) Tatsachen mitgeteilt werden, die Zweifel an der Verfassungstreue eines Bewerbers begründen.

(Archiv der Gegenwart, 5.3.1976, S.20059)

[98] Daten zu den Folgen des »Radikalenerlasses«
(Veröffentlicht in *Die Welt*, 23.3.1976)

Länder	Überprüfungen	Erkenntnisse	Ablehnungen
Baden-Württemberg	106462	731	85
Bayern	71436	400	46
Berlin	24000	1800	95
Bremen	20100	421	15
Hamburg	50000	–	36
Hessen	50000	970	26
Niedersachsen	38249	351	57
Nordrhein-Westfalen	84308	523	30
Rheinland-Pfalz	24770	131	22
Saarland	7000	34	0
Schleswig-Holstein	20399	173	18

Eine Anlayse der abgelehnten Fälle weise nach, daß sie im Verhältnis der jeweiligen Stärke der verfassungsfeindlichen Organisationen entsprächen: in Niedersachsen seien z. B. an der Universität Göttingen ca. 1000 organisierte Angehörige der Radikalen Linken gegenüber 10 organisierten Angehörigen der Radikalen Rechten festgestellt worden. Ferner sei festzuhalten, daß bisher nur rund 25 der abgelehnten Bewerber hiergegen Einspruchklage erhoben

hätten, die derzeit bei den Gerichten anhängig seien; in ca. 10 Fällen habe die ÖTV Rechtsbeistand gewährt.
(Archiv der Gegenwart, 13.4.1976, S. 20138)

[99] Bundeskanzler Schmidt zu den Folgen des »Radikalenerlasses« (Regierungserklärung vom 16.12.1976; Auszug)

[...]
An dieser Stelle ein Wort zu einem Thema, das viele Menschen – zumal in der jungen Generation – bei uns, aber auch im Ausland bewegt und das für die Qualität unserer Demokratie von Gewicht ist. Ich spreche davon, daß die *Praxis der Überprüfung von Bewerbern für den öffentlichen Dienst* Zweifel an der Liberalität in unserem Land hat aufkommen lassen. Fest steht: unsere Demokratie ist stark. Sie wird von der Verfassungsloyalität der Bürger getragen. Deshalb gehen wir bei der Einstellung eines Bürgers in den öffentlichen Dienst von seiner Verfassungstreue aus.
(Beifall bei der SPD und der FDP)
Wir werden alles tun, um die Entstehung eines allgemeinen Mißtrauens zu verhindern, welches die persönliche Ausübung von Grundrechten mit Gefahren für die persönliche berufliche Zukunft belasten könnte; (Beifall bei der SPD und der FDP) denn dies führt zu Leisetreterei und zur Furcht. Wir wollen aber nicht Furcht, sondern wir wollen die persönliche Bereitschaft, die verfassungsmäßige Ordnung lebendig zu erhalten.
(Beifall bei der SPD und der FDP)
Die Bundesregierung verfährt bei der Aufnahme in den öffentlichen Dienst nach den vom Bundesverfassungsgericht aufgestellten Grundsätzen und nach der Rechtsprechung des Bundesarbeitsgerichts und des Bundesverwaltungsgerichts. Daraus ergibt sich die Notwendigkeit der Prüfung des Einzelfalles und einer Differenzierung der Kriterien, nämlich der *»Verfassungstreue«* bei Beamten und der *»Loyalität«* bei Arbeitnehmern. Im Einklang damit hat die Bundesregierung durch die von ihr und von einigen Bundesländern bereits im letzten Sommer festgelegten acht Verfahrensgrundsätze ein Höchstmaß an Rechtsstaatlichkeit hergestellt.
Die Koalitionspartner werden in Bund und Ländern darauf hinwirken, daß die Anfrage bei den Verfassungsschutzämtern und die Weitergabe von deren Erkenntnissen an eine Einstellungsbehörde nach Maßgabe der höchstrichterlichen Entscheidungen in jedem Einzelfall streng nach dem *Grundsatz der Verhältnismäßigkeit* erfolgt. Insbesondere darf eine Anfrage beim Verfassungsschutz nur dann erfolgen, wenn eine Einstellung des Bewerbers tatsächlich beabsichtigt und wenn die Verfassungstreue des Bewerbers nur noch die letzte zu prüfende Einstellungsvoraussetzung ist.
(Dr. Zimmermann [CDU/CSU]: Die letzte!)
– Nämlich wenn alle anderen erfüllt sein sollten, Herr Abgeordneter Zimmermann.
Für Angestellte und Arbeiter gilt dies nur, wenn sie zur Erfüllung hoheitlicher

Aufgaben oder im sicherheitsempfindlichen Bereich oder für Tätigkeiten eingesetzt werden sollen, die ohne ein aktives Eintreten für die freiheitliche, für die demokratische Grundordnung nicht ausgeübt werden können.
Eine Weitergabe von Erkenntnissen an die Einstellungsbehörde darf nur dann erfolgen – so ist unsere Überzeugung –, wenn diese tatsächlich geeignet sind, ein Urteil über die Verfassungstreue des Bewerbers zu begründen; d. h. insbesondere: Sie darf nicht erfolgen, wenn es sich um Erkenntnisse handelt über Tätigkeiten des Bewerbers vor dessen 18. Lebensjahr, als er noch gar nicht erwachsen war, soweit sie nicht Gegenstand eines anhängigen Strafverfahrens sind.
(Beifall bei der SPD und der FDP)
Bei den sogenannten *Monopol-Ausbildungsverhältnissen*, bei denen also der Staat ein Monopol hat, z. B. bei Juristen und Pädagogen, wollen wir zu einer einheitlichen Regelung des Zugangs kommen. Die Auszubildenden sollen den Status eines sozialversicherungspflichtigen Rechtsverhältnisses besonderer Art und auf Zeit haben. In solchen Fällen findet eine Überprüfung auf Verfassungstreue nur dann statt, wenn der Auszubildende im Sicherheitsbereich eingesetzt werden soll.
Wir möchten nicht zulassen, daß diejenigen Werte bedroht werden, für die Generationen von Demokraten gekämpft, in vielen Fällen geopfert und gelitten haben. Wir wollen keine Opportunisten und Angepaßten. Was wir brauchen, sind freie, sind selbstbewußte, sind mutige und engagierte Bürger, die nicht geduckt oder gedrückt werden. [...]
(Verhandlungen des Deutschen Bundestages, VIII, 16.12.1976)

[100] Neue Prüfungsgrundsätze für Verfassungstreue im Öffentlichen Dienst (17.1.1979)

Das Bundeskabinett hat am 17. Januar 1979 unter Bezug auf die Darstellung des verfassungsrechtlichen Rahmens für die Verfassungstreue-Prüfung im öffentlichen Dienst vom 8. November 1978 und die Regierungserklärung vom 16. Dezember 1976 die folgende Neufassung der Grundsätze für die Prüfung der Verfassungstreue (sogenannter »Extremistenbeschluß«) vom 19. Mai 1976 verabschiedet. Diese Neufassung wird für die öffentliche Verwaltung des Bundes am 1. April 1979 in Kraft treten.

I. Die Feststellungen, ob der Bewerber die Eignungsvoraussetzungen der Gewähr der Verfassungstreue erfüllt, trifft die für diese Entscheidung zuständige Bundesbehörde unter Beachtung des Beschlusses des Bundesverfassungsgerichts vom 22. Mai 1975 – 2 BvL 13/73 – und der in der Entschließung des Deutschen Bundestages vom 24. Oktober 1975 aufgestellten Grundsätze unter Berücksichtigung aller Umstände des Einzelfalles.
II. Bei der Feststellung, ob ein Bewerber die für die Einstellung in den öffentlichen Dienst erforderliche Gewähr der Verfassungstreue bietet, sollen einheitlich folgende Verfahrensgrundsätze beachtet werden:

1. Bei der Entscheidung, ob bei der Verfassungsschutzbehörde angefragt wird, gilt der Grundsatz der Verhältnismäßigkeit:
1.1 Anfragen dürfen nicht routinemäßig erfolgen.
1.2 Anfragen haben zu erfolgen, wenn tatsächliche Anhaltspunkte darauf hindeuten, daß der Bewerber nicht die Voraussetzungen für die Einstellung in den öffentlichen Dienst erfüllt. Diese Anhaltspunkte können insbesondere während Vorbereitungsdienst und Probezeit gewonnen werden.
1.3 Anfragen dürfen nur erfolgen, wenn eine Einstellung tatsächlich beabsichtigt und die Verfassungstreue nur noch die letzte zu prüfende Einstellungsvoraussetzung ist.
1.4 Anfragen erfolgen nicht, wenn der Bewerber das 18. Lebensjahr noch nicht vollendet hat.
2. Für die Mitteilung der Verfassungsschutzbehörde aufgrund von Anfragen der Einstellungsbehörden des Bundes ist zu beachten:
2.1 Den anfrageberechtigten Stellen dürfen nur solche gerichtsverwertbaren Tatsachen mitgeteilt werden, die Zweifel an der Verfassungstreue eines Bewerbers begründen können.
2.2 Erkenntnisse des Verfassungsschutzes, die Tätigkeiten vor der Vollen-

Abb. 4: Demonstration gegen den Erlaß über ein Verbot zur Beschäftigung von Angehörigen radikaler Parteien und Gruppen im öffentlichen Dienst am 31. 3. 1979 in Bonn.

dung des 18. Lebensjahres betreffen, dürfen nicht weitergegeben werden, es sei denn, sie sind Gegenstand eines anhängigen Strafverfahrens.
2.3 Erkenntnisse über abgeschlossene Tatbestände, die mehr als zwei Jahre zurückliegen, dürfen nicht weitergegeben werden, es sei denn, die Weitergabe ist im Hinblick auf das besondere Gewicht der Erkenntnisse nach dem Grundsatz der Verhältnismäßigkeit geboten.
2.4 Erkenntnisse, die unter eine gesetzlich geregelte Schweigepflicht fallen, dürfen nicht weitergegeben werden.
3. Die obersten Bundesbehörden stellen für ihren Geschäftsbereich sicher, daß die Prüfung der Relevanz der von der Verfassungsschutzbehörde evtl. mitgeteilten gerichtsverwertbaren Erkenntnisse durch eine von ihnen zu bestimmende zentrale Stelle erfolgt.
4. Die Einstellungsbehörden des Bundes sind verpflichtet, Bedenken, die gegen die Einstellung eines Bewerbers sprechen, und die dafür erheblichen Tatsachen schriftlich mitzuteilen.
5. Der Bewerber hat das Recht, sich hierzu mündlich oder schriftlich zu äußern.
6. Findet ein Anhörungsgespräch statt, ist ein Protokoll zu führen. Dem Bewerber ist auf Antrag Einsicht zu gewähren.
7. Die Mitwirkung eines Rechtsbeistandes ist auf Antrag des Bewerbers zu gestatten. Sie ist auf die Beratung des Bewerbers und auf Verfahrensfragen zu beschränken.
8. Die Entscheidungszuständigkeit in den Fällen, in denen die Eignung des Bewerbers nicht festgestellt werden kann, liegt bei der obersten Dienstbehörde, d. h. grundsätzlich bei dem Bundesminister.
9. Ablehnende Entscheidungen dürfen nur auf gerichtsverwertbare Tatsachen gestützt werden.
10. Dem Bewerber ist die Ablehnungsbegründung unter Angabe der hierfür maßgeblichen Tatsachen, jedenfalls auf seinen Antrag hin, schriftlich mitzuteilen. Der Bescheid erhält eine Rechtsmittelbelehrung.
11. Erkenntnisse, die von den Verfassungsschutzbehörden nicht an die Einstellungsbehörde weitergegeben werden dürfen (Ziff. 2.2, 2.3, 2.4), dürfen von ihr auch dann nicht verwertet werden, wenn sie ihr von anderer Seite mitgeteilt worden sind.
12. Wenn eine Einstellung trotz vorliegender Erkenntnisse des Verfassungsschutzes erfolgt ist, müssen alle aus dem Verfassungsschutzbereich vorgelegten Unterlagen aus den Personalakten entfernt werden.

III. Die Richtlinien für die Sicherheitsüberprüfung von Bundesbediensteten bleiben unberührt.
(Archiv der Gegenwart, 17. 1. 1979, S. 22305)

13. Kapitel
Rezession

Im Jahr 1969 war nach Überwindung der Krise von 1966/67 ein Rekordwachstum des Bruttosozialprodukts um 8,2 % zu verzeichnen (in Preisen von 1962), die Arbeitslosenquote lag bei 0,8 %, die Preissteigerung bei 2,8 % gegenüber dem Vorjahr. Seit 1970 nahmen Preissteigerungsrate und Arbeitslosenquote zu, das Wirtschaftswachstum ging zurück. Ende 1973 war der Tiefpunkt dieser Entwicklung erreicht. Mit der Energiekrise von 1973/74 verschärfte sich die Lage durch den Rückgang der Auslandsnachfrage. Erklärt werden muß die Entwicklung von 1969 bis 1973.[19]

Die mit dem Stabilitätsgesetz eingeführte, an Keynes orientierte Globalsteuerung hatte durch den scheinbar schnellen Erfolg von 1968/69 zum Konsens der Teilnehmer der »Konzertierten Aktion«, einschließlich der Gewerkschaften, geführt. Der 1968/69 einsetzende Boom führte angesichts der Gewinnsteigerungen zu spontanen Lohnstreiks (Septemberstreiks 1969), weil die Gewerkschaften noch durch langfristige Tarifverträge gebunden waren. Die Reallohnerhöhungen von 1970 bis 1972 waren die höchsten in der Geschichte der Bundesrepublik. Sie waren durchsetzbar, weil der Ausfall von Arbeitskraft in der Phase andauernd hoher Auslandsnachfrage zu Verlusten geführt hätte. Der Boom brachte Preisanstieg, und im Sinn von Keynes' antizyklischer Fiskalpolitik hätte ein restriktiver staatlicher Kurs die Übernachfrage drosseln müssen. Das wurde auch ansatzweise versucht (Konjunkturzuschlag, Haushaltskürzungen, Diskontsatzerhöhung), aber der Erfolg blieb aus. Der wichtigste Grund war das anhaltende Wachstum der öffentlichen Haushalte, die den durch den Restriktionskurs von 1967/68 angestauten Bedarf an Infrastrukturmaßnahmen zu befriedigen hatten. Darüber hinaus war das Reformprogramm von 1969 nicht mit restriktiver Haushaltspolitik zu finanzieren. Das neuartige Zusammentreffen von Inflation und konjunktureller Stagnation (»Stagflation«) führte zu partiellem Umschwung in der ökonomischen Analyse: Man suchte das Heilmittel in der Geldmengenpolitik (Monetarismus). Damit ist gemeint: Anpassung der Geldmenge an das Produktionspotential im privaten Sektor unter möglichster Vermeidung antizyklischer staatlicher Eingriffe. Ein wechselndes Ausmaß von Arbeitslosigkeit ist bei dieser theoretischen Position als unvermeidbar einbezogen. Die Monetaristen setzten sich aber zunächst nicht durch.

Die politischen Folgen der Wirtschaftsentwicklung waren im Mai 1971 der Rücktritt von Finanzminister Möller (SPD) und im Juli 1972 der Rücktritt des nun Finanz- und Wirtschaftsministers Schiller, der die SPD verließ und später der CDU beitrat. Die schließlich doch nach Abstimmung mit der Bundesbank beschlossenen Stabilitätsprogramme von 1973 (Ergänzungsabgabe, Investitionssteuer, Stabilitätsanleihe) führten zu leichten Erfolgen bei der Dämpfung des Preisanstieges, aber zum Anstieg der Arbeitslosenzahl, weil die Politik der Geldverknappung kleine und mittlere Betriebe traf – besonders im Baugewerbe – und die Konzentration der großen förderte. So erklärt sich die verschlechterte Arbeitsmarktlage Ende 1973, obwohl die Daten noch günstiger waren als im benachbarten westlichen Ausland. Die Regierungserklärung von Bundeswirtschaftsminister Friderichs (FDP) vom 17.1.1974 (Dok. 101) geht besonders auf die Energiekrise und die entsprechenden Programme der Bundesregierung ein. Die Rede enthält in ihrem 17-Punkte-Programm auch die Förderung neuer Energieträger durch Forschungsprogramme, darunter auch die Kernenergie.[20]

Bundeskanzler Brandt geht in seinem Bericht zur Lage der Nation vom 24.1.1974 (Dok. 102) auf den globalen Charakter der Energie- und Wachstumskrisen ein und kündigt an, daß 1974 kein Jahr realer Einkommensverbesserungen sein könne. Hintergrund ist der drohende ÖTV-Streik vom Februar 1974, der trotz vieler Anstrengungen, die Abschlüsse unter 10% zu halten, mit Lohn- und Gehaltssteigerungen von durchschnittlich 11% endete. Die ÖTV setzte ihre Kraft voll ein, und die öffentliche Hand gab nach. Dieser Streik trug zum Prestigeverlust Brandts in hohem Maße bei.

Nach Brandts Rücktritt formulierte sein Nachfolger Bundeskanzler Schmidt in seiner Regierungserklärung vom 17.5.1974 die weltwirtschaftlichen Ursachen der Rezession und stellte die vergleichsweise günstige Lage der Bundesrepublik gegenüber den anderen Industrienationen dar (Dok. 103). Tatsächlich wurde das Jahr 1974, an dessen Ende es erstmals wieder eine Million Arbeitslose gab, der Anfang einer langen Rezession, die mehr Gründe hat, als 1974 unter dem Eindruck der Energiekrise übersehbar waren.

Dokumente zum 13. Kapitel

***[101]** Regierungserklärung von Wirtschaftsminister Friderichs zur Wirtschaftslage im Zusammenhang mit der Energiekrise*
(17. 1. 1974, Auszug)

[...: Die Lage]
Seit dem Ausbruch des Nahostkonflikts im Oktober vergangenen Jahres befinden sich die Volkswirtschaften insbesondere der westlichen Welt in einem energiepolitischen Spannungsfeld. Form und Ausmaß dieser Belastungsprobe sind seit 1948 ohne Parallele. Den Grundlagen unserer Wirtschaft drohte Gefahr von außen. Sachliche und nüchterne Analyse, folgerichtige Konsequenzen und Angemessenheit der Mittel waren die Grundsätze unseres Handelns. Sich kurzfristig verändernden Situationen konnte nur mit hoher Flexibilität begegnet werden. Zwangswirtschaftliche Eingriffe waren weder erforderlich noch gewollt. Die marktkonformen Mittel haben sich auch in dieser Lage als richtig erwiesen. [...]
Die für Januar und Februar zur Verfügung stehenden Benzinmengen entsprechen etwa denen des Vorjahres. Der bisher üblichen Verbrauchssteigerung steht aber kein zusätzliches Angebot gegenüber. Daher kann auch jetzt auf Einsparungsmaßnahmen nicht ganz verzichtet werden. Bei der Alternative Wochenendfahrverbot oder Geschwindigkeitsbegrenzung hat sich die Bundesregierung für das kleinere Übel entschieden. Die Versorgung mit Dieselkraftstoff ist vorerst gesichert. Die Mindermengen bei leichtem Heizöl – circa 12% gegenüber dem Vorjahr – bereiten uns in diesem Winter keine großen Sorgen. Nach allen Erfahrungen wird sparsamer geheizt. Die privaten Vorräte sind hoch. Die zwischen 10 und 14% geringeren Auslieferungen von schwerem Heizöl sollten durch Substitution und gezielte Einsparung in der Industrie ausgeglichen werden können. Vorübergehende und regionale Engpässe sind allerdings nicht auszuschließen. Die eingerichtete Vermittlungsstelle konnte bisher Schwierigkeiten einzelner Unternehmen beheben. Die gesetzlichen Pflichtvorräte wurden nicht angetastet. Dies war von Anfang an unser Ziel. Die Vorräte reichen bei Benzin für 63 Tage, bei leichtem Heizöl für 75 Tage und bei schwerem Heizöl für 71 Tage; Datum: 1. Januar 1974. Sie entsprechen damit nahezu exakt den Vorräten am Beginn des Jahres. [...]
Fest steht: In den ersten neun Monaten 1973 hat sich die Ertragssituation der auf dem deutschen Markt beteiligten Mineralölgesellschaften gegenüber der Verlustsituation in den Jahren 1971 und 1972 deutlich verbessert. Für das vierte Quartal, das entscheidende, gibt es bislang keine eindeutigen Anzeichen für eine weitere – ich unterstreiche: weitere! – Gewinnsteigerung. An den Preiserhöhungen der vergangenen Monate sind alle am Markt beteiligten Gruppen, wenn auch in unterschiedlichem Ausmaß, beteiligt gewesen. Zu

Abb. 5: Mehr als 700 Mitglieder kamen zur Jahrestagung des Club of Rome nach West-Berlin am 16. 10. 1974. V. l. n. r.: Brigitte Freyh (Berlin), Prof. Eduard Prestel (TU Hannover), Dr. Aurelio Peccei (Italien), Vorsitzender des Club of Rome, und Prof. Mihajlo Mesarovic (USA)

bemerken ist allerdings, daß die internationalen Gesellschaften in der Bundesrepublik die niedrigsten Preise, die freien Importeure die höchsten verlangen. Dabei sind die unterschiedlichen Beschaffungskosten zu berücksichtigen. Die Preise für importierte Produkte haben sich weitgehend an den extrem hohen Notierungen in Rotterdam ausgerichtet. Ein großer Teil dieser Produkte dürfte aus europäischen Raffinerien stammen. Auch hier ist mit nationalen Mitteln nicht feststellbar, wer die angefallenen Gewinne gemacht hat. [...]

Vor der Ölkrise wurde das realisierbare Wachstum allgemein mit rund 2 bis 3 % geschätzt. Aus heutiger Sicht dürfte nach weitgehend übereinstimmender Beurteilung aller Sachverständigen 1974 nur noch ein reales Wachstum des Sozialprodukts von 0 bis höchstens 2 % erreichbar sein. Für diese verringerten Wachstumsmöglichkeiten sind vor allem folgende Faktoren verantwortlich:

1. die als Folge der drastischen Energiepreiserhöhung sich ergebende abrupte Verschiebung der Preisrelationen und damit der Nachfragestrukturen,
2. die Tatsache, daß sich dieser Strukturwandel im Zeichen einer zunehmenden konjunkturellen Abschwächung vollziehen muß,
3. die Verlangsamung der Weltkonjunktur, die angesichts der Energiesituation voraussichtlich schneller und stärker vonstatten geht, als bisher angenommen.

Die Konsequenzen aus dieser neuen Lage liegen auf der Hand. Die Wirtschaftspolitik muß auf diese differenzierte Situation, die nicht durch eine globale Nachfragelücke gekennzeichnet ist und deswegen auch keine generelle Lockerung erlaubt, differenziert reagieren. Die Bundesregierung und die Bundesbank haben dies mit ihren Beschlüssen vom 19. Dezember 1973 und vom vergangenen Freitag getan.
Jetzt ist eine Doppelstrategie notwendig: einerseits gezieltes Entgegenwirken gegen Beschäftigungseinbrüche, ohne dabei den notwendigen Strukturwandel zu verhindern, andererseits vorläufiges Beibehalten der generellen Restriktionen, um die Spielräume für Kosten- und Preiserhöhungen zu begrenzen. Ein anderer Aspekt der jüngsten Entwicklung darf nicht unerwähnt bleiben. Er birgt nicht nur Probleme, sondern auch Chancen für die Zukunft. Ich meine die Versorgung mit Rohstoffen. Auch bei einigen anderen Rohstoffen, insbesondere bei NE-Metallen, sind wir in hohem Maße importabhängig, und auch dort sind die Preise in jüngster Zeit außergewöhnlich gestiegen. [...] Bei der Rohstoffpolitik beschränkt sich die Bundesregierung nicht auf defensive Strategien; sie nimmt die neue Situation zum Anlaß, die internationale Zusammenarbeit zwischen Industrie-, Rohstoff- und Entwicklungsländern zu verbessern und auf eine neue Grundlage zu stellen. Niemand in diesem Lande kann die Augen vor der Tatsache verschließen, daß an den Beziehungen zwischen den entwickelten und den weniger entwickelten Ländern, die ja in der Regel auch Rohstoffländer sind, manches nicht in Ordnung war und nicht in Ordnung ist. [...] Die Bundesregierung ist der Ansicht, daß die Grundaussichten der Energiepolitik nicht revidiert zu werden brauchen. Wir hatten die im Mineralölbereich vorhandenen Gefahrenmomente, die jetzt Realität geworden sind, bereits gesehen. Nicht die allgemeine Problemlage unserer Energieversorgung, sondern vielmehr die Dimension hat sich nachhaltig gewandelt.
[...]
(Archiv der Gegenwart, 17. 1. 1974, S. 18444 f.)

[102] Bundeskanzler Willy Brandt über die beginnende Rezession
(Bericht zur Lage der Nation, 24. 1. 1974; Auszug)

Meine Damen und Herren, in der Lage, in die wir jetzt hineingestellt sind, darf niemand bewußt oder fahrlässig Verwirrung stiften in unserer Gesellschaft. Der Mangel an Ressourcen läßt weder zu, die Probleme zu vernebeln, noch sie zu dramatisieren. Niemand darf den Forderungen der ökonomischen und politischen Vernunft mit Sturheit begegnen wollen. Da der Deutsche Bundestag die *Konjunkturpolitik* demnächst zusammen mit dem Jahreswirtschaftsbericht debattieren wird, will ich mich in diesem Zusammenhang heute auf die folgenden wenigen Sätze beschränken.
Unsere Wirtschaft hat im vergangenen Jahr mit über fünf Prozent *Wachstum* eine insgesamt gute Entwicklung genommen, vor allen Dingen, wenn wir uns umschauen in der Welt. Wir müssen im neuen Jahr jedoch mit einem deutlich

niedrigeren Wachstum rechnen. Die Sicherung eines hohen Beschäftigungsstandes wird für mich auch 1974 vorrangiges Ziel der Wirtschaftspolitik bleiben. Unsere Stabilitätspolitik ist – nicht allein, aber vor allem – durch die massiven Erhöhungen der Rohölpreise wesentlich erschwert worden. Wir werden jedoch nicht resignieren. Die Bundesregierung strebt an, daß die Preisentwicklung in der Bundesrepublik Deutschland auch in diesem Jahr in Grenzen gehalten wird, die die Bundesrepublik in der Schlußgruppe der Preissteigerungen halten.

Unmißverständlich gesagt: Das Jahr 1974 kann kein Jahr wesentlicher realer Einkommensverbesserungen sein. In der jetzigen wirtschaftlichen Lage sollte Klarheit darüber bestehen, daß alles in allem eine Absicherung der Realeinkommen auf dem erreichten hohen Niveau kein Rückschritt wäre.

Und ich meine, daß in einer Zeit, in der sich die Arbeitnehmer in Industrie und Handel um ihre Arbeitsplätze sorgen, für diese Erkenntnis gerade bei den *Angehörigen des öffentlichen Dienstes* Verständnis vorhanden sein sollte und vorhanden sein wird.

(Beifall bei den Regierungsparteien)

Ich habe viel Achtung vor den Arbeitern, Angestellten und Beamten – gerade auch den kleineren –, die in unserer Gesellschaft für den Staat arbeiten. Ich rechne auf ihre Vernunft; wir brauchen die Kraft der Vernunft. Zweistellige Ziffern bei den Tarifen beschleunigen die Gefahr einer entsprechenden Entwicklung bei den Preisen. Wie ernst diese Gefahr ohnehin ist, hat gestern der Generalsekretär der OECD, der Organisation für wirtschaftliche Zusammenarbeit und Entwicklung, in Straßburg dargelegt.

Wir haben im vergangenen Jahr erfahren – und wir werden es immer wieder erleben –, daß und wie stark unser Land in die internationale Entwicklung, also auch in internationale krisenhafte Entwicklungen, einbezogen ist. Wir werden uns der Mitverantwortung, die darin begründet liegt, nicht entziehen. Manches haben wir abwenden oder mildern können, was andere Staaten und Gesellschaften in voller Schärfe getroffen hat. Dies ist zum einen der begrenzte Erfolg derer, die hier eine herausgehobene politische Verantwortung tragen. Es ist dies zum anderen der Einsicht und der Bereitschaft der Bürger zuzurechnen, nicht gedankenlos Unmögliches zu verlangen. Diese Einsicht und Bereitschaft, die wir nötig haben, ist gerade in den letzten Wochen gestärkt worden – und ich möchte den Bürgern dafür danken.

(Langanhaltender Beifall bei den Regierungsparteien)

(Verhandlungen des Deutschen Bundestages, VII, 24. 1. 1974)

[103] Bundeskanzler Schmidt zur Rezession
(Regierungserklärung vom 17. 5. 1974; Auszug)

[...]

Vor dem Hintergrund dieser Risiken, über die man in diesem Jahr sprechen muß – Risiken, die sich aus der Weltwirtschaft und aus der Lage der EG ergeben –, ein Wort zu unserer eigenen sozialen und wirtschaftlichen Lage. Un-

sere eigene wirtschaftliche Lage vor dem Hintergrund, von dem ich sprach, ist trotz der enormen Veränderung der Weltwirtschaft seit der Regierungserklärung der Regierung Brandt/Scheel im Januar 1973 gut.
(Beifall bei den Regierungsparteien, Zurufe und Lachen bei der CDU/CSU)
– Über das, was uns bekümmert, werde ich sehr sorgfältig reden. Es braucht keiner zu befürchten, ich würde irgend etwas verschweigen.
(Beifall bei den Regierungsparteien)
Die weltwirtschaftlichen Umwälzungen gehen vom Energie- und Rohstoffbereich mit ihren exzessiven, von uns nicht beeinflußbaren *Preissteigerungen am Weltmarkt* aus. Im Verlaufe kürzester Frist haben sich die Rohölpreise auf der Welt verdreifacht, haben sich die Rohstoffpreise insgesamt beinahe verdoppelt – in 12 Monaten, gewichtet für alle Rohstoffe!
(Abg. Wehner: Hört! Hört!)
Die Gesamtheit unserer Einfuhrpreise einschließlich der Preise unserer Fertigwareneinfuhren ist im Verlauf von nur 12 Monaten um 35 % gestiegen. Hier haben Sie drei Zahlen für das, was ich die Risiken aus der Weltwirtschaft nenne, die uns bedrängen.
Im Inland dagegen hat sich die *Preissteigerungsrate* für den Verbraucher seit Jahresfrist *kaum verändert*. Sie liegt heute bei 7,1 %; vor Jahresfrist lag sie etwa in derselben Größenordnung. In einer Zeit, in der in anderen Ländern die inländischen Preise sehr viel schneller, teilweise sprunghaft ansteigen, ist dies ein Erfolg, wie er in keinem anderen Lande verzeichnet werden kann. (Lebhafter Beifall bei den Regierungsparteien) Die Mehrheit der Bürger weiß dies auch und erkennt es an.
(Beifall bei den Regierungsparteien. – Unruhe bei der CDU/CSU)
– Der Opposition empfehle ich das Studium der gestern von der OECD in Paris veröffentlichten statistischen Arbeit, aus der sich ergibt, daß von allen 24 OECD-Staaten in den letzten 12 Monaten die Bundesrepublik Deutschland ganz eindeutig den geringsten Preissteigerungsgrad aufzuweisen hat. Das heißt, wir schneiden von allen 24 Industriestaaten der Welt am besten ab. Das sollen Sie erst noch mal besser machen, meine Damen und Herren!
(Anhaltender lebhafter Beifall bei den Regierungsparteien)
Wir werden uns wie bisher anstrengen, den *hohen Beschäftigungsstand* zu erhalten. Wenn wir uns international mit anderen vergleichen, so stellen wir fest, daß wir einen wertvollen Besitzstand zu bewahren und auszubauen haben: Unsere Arbeitsplätze sind sicher, unsere Löhne können sich sehen lassen, und bei uns ist der Arbeitsfriede gewahrt.
(Beifall bei den Regierungsparteien)
Dabei gehen die Leistungen der Arbeiter und der Angestellten und die Leistungen der Gewerkschaften weit über das Materielle hinaus. Wenn die Demokratie in diesem Lande gefestigt ist, so verdanken wir dies ganz wesentlich der Tatsache, daß die Arbeitnehmer zu dieser zweiten deutschen Republik stehen. (Beifall bei den Regierungsparteien) Nur solange dies so bleibt, bleibt die Demokratie stabil. (Beifall bei den Regierungsparteien) Wirtschaftliche Not und Massenarbeitslosigkeit haben einst das Feuer entfacht, in dem die

erste deutsche Republik verbrannt ist. (Unruhe bei der CDU/CSU) Dieser Lehre haben alle Regierungen zu folgen. Ihre Pflicht ist es, jene soziale Sicherheit und jene Gerechtigkeit fortschreitend zu verwirklichen, aus der allein die *Identifikation der Arbeitnehmer mit ihrem Staat* kommen kann.
(Beifall bei den Regierungsparteien)
Auch 1973, meine Damen und Herren, sind die *Realeinkommen gestiegen*, durchschnittlich um fast 2%. Sie werden auch 1974 zunehmen. 1975 wird allein die Reform von Lohnsteuer und Kindergeld für einen typischen Arbeitnehmerhaushalt mit zwei Kindern das Nettoeinkommen um rund 4% verbessern.
Allerdings, die Umstrukturierung der Volkswirtschaft, die Explosion der Rohstoffpreise und die Umkehrung der Terms of Trade zu Lasten der Industrieprodukte und zugunsten der Rohstoffe, all dies setzt *Grenzen für das Wachstum* unserer Realeinkommen, Grenzen, die nur schwer zu überwinden sind.
Unsere wiederholte und seit der Freigabe der Wechselkurse nachhaltige *Aufwertung der D-Mark* hat uns geholfen, mit weltweiten Schwierigkeiten und weltweiten Preissteigerungen erheblich besser fertig zu werden als andere Länder.
Mit Recht kommen unvoreingenommene Betrachter der *Leistung der Regierung Brandt/Scheel* zu dem Urteil, daß die Bundesrepublik den wirtschaftspolitischen Hauptzielen – nämlich erstens hoher Beschäftigungsstand, zweitens Preisstabilität, drittens Wirtschaftswachstum – unter allen Industrieländern derzeit am nächsten kommt. Ich zitiere das *Handelsblatt*, indem ich dies sage: Wenn man nun viertens die soziale Sicherheit dazu nimmt und wenn man fünftens die soziale Gerechtigkeit dazu nimmt, dann gilt diese eben zitierte Feststellung erst recht.
(Beifall bei den Regierungsparteien)
Weil das so ist, deswegen ist es auch ganz logisch, daß eine große Mehrheit – mehr als zwei Drittel – der Bürger auf die Frage: »Wie sehen Sie Ihre wirtschaftliche Zukunft?« antwortet: »Mir geht es gut, und ich erwarte das auch weiterhin.« Gleichwohl, so sagen manche von ihnen auch, sei aber die allgemeine oder die gesamtwirtschaftliche Entwicklung lange nicht so gut zu beurteilen wie ihre persönliche wirtschaftliche Lage und ihre persönliche wirtschaftliche Zukunft. Ich habe Verständnis für diese Sorgen angesichts dieser neuen, völlig ungewohnten Vorgänge auf den Weltmärkten – ob es die Gütermärkte sind, ob es die Geldmärkte oder die Devisenmärkte sind –, wie wir sie in den letzten zwei Jahren erlebt haben. Aber ich habe kein Verständnis, wenn einzelne Sprecher der *Opposition* diese berechtigten Sorgen zu einer Kampagne ausnutzen möchten, die doch nur *Angst schüren* soll.
(Lebhafter Beifall bei den Regierungsparteien)
Diese Regierung wird nicht zulassen, daß die Opposition damit genau den Zustand herbeiredet, den sie als existent suggerieren möchte.
(Beifall bei den Regierungsparteien)
Die bisherigen Leistungen unserer Volkswirtschaft geben dieser Regierung,

geben uns das Vertrauen, daß wir auch künftig neue Herausforderungen erfolgreich bestehen können, alle miteinander.
Bleiben wir, meine Damen und Herren, bei den Tatsachen und bleiben wir bei den Zahlen! Weitaus dem *größten Teil des Volkes* geht es heute materiell und *wirtschaftlich gut*, d. h. besser denn je. (Beifall bei den Regierungsparteien) Die Realeinkommen der Arbeitnehmer – ich sprach schon von ihnen – sind in den letzten Jahren stärker gestiegen als die Einkommen aus Unternehmertätigkeit. Der *Anteil der Arbeitnehmereinkommen am gesamten Volkseinkommen* ist von 1969, wo diese Koalition angetreten ist, bis 1973 von 65 % auf 70 % gestiegen. Um die Zunahme der Beschäftigtenzahl bereinigt stieg diese Lohnquote von 1969 bis 1973 von 61 % auf 63 %. Gleichzeitig ging der Anteil der Einkommen aus Unternehmertätigkeit und aus Vermögen von damals knapp 35 % auf 30 % zurück. Das ist einerseits ein großer Erfolg der Verteilungsgerechtigkeit. Man kann die Verteilungsgerechtigkeit messen, wenn man weiß, daß jede Verschiebung um 1 % acht Milliarden DM Einkommensverschiebungen bedeutet.
Andererseits müssen wir auch die Grenzen sehen; denn angemessene Erträge sind Voraussetzung für die notwendigen Investitionen in der Wirtschaft. Mit sinkenden Investitionen wäre weder der Volkswirtschaft insgesamt noch dem einzelnen Arbeitnehmer gedient. (Beifall bei den Regierungsparteien) Nur die fortwährende Modernisierung unserer Volkswirtschaft – und das ist das, was mit *Investitionen* erreicht wird – sichert und verbessert unseren Lebensstandard und die Leistungsfähigkeit auch des Staates für seine Bürger. Dazu bedarf es ausreichender Investitionen, nicht nur privater, sondern auch öffentlicher Investitionen: in den Gemeinden, in den Ländern und zu einem kleinen Teil auch beim Bund. Ohne Investitionen kein Wachstum; (Zuruf von der CDU/CSU: Nicht neu!) ohne Investitionen keine Arbeitsplatzsicherheit, keine höheren Löhne und auch kein sozialer Fortschritt.
[...]
(Verhandlungen des Deutschen Bundestages, VII, 17.5.1974)

14. Kapitel
Rücktritt

Daß Brandts Rücktritt nicht ausschließlich mit der Guillaume-Affäre begründbar ist, wurde schon gesagt. Wie weit die von Baring[21] detailliert dargestellten Abläufe der Tage im Mai etwas über wirkliche Gründe aussagen, ist unsicher. Daß auf dem Gebiet der Ostpolitik – einschließlich der Enttäuschung durch einen DDR-Spion in nächster Nähe – ein Einschnitt erreicht war ebenso wie auf der Ebene der geplanten inneren Reformen, die am Geld und auch am politischen Widerstand des kleineren Koalitionspartners scheiterten, ist offensichtlich. Wahrscheinlich ist der *Times*-Artikel (Dok. 105) aufschlußreicher als Brandts eigene Rücktrittserklärung.

Dokumente zum 14. Kapitel

[104] Brandts Rücktrittserklärung im Deutschen Fernsehen (8.5.1974)

Nachdem ich dem Vorstand meiner Partei berichtet habe, spreche ich heute abend zu Ihnen zum ersten Mal gelöst von der Pflicht des Staatsamtes. Am Abend des 6. Mai habe ich dem Bundespräsidenten meinen Rücktritt erklärt und damit die politische und persönliche Verantwortung für Fahrlässigkeiten im Zusammenhang mit der Agentenaffäre übernommen. Diese Entscheidung konnte mir niemand abnehmen. Mein Rücktritt geschah aus Respekt vor ungeschriebenen Regeln der Demokratie und auch, um meine politische und persönliche Integrität nicht zerstören zu lassen. Dazu bedarf es eines erklärenden Wortes. Ich habe mich lange geprüft und kam zu dem Ergebnis:

1. Was immer mir an Ratschlägen gegeben worden war, ich hätte nicht zulassen dürfen, daß während meines Urlaubs in Norwegen im Sommer vergangenen Jahres auch geheime Papiere durch die Hände des Agenten gegangen sind.* Mehr darüber zu sagen, verbietet das Sicherheitsinteresse unseres Staates. Doch ich warne davor, durch Indiskretionen und Spekulationen den Schaden zu vergrößern.

2. Als ich mich zum Rücktritt entschloß, war mit entscheidend, daß ich mich für einen Teil der Politik – hier meine ich unser Verhältnis zur DDR und zum Warschauer Pakt – zeitweilig nicht mehr unbefangen genug fühlte.

3. Es gab Anhaltspunkte, daß mein Privatleben in Spekulationen über den Spionagefall gezerrt werden sollte. Was immer noch darüber geschrieben werden mag, es ist und bleibt grotesk, einen deutschen Bundeskanzler für erpreßbar zu halten. Ich bin es jedenfalls nicht. Ich bleibe Vorsitzender meiner Partei und werde weiter mit aller Kraft für eine Politik arbeiten, die den Menschen und dem Frieden dient.

* Brandt hatte im Bundestag am 26. April dies zunächst bestritten. Laut *Bonner General-Anzeiger* sei es so gewesen, daß zur Zeit des Norwegen-Urlaubs von Brandt im Sommer 1973, also zu einer Zeit, da Guillaume bereits der Spionage verdächtigt wurde, das Bonner Kanzlerbüro angewiesen war, Mitteilungen geheimen Charakters nicht über den Guillaume zugänglichen Fernschreiber am Urlaubsort, sondern über Kuriere zu übermitteln. Dies sei auch zunächst geschehen, aber dann habe es eine Panne gegeben. Als Brandts Mitarbeiter, der eingeweiht war, selber einige Tage Urlaub machte, habe er die folgenschwere Nachlässigkeit begangen, seinen Vertreter nicht zu informieren. Der Inhalt der geheimen Vorgänge, die Guillaume auf diese Weise erfahren habe, lasse sich nur mutmaßen.

(Archiv der Gegenwart, 8.5.1974, S. 18665f.)

***[105]** »Herrn Brandts unbefleckter Ruf«*
(Kommentar der Londoner *Times* zum Rücktritt
von Bundeskanzler Brandt, 8. 5. 1974, leicht gekürzt)

»Der Platz des Herrn Brandt in der deutschen Geschichte wird durch die Art und Weise, in der er zurücktrat, nicht vermindert werden. Er hat in ehrenvoller Weise die Verantwortlichkeit für einen Fehler akzeptiert, zu dem viele Leute beigetragen haben und den auch viele andere gemacht haben könnten. Insofern er die Warnungen vor seinem Assistenten ernster genommen haben sollte, war er zum Teil das Opfer seiner eigenen gutartigen Natur. Er ist aber auch, welche grausame Ironie, ein Opfer jener Regierung, der gegenüber er die Hand der Anerkennung ausgestreckt hat und der er die Tür zu den Vereinten Nationen geöffnet hat. Das Spionieren hört offensichtlich auf keiner der beiden Seiten auf, wenn sich die politischen Beziehungen verbessern, und vielleicht war es gar nicht so schlecht, daß die Ostdeutschen genaue Informationen aus Bonn erhalten haben, um ihre ideologisch befangenen Auffassungen zu korrigieren. Wenn sie allerdings hinsichtlich ihrer Beziehungen zu Herrn Brandt tatsächlich stark besorgt gewesen wären, so hätten sie wohl erwogen, ihren Agenten in aller Stille auf eine andere Stelle zu disponieren, die Herrn Brandt persönlich nicht so nahe stand. Es ist aufschlußreich, daß sie das nicht taten.
Es ist jedoch unmöglich, den Eindruck zu vermeiden, daß Herr Brandt gar nicht so abgeneigt war, einen Job aufzugeben, der ihm in so vieler Hinsicht eine Last geworden war. Er hatte die beiden historischen Aufgaben erreicht, die ihn wirklich interessierten – er hatte die Sozialdemokratische Partei zum ersten Mal seit mehr als 40 Jahren wieder zur Macht gebracht, und er hatte das unvollendete Geschäft des II. Weltkrieges zum Abschluß gebracht, indem er Beziehungen mit Deutschlands östlichen Nachbarn wiederherstellte. Diese beiden Errungenschaften verschaffen ihm einen soliden Platz in der Geschichte, vergleichbar mit dem von Dr. Adenauer, der die Wiederversöhnung mit Frankreich geschmiedet und Westdeutschland in der westlichen Allianz verankert hat.
[...]
Es blieb Herrn Brandt überlassen, das deutsche Volk mit den wahren Konsequenzen des Krieges zu konfrontieren: die Spaltung der Nation in zwei Staaten und der dauernde Verlust der östlichen Gebiete. Er tat dies nicht nur gegen das emotionelle Widerstreben der älteren Generation, sondern auch gegen den Widerstand der Opposition der Christdemokraten. Nur ein Mann mit großer Courage, mit echten Gefühlen für die Greueltaten, die an den slawischen Nationen begangen wurden, und vor allem im vollen Genuß des Vertrauens der westlichen Alliierten, hatte dies tun können. Herr Brandt tat dies, und indem er dies tat, versetzte er sein Land in die Lage, für seine Geschichte wenigstens zum Teil zu sühnen; er befreite gleichzeitig die Ost/West-Diplomatie von der paralysierenden Konstruktion der deutschen Frage, wodurch er den ganzen Komplex der Verhandlungen, die sich nunmehr in Gang befinden, möglich machte. Nichts davon wird durch die Tatsache gemindert,

daß einige der Hoffnungen, die seine Politik begleitet haben, nicht erfüllt wurden.

[...]

Keine andere Politik hätte aber mehr erreichen können, und die langfristigen Ergebnisse sind noch abzuwarten.

Es gab auch andere Enttäuschungen. Herr Brandt war mit innenpolitischen Problemen nicht sehr vertraut. Die Inflation hat ernstliche Belastungen auferlegt, auch wenn Westdeutschland mit ihr besser fertigwurde als die meisten Länder, und der linke Flügel der Partei geriet in die Hände naiver Theoretiker, die nicht nur flottierende Wähler, sondern auch viele treue Anhänger der Partei entfremdet haben. Für Herrn Brandt schien die unmittelbare Zukunft durch Probleme beherrscht zu sein, mit denen fertigzuwerden er nach seinem Temperament nicht geeignet ist: Parteigezänk, taktische Nahkämpfe, komplexe wirtschaftliche Entscheidungen, Uneinigkeit in Europa. Es würde verständlich sein, wenn er nicht begierig wäre, sein Amt fortzusetzen.

Auch wenn sein Rücktritt im Augenblick für Deutschland und Europa tragisch erscheint, so ist der beste Trost, daß Herr Brandt in der Erinnerung einer jener äußerst seltener Staatsmänner bleiben wird, die wissen, wann sie ihr Amt aufzugeben haben. Sein Job war getan und gut getan. Er behält die Bewunderung, Dankbarkeit und tiefe Zuneigung führender Staatsmänner und der gewöhnlichen Leute überall in der Welt. Er läßt Deutschland im großen Maße gereinigt von Schuld zurück und in der Lage, eine Rolle zu spielen, die seiner Stärke angemessen ist. Das sollte genug für einen Mann sein. Aber es ist dennoch sehr traurig, ihn scheiden zu sehen.«

(Archiv der Gegenwart, 8.5.1974, S. 18665 f.)

4. Teil

Zweifel am Fortschritt

Terrorismus; Grenzen des Wirtschaftswachstums?; der Friede der Politiker, die Friedensbewegung und Ökologieprobleme; deutsch-deutsche Beziehungen im Schatten internationaler Konflikte; die »Wende«

Es ist schwierig, die Entwicklung seit 1974 zu beurteilen, weil in der Einschätzung dessen, was möglicherweise ein wichtiger Einschnitt ist, zugleich ein Stück Prognose steckt. Sieht man die Entwicklung hauptsächlich unter dem Aspekt der »Postmoderne«, so bekommen Fragen über »Grenzen des Wachstums« und ökologische Probleme einen zentralen Stellenwert. Sieht man hauptsächlich das Ende der Entspannungsphase, so müßten Friedens- und Rüstungspolitik und die Friedensbewegung im Mittelpunkt stehen. Noch vor fünf Jahren wäre unter dem Stichwort »Krise der Industriestaaten« der Terrorismus als wesentliches Problem genannt worden. Von heute aus gesehen muß das Verhältnis von Entwicklungen in den Industriestaaten der Ersten und Zweiten Welt zu denen in der Dritten und Vierten Welt als das eigentliche Problem erscheinen, dessen Rückwirkungen auf die Erste und Zweite Welt kaum überschätzt werden können. Nur treten diese Zusammenhänge selten ins allgemeine Bewußtsein, es sei denn, wenn gerade die UNCTAD (Konferenz der UN für Handel und Entwicklung) zu Ende gegangen ist, ohne auch nur den Ansatz von gemeinsamer Problemlösung zu formulieren, wie Juni 1983 in Belgrad geschehen. Nur geht dieses Problem wie auch die fehlende Resonanz über den ersten und den inzwischen erschienenen zweiten Bericht der Nord-Süd-Kommission über die Möglichkeiten einer Dokumentation zur deutschen Geschichte hinaus.[22]
Überhaupt zeichnen sich alle genannten Aspekte dadurch aus, daß sie Erscheinungen betreffen, die mit leichten Varianten in allen westlichen Industriestaaten auftreten. Die einzige Ausnahme bilden in diesem Zusammenhang die besonderen deutsch-deutschen Beziehungen, die trotz wachsender Konflikte im Ost/West-Verhältnis sich – auch nach der »Wende« – einigermaßen stabil erhalten haben, was für eine solide wechselseitige Interessenbasis spricht.
Wenn dieser letzte Teil mit »Zweifel am Fortschritt« überschrieben ist, so ist dabei an alle genannten Aspekte gedacht: an den Terrorismus, der hauptsächlich aus der angenommenen Aussichtslosigkeit von Reformen entstand, an die möglichen Grenzen wirtschaftlichen Wachstums, die zur kontinuierlichen Rücknahme von inneren Reformen geführt haben, an die technologischen Entwicklungen, die erstmals die Möglichkeiten zur Weltzerstörung geschaffen haben, und zwar nicht nur durch Krieg, sondern auch durch Zerstörung ökologischer Grundstrukturen.
Überblickt man die letzte Phase sozialliberaler Regierung, so sind heraus-

ragende politische Leistungen kaum zu nennen. Für die Ära Adenauer ist die wie auch immer zu beurteilende Westintegration dominierend; die Regierung Erhard weckt Assoziationen an das »Wirtschaftswunder«, auch wenn es 1965 schon zu Ende war; die Große Koalition begann mit Reformen am CDU-Staat, auch wenn sie für das politische Klima verheerende Folgen hatte; die Regierung Brandt/Scheel brachte die Ostpolitik zustande, die die Situation in Europa positiv verändert hat. Welche langfristigen Wirkungen das Ende der sozialliberalen Koalition haben wird, wird sich erst später deutlich sagen lassen. Mit Sicherheit hat sich durch die Veränderung der FDP und durch die Existenz der »Grünen« das Parteienspektrum so verschoben, daß Aussagen über mögliche Veränderungen politischer Mehrheitsverhältnisse schwierig sind, Veränderungen der politischen Kultur sich aber deutlich abzeichnen.

15. Kapitel
Terrorismus

Von Terrorismus wird hier erst seit etwa 1974 gesprochen, weil er seitdem in internationaler Verflechtung mit spektakulären Morden, Überfällen und Entführungen ein Ausmaß annahm, das Veränderungen im Rechtssystem und Strafvollzug der Bundesrepublik bewirkte. Seit spätestens 1974 befanden sich die westdeutschen Terroristengruppen in der Isolation, politische Motivationen waren kaum noch erkennbar, die terroristische Aktivität hatte sich verselbständigt, um sich selbst zu erhalten.
Die Dokumentation enthält Berichte und Meinungen zu einigen terroristischen Aktionen: Überfall auf die deutsche Botschaft in Schweden am 24.4.1975 (Dok. 106 u. 107), Mord an Generalbundesanwalt Siegfried Buback am 7.4.1977 (Dok. 110ff), Entführung (5.9.1977) und Ermordung (19.10.1977) von Hanns Martin Schleyer, Präsident der Bundesvereinigung der Deutschen Arbeitgeberverbände und des Bundesverbandes der Deutschen Industrie. Außerdem wurde am 5.11.1974 Günter von Drenkmann, Präsident des Berliner Kammergerichts, erschossen, am 30. Juli 1977 Jürgen Ponto, Vorstandsvorsitzender der Dresdner Bank. Am 27.2.1975 wurde Peter Lorenz, Vorsitzender der Berliner CDU, von der »Bewegung 2. Juni« entführt und nach Freipressung von sechs inhaftierten Terroristen wieder freigelassen. Einer der sechs war der Rechtsanwalt Horst Mahler, der seine Freilassung ablehnte. Am 21.12.1975 fand unter deutscher Beteiligung der Überfall auf die OPEC-Konferenz in Wien statt. Am 4. Juni 1976 beteiligten sich deutsche Terroristen an der Entführung eines israelischen Flugzeugs nach Uganda. Die 103 Geiseln wurden von Israelis befreit. Die Entführung des Lufthansa-Flugzeugs mit 91 Insassen am 13.10.1977 endete am 18.10.1977 mit der Befreiung der Geiseln und dem Tod des Piloten in Mogadischu.
Die Dokumentation enthält die wichtigsten Antiterrorgesetze. Schon 1972 waren Polizeibefugnisse erweitert, das Bundeskriminalamt, der Bundesgrenzschutz und die Verfassungsschutzämter ausgebaut worden. Am 1.1.1975 trat das »Verteidigerausschlußgesetz« in Kraft, die Änderung des § 146 der Strafprozeßordnung. Alte Fassung: »Die Verteidigung mehrerer Beschuldigter kann, sofern dies der Aufgabe der Verteidigung nicht widerstreitet, durch einen gemeinschaftlichen Verteidiger geführt werden.« Neue Fassung: »Die Verteidigung mehrerer Beschuldigter durch einen gemeinschaftlichen Verteidiger ist unzulässig.« Das Gesetz hatte als Hintergrund die – teilweise berechtigte – Annahme, daß Verteidiger von Angehörigen der RAF (Rote Armee Fraktion) für die Kommu-

nikation unter den Häftlingen sorgten. Problematisch ist, daß durch den auf diese Weise möglichen Ausschluß von Verteidigern die Rechte von Angeklagten auf freie Verteidigerwahl beschnitten wurden. Das vierzehnte Strafrechtsänderungsgesetz vom 22. 4. 1976 (Dok. 108) stellt mit dem neuen § 88a die »verfassungsfeindliche Befürwortung von Straftaten« unter Strafe. Der neue § 88a wie auch die meisten folgenden Änderungen zielen auf das Umfeld von Terroristen, die damals sogenannten »Sympathisanten«, die auf diese Weise von der Unterstützung von Terroristen abgehalten werden sollten. Das Gesetz konnte in seiner Vagheit den großen Kreis der Bürger treffen, die zwar nicht mit dem Terrorismus sympathisierten, aber die staatlichen Reaktionen für unangemessen hielten oder Partei ergriffen für Befreiungsbewegungen in der Dritten Welt. Die Änderungen wurden 1981 gegen die Stimmen der CDU/CSU wieder aufgehoben.

Das eigentliche Antiterrorismusgesetz (Dok. 109) stellt die »Bildung terroristischer Vereinigungen« unter Strafe (Art. 1, § 129 a), es ermöglicht die Überwachung des Verkehrs zwischen Klient und Verteidiger (Artikel 2), erweitert die Zuständigkeit des Generalbundesanwalts (Artikel 3), ermöglicht Untersuchungshaft für verdächtige Personen auch ohne Fluchtgefahr (Artikel 5, 6).

Den tiefsten Eingriff in rechtsstaatliche Prinzipien stellt das »Kontaktsperregesetz« dar (Dok. 118), das am 2. 10. 1977 in Kraft trat und sofort angewandt wurde: § 31 ermöglicht es, jede Verbindung von Strafgefangenen (nur bezogen auf Straftaten nach § 129 a) zueinander und zur Außenwelt einschließlich des Kontaktes mit dem Verteidiger zu unterbrechen.

Im Gesetz zur Änderung der Strafprozeßordnung vom 14. 4. 1978 werden die Möglichkeiten polizeilicher Kontrollen erweitert, die Möglichkeiten des Verteidigerausschlusses präzisiert (§ 138 a), Freiheitsentziehung zur Identitätsfeststellung wird auf zwölf Stunden begrenzt.

Während die Veränderungen von 1972 noch im fast allgemeinen Konsens vollzogen wurden, stießen die späteren Eingriffe in grundlegende rechtsstaatliche Prinzipien auf wachsende Skepsis. In der Regierungserklärung von Bundeskanzler Schmidt vom 20. 4. 1977 zur Terrorismusbekämpfung (Dok. 113) wird nach einer Bilanz des Geschehenen auf die Frage eingegangen, wie weit Terrorismus mit Mitteln der Gesetzgebung (höheres Strafmaß) bekämpft werden könne, oder ob nicht vielmehr der »geistige Nährboden« entzogen werden müsse. Es folgt ein Appell an die Universitätslehrer der APO-Zeit, ihre Verantwortung wahrzunehmen, damit die Trennungslinie zwischen Bekämpfung von Terrorismus und Stärkung von Meinungsfreiheit nicht verwischt werde. Aus der Entgegnung des CDU-Vorsitzenden Kohl (Dok. 114) geht hervor, daß Teile der Sozialdemokratie – aus Sicht der CDU – noch immer ein gestörtes Verhältnis zur Ausübung rechtsstaatlicher Macht hätten, daß die Strafrechtsreform von 1970 (Liberalisierung des Demonstrationsstrafrechts) der falsche Weg gewesen sei, daß der Staat gestärkt werden müsse. Die Einbeziehung des »geistig-intellektuellen Umfeldes« in den Abwehrkampf gegen Terroristen erscheint bei Kohl umfassender als bei Schmidt, insbesondere hinsichtlich der »Sympathisanten«. An die »Sympathisanten« richtet sich auch Willy Brandts Aufruf im »Vorwärts« (Dok. 115).

Was bei alldem fehlt, ist die Beantwortung der Frage, warum es eigentlich »Sympathisanten« gab; und zwar ist diese Frage für die Zeit nach 1975, in der die Terroristen längst im allgemeinen politischen Bewußtsein isoliert waren, weniger wichtig als für die Entstehungsphase des Terrorismus oder jedenfalls eines Teils seiner Voraussetzungen. Ein Erklärungsansatz ist vermutlich der von Habermas, den Baring teilweise übernimmt.[23] Danach ging es um Widerstandshandlungen gegen eine alles durchdringende Verwaltung, gegen anonyme Manipulation, gegen Massenkonsum. Ein solcher Erklärungsansatz ist insofern hilfreich, als er die direkte Aktion als Reaktion auf anonyme Manipulation erklärt. Die Große Koalition mit ihrer erdrückenden Mehrheit und ihren auf Globalsteuerung und starken Staat (Notstandsgesetze) zielenden Gesetzen dürfte ein wichtiger Auslöser gewesen sein. Nur waren die Anfangsaktivitäten z. B. der Berliner Kommunarden mehr Happenings als Straftaten. Die überreizte politische Atmosphäre gerade in Berlin, die mit Hilfe der Springer-Presse jede Kritik ins politische Abseits drängte, mußte zur Solidarisierung mit den Diskriminierten führen. Hinzu kam, daß für eine Generation, die das Ende des Faschismus, die gescheiterte Entnazifizierung und die Restauration mit innerem Kalten Krieg in der Bundesrepublik bewußt erlebt hatte, die Parteinahme für die jüngeren Kritiker einfach zwingend war. Bölls *Spiegel*-Artikel vom 10. 1. 1972 ist für diese Position ziemlich typisch (ebenso Luise Rinsers Film »Kinder unseres Volkes«). Böll schrieb u. a.:

> »Für einen so abscheulichen Satrapen wie Baldur von Schirach, der einige Millionen junger Deutscher in die verschiedensten Todesarten trieb und zu den verschiedensten Mordtaten ermutigte, sogar für ihn gab es Gnade. Ulrike Meinhof muß damit rechnen, sich einer totalen Gnadenlosigkeit ausgeliefert zu sehen. Baldur von Schirach hat nicht so lange gesessen, wie Ulrike Meinhof sitzen müßte. Haben die Polizeibeamten, Juristen, Publizisten je bedacht, daß alle Mitglieder der Gruppe um Ulrike Meinhof, alle, praktische Sozialarbeit getan haben und Einblick in die Verhältnisse genommen, die möglicherweise zu dieser Kriegserklärung geführt haben?«

Gerade das letzte Argument, das sich auf die moralischen Ansprüche von Mitgliedern der frühen Bader-Meinhof-Gruppe bezog, wurde von fast allen geteilt, die Mitglieder der Gruppe aus ihrer eigenen Studienzeit kannten, die sich deshalb nicht solidarisierten, aber verstehen wollten.

Mit der öffentlichen Sympathisantenhetze, der entsprechenden Gesetzgebung und folgenden Strafverfahren wurden diejenigen, die verstehen und erklären wollten, gleich mit diskriminiert.

Der deutlichste Fall ist der inzwischen nach seinem letzten Prozeß an seinem Herzleiden gestorbene hannoversche Sozialpsychologe Peter Brückner, der immer vor Gewalt gewarnt hat, sich aber auf Gewaltbefürworter einließ, um mit ihnen umgehen zu können, um zu verstehen und zu erklären.

Ein solcher Erklärungsversuch war Brückners Analyse des Mescalero-Artikels (Dok. 112). Der anonym gebliebene Autor Mescalero hatte mit seinem Ende April 1977 in einer Göttinger Studentenzeitung erschienenen Artikel »Buback – ein Nachruf« eine heftige öffentliche Diskussion ausgelöst, die sich im Sommer 1977 bis zur Hysterie steigerte. Dies vor allem deshalb, weil das dauernd wiederholte Zitat von der »klammheimlichen Freude« in der ansonsten uninformierten Öffentlichkeit zu der Überzeugung führte, hier habe jemand seine schlichte Freude über die Ermordung des Generalbundesanwalts ausgedrückt. In dieser Situation war die Analyse der zentralen Passagen des Mescalero-Textes durch Rekonstruktion des Gedankengangs und Analyse der Stil- und Rezeptionsebenen ein Akt politischer Aufklärung, der aber keine Versachlichung der Diskussion bringen konnte, weil der Autor der Analyse selbst bereits als »Sympathisant« diskriminiert worden war.

Die Kritiken an den Vorgängen in der Bundesrepublik aus dem benachbarten Ausland, besonders aus Frankreich und Italien, waren maßlos (Dok. 117), insbesondere die Vermutung, bei den Selbstmorden der Häftlinge von Stammheim könne es sich um Morde handeln. Grund zum Mißtrauen in die Stabilität des westdeutschen Rechtsstaates war aber angesichts der gesetzgeberischen Aktivitäten und des politischen Klimas durchaus gegeben.[24]

Es gab auch Terrorismus aus der rechten Ecke: den Anschlag auf das Münchner Oktoberfest und auf das Hamburger Ausländerheim, bei dem Vietnamesen ums Leben kamen. Solcher Terrorismus produziert aber keine neuen Antiterrorgesetze, höchstens Veränderungen im Ausländerrecht.

Dokumente zum 15. Kapitel

[106] Regierungserklärung von Bundeskanzler Schmidt zum Überfall auf die deutsche Botschaft in Stockholm
(25.4.1975, Auszug)

Alle, die an der Beratung beteiligt waren, haben gleichwohl die gewaltige Last der Verantwortung vor der Entscheidung gespürt, die wir nach gründlicher Abwägung des Für und Wider zuletzt einhellig – unbeschadet unserer unterschiedlichen politischen Standorte – gefällt haben. Abermals, wie im Falle der Entführung des Berliner Abgeordneten Lorenz galt es abzuwägen zwischen der Rettung von unmittelbar bedrohten Menschenleben auf der einen Seite und andererseits der Gefährdung, der Infragestellung der überragenden Aufgabe des Staats, das Leben aller seiner Bürger zu sichern. Es war zwischen sehr hohen Rechtsgütern abzuwägen: Zehn oder elf Menschenleben – der Oberstleutnant von Mirbach war bereits niedergeschossen, als die sogenannten Forderungen der Verbrecher mitgeteilt wurden – waren in höchstem Maße bedroht; dagegen stand die lebensschützende, die friedens- und rechtsschützende Funktion unseres Staats. Der Rechtsstaat kann seine Funktion nur dann erfüllen, wenn die Bürger darauf vertrauen können, daß er seine Gesetze auch durchsetzt. Unsere Verfassung weist allein dem Staat die Verpflichtung und das Recht zu, über Strafe und über Freiheit zu entscheiden. Das hat nach festen gesetzlichen Regeln, nach einem gesetzlich geordneten Verfahren zu geschehen. Terroristen dürfen Entscheidungen über Freiheit und Leben anderer nicht an sich reißen. Allen im Bundeskanzleramt Versammelten, welche der Bundesregierung ihren Rat gaben, war vom ersten Augenblick an klar, daß ein Vergleich mit der Entführung des Herrn Abgeordneten Lorenz nicht möglich war. Es mag sein, daß sich einige unserer Bürger heute fragen werden, ob denn den Verantwortlichen das Leben eines Berufspolitikers mehr wert gewesen sei, da sie doch im Falle Lorenz den Terroristen nachgegeben hätten, während die Verantwortlichen in diesem Falle, in dem es sich durchweg nicht um bekannte Personen des öffentlichen Lebens handelte, mehr Härte gezeigt hätten. [...] Im Falle der Lorenz-Entführung hatten wir es mit Verbrechern zu tun, die aus der Dunkelheit der Anonymität handelten. Wir konnten nicht wissen, wo sie sich befanden. Wir wußten nicht, wo sich die Geisel Lorenz befand. Infolgedessen wäre das Leben von Herrn Lorenz in keinem Falle zu retten gewesen, wenn wir auf die Bedingungen seiner Entführer nicht eingegangen wären. In Stockholm dagegen wußten wir, wo die Täter waren, nämlich im Gebäude der Deutschen Botschaft. Wir wußten auch, wo die Geiseln waren, und es gab eine Chance, durch Verhandlungen und/oder durch Polizeimittel die Geiseln zu retten und die Terroristen zu überwältigen. Darüber hinaus hatten die Stockholmer Terroristen Herrn von Mirbach schon

ermordet, als sie ihre sogenannten Forderungen bekanntgaben. Zu den weiteren Unterschieden, welche die beiden Fälle unvergleichbar machen, gehört auch die Tatsache, daß der Ort des Verbrechens in Schweden liegt und daß die Verantwortlichkeiten infolgedessen zwischen zwei Staaten und ihren Regierungen geteilt waren.
Die Bundesregierung hat sich deshalb gestern nach Beratungen in dem vorerwähnten großen Kreis – einer Beratung, die in einmütig gegebene Ratschläge ausgemündet war – zur Unnachgiebigkeit entschlossen.
[...]
Die seit einigen Monaten von den Strafverfolgungsbehörden des Bundes und der Länder geleiteten neuartigen Maßnahmen zur offensiven Bekämpfung des Terrorismus beginnen jetzt Wirkungen zu zeigen. Ich darf heute erstmalig bekanntgeben, daß wir in Zusammenarbeit mit ausländischen Sicherheitsbehörden seit der Lorenz-Entführung zehn Gewalttäter haben dingfest machen können – wenn ich sage »wir«, so meine ich alle beteiligten Behörden der Länder und des Bundes –, Gewalttäter, die zum Teil führende Rollen in Organisation und Logistik der Terroristen gespielt haben. Dies sowie auch der Einsatz neuentwickelter Fahndungsformen und die Ausschöpfung der von der Strafprozeßordnung eröffneten neuen Möglichkeiten haben unter den Mitgliedern dieser terroristischen Gruppen gegenwärtig einen Prozeß der Entsolidarisierung und der Verunsicherung ausgelöst. Die zuständigen Behörden, denen es gelungen ist, in die anarchistischen Kreise einzudringen, versprechen sich bei konsequenter Verfolgung des eingeschlagenen Weges in absehbarer Zeit weitere Erfolge. Wir werden auch die ins Ausland entkommenen Verbrecher weltweit verfolgen. Wir wissen uns dabei der Hilfe ausländischer Staaten und Regierungen ebenso gewiß, wie wir ihnen helfen. Die schreckliche Seuche des internationalen Terrorismus bedarf der internationalen Zusammenarbeit der Staaten, die wir praktizieren. Aber auch im eigenen Lande bedürfen unsere Sicherheitsbehörden und ihre Beamten und Angestellten weiterhin unserer Hilfe. [...] Wer den Rechtsstaat zuverlässig schützen will, muß innerlich auch bereit sein, bis an die Grenzen dessen zu gehen, was vom Rechtsstaat erlaubt und geboten ist.
[...]
(Archiv der Gegenwart, 28.4.1975, S. 19422ff.)

[107] Karl Carstens, CDU, zur Bekämpfung des Terrorismus
(Debatte über die Regierungserklärung, 25.4.1975; Auszug)

[...] Es ist jetzt nicht die Stunde einer grundsätzlichen Auseinandersetzung mit denen, die es bisher an der nötigen Entschiedenheit bei der Abwehr der unseren Staat bedrohenden Gefahr haben fehlen lassen. Aber wer von uns erinnerte sich nicht an die beschönigenden Darstellungen, die von verschiedenen Seiten gegeben wurden. Uns wurde erklärt, der linke Terror flaue ab, die eigentliche Gefahr sei vorüber. Viele andere bescheinigten den Terroristen, daß sie sympathische Zielvorstellungen verfolgten. Und denen, die zu einer rücksichtslosen Zerschlagung der Terrorbanden aufforderten, wurde vorgeworfen, sie seien hysterisch und riefen Panikstimmung hervor. Alles dies hat dazu beigetragen, daß die Verbrecherbanden hier in unserem Lande sich entfalten konnten wie in keinem anderen Lande. Es ist sehr zu begrüßen, wie der Bundeskanzler ausgeführt hat, daß kürzlich bei einer Großfahndung zehn der dem engeren Kern der Bande angehörenden Verbrecher verhaftet worden sind. Aber zehn bedeutet nach unseren Informationen nur einen Bruchteil der auf freiem Fuß befindlichen hochgefährlichen Mitglieder der Bande. Wir müssen uns entschließen, alle rechtsstaatlich zulässigen Mittel einzusetzen, um die Verbrecherorganisation zu zerschlagen. Dazu gehört vor allem eine Überprüfung des Vollzugs der Untersuchungshaft und der Strafhaft. Wir sind darüber unterrichtet worden, daß die Häftlinge in ständiger Verbindung miteinander stehen. Nur so ist es zu erklären, daß sie alle gleichzeitig in den Hungerstreik traten, daß sie alle gleichzeitig den Hungerstreik abbrachen und daß sie kurze Zeit darauf alle gleichzeitig ein sogenanntes Fitness-Training begannen, um sich wieder voll in den Besitz ihrer körperlichen Leistungsfähigkeit zu setzen. Wir können jetzt erkennen, daß sie dies taten, weil sie von dem Attentat auf die Stockholmer Botschaft vorher wußten, und weil sie damit rechneten, daß sie gestern oder heute befreit würden. Es geht nicht an, daß, wie ein Sachverständiger es vor einiger Zeit gesagt hat, der sicherste Ort, um in der BRD eine Terrororganisation zu leiten, eine Gefängniszelle ist, weil demjenigen, der in der Gefängniszelle sitzt, nichts mehr passieren kann.

[...]

Dies muß, und zwar sofort, ein Ende nehmen. Hierzu fordert die CDU/CSU zum wiederholten Male, daß mit sofortiger Wirkung ein Gesetz verabschiedet wird, welches die Überwachung des Verkehrs der Häftlinge mit ihren Anwälten ermöglicht. Zweitens muß der Strafvollzug und der Vollzug der Untersuchungshaft so gestaltet werden, daß die Kontakte zwischen den Häftlingen unterbunden werden. Es muß der Kreis der Sympathisanten ohne Rücksicht auf die Person der Beteiligten schärfer überwacht und schärfer, notfalls strafrechtlich, erfaßt werden. Wer in dieser Lage und angesichts der erneuten Serie von Verbrechen den Angehörigen der Banden weiterhin offene Sympathie entgegenbringt, wer ihnen Hilfe, Unterschlupf oder andere Unterstützung gewährt, macht sich mitschuldig an den gefährlichsten Verbrechen, die zur Zeit in unserem Lande begangen werden. Hier kann nur eine scharfe, unzweideutige, klare Trennung zwischen den Mitgliedern dieser Bande und der gesamten übrigen Bevölkerung schließlich erreichen, daß diese Art von verbrecherischer Terrortätigkeit ein Ende findet.

(Archiv der Gegenwart, 28.4.1975, S. 19422ff.)

[108] Vierzehntes Strafrechtsänderungsgesetz vom 22. April 1976

Der Bundestag hat das folgende Gesetz beschlossen:

Artikel 1
Das Strafgesetzbuch wird wie folgt geändert:

1. § 86 Abs. 3 erhält folgende Fassung:
»(3) Absatz 1 gilt nicht, wenn das Propagandamittel oder die Handlung der staatsbürgerlichen Aufklärung, der Abwehr verfassungswidriger Bestrebungen, der Kunst oder der Wissenschaft, der Forschung oder der Lehre, der Berichterstattung über Vorgänge des Zeitgeschehens oder der Geschichte oder ähnlichen Zwecken dient.«

2. Nach § 88 wird folgende Vorschrift eingefügt:
»§ 88 a Verfassungsfeindliche Befürwortung von Straftaten
(1) Wer eine Schrift (§ 11 Abs. 3), die die Befürwortung einer der in § 126 Abs. 1 Nr. 1 bis 6 genannten rechtswidrigen Taten enthält und bestimmt sowie nach den Umständen geeignet ist, die Bereitschaft anderer zu fördern, sich durch die Begehung solcher Taten für Bestrebungen gegen den Bestand oder die Sicherheit der Bundesrepublik Deutschland oder gegen Verfassungsgrundsätze einzusetzen,
1. verbreitet,
2. öffentlich ausstellt, anschlägt, vorführt oder sonst zugänglich macht oder
3. herstellt, bezieht, liefert, vorrätig hält, anbietet, ankündigt, anpreist, in den räumlichen Geltungsbereich dieses Gesetzes einzuführen oder daraus auszuführen unternimmt, um sie oder aus ihr gewonnene Stücke im Sinne der Nummern 1 oder 2 zu verwenden oder einem anderen eine solche Verwendung zu ermöglichen,

wird mit Freiheitsstrafe bis zu drei Jahren oder mit Geldstrafe bestraft.
(2) Ebenso wird bestraft, wer öffentlich oder in einer Versammlung die Begehung einer der in § 126 Abs. 1 Nr. 1 bis 6 genannten rechtswidrigen Taten befürwortet, um die Bereitschaft anderer zu fördern, sich durch die Begehung solcher Taten für Bestrebungen gegen den Bestand oder die Sicherheit der Bundesrepublik Deutschland oder gegen Verfassungsgrundsätze einzusetzen.
(3) § 86 Abs. 3 gilt entsprechend.«

3. § 111 Abs. 2 erhält folgende Fassung:
»(2) Bleibt die Aufforderung ohne Erfolg, so ist die Strafe Freiheitsstrafe bis zu fünf Jahren oder Geldstrafe. Die Strafe darf nicht schwerer sein als die, die für den Fall angedroht ist, daß die Aufforderung Erfolg hat (Absatz 1); § 49 Abs. 1 Nr. 2 ist anzuwenden.«

4. § 126 erhält folgende Fassung:
»§ 126 Störung des öffentlichen Friedens durch Androhung von Straftaten
(1) Wer in einer Weise, die geeignet ist, den öffentlichen Frieden zu stören,

1. einen der in § 125a Satz 2 Nr. 1 bis 4 bezeichneten Fälle des Landfriedensbruchs,
2. einen Mord, Totschlag oder Völkermord (§§ 211, 212, 220a),
3. eine Körperverletzung in den Fällen des § 226 oder eine Vergiftung (§ 229),
4. eine Straftat gegen die persönliche Freiheit in den Fällen der §§ 234, 234a, 239a oder 239b,
5. einen Raub oder eine räuberische Erpressung (§§ 249 bis 251, 255),
6. ein gemeingefährliches Verbrechen in den Fällen der §§ 306 bis 308, 310b Abs. 1 bis 3, des § 311 Abs. 1 bis 3, des § 311a Abs. 1 bis 3, der §§ 312, 313 Abs. 1, des § 315 Abs. 3, des § 315b Abs. 3, des § 316a Abs. 1, des § 316c Abs. 1, 2, des § 321 Abs. 2, des § 324 oder
7. ein gemeingefährliches Vergehen in den Fällen des § 316b Abs. 1, des § 317 Abs. 1 oder des § 321 Abs. 1

androht, wird mit Freiheitsstrafe bis zu drei Jahren oder mit Geldstrafe bestraft.

(2) Ebenso wird bestraft, wer in einer Weise, die geeignet ist, den öffentlichen Frieden zu stören, wider besseres Wissen vortäuscht, die Verwirklichung einer der in Absatz 1 genannten rechtswidrigen Taten stehe bevor.«

5. Nach § 130 wird folgende Vorschrift eingefügt:

»§ 130a Anleitung zu Straftaten

(1) Wer eine Schrift (§ 11 Abs. 3), die die Anleitung zu einer der in § 126 Abs. 1 Nr. 1 bis 6 genannten rechtswidrigen Taten enthält und bestimmt sowie nach den Umständen geeignet ist, die Bereitschaft anderer zu fördern, solche Taten zu begehen,

1. verbreitet,
2. öffentlich ausstellt, anschlägt, vorführt oder sonst zugänglich macht oder
3. herstellt, bezieht, liefert, vorrätig hält, anbietet, ankündigt, anpreist, in den räumlichen Geltungsbereich dieses Gesetzes einzuführen oder daraus auszuführen unternimmt, um sie oder aus ihr gewonnene Stücke im Sinne der Nummern 1 oder 2 zu verwenden oder einem anderen eine solche Verwendung zu ermöglichen,

wird mit Freiheitsstrafe bis zu drei Jahren oder mit Geldstrafe bestraft.

(2) Ebenso wird bestraft, wer öffentlich oder in einer Versammlung zu einer der in § 126 Abs. 1 Nr. 1 bis 6 genannten rechtswidrigen Taten eine Anleitung gibt, um die Bereitschaft anderer zu fördern, solche Taten zu begehen.

(3) § 86 Abs. 3 gilt entsprechend.«

6. § 140 erhält folgende Fassung:

»§ 140 Belohnung und Billigung von Straftaten

Wer eine der in § 138 Abs. 1 Nr. 1 bis 5 und in § 126 Abs. 1 Nr. 1 bis 6 genannten rechtswidrigen Taten, nachdem sie begangen oder in strafbarer Weise versucht worden ist,

1. belohnt oder
2. in einer Weise, die geeignet ist, den öffentlichen Frieden zu stören, öffent-

lich, in einer Versammlung oder durch Verbreiten von Schriften (§ 11 Abs. 3) billigt,
wird mit Freiheitsstrafe bis zu drei Jahren oder mit Geldstrafe bestraft.«

7. § 145 d erhält folgende Fassung:
»§ 145 d Vortäuschen einer Straftat
(1) Wer wider besseres Wissen einer Behörde oder einer zur Entgegennahme von Anzeigen zuständigen Stelle vortäuscht,
1. daß eine rechtswidrige Tat begangen worden sei oder
2. daß die Verwirklichung einer der in § 126 Abs. 1 genannten rechtswidrigen Taten bevorstehe,
wird mit Freiheitsstrafe bis zu drei Jahren oder mit Geldstrafe bestraft, wenn die Tat nicht in den §§ 164, 258 oder 258 a mit Strafe bedroht ist.
(2) Ebenso wird bestraft, wer wider besseres Wissen eine der in Absatz 1 bezeichneten Stellen über den Beteiligten
1. an einer rechtswidrigen Tat oder
2. an einer bevorstehenden, in § 126 Abs. 1 genannten rechtswidrigen Tat
zu täuschen sucht.«

8. § 241 erhält folgende Fassung:
»§ 241 Bedrohung
(1) Wer einen anderen mit der Begehung eines gegen ihn oder eine ihm nahestehende Person gerichteten Verbrechens bedroht, wird mit Freiheitsstrafe bis zu einem Jahr oder mit Geldstrafe bestraft.
(2) Ebenso wird bestraft, wer wider besseres Wissen einem anderen vortäuscht, daß die Verwirklichung eines gegen ihn oder eine ihm nahestehende Person gerichteten Verbrechens bevorstehe.«

Artikel 2
Berlin-Klausel [...]

Artikel 3
Inkrafttreten
Dieses Gesetz tritt am ersten Tag des auf die Verkündung folgenden Monats in Kraft.
Die verfassungsmäßigen Rechte des Bundesrates sind gewahrt.
Das vorstehende Gesetz wird hiermit verkündet.

Bonn, den 22. April 1976
Für den Bundespräsidenten
Der Präsident des Bundesrates
Osswald
Der Bundeskanzler
Schmidt
Der Bundesminister der Justiz
Dr. Vogel
(Bundesgesetzblatt, 1976 I, S. 2181 ff.)

[109] Gesetz zur Änderung des Strafgesetzbuches, der Strafprozeßordnung, des Gerichtsverfassungsgesetzes, der Bundesrechtsanwaltsordnung und des Strafvollzugsgesetzes vom 18. August 1976

Der Bundestag hat das folgende Gesetz beschlossen:

Artikel 1
Änderung des Strafgesetzbuches
Das Strafgesetzbuch wird wie folgt geändert:

1. Nach § 129 wird folgender § 129 a eingefügt:
»§ 129 a Bildung terroristischer Vereinigungen
(1) Wer eine Vereinigung gründet, deren Zwecke oder deren Tätigkeit darauf gerichtet sind,
1. Mord, Totschlag oder Völkermord (§§ 211, 212, 220 a),
2. Straftaten gegen die persönliche Freiheit in den Fällen des § 239 a oder des § 239 b oder
3. gemeingefährliche Straftaten in den Fällen der §§ 306 bis 308, 310 b Abs. 1, des § 311 Abs. 1, des § 311 a Abs. 1, der §§ 312, 316 c Abs. 1 oder des § 324

zu begehen, oder wer sich an einer solchen Vereinigung als Mitglied beteiligt, für sie wirbt oder sie unterstützt, wird mit Freiheitsstrafe von sechs Monaten bis zu fünf Jahren bestraft.
(2) Gehört der Täter zu den Rädelsführern oder Hintermännern, so ist auf Freiheitsstrafe von einem Jahr bis zu zehn Jahren zu erkennen.
(3) Der Versuch, eine in Absatz 1 bezeichnete Vereinigung zu gründen, ist strafbar.
(4) Das Gericht kann bei Beteiligten, deren Schuld gering und deren Mitwirkung von untergeordneter Bedeutung ist, in den Fällen des Absatzes 3 von Strafe absehen oder in den Fällen des Absatzes 1 die Strafe nach seinem Ermessen (§ 49 Abs. 2) mildern.
(5) § 129 Abs. 6 gilt entsprechend.
(6) Neben einer Freiheitsstrafe von mindestens sechs Monaten kann das Gericht die Fähigkeit, öffentliche Ämter zu bekleiden, und die Fähigkeit, Rechte aus öffentlichen Wahlen zu erlangen, aberkennen (§ 45 Abs. 2).
(7) In den Fällen der Absätze 1 und 2 kann das Gericht Führungsaufsicht anordnen (§ 68 Abs. 1 Nr. 2).«

2. § 138 wird wie folgt geändert:
a) Es wird folgender Absatz 2 eingefügt:
»(2) Ebenso wird bestraft, wer von dem Vorhaben oder der Ausführung einer Straftat nach § 129 a zu einer Zeit, zu der die Ausführung noch abgewendet werden kann, glaubhaft erfährt und es unterläßt, der Behörde unverzüglich Anzeige zu erstatten.«
b) Der bisherige Absatz 2 wird Absatz 3; in ihm werden die Worte »dem verbrecherischen Vorhaben« durch die Worte »dem Vorhaben oder der Ausführung der rechtswidrigen Tat« ersetzt.

3. § 139 wird wie folgt geändert:
In Absatz 3 Satz 1 werden die Worte »um einen Mord oder Totschlag (§§ 211, 212) oder einen Völkermord in den Fällen des § 220a Abs. 1 Nr. 1 handelt« durch die Worte »um
1. einen Mord oder Totschlag (§§ 211, 212),
2. einen Völkermord in den Fällen des § 220a Abs. 1 Nr. 1 oder
3. einen erpresserischen Menschenraub (§ 239a Abs. 1),
eine Geiselnahme (§ 239b Abs. 1) oder
einen Angriff auf den Luftverkehr (§ 316c Abs. 1)
durch eine terroristische Vereinigung (§ 129a)
handelt« ersetzt.

Artikel 2
Änderung der Strafprozeßordnung
Die Strafprozeßordnung wird wie folgt geändert:

1. In § 112 Abs. 3 werden die Worte »eines Verbrechens nach den §§ 211« durch die Worte »einer Straftat nach § 129a Abs. 1 oder nach den §§ 211« ersetzt.

2. § 138a wird wie folgt geändert:
a) Absatz 2 Satz 2 wird gestrichen.
b) Nach Absatz 3 werden folgende neue Absätze 4 und 5 eingefügt:
»(4) Solange ein Verteidiger nach Absatz 1 oder 2 ausgeschlossen ist, kann er den Beschuldigten, der sich nicht auf freiem Fuß befindet, auch in einem anderen gesetzlich geordneten Verfahren nicht verteidigen.
(5) Ein Verteidiger, der nach Absatz 1 ausgeschlossen worden ist, kann in demselben Verfahren auch andere Beschuldigte nicht verteidigen; das gleiche gilt für einen Verteidiger, der nach Absatz 2 ausgeschlossen worden ist, hinsichtlich der Beschuldigten, die sich nicht auf freiem Fuß befinden. Ein Verteidiger, der nach Absatz 2 ausgeschlossen worden ist, kann in anderen Verfahren, die eine Straftat nach § 129a des Strafgesetzbuches zum Gegenstand haben und die im Zeitpunkt der Ausschließung bereits eingeleitet worden sind, Beschuldigte, die sich nicht auf freiem Fuß befinden, nicht verteidigen. Absatz 4 gilt entsprechend.«

3. § 138c wird wie folgt geändert:
a) Absatz 2 Satz 1 erhält folgende Fassung:
»Das nach Absatz 1 zuständige Gericht entscheidet nach Erhebung der öffentlichen Klage bis zum rechtskräftigen Abschluß des Verfahrens auf Vorlage des Gerichts, bei dem das Verfahren anhängig ist, sonst auf Antrag der Staatsanwaltschaft.«
b) In Absatz 3 Satz 2 werden nach den Worten »Vor Erhebung der öffentlichen Klage« die Worte »und nach rechtskräftigem Abschluß des Verfahrens« eingefügt.
c) Nach Absatz 4 wird folgender Absatz 5 eingefügt:

»(5) Scheidet der Verteidiger aus eigenem Entschluß oder auf Veranlassung des Beschuldigten von der Mitwirkung in einem Verfahren aus, nachdem gemäß Absatz 2 der Antrag auf Ausschließung gegen ihn gestellt oder die Sache dem zur Entscheidung zuständigen Gericht vorgelegt worden ist, so kann dieses Gericht das Ausschließungsverfahren weiterführen mit dem Ziel der Feststellung, ob die Mitwirkung des ausgeschiedenen Verteidigers in dem Verfahren zulässig ist. Die Feststellung der Unzulässigkeit steht im Sinne der §§ 138a, 138b, 138d der Ausschließung gleich.«
d) Der bisherige Absatz 5 wird Absatz 6.

4. § 148 erhält folgende Fassung:
»§ 148
(1) Dem Beschuldigten ist, auch wenn er sich nicht auf freiem Fuß befindet, schriftlicher und mündlicher Verkehr mit dem Verteidiger gestattet.
(2) Befindet sich der Beschuldigte nicht auf freiem Fuß und ist Gegenstand der Untersuchung eine Straftat nach § 129a des Strafgesetzbuches, so sind Schriftstücke oder andere Gegenstände zurückzuweisen, sofern sich der Absender oder derjenige, der sie unmittelbar übergeben will, nicht damit einverstanden erklärt, daß sie zunächst einem Richter vorgelegt werden.«

5. Nach § 148 wird folgender § 148a eingefügt:
»§ 148a
(1) Für die Durchführung von Überwachungsmaßnahmen nach § 148 Abs. 2 ist der Richter bei dem Amtsgericht zuständig, in dessen Bezirk die Vollzugsanstalt liegt. Ist eine Anzeige nach § 138 des Strafgesetzbuches zu erstatten, so sind Schriftstücke oder andere Gegenstände, aus denen sich die Verpflichtung zur Anzeige ergibt, vorläufig in Verwahrung zu nehmen; die Vorschriften über die Beschlagnahme bleiben unberührt.
(2) Der Richter, der mit Überwachungsmaßnahmen betraut ist, darf mit dem Gegenstand der Untersuchung weder befaßt sein noch befaßt werden. Der Richter hat über Kenntnisse, die er bei der Überwachung erlangt, Verschwiegenheit zu bewahren; § 138 des Strafgesetzbuches bleibt unberührt.«

6. In § 153c Abs. 4, § 153d Abs. 1 und § 153e Abs. 1 wird jeweils die Verweisung »§ 120 Abs. 1 Nr. 2 bis 6« durch die Verweisung »§ 120 Abs. 1 Nr. 2 bis 7« ersetzt.

Artikel 3
Änderung des Gerichtsverfassungsgesetzes
Das Gerichtsverfassungsgesetz wird wie folgt geändert:

1. § 120 Abs. 1 wird wie folgt geändert:
a) Nach Nummer 5 wird folgende Nummer 6 eingefügt:
»6. bei einer Zuwiderhandlung gegen das Vereinigungsverbot des § 129a des Strafgesetzbuches.«
b) Die bisherigen Nummern 6 und 7 werden Nummern 7 und 8.

2. § 142a wird wie folgt geändert:
a) In Absatz 1 wird folgender Satz 2 angefügt:

»Können in den Fällen des § 120 Abs. 1 die Beamten der Staatsanwaltschaft eines Landes und der Generalbundesanwalt sich nicht darüber einigen, wer von ihnen die Verfolgung zu übernehmen hat, so entscheidet der Generalbundesanwalt.«
b) In Absatz 2 wird das Wort »Er« durch die Worte »Der Generalbundesanwalt« ersetzt.

Artikel 4
Änderung der Bundesrechtsanwaltsordnung
[...]

Artikel 5
Änderung des Strafvollzugsgesetzes

Das Strafvollzugsgesetz wird wie folgt geändert:
1. § 26 wird um folgenden Satz ergänzt:
»§ 29 Abs. 1 Satz 2 und 3 bleibt unberührt.«
2. § 27 Abs. 4 wird um folgenden Satz ergänzt:
»§ 29 Abs. 1 Satz 2 und 3 bleibt unberührt.«
3. § 29 Abs. 1 wird wie folgt ergänzt:
»Liegt dem Vollzug der Freiheitsstrafe eine Straftat nach § 129a des Strafgesetzbuches zugrunde, gelten § 148 Abs. 2, § 148a der Strafprozeßordnung entsprechend. Dies gilt auch, wenn gegen einen Strafgefangenen im Anschluß an die dem Vollzug der Freiheitsstrafe zugrunde liegende Verurteilung eine Freiheitsstrafe wegen einer Straftat nach § 129a des Strafgesetzbuches zu vollstrecken ist.«
4. Dem § 122 wird folgender Absatz 2 angefügt:
»(2) § 148 Abs. 2, § 148a der Strafprozeßordnung sind anzuwenden.«

Artikel 6
Übergangsregelung
(1) § 138a Abs. 5 Satz 2 und 3 und § 148 Abs. 2 der Strafprozeßordnung in der Fassung von Artikel 2 dieses Gesetzes finden auch Anwendung, wenn gegen einen Beschuldigten zum Zeitpunkt des Inkrafttretens dieses Gesetzes ein Strafverfahren wegen des Verdachts der Bildung krimineller Vereinigungen (§ 129 des Strafgesetzbuches) eingeleitet worden ist, deren Zweck oder deren Tätigkeit darauf gerichtet sind,
1. Mord, Totschlag oder Völkermord (§§ 211, 212, 220a),
2. Straftaten gegen die persönliche Freiheit in den Fällen des § 239a oder des § 239b oder
3. gemeingefährliche Straftaten in den Fällen der §§ 306 bis 308, 310b Abs. 1, des § 311 Abs. 1, des § 311a Abs. 1, der §§ 312, 316c Abs. 1 oder des § 324

zu begehen.
(2) § 29 Abs. 1 Satz 2 und 3 des Strafvollzugsgesetzes findet auch Anwendung im Falle einer Verurteilung wegen Bildung krimineller Vereinigungen (§ 129 des Strafgesetzbuches), wenn dieser Verurteilung eine Tat zugrunde liegt, die

vor dem Inkrafttreten des § 129 a des Strafgesetzbuches begangen worden ist, und wenn der Zweck oder die Tätigkeit der kriminellen Vereinigung darauf gerichtet war,
1. Mord, Totschlag oder Völkermord (§§ 211, 212, 220 a),
2. Straftaten gegen die persönliche Freiheit in den Fällen des § 239 a oder des § 239 b oder
3. gemeingefährliche Straftaten in den Fällen der §§ 306 bis 308, 310 b Abs. 1, des § 311 Abs. 1, des § 311 a Abs. 1, der §§ 312, 316c Abs. 1 oder des § 324

zu begehen.
(3) Die Änderung der gerichtlichen Zuständigkeit durch Artikel 3 Nr. 1 gilt für gerichtlich anhängige Strafsachen nur dann, wenn bei Inkrafttreten dieses Gesetzes das Hauptverfahren noch nicht eröffnet oder ein Antrag auf Wiederaufnahme des Verfahrens noch nicht zugelassen ist. Das Revisionsgericht verweist jedoch im Falle des § 354 Abs. 2 der Strafprozeßordnung die Sache auch dann an das Oberlandesgericht zurück, wenn im ersten Rechtszug das Landgericht entschieden hat.

Artikel 7
Berlin-Klausel
[...]

Artikel 8
Inkrafttreten
Dieses Gesetz tritt einen Monat nach der Verkündung in Kraft; Artikel 5 und Artikel 6 Abs. 2 treten jedoch erst am 1. Januar 1977 in Kraft.
Die verfassungsmäßigen Rechte des Bundesrates sind gewahrt.
Das vorstehende Gesetz wird hiermit verkündet.

Bonn, den 18. August 1976
Für den Bundespräsidenten
Der Präsident des Bundesrates
Osswald
Der Bundeskanzler
Schmidt
Der Bundesminister der Justiz
Dr. Vogel
(Bundesgesetzblatt, 1976 I, S. 2181 ff.)

[110] Erklärung des »Kommando Ulrike Meinhof« zum Mord an Generalbundesanwalt Siegfried Buback
(13. 4. 1977)

Für »Akteure des Systems selbst«, wie Buback, findet die Geschichte immer einen Weg. Am 7. 4. 77 hat das Kommando Ulrike Meinhof Generalbundesanwalt Siegfried Buback hingerichtet.

Buback war direkt verantwortlich für die Ermordung von Holger Meins, Siegfried Hausner und Ulrike Meinhof. Er hat in seiner Funktion als Generalbundesanwalt – als zentrale Schalt- und Koordinationsstelle zwischen Justiz und den westdeutschen Nachrichtendiensten in enger Kooperation mit der CIA und dem NATO-Security-Committee – ihre Ermordung inszeniert und geleitet. Unter Bubacks Regie wurde Holger Meins am 9.11.74 durch systematische Unterernährung und bewußte Manipulation des Transportzeitpunkts von Wittlich nach Stammheim gezielt ermordet. Das Kalkül der Bundesanwaltschaft war, durch die Exekution eines Kaders den kollektiven Hungerstreik der Gefangenen gegen die Vernichtungshaft zu brechen, nachdem der Versuch, Andreas Baader durch Einstellung der Zwangsernährung umzubringen, durch die Mobilisierung der Öffentlichkeit gescheitert war. Unter Bubacks Regie wurde Siegfried, der das Kommando Holger Meins geleitet hat und der die Sprengung der deutschen Botschaft in Stockholm durch westdeutsche MEK-Einheiten hätte nachweisen können, am 4.5.75 ermordet. Während er unter der ausschließlichen Verfügungsgewalt der Bundesanwaltschaft und des BKA stand, wurde seine Auslieferung in die BRD und der lebensgefährliche Transport in das Gefängnis von Stuttgart-Stammheim durchgeführt, was seinen sicheren Tod bedeutete. Unter Bubacks Regie wurde Ulrike am 9.5.76 in einer Aktion des Staatsschutzes exekutiert. Ihr Tod wurde als Selbstmord inszeniert, um die Sinnlosigkeit der Politik, für die Ulrike gekämpft hat, zu demonstrieren. Der Mord war die Eskalation nach dem Versuch der Bundesanwaltschaft, Ulrike durch einen neurochirurgischen Zwangseingriff zu kretinisieren, um sie – zerstört – im Stammheimer Prozeß vorführen und bewaffneten Widerstand als Krankheit denunzieren zu können. Dieses Projekt wurde durch internationalen Protest verhindert. Der Zeitpunkt ihrer Ermordung war präzise kalkuliert: vor der entscheidenden Initiative im Prozeß, den Anträgen der Verteidigung, die an den Angriffen der RAF (Rote Armee Fraktion) gegen die US-Headquarters Frankfurt und Heidelberg 1972 die Beteiligung der BRD an der völkerrechtswidrigen Aggression der USA in Vietnam interpretieren sollten; vor Ulrikes Zeugenvernehmung im Prozeß in Düsseldorf gegen das Kommando Holger Meins, wo sie authentisch über die äußerste Form der Folter, die an ihr in acht Monaten toten Trakts vollstreckt worden war, hätte aussagen können; vor ihrer Verurteilung – da die kritische internationale Öffentlichkeit, die sich an dem Schauprozeß in Stammheim und seiner zynischen Darstellung imperialistischer Gewalt entwickelt hat, von der Bundesregierung begriffen worden war, weil sie dabei war, ihnen auf die Füße zu fallen.

Ulrikes Geschichte ist deutlicher als die vieler Kämpfer die Geschichte der Kontinuität von Widerstand – sie verkörpert für die revolutionäre Bewegung eine ideologische Avantgardefunktion, auf die Bubacks Konstruktion des fingierten Selbstmords zielte: Ihr Tod – von der Bundesanwaltschaft als »Einsicht in das Scheitern« bewaffneter Politik propagandistisch verwertet – sollte die Gruppe, ihren Kampf und die Spur ihrer Wirkung moralisch vernichten.[...]

Buback – wie Schmidt sagt, »ein tatkräftiger Kämpfer« für diesen Staat – hat die Auseinandersetzung mit uns als Krieg begriffen und geführt: »Ich habe den Krieg überstanden. Dies ist ein Krieg mit anderen Mitteln.« Was revolutionärer Krieg ist – und das werden Bullen wie Buback nie begreifen – ist die Kontinuität, die Solidarität, die Liebe, die die Aktion der Guerilla ist.
[...]
Wir werden verhindern, daß die Bundesanwaltschaft den vierten kollektiven Hungerstreik der Gefangenen um die minimalen Menschenrechte benutzt, um Andreas, Gudrun Ensslin und Jan Raspe zu ermorden, wie es die psychologische Kriegführung seit Ulrikes Tod offen propagiert.
Kommando Ulrike Meinhof / Rote Armee Fraktion.
Den bewaffneten Widerstand und die antiimperialistische Front in Westeuropa organisieren.
Den Krieg in den Metropolen im Rahmen des internationalen Befreiungskampfes führen.
(Archiv der Gegenwart, 1977, S. 20967)

[111] Buback – ein Nachruf

1.* Dies soll nicht unbedingt eine Einschätzung sein oder ein kommentierender Verriß vom Schreibtisch aus, mit päpstlichem Gestus vorgetragen und als »solidarische Kritik« bezeichnet. Ausgewogenheit, stringente Argumentation, Dialektik und Widerspruch – das ist mir alles piep-egal. Mir ist bei dieser Buback-Geschichte einiges aufgestoßen, diese Rülpser sollen zu Papier gebracht werden, vielleicht tragen sie ein bißchen zu einer öffentlichen Kontroverse bei.
2. Meine unmittelbare Reaktion, meine »Betroffenheit« nach dem Abschuß von Buback ist schnell geschildert: ich konnte und wollte (und will) eine klammheimliche Freude nicht verhehlen. Ich habe diesen Typ oft hetzen hören, ich weiß, daß er bei der Verfolgung, Kriminalisierung, Folterung von Linken eine herausragende Rolle spielte. Wer sich in den letzten Tagen nur einmal genau sein Konterfei angesehen hat, der kann erkennen, welche Züge dieser Rechtsstaat trägt, den er in so hervorragender Weise verkörpert. [...]
Ehrlich, ich bedauere es ein wenig, daß wir dieses Gesicht nun nicht mehr in das kleine rot-schwarze Verbrecheralbum aufnehmen können, das wir nach der Revolution herausgeben werden, um der meistgesuchten und meistgehaßten Vertreter der alten Welt habhaft zu werden und sie zur öffentlichen Vernehmung vorzuführen. Ihn nun aber nicht mehr – enfant perdu.
3. Aber das ist ja nun nicht alles gewesen, was in meinem und im Kopf vieler anderer nach diesem Ding herumspukte. So eine richtige Freude, wie etwa bei der Himmelfahrt von Carrero Blanko konnte einfach nicht aufkommen, nicht, daß ich mich von der wirklich gut inszenierten »öffentlichen Empörung

* Die Numerierung der Absätze erfolgte durch den späteren Herausgeber des Nachrufs, Peter Brückner.

und Hysterie« kirre machen ließ; dieses Spektakel scheint ja wirklich von Mal zu Mal besser zu funktionieren. [...]

4. Aber deswegen ist mir dieser hermetisch wirkende Block gleichgeschalteter Medien offizieller Verlautbarungen und Kommentare doch nicht so egal, daß ich mich bei irgendwelchen Aktionen überhaupt nicht mehr um ihn zu kümmern brauchte. Die Wanzenaffäre hat doch gezeigt, daß sich dieser Chor der aufrechten Leute in den Pelz gesetzt hat, die ihn kratzen, die sich nicht mit Meinungen und Kommentaren hinweg tuschieren lassen. Da haben sich immerhin Risse und Brüche in dieser scheinbar festgefügten Legitimationsfassade gezeigt, die wir ausnützen müssen und können, sogar in bezug auf Stammheim. Da haben wir eine Gelegenheit versäumt, ein öffentliches Gemurmel, ein öffentliches Unbehagen der Nonchalance mit der die Bubacks, Maihofers, Schiess und Benda die dicksten Rechtsbrüche begehen, offensiv für uns und die Gefangenen zu nutzen. Diese Chance ist vorerst vorbei. [...]

5. Das mag ein persönlicher Eindruck sein; ich hatte auch keine Ideen und keine Kraft, bei dieser Affäre einzugreifen. Aber deutlicher wird das, was ich damit kritisieren will, vielleicht am Beispiel des Roth/Otto-Prozesses in Köln. In diesem Prozeß war die Strategie der Bubacks die, die Linken, die nachweislich nicht geschossen haben, als Polizisten-Mörder zu verurteilen. Revolutionäre Linke sind Killer, ihre Gesinnung, ihre Praxis prädestiniert sie zu Killern, die vor keinem Mittel zurückschrecken – so die Gleichung der Ankläger und (offensichtlich) der Richter.

In mühevoller Kleinarbeit ist es den beteiligten Genossen und Genossinnen wenigstens ansatzweise gelungen, diese Strategie zu durchkreuzen. [...]

6. Am letzten Mittwoch haben die Anwälte von Roth und Otto Antrag auf Haftentlassung gestellt, weil einfach von der Beweislage her der Vorwurf des gemeinschaftlichen Mordes am Polizisten Pauli nicht mehr aufrechtzuerhalten war. Die Gleichung »Linke sind Killer« war durchkreuzt. Ich befürchte aber, daß mit dem Anschlag auf Buback den Genossen die guten Karten aus der Hand genommen sind, daß hierdurch eine unfreiwillige Amtshilfe für die Justiz geleistet wurde, die vielleicht sogar den Urteilsspruch negativ beeinflussen wird.

7. Der Blindheit jener, für die sich die politische Welt auf Stammheim reduziert und die völlig unabhängig von der jeweiligen »politischen Konjunktur« den Kampf führen und ihre Mittel wählen, könnte so andere Genossinnen und Genossen entwaffnen und wäre ein unfreiwilliger Beitrag dazu, sie fertigzumachen. »Counterinsurgency« andersherum ...

8. Diese Überlegungen alleine haben ausgereicht, ein inneres Händereiben zu stoppen. Aber es kommt noch doller. Ich habe auch über eine Zeit hinweg (wie so viele von uns) die Aktionen der bewaffneten Kämpfer goutiert; ich, der ich als Zivilist noch nie eine Knarre in der Hand hatte, eine Bombe habe hochgehen lassen. Ich habe mich schon ein bißchen dran aufgegeilt, wenn mal wieder was hochging und die ganze kapitalistische Schickeria samt ihren Schergen in Aufruhr versetzt war. Sachen, die ich im Tagtraum auch mal gern tät, aber wo ich mich nicht getraut habe, sie zu tun.

9. Ich habe mir auch jetzt wieder vorgestellt, ich wäre bei den bewaffneten Kämpfern, werde gesucht, gejagt, lebe irgendwo in einem konspirativen Zusammenhang von einigen Leuten, muß aufpassen, daß meine alltäglichen Verrichtungen (einkaufen gehen, Papierkörbe leeren, einen Film ansehen) mir nicht schon den Garaus machen.

10. Ich frage mich, wie ich – abgeschnitten von alltäglichen persönlichen und politischen Zusammenhängen – mit meinen Leuten die Entscheidung über eine solche Aktion fällen könnte. Wie ich mich monatelang darauf vorbereiten müßte, daß Buback weg muß, wie mein ganzes Denken von Logistik und Ballistik bestimmt wird. Wie ich mir sicher sein kann, daß dieser und kein anderer sterben muß, wie ich in Kauf nehme, daß auch ein anderer dabei draufgeht, ein dritter vielleicht querschnittsgelähmt sein wird etc.

11. Ich müßte völlig umdenken: ich denke immer noch, daß die Entscheidung zu töten oder zu killen bei der herrschenden Macht liegt, bei Richtern, Bullen, Werkschützern, Militärs, AKW-Betreibern. Daß ich dafür extra ausgebildet sein müßte, kaltblütig wie Al Capone, schnell brutal, berechnend.

12. Wie soll ich mich entscheiden, daß Buback wichtig ist, nicht für mich und meine Leute, sondern auch für die anderen Leute. Daß er wichtiger ist als der Richter X am Gefängnis Y oder einer seiner Wärter. Oder daß der Verkäufer in der Ecke, der dauernd »Kopf ab« brüllt, eine geringere »Schuld« trägt als Buback. Nur, weil er weniger »Verantwortung« hat?

13. Warum diese Politik der Persönlichkeiten? Könnten wir nicht mal zusammen eine Köchin entführen und sehen, wie sie dann reagieren die aufrechten Demokraten? Sollten wir uns nicht überhaupt mehr auf die Köchinnen konzentrieren?

15. Wenn in Argentinien oder gar in Spanien einer dieser staatlich legitimierten Killer umgelegt wird, habe ich diese Probleme nicht. Ich glaube zu spüren, daß der Haß des Volkes gegen diese Figuren wirklich ein Volkshaß ist. Aber wer und wieviele Leute haben Buback (tödlich) gehaßt. Woher könnte ich, gehörte ich den bewaffneten Kämpfern an, meine Kompetenz beziehen, über Leben und Tod zu entscheiden?

16. Wir alle müssen davon runterkommen, die Unterdrücker des Volkes stellvertretend für das Volk zu hassen, so wie wir allmählich schon davon runter sind, stellvertretend für andere zu handeln oder eine Partei aufzubauen. Wenn Buback kein Opfer des Volkszornes wird (oder wegen mir auch des Klassenhasses, damit kein falscher Verdacht aufkommt), dann geht die Gewalt, die so ausgeübt wird, ebensowenig vom Volk aus, wie Bubacks Gewalt vom Volke ausging.

17. [...] die Strategie der Liquidierung, das ist eine der Strategien der Herrschenden. Warum müssen wir sie kopieren? Die Leute (das Volk!) haben Angst davor, sie haben ihre Erfahrungen damit gemacht, genauso wie mit Einkerkerung und Arbeitslager. Was wir auch tun: es wirft immer ein Licht auf das, was wir anstreben. Wir werden unsere Feinde nicht liquidieren. Nicht in Gefängnisse und nicht in Arbeitslager sperren und deswegen gehen wir doch nicht sanft mit ihnen um.

18. Unser Zweck, eine Gesellschaft ohne Terror und Gewalt (wenn auch nicht ohne Aggression und Militanz), eine Gesellschaft ohne Zwangsarbeit (wenn auch nicht ohne Plackerei), eine Gesellschaft ohne Justiz, Knast und Anstalten (wenn auch nicht ohne Regeln und Vorschriften oder besser: Empfehlungen) dieser Zweck heiligt eben nicht jedes Mittel, sondern nur manches. Unser Weg zum Sozialismus (wegen mir: Anarchie) kann nicht mit Leichen gepflastert werden.
19. Warum liquidieren? Lächerlichkeit kann auch töten, zum Beispiel auf lange Sicht und Dauer. Unsere Waffen sind nicht lediglich Nachahmungen der militärischen, sondern solche, die sie uns nicht aus der Hand schießen können. Unsere Stärke braucht deswegen nicht in einer Phrase zu liegen (wie in der »Solidarität«). Unsere Gewalt endlich kann nicht die Al Capones sein, eine Kopie des offenen Straßenterrors und des täglichen Terrors; nicht autoritär, sondern antiautoritär und deswegen um so wirksamer. Um der Machtfrage willen (o Gott!), dürfen Linke keine Killer sein, keine Brutalos, keine Vergewaltiger, aber sicher auch keine Heiligen, keine Unschuldslämmer. Einen Begriff und eine Praxis zu entfalten von Gewalt/Militanz, die fröhlich sind und den Segen der beteiligten Massen haben, das ist (zum praktischen Ende gewendet) unsere Tagesaufgabe. Damit die Linken, die so handeln, nicht die gleichen Killervisagen wie die Bubacks kriegen.
Ein Göttinger Mescalero
(82, S. 24–26)

[112] Analyse des Artikels »Buback – ein Nachruf« von Peter Brückner (Auszug)

»Buback – ein Nachruf«, das ist die Darstellung eines Reflexionsvorgangs, der an – sogenannt – Unmittelbares anknüpft, an Stimmungen, Gefühle, Gewaltphantasien, Einfälle, und diese überprüft. Mit dem zu erwartenden Ausgang (denn warum reflektiert denn Einer öffentlich?): der *Kritik an der Unmittelbarkeit*, einer Selbstkritik, die – wie jeder Versuch, politische Identität herzustellen – zugleich *Kritik einer politischen Praxis*, hier: des »Terrors«, sein muß.
Die Stufen dieses Reflexionsprozesses sind leicht zu rekonstruieren:

> »Meine unmittelbare Reaktion [...] ist schnell geschildert: ich konnte und wollte (und will) eine klammheimliche Freude nicht verhehlen.« [2]*
> »Aber das ist ja nun nicht alles gewesen, was in meinem und im Kopf vieler anderer nach diesem Ding herumspukte. So eine richtige Freude [...] konnte einfach nicht aufkommen.« [3]

Die klammheimliche Freude nach dem »Abschuß« ist doch keine *Freude*. Das »innere Händereiben« wird bald gestoppt [8]. Warum? Die erste Begründung dafür hat aktuelle Bezüge (und erscheint flüchtigen Lesern prima facie als bloß »taktisch«, von Nützlichkeitserwägungen bestimmt): Weil das Attentat

* Die Zahlen in Klammern verweisen auf die entsprechenden Abschnitte des »Nachrufs«.

auf den Generalbundesanwalt und seine Begleiter es der Linken erschwere, politischen Nutzen aus dem Umstand zu ziehen, daß es in den Lausch-Angriffen von Stammheim oder im Falle Traube die *Obrigkeit* war, die ihre rechtsstaatlichen Bindungen wie lästige Steine vom Brett gewischt hat [4]; und weil der Anschlag die »Gleichung« vieler Ankläger, Linke seien *Killer*, in einem Augenblick zu bestätigen scheint, wo die Gleichung im Kölner Roth/Otto-Prozeß gerade mühsam durchkreuzt worden ist. Das Attentat als unfreiwillige Amtshilfe für die Justiz?

> »Die Blindheit jener, für die sich die politische Welt auf Stammheim reduziert und die völlig unabhängig von der jeweiligen ›politischen Konjunktur‹ [...] ihre Mittel wählen, könnte so andere Genossinnen und Genossen entwaffnen und wäre ein unfreiwilliger Beitrag dazu, sie fertigzumachen. ›Counterinsurgency‹ andersherum ...« [7]

Und doch, trotz der Anspielung auf ein Herzstück der bloß taktischen Argumentation, der »politischen Konjunktur«, ist diese erste Begründung für die Kritik des Autors – an seiner Unmittelbarkeit wie an den Attentätern – keine bloß nützlichkeitsorientierte, »taktische«. Er spricht von der *Blindheit* jener, für die sich die politische Welt auf Stammheim reduziert, ein Satz, der innerhalb der linken RAF-Diskussion in aller Regel für nicht-»taktische« Momente der Kritik steht: Abstraktivität, Realitätsschwund, Blockierung von Erfahrungs-Produktion. Trotz des vorsichtigen Konjunktivs (»könnte« entwaffnen, »wäre« ein Beitrag) *wehrt* sich der Autor hier gegen die Politik der RAF.

> »Diese Überlegungen alleine haben ausgereicht, ein inneres Händereiben zu stoppen. Aber es kommt noch doller ...«

Die Vergegenwärtigung des subjektiven Kontexts (Phantasien von Gewalt) und der politischen Bedingungen geht weiter, drängt in ein Zentrum der Kritik des »Bewaffneten Kampfs« [9–16]. *Taking the role of the others*: indem er, der Autor, sich imaginierend in die Lage und in Handlungs-Bereitschaften von Attentätern versetzt:

> »Ich habe mir auch jetzt wieder vorgestellt, ich wäre bei den bewaffneten Kämpfern [...], lebe irgendwo in einem konspirativen Zusammenhang von einigen Leuten [...].
> Ich frage mich, wie ich – abgeschnitten von alltäglichen persönlichen und politischen Zusammenhängen – mit meinen Leuten die Entscheidung über eine solche Aktion fällen könnte«,

findet er *in sich selbst* die entscheidenden Einwände – gegen die Täter wie gegen seine eigenen Tagträume vor. Wer die Entscheidung, zu töten, den Herrschenden, den Befehlshabern und Justizpersonen usw. abnimmt, wer *ihnen* das Monopol auf gewaltsame Tötung streitig macht, *muß werden wie sie* (»daß ich dafür extra ausgebildet sein müßte; kaltblütig wie Al Capone, schnell, brutal, berechnend«), der muß *völlig umdenken* [11]. Warum? Weil die Möglichkeit, das eigene Denken ganz von Logistik und Ballistik bestimmen zu lassen [10], oder über die Tötung eines Menschen ganz sicher zu sein (»daß dieser und kein anderer sterben muß«), und dabei noch zusätzliche Opfer kaltblütig in Kauf zu nehmen (»daß auch ein anderer dabei draufgeht, ein dritter vielleicht querschnittsgelähmt sein wird« [10]), seiner, des Autors,

Auffassung nach gerade die Möglichkeit – und das Stigma – einer *herrschenden Macht* ist, wenn sie ihr Gewaltmonopol ausspielt.* Und weil *sein* Weg zu einer »Gesellschaft ohne Terror und Gewalt« [18] nicht über Leichen gehen darf. »Dieser Zweck heiligt nicht jedes Mittel.«

In den Überlegungen des Autors werden, meist flüchtig, noch andere Dimensionen der Auseinandersetzung mit der Gewalt bezeichnet. Der »Nachruf« streift, »was in meinem und im Kopf vieler anderer nach diesem Ding herumspukte«, so etwa die in der Tat wesentliche Frage nach den Kriterien der Entscheidung über eine Tötung – *können* denn wenige isolierte einzelne solche Entscheidungen überhaupt treffen? [10, 15]; nach der *Schuld*, dem Schuldanteil, des Generalbundesanwalts:

> »Oder daß der Verkäufer an der Ecke, der dauernd ›Kopf ab‹ brüllt, eine geringere ›Schuld‹ trägt als Buback. Nur weil er weniger ›Verantwortung‹ hat?«

Was bedeutet es überhaupt, daß linke Gruppierungen, die sich bewaffnet haben, auf *Persönlichkeiten* fixiert sind? [13, 14] Der Autor entdeckt [16] – für sich wie für andere – daß *die* Gewalt, die von den Attentätern ausging, ebensowenig »vom Volke« kommt wie die Gewalt eines Bundesanwalts. Warum ist diese Überlegung wichtig? weil er nun in den »bewaffneten Kämpfern« eine Stellvertreter-Ideologie aufdecken kann:

> »Wir müssen davon runterkommen, die Unterdrücker des Volkes stellvertretend für das Volk zu hassen, so wie wir allmählich schon davon runter sind, stellvertretend für andere zu handeln oder eine Partei aufzubauen.«

Dies also ist der Sinn der beiden Passagen [15, 16], beginnend mit »Wenn in Argentinien ...«, unausgesprochen besteht der Autor auf einer *Politik der 1. Person* (und nicht, wie manche Kritiker vermutet haben, auf einer Legitimierung des Volkskriegs).

Attentäter jedenfalls dürfen, *können* sich nicht auf irgendeine »Volkslegitimation« berufen.

Um es noch einmal festzuhalten: »Mescalero« glaubt zu spüren, daß unter der (faschistischen) *Diktatur* Attentäter, bewaffnete Untergrund-Kämpfer in der Hinrichtung eines Schergen vom *Volkshaß* legitimiert sind; daß sie in der Diktatur, insofern diese nicht den Konsens der Massen findet, sondern *Gewaltherrschaft* über ihnen errichtet, schlicht *der handelnde Teil* dieses leidenden Volkes sind. Aber wer und wie viele Leute haben Buback (tödlich) gehaßt? Der Autor gibt keine direkte Antwort auf diese Frage. Aber spätestens der nachfolgende Passus bestätigt, daß er sie gleichsam nur »rhetorisch« gestellt hat – der Leser weiß, daß es keine Parallele von der Generalbundesanwaltschaft zu einem Carrero Blanco in Spanien gibt.

Oder doch? Über den sogenannten »objektiven Unterdrückungs-Zusammenhang«? Wie, wenn das Volk nur nicht *weiß*, wer es unterdrückt, kann dann der Attentäter nicht stellvertretend für das Volk handeln? Nein: wir dürfen/sollen

* Zur empirischen Absicherung dieser Annahme könnte der Autor auf Kriege, Kriegsrecht, *putative Notwehr*, auf die Tötung von Streikenden und Demonstranten, auf Elemente der Isolierungsfolter in der BRD und vieles andere verweisen.

nicht »stellvertretend« handeln. (Bemerkenswert übrigens der Satz, im vorigen Passus [15], »Ich glaube zu spüren, daß der Haß des Volkes gegen diese Figuren wirklich ein Volkshaß ist«; Figuren, das waren die staatlich legitimierten Killer in Argentinien oder in Spanien. Haß des Volkes als *Volks*haß – eine Tautologie? Ich glaube, daß »Mescalero« den *kollektiven* Charakter des inneren und äußeren Widerstands gegen Unterdrücker bezeichnen will.)
Insofern gibt »Mescalero« hier – ohne es zu wollen, ohne es wissen zu können – ein Stück Exegese zu P. Glotz, dem Berliner Wissenschafts-Senator: »Natürlich verlange ich auch keine ›grundsätzliche‹ Ablehnung von Gewalt, sozusagen einen Pazifismus für alle gesellschaftlichen und machtpolitischen Konstellationen; das wäre albern.« In der Tat: der Tyrannenmord, von dem »Mescalero« hier redet, macht ihn nicht zum »Verfassungsfeind«.
Der Autor trennt sich von den Attentätern auch auf der Grundlage der *Antizipation*: »Was wir auch tun, es wirft immer ein Licht auf das, was wir anstreben.« [17] Ergo: »Wir werden unsere Feinde nicht liquidieren. Nicht in Gefängnisse und Arbeitslager sperren, und deswegen gehen wir doch nicht sanft mit ihnen um.« »Warum liquidieren? Lächerlichkeit kann auch töten. [...] Unsere Waffen sind [...] solche, die sie uns nicht aus der Hand schießen können.« [17, 19]
Wie immer es im Inneren des Nachdenkenden auch spontan ausgesehen haben mag: ungeordnete Gefühle, Phantasien von Gewalt, aggressive Einfälle, »klammheimliche Freude« und »inneres Händereiben« über den »Abschuß« – es bleibt nicht dabei. *»Unsere Gewalt kann nicht die Al Capone's sein«* – das ist deutlich.* »Unser Weg zum Sozialismus (wegen mir: Anarchie) kann nicht mit Leichen gepflastert werden.«
Das Gerüst des Gedankenganges im »Nachruf auf Buback« wäre damit rekonstruiert: die Überführung von Gewalt-Phantasien und z. T. chaotischen Einfällen *in ein Urteil*; die Kritik an Terror und Attentat auf der Basis einer – eingestandenen, daher für viele »skandalösen« – *eigenen* spontanen Tendenz zur Gewalt.
Was jedoch damit noch nicht erklärt wird, ist die Wahl, die der Autor für seine Darstellung unter der Vielzahl möglicher Sprechakte getroffen hat. Gerade die Sprache des »Nachrufs« hat zu Bezeichnungen wie: brauner Jargon, faschistoid, pathologisch, pubertär geführt, das Sprachmaterial (Abschuß, Verbrechervisage, Typ) Leser zutiefst erschreckt. Wir müssen in unserer Sprachanalyse allerdings *zwei Stilebenen* unterscheiden; ich nenne sie: Ebene der Anspielung [1], des alternativen Jargons [2]. Danach sollten wir Ebenen der *Rezeption* des »Nachrufs« untersuchen. Die Erlebnisse beim Lesen eines Textes verstehen sich nie von selbst. [...]

(mit freundlicher Genehmigung der Internationalismus Verlagsgesellschaft m. b. H., Hannover 1982, S. 27–31)

* Warum fällt dem Autor gerade Al Capone ein? Vielleicht hat ihn die Inszenierung des Attentats: von einem Motorrad aus feuern Männer mit Maschinenpistolen auf einen schweren PKW und töten alle Insassen, an Bandenkriege erinnert. Da für »Mescalero« Systeme der Macht, der Disziplin, im Zentrum der Gesellschaftskritik stehen, verringert sich die Distanz zwischen MEK's und der RAF, letztere führt mit den Mobilen Einsatzkommandos eine Art privaten Krieg.

[113] Regierungserklärung von Bundeskanzler Schmidt zu Fragen der inneren Sicherheit und der Terrorismusbekämpfung (20. 4. 1977, Auszug)

Die Bundesregierung hat zu keinem Zeitpunkt gezögert, dem Bundestag Vorschläge zur Ergänzung oder Änderung von Gesetzen zu unterbreiten, wenn und soweit dies zur Verbesserung der Verbrechensbekämpfung notwendig oder geboten war. [...] Die Bundesregierung hatte allerdings auch vorgeschlagen, unter bestimmten Voraussetzungen auch den mündlichen Verkehr zwischen Häftlingen und ihren Verteidigern zu überwachen. Für meine Person vertrete ich diese Meinung heute noch. Das Parlament hat anders entschieden. Es hat für seine Haltung ebenfalls gute Gründe gehabt, nachdem im Anhörungsverfahren des Rechtsausschusses von Fachleuten bestritten worden war, daß der Aufklärungs- und Schutzwert der Maßnahme in einem akzeptablen Verhältnis zur Beeinträchtigung rechtsstaatlicher Grundsätze stehe. [...]
Die Opposition hat angekündigt, daß sie ein Gesetz zum Schutze des Gemeinschaftsfriedens erneut vorschlagen wolle. Hier gilt es, zwei verschiedene Erscheinungen auseinanderzuhalten. Das eine sind Gewaltaktionen am Rande von Demonstrationen – und zum Teil die Demonstrationen zu ihrer Deckung ausnutzend –, wie sie z. B. an der Baustelle in Brokdorf oder in Grohnde stattgefunden haben. Diese Gewaltakte waren weder tatsächlich noch rechtlich Demonstrationen, sondern das war *Landfriedensbruch*, in einzelnen Fällen auch schwere Körperverletzung und versuchter Totschlag. Diese Vorgänge können auch im Zusammenhang mit dem Vorfeld des anarchistischen Terrorismus gesehen werden. Deshalb widmet die Bundesregierung diesen Erscheinungen große Aufmerksamkeit. Die beiden Landesregierungen und die ihnen unterstehenden und unterstellten Polizeikräfte der Länder und des Bundes haben in Brokdorf und in Grohnde auf der Grundlage der geltenden Gesetze gezeigt, daß der Staat durch Gewalttätigkeiten nicht erpreßt werden kann. Zum anderen gibt es bei friedlichen Demonstrationen gelegentlich einzelne strafbare Handlungen. Zu deren Bekämpfung reicht nun ganz gewiß das geltende Recht aus. Terroristen sollten nicht Anlaß geben, das im Grundgesetz verbürgte *Demonstrationsrecht* anzutasten. [...] Aus ähnlichem Grunde steht die Bundesregierung dem Vorschlage skeptisch gegenüber, bestimmte Organisationen, die ja teilweise auch als politische Parteien bei Wahlen auftreten, zu verbieten. Mir erscheint es klüger, daß die wahlberechtigten Bürgerinnen und Bürger extremistischen politischen Gruppen bei jeder Wahl eine klare Abfuhr bereiten, als daß wir sie durch Verbot in den Untergrund drükken und ihnen die Chance geben, sich selbst als Märtyrer aufzuspielen. [...]
Gewalttaten gegen Personen wie auch Gewalt gegen Sachen sind Verstöße gegen unsere freiheitliche, rechtsstaatliche Grundordnung. Nun ist ein höheres *Strafmaß für Gewalttaten* in der Diskussion. Ich bezweifle, daß damit entschlossene Mörder abgeschreckt würden. Wenn die Opposition dies dennoch will, so kann sie niemand daran hindern. Die Bundesregierung bleibt dabei: Gegenüber Terroristen, die sich in bewußter Willensentscheidung aus Haß

gegen unsere rechtsstaatliche Ordnung auflehnen, muß der strafrechtliche Grundgedanke der Abschreckung versagen. Hier hilft keine Erhöhung des Strafrahmens. Vielleicht sollte aber auch darauf hingewiesen werden, daß der Gesetzgeber nur den Strafrahmen setzt, innerhalb dessen dann die Richter ihre Entscheidung über das Strafmaß zu treffen haben. [...]
Jedermann hat Anspruch auf ein ordnungsgemäßes Gesetzesverfahren. Ein Sonderprozeßrecht für Terroristen darf es nicht geben. Der Raubmörder und der terroristische Mörder müssen nach dem gleichen Recht, auch nach dem gleichen Verfahrensrecht, vor Gericht gezogen werden. Allerdings denken wir, daß jede rechtsstaatliche Möglichkeit der Konzentration und der Beschleunigung der Strafverfahren genutzt werden sollte. Aber ich wiederhole auch: Mit Gesetzgebung allein schaffen wir den Terrorismus nicht aus der Welt. Wir müssen ihm jeden *geistigen Nährboden entziehen*. Dazu ist es nötig, unseren Bürgern, zumal den jüngeren, die Einmaligkeit des liberalen Rechtsstaates in unserer nationalen Geschichte stärker erlebbar, stärker bewußtzumachen, als das bisher geschehen ist. [...]
Die Intellektuellen in unserer Gesellschaft sollten den politisch Verantwortlichen im Prozeß der Aufklärung solcher junger Deutscher helfen, die noch ein unklares Urteil über Terroristen, über deren Motive und über deren scheinbare Rechtfertigung haben. Ich richte diesen Aufruf zumal an jene Universitätslehrer, Wissenschaftler, Philosophen, Schriftsteller, auf deren Stimmen die junge Generation damals, in der zweiten Hälfte der 60er Jahre in der APO-Zeit so sehr gehört hat. Jene bedeutenden und einflußreichen Intellektuellen, die am Anfang viele junge Menschen mit ihren Vorstellungen beeindruckt haben und die sich dabei doch keinen Augenblick lang die Möglichkeit solcher schrecklichen Verbrechen vorgestellt haben, sollten ihre besondere Verpflichtung und Chance erkennen. Diese Aufklärung gelingt allerdings nicht mit den Mitteln der Einschüchterung, sondern kann nur gelingen durch argumentative Wahrhaftigkeit. Es geht ja nicht darum, das freie Denken einzuschränken, sondern darum, denen, die bisher kein klares Urteil haben, die Trennungslinie zum Terrorismus zu verdeutlichen und ihren Willen zur Verantwortung zu schärfen. [...] Wer einer falschen und verhängnisvollen Solidarisierung mit Desperados von großer krimineller Energie entgegenwirken will und wer die Täter von der Gemeinschaft total isolieren will, darf dabei nicht riskieren, daß die Freiheit der Person zu einem Ausstellungsstück wird, das nicht mehr berührt, sondern nur noch in der Vitrine besichtigt werden kann. Wir haben in Wahrheit zwei *Aufgaben* zu leisten: Zum ersten, den Terrorismus ohne Wenn und ohne Aber und ohne jede sentimentale Verklärung der Tätermotive zu verfolgen, bis er aufgehört haben wird, ein Problem zu sein. Aber die andere Aufgabe muß es sein, die Meinungsfreiheit kämpferisch und entschlossen zu verteidigen und über jeden Zweifel klarzumachen, daß Kritik an den vielerlei Obrigkeiten nicht nur statthaft ist, sondern daß sie für jeden demokratischen Staat prinzipiell erwünscht ist. Solche Kritik freilich legitimiert sich allein durch das vorbehaltlose Bekenntnis zu eben diesem freiheitlichen Rechtsstaat unseres Grundgesetzes, der den Wettbewerb der Ideen und Argumente garantiert. [...]
(Archiv der Gegenwart, 9.5.1977, S. 20968ff.)

[114] Helmut Kohl, Vorsitzender der CDU, zu den Ursachen und dem geistig-intellektuellen Umfeld des Terrorismus
(Debatte über die Regierungserklärung, 20. 4. 1977; Auszug)

Herr Bundeskanzler, am Anfang der modernen Rechtsstaatsidee stand nicht nur die Freiheit des einzelnen, sondern immer auch ihre Sicherung durch einen machtvollen Rechtsstaat, den gerechten Staat. Ein Bekenntnis zum Rechtsstaat bedeutet deshalb nicht nur ein Bekenntnis zur Freiheit des einzelnen Bürgers, sondern auch die Forderung an diesen Rechtsstaat, die Freiheit des einzelnen, seinen Frieden und sein privates Glück ohne jede falsche Rücksichtnahme zu verteidigen und zu sichern. [...]
Herr Bundeskanzler, in Ihrer Regierungserklärung fanden sich einige Passagen, die man immer wieder noch einmal nachlesen muß. Wo ist denn eigentlich in diesem Lande die Meiungsfreiheit bedroht? Das ist doch nicht unser Thema. Unser Thema heute ist doch, daß die Angst umgeht, daß die staatlichen Institutionen mit terroristischer Herausforderung nicht zurechtkommen. Das ist das, was die Bürger in unserem Lande beschäftigt. [...]
Herr Bundeskanzler, ich muß Ihre Regierungserklärung so verstehen, daß sie sich zu einem Teil an die deutsche Öffentlichkeit und zu einem anderen an einen Teil Ihrer eigenen Partei richtet. Denn nur so können diese Sätze einen Sinn haben. Leider müssen wir feststellen, daß *bestimmte Kreise innerhalb der Sozialdemokratie* immer noch ein *gestörtes Verhältnis zur Ausübung rechtsstaatlicher Macht* haben, die notwendig ist, um diesem Staat seine Zukunft zu garantieren. Staatliche Macht erscheint diesen Kreisen als etwas Anstößiges. Sie unterliegen immer noch dem Vorurteil, daß nur der Staat Freiheit und Sicherheit gefährden könne. Hier herrscht doch noch die Utopie von der herrschaftsfreien Gesellschaftsordnung, in der sich alle Bürger friedlich der Einsicht in das Notwendige beugen. Ideologisches Vorbild ist eine marxistische Doktrin vom Absterben des Staates. Der Staat erscheint solchen Leuten immer noch als ein Herrschaftsinstrument der Privilegierten, als eine Form gewaltsamer Unterdrückung. Auch wenn der revolutionäre Kampf gegen die staatliche Ordnung abgelehnt wird, so ist doch ganz schnell – vorschnell – das Wort vom »Obrigkeitsstaat«, vom »Widerstand gegen staatliche Machtentfaltung«, vom »zivilen Ungehorsam« zur Stelle. Die Gefahren, die von einzelnen Gruppen ausgehen, die sich verbunden haben, diesen Staat zu zerstören, werden bewußt oder ungewollt unterschätzt. Solche ideologischen Konzepte sind nicht geeignet, notwendiges Vertrauen in die Autorität des demokratischen Rechtsstaats zu stärken. Sie sind immer und stets der Versuchung ausgesetzt, die Legitimität der staatlichen Macht in Frage zu stellen. Sie sind ein ideologischer Nährboden auch für manchen Sympathisanten, der in der gewaltsamen Auflehnung gegen unseren Staat eine Fortsetzung der Politik mit anderen Mitteln sieht. [...]
Herr Bundeskanzler, ich hätte es gern gesehen, wenn Sie heute in Ihrer Regierungserklärung etwas mehr auf dieses *geistig-intellektuelle Umfeld* eingegangen wären, auch auf jene Mitverantwortung, die Sie mit Ihren politischen Freunden in bestimmten Bereichen trifft. Denn der Boden, auf dem sich sol-

ches an geistigem Umfeld entwickeln konnte, wurde doch nicht nur jetzt in der kriminellen Szenerie bereitet. Er ist vielmehr unlösbar mit bildungs- und schulpolitischen Entwicklungen, mit Hochschulpolitik in bestimmten Ländern, mit Zuständen an bestimmten deutschen Universitäten verbunden. Ich will Ihnen in diesem Zusammenhang gern mit Beispielen dienen. So heißt es beispielsweise in den Hessischen »Rahmenrichtlinien der Sekundarstufe I für Gesellschaftslehre« »... prüfen, ob es Situationen gab und gibt, in denen erklärt werden muß, ob es zur Verbesserung oder Sicherung demokratischer Verhältnisse notwendig ist, formaldemokratische Spielregeln und Rechte vorübergehend außer Kraft zu setzen«. An anderer Stelle heißt es: »... lernen, historische und gegenwärtige Formen der Gewalt« – das ist das Stichwort, nach dem Sie gerufen haben – »auf die Frage hin zu untersuchen, ob sie der Ausübung von Herrschaft dienen oder ob sie im Sinne von Gegengewalt zur Bekämpfung von politischer, ökonomischer oder militärischer Unterdrükkung verstanden werden können.« [...] Und da erleben Kinder und Jugendliche in Lesebüchern in deutschen Schulen die Familie unter dem Motto »Kinder leiden unter ihren Eltern«, die Wirtschaft unter der Devise »Unternehmer beuten aus«, die Schule als Ort der Torheit, der Ungerechtigkeit und des Schreckens und unseren Rechtsstaat unter der Überschrift »Gesetz ist nie gleich Recht«. Ich frage Sie: Wer kann sich da noch wundern, wenn diese Indoktrination Folgen hat! Die Art der Erziehung bestimmt die Einstellung künftiger Staatsbürger zu ihrem Staat, zur Gesellschaft, zu ihren Mitmenschen. Denn das Identitätsbewußtsein bildet sich in Elternhaus und Schule. Darauf hat sehr, sehr deutlich eines der prominentesten Mitglieder der Grundwerte-Kommission der SPD, Professor Richard Löwenthal, hingewiesen. Er sagte im Blick auf diese Konfliktpädagogen: »Sie [die Schule] kann diese Aufgabe nicht erfüllen ohne die klare Zielsetzung durch die politische Führung. Darum ist die Rolle der Schule, speziell ihrer Bildungsinhalte, eine Lebensfrage der Demokratie. Die Erziehung der künftigen Bürger entscheidet darüber, ob unser Staat auf lange Sicht als frei funktionierende Gesellschaft bestehen kann.«

Was so in Schulen begonnen wird, setzt sich an Universitäten fort. Wir haben in der Bundesrepublik den traurigen Rekord, daß wir als einziges Land der Welt in diesen Universitäten die Tore für radikale Linke institutionell geöffnet haben. Ich brauche nur an die Verhältnisse in Bremen oder an die der Freien Universität in Berlin zu erinnern. Hier, Herr Bundeskanzler, ist ein Wort von Ihnen am Platze, auch und gerade in dieser Debatte. [...] Ich darf zitieren: »Wer Gewalt verharmlost, stellt sich ebenso gegen den Rechtsstaat wie jene, die die Schuld lieber beim Staat und beim Opfer zu suchen bereit sind als bei den Tätern; denn sie, die Verharmloser, tragen dazu bei, daß sich die Grenze zwischen Recht und Unrecht verwischt.« Der, der dies sagte, ist der Kollege Genscher. Ich kann ihm nur wünschen, daß diese Erkenntnis von ihm in alle Teile seines Koalitionspartners in dieser Bundesregierung übergeht. [...] Die *Terroristen*, die jetzt wiederum zugeschlagen haben und in unserem Lande auch ihr Unwesen treiben, *können ohne Sympathisanten nicht existieren*, weil das das Wasser ist, in dem sie schwimmen. Und die Ereignisse zeigen, daß

diese Kriminellen immer noch schwimmen können, weil es immer noch genug Wasser gibt, und das darf nicht verharmlost werden. [...]
Hand in Hand mit der Verharmlosung dieser Vorgänge ging der *Abbau staatlicher Einwirkungsmöglichkeiten* zur Gewährleistung des Friedens innerhalb der Gesellschaft. Es wurde gar nicht erkannt, daß der Staat seinen Bürgern eine Ordnung zu garantieren hat, die das friedliche Miteinander der Menschen in der Gesellschaft gewährleistet und die den Schwächeren vor dem Übergriff des Stärkeren zu schützen hat. Sie haben eben nicht erkannt, daß »Gesetz und Ordnung« ein zutiefst rechtsstaatliches Begriffspaar ist, und Sie haben alles getan, daß dieses rechtsstaatliche Begriffspaar eine Beschimpfung für uns, für die Opposition geworden ist. Das war doch das Ziel Ihrer Politik!
Das Recht – das ist doch nicht zu leugnen, Herr Bundeskanzler – wurde in wesentlichen Punkten so sehr beschnitten – und darüber müssen wir jetzt reden –, daß es seine Rolle als Ordnungsfaktor nicht mehr voll erfüllen konnte. Als Folge davon konnten Minderheiten, kleine Gruppen exzessiven Gebrauch von ihrer Freiheit machen; daß die Freiheit anderer dabei auf der Strecke blieb, wurde kaum beachtet: Als 1970 gegen unsere Stimmen das Dritte Strafrechtsreformgesetz verabschiedet wurde, das einen weitgehenden Abbau der Strafvorschriften zum Schutz des Gemeinschaftsfriedens im Bereich des Demonstrationsstrafrechts brachte, haben Sie unsere Position ironisch belächelt. Denn Sie liberalisieren ja, Sie hatten ja gesagt, die Fahne der Freiheit wird aufgerichtet –, während wir ja bloße Vorkämpfer für »Recht und Ordnung« waren. Und Sie haben dabei die vornehmste Aufgabe gerade eines demokratischen Rechtsstaats – bewußt oder unbewußt – vernachlässigt, nämlich die Aufgabe, dafür Sorge zu tragen, daß jeder Bürger so viel Freiheitsraum wie möglich erhält, aber nicht mehr, als er ohne Verletzung des Freiheitsraumes anderer wahrnehmen kann. [...]
Daß das alles nicht Geschichte ist, erleben wir ja in diesen Tagen; denn der wichtigste *Informationsstrang der Terroristen nach draußen* konnte eben nicht abgeschnitten werden. [...] Die Möglichkeit, die der nicht überwachte Verteidigerverkehr für konspiratives Verhalten bietet, hat Generalbundesanwalt Buback damals anschaulich beschrieben: Man braucht kein Wort hinzuzufügen. Er sagte wörtlich: »Die Zelle und die Verteidiger ohne Überwachungsmöglichkeit sind ja – das sei geklagt – das am besten abgeschirmte konspirative Zimmer, das wir in der Bundesrepublik Deutschland haben.« [...]
Die Fraktion der CDU/CSU wird in Kürze im Hohen Haus eine Reihe von *Vorlagen zur besseren Bekämpfung des Terrorismus* und der Gewaltkriminalität einbringen. Im einzelnen werden wir vorlegen: Ein wirksameres Demonstrationsstrafrecht. [...] Wir werden für bestimmte Delikte der Gewaltkriminalität eine Anhebung der Mindeststrafe und auch eine Erhöhung der zeitlichen Freiheitsstrafe vorschlagen. Wir werden eine Vorlage zum Thema Bildung krimineller Vereinigungen bringen, wonach die Bildung terroristischer Vereinigungen als Verbrechen eingestuft werden soll. Wir wollen eine Vorlage für bestimmte Delikte der Schwerkriminalität einbringen. In diesem Fall soll die Aussetzung eines Strafrestes nur unter erschwerten Bedingungen möglich sein, wenn zwei Drittel der Strafe verbüßt sind. Wir werden

weiter vorschlagen, daß auch Gespräche zwischen Verteidigern und inhaftierten Beschuldigten überwacht werden können, wenn der Verdacht der Begehung neuer Straftaten besteht. Nach dem, was sich heute hier im Gespräch entwickelt hat, bin ich glücklich, daß das jetzt offensichtlich eine Mehrheit findet. [...] Auch wir wissen, daß es keinen absoluten Schutz gegen Kriminalität und Terror gibt. Nur kann diese richtige Behauptung nicht zu der Aufforderung an den Gesetzgeber führen, die Gesetzgebung einzustellen. Wir müssen doch wenigstens Gesetze schaffen, die das Risiko für potentielle Mörder möglichst entsprechend einschätzen lassen. Und da meine ich nach all dem, was wir hier reden, gibt es einiges zu tun. Die Behauptung – das ist eine ganz schlimme Behauptung –, die bestehenden Gesetze brauchten ja nur voll ausgeschöpft zu werden, dann sei die bestmögliche Bekämpfung des Terrorismus erreicht, ist nicht neu. Sie gehört sozusagen zur Standardbeschwörungsformel der letzten Jahre. [...]
Jeder Staat, jeder freie Staat der Welt reagiert auf Herausforderungen, auf neue kriminelle Erscheinungsformen oder auf einen erheblichen Anstieg der Kriminalität. Das ist nicht nur legitim, das ist selbstverständliche Pflicht und Schuldigkeit des Staates. Auch die Bundesregierung hat das getan, selbstverständlich mit unserer Unterstützung. Sie reagierte doch auch auf neue kriminelle Erscheinungsformen. Strafvorschriften über Luftpiraterie, erpresserischen Menschenraub: alles durchaus richtige und notwendige Reaktionen. Nur hier – und dies ist gänzlich unverständlich –, auf dem Gebiet der inneren Sicherheit, bei der Bekämpfung des Terrorismus, sträuben Sie sich, die notwendigen Konsequenzen zu ziehen. Da drängt sich doch unweigerlich die Frage auf: warum ausgerechnet in diesem Felde? Rechtsstaatliche Bedenken können es doch nicht sein. Denn die von uns immer wieder vorgetragenen gesetzlichen Maßnahmen halten sich im Rahmen der Verfassung. Das ist auch nie von Ihnen bezweifelt worden. Es kann auch nicht das Wort des Kollegen Maihofer sein: »In dubio pro libertate.« Denn daß Freiheit und Sicherheit einander nicht ausschließen, sondern einander bedingen, hat uns ja Herr Maihofer in diesen Wochen von diesem Platz aus durchaus eindrucksvoll demonstriert. [...]

(Archiv der Gegenwart, 9.5.1977, S. 20968ff.)

[115] Aufruf Willy Brandts im Vorwärts (6.9.1977, Auszug)

[...] *Ich frage die Sympathisanten* direkt: sind Sie von Sinnen? Oder was sind Sie? Wissen Sie nicht, die Sie politisch zu denken vorgeben, daß Sie, statt mehr Freiheit und mehr Gerechtigkeit für die breiten Schichten in diesem Lande zu schaffen, die Geschäfte der finsteren Reaktion, ja der Neo-Nazis betreiben? Daß Sie das Bewußtsein der Bevölkerung über den Rand hinausbomben, hinter dem es nur noch den Abgrund von Chaos, Polizeistaat oder Diktatur gibt? Oder wollen Sie genau das? Ich fordere Antwort, jedenfalls eine solche, die Sie sich selbst geben. Sie mögen es schick finden, in verborge-

nen Hinterzimmern von der Revolution zu schwätzen. Aber ich nenne es nicht schick, sondern feige und verbrecherisch, für seine Überzeugung nicht öffentlich einzustehen, sondern andere wie in Gangsterfilmen als Killer auszuhalten und zu unterstützen. Wohin soll es führen?
[...]

[116] Regierungserklärung von Bundeskanzler Helmut Schmidt zur Terrorismusbekämpfung
(15.9.1977, Auszug)

[...] Vor zwei Jahren habe ich bei einem ähnlichen Verbrechen gesagt, wir seien bereit, bis an die Grenzen dessen zu gehen, was uns der Rechtsstaat erlaubt und was er uns gebietet. Es entspringt dieser Bereitschaft, daß wir in der gegenwärtigen Lage nicht nur die wegen terroristischer Gewalttaten rechtskräftig Verurteilten, sondern auch die solcher Aktivitäten dringend Verdächtigen, also Strafgefangene ebenso wie Untersuchungsgefangene – und wessen Urteil noch nicht rechtskräftig ist, ist auch noch Untersuchungsgefangener –, während dieser Tage auch von dem Verkehr mit ihren Verteidigern abgeschnitten haben. Mehrere Gerichte haben dies gutgeheißen. Ein anderes Gericht hat an der Rechtfertigung dieser durch Landes- und Bundesbehörden verfügten Maßnahme gezweifelt. Uns erscheint dieser Schritt zur Abwendung einer erheblichen Gefahr für Menschenleben als eine im Augenblick unabweisbare Notwendigkeit. Uns erreichen vielerlei Ratschläge, die über solche Maßnahmen weit hinausgehen wollen, bis hin zu dem *Vorschlag von Repressionen und Repressalien*, die sich gegen das Leben einsitzender Terroristen richten. Ich will dem Bundestag dazu meine Überzeugung nicht verhehlen: Androhen kann man nur, was man auch tatsächlich ausführen will und was man tatsächlich ausführen darf. Drohungen mit Schritten, *die unsere Verfassung brechen würden, sind deshalb untauglich*. Die Mitglieder der Bundesregierung und auch ich selbst haben vor dem Bundestag geschworen, das Grundgesetz und die Gesetze des Bundes zu wahren und zu verteidigen. Ich habe den festen Willen, diesem Eid zu gehorchen. Gleichzeitig will ich ebenso deutlich erklären, daß ich zur Erörterung jedes ernsthaften Rechtsgedankens, der uns in bezug auf zukünftige Gesetzgebung vorgetragen wird, bereit bin. [...] Wir alle werden dabei den Staat nicht auf den Weg zu jenem Ende drängen lassen, welches die Terroristen unserer freiheitlichen, demokratischen Grundordnung zugedacht haben. Der Staat, den sie für ohnmächtig halten, den sie zu unterminieren trachten, dieser Staat ist keineswegs ohnmächtig. Er wird am Ende den Terrorismus besiegen, weil die breitesten Massen unseres Volkes den Terrorismus verabscheuen.
[...]
(Archiv der Gegenwart, 20.10.1977, S. 21302f.)

[117] Bundespräsident Walter Scheel zu den Reaktionen des Auslands auf die Maßnahmen zur Terrorismusbekämpfung in der Bundesrepublik
(19.9.1977, Auszug)

[...] Für uns und unsere Nachbarn bleibt festzustellen, daß bestimmte Vorurteile gegenüber diesem Land und dieser Nation in einigen europäischen Ländern außerordentlich zählebig sind. Diese Vorurteile sind aus der nationalsozialistischen Vergangenheit Deutschlands heraus durchaus verständlich. Vielleicht war es deshalb naiv, davon auszugehen, daß eine 30 Jahre lang funktionierende Demokratie ausreichen würde, solche Vorurteile zu beseitigen oder zumindest zu differenzieren. Zahl und Gewicht gegenteiliger Äußerungen im Ausland haben mich, ehrlich gesagt, in dem gleichen Maße erschreckt, wie mich die richtigstellenden Äußerungen erfreut haben. [...]
Wir haben gelernt. Aber ich habe den Eindruck, daß manche unserer Nachbarn noch nicht gelernt haben, daß wir gelernt haben. Sie sollten es allmählich lernen. Mit Sorge beobachte ich, wie, wiederum verständlicherweise, ein Teil der deutschen Öffentlichkeit auf die unverantwortliche Kritik aus dem Ausland reagiert. Will man eine solche *Spirale von Vorurteilen*, die notwendigerweise wieder andere Vorurteile hervorrufen muß, wirklich wieder in Bewegung setzen? Es wäre der sicherste Weg, die Einigung Europas unmöglich zu machen. Als Demokrat, als Deutscher und als Europäer möchte ich deshalb vor einer solchen Entwicklung warnen. Man beleidigt die Würde dieser Demokratie, wenn man ihr faschistische oder faschistoide Züge unterstellt. Als Präsident dieses Staates verwahre ich mich im Namen des deutschen Volkes ganz entschieden gegen solche Unterstellungen. Ich bitte unsere ausländischen Kritiker darum, zu glauben, daß die Deutschen auf solche Vorwürfe genauso reagieren wie im umgekehrten Falle unsere westlichen Freunde darauf reagieren würden. Wir gründen unser Selbstbewußtsein auf die 30jährige demokratische Tradition, auf die Leistungen unseres Landes in Politik, Recht, Wirtschaft und beim Aufbau eines vorbildlichen Sozialwesens. Vieles ist noch zu tun. Für Kritik sind wir dankbar. Aber man sollte aufhören, unsere demokratische Substanz anzuzweifeln. Unsere Fehler, die ich nicht leugne, sind, soweit ich das beurteilen kann, nicht schwerer erträglich als die unserer Nachbarn. Ich sagte bereits: der Terrorismus ist ein weltweites Problem und deshalb auch nur weltweit zu lösen. [...]
(Archiv der Gegenwart, 20.10.1977, S. 21305)

[118] Änderung des Einführungsgesetzes zum Gerichtsverfassungsgesetz vom 30.9.1977
(»Kontaktsperregesetz«, Auszug)

Artikel 1
Änderung des Einführungsgesetzes zum Gerichtsverfassungsgesetz
In das Einführungsgesetz zum Gerichtsverfassungsgesetz in der im Bundesgesetzblatt Teil III, Gliederungsnummer 300–1, veröffentlichten bereinigten

Abb. 6: Blick auf das streng bewachte Sondergefängnis von Stuttgart-Stammheim. Das Gebäude wurde eigens für den Prozeß gegen die Baader-Meinhof-Gruppe gebaut, der am 21. 5. 1975 begonnen wurde.

Fassung, zuletzt geändert durch § 180 des Strafvollzugsgesetzes vom 16. März 1976 (BGBl. I, S. 581), werden hinter § 30 folgende Vorschriften eingefügt:
§ 31: Besteht eine gegenwärtige Gefahr für Leben, Leib oder Freiheit einer Person und begründen bestimmte Tatsachen den Verdacht, daß die Gefahr von einer terroristischen Vereinigung ausgeht, und ist es zur Abwehr dieser Gefahr geboten, jedwede Verbindung von Gefangenen untereinander und mit der Außenwelt einschließlich des schriftlichen und mündlichen Verkehrs mit dem Verteidiger zu unterbrechen, so kann eine entsprechende Feststellung getroffen werden. Die Feststellung darf sich nur auf Gefangene beziehen, die wegen einer Straftat nach § 129a des Strafgesetzbuches oder wegen einer der in dieser Vorschrift bezeichneten Straftaten rechtskräftig verurteilt sind oder gegen die ein Haftbefehl wegen des Verdachts einer solchen Straftat besteht; das gleiche gilt für solche Gefangene, die wegen einer anderen Straftat verurteilt oder die wegen des Verdachts einer anderen Straftat in Haft sind und gegen die der dringende Verdacht besteht, daß sie diese Tat im Zusammenhang mit einer Tat nach § 129a des Strafgesetzbuches begangen haben. Die Feststellung ist auf bestimmte Gefangene oder Gruppen von Gefangenen zu beschränken, wenn dies zur Abwehr der Gefahr ausreicht. Die Feststellung ist nach pflichtgemäßem Ermessen zu treffen. [...]

§ 36: Die Feststellung nach § 31 ist zurückzunehmen, sobald ihre Voraussetzungen nicht mehr vorliegen. Sie verliert spätestens nach Ablauf von 30 Tagen ihre Wirkung; die Frist beginnt im Ablauf des Tages, unter dem die Feststellung ergeht. Eine Feststellung, die bestätigt worden ist, kann mit ihrem Ablauf erneut getroffen werden, wenn die Voraussetzungen noch vorliegen; für die erneute Feststellung gilt § 35. War eine Feststellung nicht bestätigt, so kann eine erneute Feststellung nur getroffen werden, wenn neue Tatsachen es erfordern. § 34 Abs. 3 Nr. 6 Satz 2 ist bei erneuten Feststellungen nicht mehr anwendbar. [...]
(Archiv der Gegenwart, 20. 10. 1977, S. 21 307 f.)

[119] Bundeskanzler Schmidt zum Handeln der Bundesregierung im Zusammenhang mit der Entführung von Hanns Martin Schleyer
(Regierungserklärung vom 20. 10. 1977; Auszug)

Viele Wochen früher, nämlich unmittelbar nach der Entführung Dr. Schleyers, habe ich in dem soeben erwähnten Beratungskreis mit Zustimmung der Beteiligten *die drei Maximen, die unser Handeln bestimmen* sollten, folgendermaßen umrissen: 1. Dr. Schleyer lebend zu befreien; zu einem späteren Zeitpunkt war es selbstverständlich, daß dies ebenso galt für die als Geiseln genommenen 82 Passagiere und 5 Besatzungsmitglieder in dem entführten Lufthansa-Flugzeug. 2. Die Täter zu ergreifen und vor Gericht zu stellen. 3. Die Fähigkeit des Staates, seine Bürger gegen Gefahren zu schützen, zu sichern und das Vertrauen der Bürger, aber auch das Vertrauen der Menschen außerhalb der Bundesrepublik Deutschland in diese Schutzfunktion unseres Staates zu wahren.
Gewiß war dies damals eine sehr einfache Sprache. Gleichwohl legen wir diese von uns vor Wochen erarbeiteten Maximen heute unverändert öffentlich vor. Jedermann kann erkennen, daß es kaum vorstellbar erscheinen konnte und erscheinen kann, alle drei Maximen zugleich, durch eigenes Handeln und durch eigenes Unterlassen, in die Wirklichkeit zu übertragen. Vielmehr war von Anfang an klar – und dies galt für unsere Bemühungen um das Leben und die Freiheit Dr. Schleyers, für die Rettung der 87 Geiseln im Flugzeug und es gilt für zukünftig denkbare Fälle –, daß die Erfüllung jeder einzelnen der drei Maximen nach menschlicher Voraussicht die Erfüllung der übrigen Maximen einschränken oder gar gefährden mußte. In dieser unausweichlichen Gewißheit hatten wir unsere Entscheidungen zu treffen. Unausweichlich befanden wir uns damit im Bereich von Schuld und Versäumnis. [...]
Die elf Gefangenen, die in erster Instanz wegen Mordes verurteilt worden oder nach Richterspruch des Mordes dringend verdächtig sind und deren Freilassung durch die zuständigen Landesregierungen erpreßt werden sollte, haben wir nicht ausgeliefert. Ihnen liegen die Tötung von 13 Menschen und 43 weitere Mordversuche zur Last. Drei von ihnen haben vorgestern Selbstmord begangen. Wir mußten befürchten, daß sie nach ihrer Freilassung weitere schwere Verbrechen begehen – so wie diejenigen, die durch die Entführung

von Peter Lorenz freigepreßt wurden; ihnen werden der Mord an neun Personen und weitere Mordversuche zur Last gelegt. [...]
Mit großer Betroffenheit und Bestürzung hat die Bundesregierung von den jüngsten *Ereignissen in dem Gefängnis in Stuttgart-Stammheim* erfahren. Es ist uns unvorstellbar, wieso es trotz des Kontaktsperrengesetzes, das bei vielen Abgeordneten des Deutschen Bundestages die Überwindung erheblicher Zweifel erforderte, möglich war, daß Gefangene in den Besitz von Schußwaffen kommen konnten. Nach unserer grundgesetzlichen Ordnung sind der Vollzug von Strafen und das Gefängniswesen Sache der Bundesländer, nicht der Bundesregierung. Gleichwohl muß die Bundesregierung aus Gründen der Schutzfunktion des Staates, aus Gründen der Rechtssicherheit, aus innenpolitischen Gründen und aus außenpolitischen Gründen – wegen des deutschen Ansehens in der Welt – dringend erwarten, daß diese Vorgänge in einer über jeden Zweifel erhabenen Form untersucht, vollständig aufgeklärt und die Ergebnisse öffentlich vorgelegt werden. Die der Bundesregierung bisher durch die baden-württembergische Landesregierung mitgeteilten Umstände, vor allem der Obduktionsbefund, lassen darauf schließen, daß in Stammheim Gefangene zur Verschärfung des terroristischen Kampfes gegen unseren Staat und dessen freiheitliche Grundordnung – nach den früheren Hunger- und Durststreiks – nunmehr auch die gewaltsame Zerstörung eigenen Lebens als Kampfmittel eingesetzt haben. Offenbar wollten sie ihren Tod nicht als Zeichen später Einsicht, sondern vielmehr als Fanal für ihre noch in Freiheit befindlichen Gleichgesinnten. Drohungen, die schon vorher ausgestoßen worden waren, erhärten dieses. [...]
Als erstes gilt es, *die Erfahrung praktischer Solidarität im Handeln der Verantwortlichen* für kommende Bewährungsproben lebendig zu halten. Am 15. September habe ich hier die Hoffnung ausgedrückt, daß die Zusammenarbeit der Bundesregierung mit den Partei- und Fraktionsvorsitzenden Brandt, Kohl, Mischnick, Strauß und Wehner sowie den vier betroffenen Landesregierungen bis zum Ende der schlimmen Zwangslage andauern möge, in die uns das terroristische Verbrechen gebracht hat. Heute kann ich sagen, daß wir in den schweren Entscheidungen der letzten Wochen bis zum heutigen Tage tatsächlich alle so zusammengestanden haben. Wir haben jeden Schritt gemeinsam beraten und einmütig gebilligt. [...]
Natürlich kann die vollständige Übereinstimmung der Regierung und der Opposition im Handeln und in der Verantwortung für ein demokratisches Gemeinwesen nicht die Regel sein. Es ist die Ausnahme, in der sich politische Vielfalt in Situationen der Not als Einheit bewährt. Ansonsten aber muß der fruchtbare Gegensatz, die Kontroverse, fortbestehen. Sie ist Wesenskern parlamentarischer Demokratie. Wir haben, um jedes Mißverständnis auszuschließen, nicht die Absicht, für die Zukunft auf allen Gebieten große Gesetzgebungskoalitionen zu verabreden. Im Gegenteil: Verantwortungen dürfen nicht verwischt werden; und ohne parlamentarischen Streit würden wir oft nicht zu sachlich vernünftigen Lösungen kommen. Die Bürger unseres Landes haben verschiedene politische Anschauungen, und es bleibt deshalb die Führungsaufgabe des Parlaments, diese unterschiedlichen Grundströmungen

auch streitig auszutragen. Allerdings würde ich es begrüßen, wenn der schon eingeleitete Versuch, einzelne Vorschläge zur besseren Bekämpfung des Terrorismus nach sorgfältiger Prüfung in einer gemeinsamen Gesetzesinitiative der drei Fraktionen zusammenzufassen, fortgesetzt und zu einem konstruktiven Ende gebracht würde. [...]
(Archiv der Gegenwart, 20.10.1977, S. 21307ff.)

16. Kapitel
Grenzen des Wirtschaftswachstums

Der Konjunktureinbruch von 1974/75 hatte mehrere Gründe. Auf die Schwierigkeiten der antizyklischen Haushaltspolitik 1970–1973 und die Auswirkungen des Exportrückgangs 1974 im Zusammenhang der Ölpreiskrise ist schon hingewiesen worden (13. Kapitel). Die antiinflatorisch eingesetzte Politik des knappen Geldes hatte zu Konkursen gerade von kleinen und mittleren Unternehmen geführt und die Konzentrationsprozesse der Großunternehmen beschleunigt; die wiederum trieben Rationalisierung und Automatisierung voran, so daß die Arbeitslosigkeit zunahm (Ende 1974 über eine Million in der Bundesrepublik) und die Binnennachfrage sank (zur Arbeitslosigkeit Abb. 8). Die Jahre 1975 bis 1977 waren Jahre anhaltend hoher Unternehmenspleiten (Abb. 7) und bereichsspezifisch verschieden starker, insgesamt steigender Arbeitslosigkeit. Eine Erholung bezogen auf Arbeitslosigkeit und Konkurse stellten die Jahre 1978/79 dar. 1980 setzte bezogen auf beide Größen ein hoher Anstieg ein, die Konjunktur stagnierte, aber auf »hohem Niveau«, wie das Gutachten der Sachverständigen formuliert (Dok. 123). Einen Erklärungsversuch für die Entwicklung seit den frühen 70er Jahren macht Helmut Schmidt in seinem Aufsatz »Die Weltwirtschaft steht auf dem Spiel« (Dok. 124).

Am Beginn der Regierungserklärung vom 16. 12. 1976 steht eine Erklärung zur Rentenpolitik (Dok. 120). Im Zusammenhang mit Wahlkampfaussagen von 1976 hatte der Begriff der »Rentenlüge« eine zentrale Rolle gespielt. Das Rentensystem war nur *ein* Bereich, aber ein sozial und ökonomisch wichtiger, der seit den Sparmaßnahmen von 1975 nicht wieder aus der Diskussion herausgekommen ist.

Trotz der Sparpolitik wurde 1976 noch an einigen Reformforderungen festgehalten, so im Bereich der Bildungspolitik; zugleich wurde aber die Umstellung der Ausbildungsförderung auf Darlehen angekündigt. Nach den erneuten Ölpreissteigerungen von 1978/79 wurden die schon in der Regierungserklärung von 1976 angekündigten Energiepläne einschließlich Ausbau der Kernenergie 1980 wieder vorgetragen (Dok. 121). Seit 1979 ist der Gesamtenergieverbrauch in der Bundesrepublik rückläufig, die Ölpreise sinken aufgrund der Situation der erdölexportierenden Länder. Was das langfristig für die Energiepolitik heißt, wie weit die begonnenen Umstellungen auf »sanfte Energie« weiter entwickelt werden, und ab wann die teure Kernenergie nicht mehr rentabel sein wird, ist derzeit schwer absehbar.

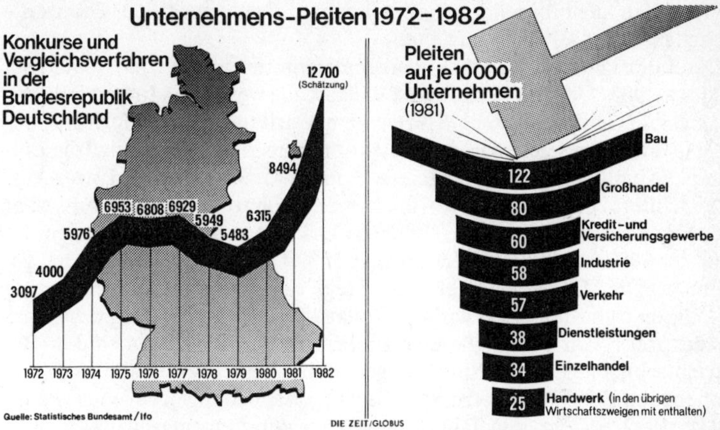

Abb. 7: Unternehmens-Pleiten 1972 – 1982. Nicht die schlechte Wirtschaftslage allein ist für die hohe Zahl der Pleiten verantwortlich, sondern nach einer Untersuchung des Instituts für Mittelstandsforschung waren in 80 % der Fälle Finanzierungsmängel und in rund 75 % der Fälle Managementfehler Ursache für die Firmenzusammenbrüche. In wirtschaftlich schwierigen Zeiten treten solche Mängel dann deutlich zutage.

Der Oppositionsführer von 1980, Helmut Kohl (Dok. 122), moniert die »Zwei-Optionen-Politik« der Sozialdemokratie zur Kernenergie u. a., »weil Kernkraft auch ein wichtiger Beitrag zum Umweltschutz ist« und die Umwelt weniger belaste als die Kohle. Im übrigen sei die »Sorge um Natur und Landschaft« nicht neu und werde von Heimat- und Wandervereinen, Winzern, Bauern und Jägern schon lange betrieben, müsse aber intensiviert werden.

Nun ist der Umweltschutz schon lange kein Problem mehr, das auf dieser Ebene angegangen werden kann. Spätestens seit der Katastrophe im italienischen Seveso und der folgenden makabren Groteske, bei der Großkonzerne mehrere europäische Regierungen nach den verschwundenen Giftmüllfässern suchen ließen, ist klar, daß das Verursacherprinzip im Umweltschutz – seit 1969 gefordert – mit den bisherigen Rücksichtnahmen auf Exportchancen und Konkurrenzfähigkeiten nicht zu lösen ist. Zum Umweltproblem sind auch Kohlekraftwerke geworden, wie Kohl zutreffend sagt, aber Schutzmaßnahmen sind technisch möglich, und ohne Kosten ist Umweltschutz in keinem Bereich realisierbar.

Die Frage der Kohlenutzung ist seit der Strukturkrise im Ruhrgebiet in den 60er Jahren nicht nur ein Problem der Energiepolitik, sondern ein Strukturproblem, das zusammen mit dem Stahlbereich und der Werftindustrie Größenordnungen erreicht, die nicht mit marktwirtschaftlichen

Prinzipien allein bewältigt werden können. Dies scheint – in Grenzen – auch nach der »Wende« zu gelten.

Das Jahresgutachten des Sachverständigenrates für 1982/83, Stand vom 23.11.1982 (Dok. 123), stellt fest, daß fast alle westlichen Industrieländer durch die Geldpolitik der USA zu einem restriktiven Kurs (Hochzinspolitik) gezwungen seien, daß der Protektionismus zunehme und daß die Binnenkonjunktur seit 1980 stagniere (Punkt 14). Zwar sei die Ertragslage der Unternehmen wegen der niedrigeren Lohnrunden verbessert, aber die Nachfrage gehe zurück (Punkt 16). Die Auseinandersetzungen des Jahres 1982 um den Kurs der Finanzpolitik hätten Verunsicherungen gebracht. Die Maßnahmen der neuen Regierung zur Investitionsförderung könnten frühestens 1983 wirken (Punkt 17). Die Entwicklung der Lohnstückpreise von 1982 stelle eine Entlastung der Unternehmen dar (Betriebsschließungen und Entlassungen, daher bessere Auslastung der verbliebenen Betriebe), trotzdem habe es Preisanhebungen gegeben (Punkt 23). 1982 sei ein ungefährer Ausgleich der Leistungsbilanz erreicht (Punkt 24) und für 1983 sei eine allmähliche Erholung zu erwarten, weil die Investitionsbereitschaft wegen der besseren Bedingungen zunehmen könne. Die Schwachstelle in der Prognose sei aber der rückläufige private Verbrauch.

Aus dieser Kurzfassung des Gutachtens geht hervor, daß die anhaltende Stagnation seit 1980 überwiegend weltwirtschaftlich bedingt ist. »Heilung« wird unter monetaristischen Gesichtspunkten von der Geldmengenpolitik erwartet, Krisen wirken marktwirtschaftlich gesehen »reinigend«, antizyklische Steuerung würde diese Wirkung von Krisen aufheben (Punkt 23). Die Frage, welche sozialen Kosten langfristig höher sind, die der angebotsorientierten Wirtschaftspolitik im Sinne der Sachverständigen und der Regierung nach der »Wende« oder die mehr nachfrageorientierte Politik der SPD, ist, wie schon in der letzten Haushaltsdebatte vor dem Ende der SPD/FDP-Koalition, immer noch umstritten. Aus den unterschiedlichen Positionen folgt auch unterschiedlicher Umgang mit der wachsenden Arbeitslosigkeit. Das Baseler Europäische Zentrum für Wirtschaftsforschung »Prognos« hat in seinem Euro-Report 1979 »ohne einschneidende Veränderung von Arbeitszeit und Arbeitsorganisation« für die Bundesrepublik für 1983 eine Arbeitslosenzahl von 1,82 Millionen vorhergesagt, die ist aber mit über zwei Millionen bereits überschritten.[25]

Der sich beschleunigende Prozeß der Ersetzung menschlicher Arbeitskraft führt auf die dringende Frage der Arbeitsumverteilung, die in der neuen Koalition umstritten ist und von dem alten und neuen Wirtschaftsminister abgelehnt wird. Die Entscheidung über generelle Arbeitszeitverkürzung ist auch abhängig von der Einschätzung künftigen Wirtschaftswachstums. Zwar sind die unter dem Stichwort »Grenzen des Wachstums« bekanntgewordenen Thesen des Club of Rome inzwischen

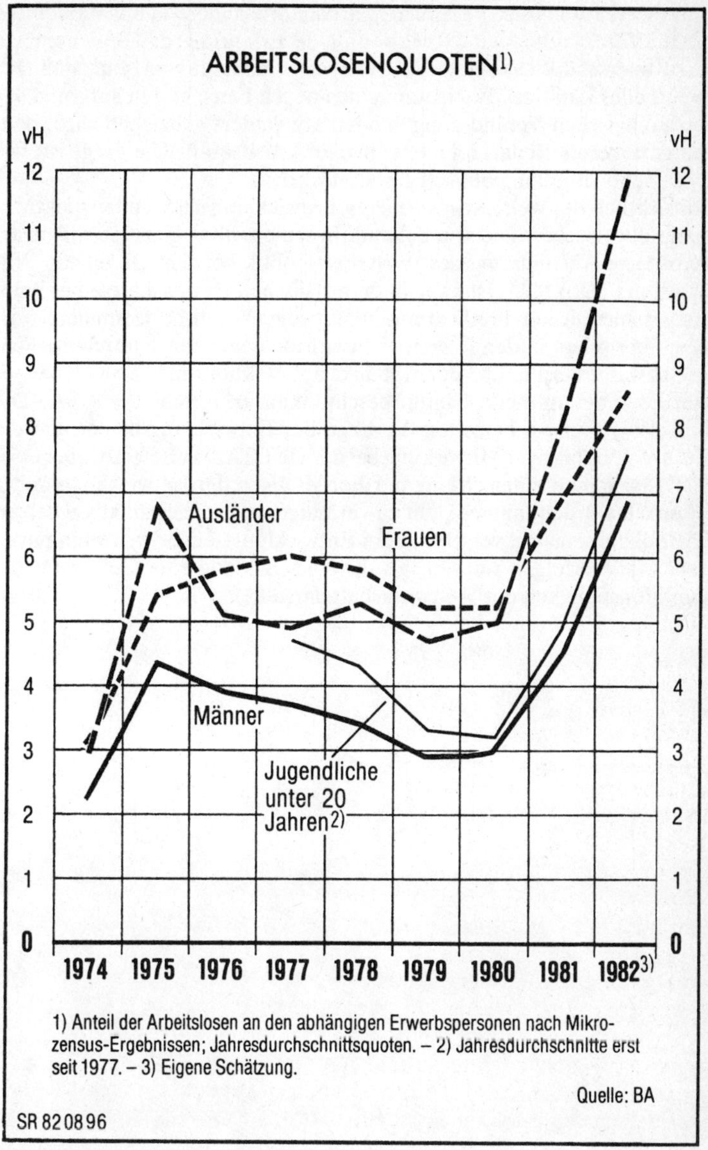

Abb. 8: Arbeitslosenquoten. Anteil der Arbeitslosen an den abhängigen Erwerbspersonen nach Mikrozensusergebnissen.

unter vielen Aspekten verändert. Sie sind, wie andere Publikationen der Jahre 1973/74 primär eine Reaktion auf die Erfahrung, daß Bodenschätze nicht unerschöpflich sind. Es scheint aber eindeutig zu sein, daß sich eventuelles künftiges Wachstum in den neuen Leitsektoren aufgrund der technologischen Veränderungen qualitativ anders vollziehen wird, d. h. mit geringerem Bedarf an menschlicher Arbeitskraft. Die Frage ist, wie diese neue Situation politisch gestaltet wird.[26]

Hinsichtlich der weltwirtschaftlichen Entwicklung sind die Perspektiven ebenfalls unsicher. Die von Schmidt in seinem oben genannten Aufsatz geforderte Abstimmung der Wirtschaftspolitik bei dem Gipfel von Williamsburg (Dok. 125) ist zwar in der idyllischen Atmosphäre eines kolonialgeschichtlichen Freilichtmuseums programmatisch formuliert worden, aber schon in den folgenden zwei Monaten vielfach durchbrochen: so ist zwar unter Punkt 3 der Abbau des Protektionismus beschlossen, es gibt aber bereits neue Einfuhrbeschränkungen seitens der USA. Die Punkte 4, 5 und 6 betreffen die Lage der Entwicklungsländer und die Zusage kooperativer Mitwirkung bei der UNCTAD in Belgrad, aber es ist nicht dazu gekommen. Keine der Forderungen der Entwicklungsländer ist erfüllt worden, und es steht zu vermuten, daß Zugeständnisse der Industrieländer an die verschuldeten Entwicklungsländer weiterhin nur in dem Maße erfolgen werden, als die Verschuldung eine Gefahr für die Funktionsfähigkeit der Weltwirtschaft darstellt.

Dokumente zum 16. Kapitel

[120] Bundeskanzler Schmidt zur sozialen und wirtschaftlichen Lage und deren Bedeutung für geplante Reformen
(Regierungserklärung vom 16.12.1976; Auszug)

Herr Präsident! Meine Damen und Herren! Der Regierungserklärung soll ein Wort zum *Rententhema* vorangestellt werden, das in der vorigen Woche die Diskussion beherrscht hat. Kein Zweifel: Es hat zu einer ernsthaften Beunruhigung und zu einer Belastung des Vertrauens in die sozialliberale Koalition und in die Bundesregierung geführt.
Die Verhandlungsdelegationen beider Koalitionsparteien hatten sich an Hand des Gutachtens des Sozialbeirats vom 15. Oktober, der ja seit 20 Jahren die Maßstäbe für den Rentengesetzgeber gesetzt hat, und anderer neuerer wirtschaftlicher Daten mit der Gesamtheit der gesetzgeberisch notwendigen Schritte zur finanziellen Konsolidierung der Rentenversicherung und der Krankenversicherung in tiefgreifender Weise befaßt. Sie hatten dabei – unter anderem – auch eine Verschiebung der für den Juli 1977 vorgesehenen Rentenanpassung um sechs Monate ernsthaft in Erwägung gezogen. Ich will dies vor dem Bürger nicht verschleiern, sondern ich will es bestätigen. Wir hatten es uns damit allerdings sehr schwer gemacht.
Die Reaktionen vieler Bundestagsabgeordneter, vieler Bürger und der öffentlichen Meinung waren heftig. So heftig hatten wir diese Ablehnung nicht erwartet, (Lachen bei der CDU/CSU) obwohl klar war, daß es große Kraft brauchen würde, eine solche Entscheidung, wenn wir sie für unausweichlich gehalten hätten, glaubhaft zu machen und sie im Bundestag, in seinen Parteien, Fraktionen und Ausschüssen, zur Annahme zu bringen.
Ich will das offen zugeben. Aber ich darf hinzufügen: Eine Regierung ist nicht unfehlbar. Dies behaupten nur totalitäre Regierungen von sich.
(Beifall bei der SPD und der FDP)
Hingegen steht es einer demokratischen Regierung gut an, wenn sie einer so klaren Kritik folgt, wie sie in dieser Sache von den Bundestagsabgeordneten ausgesprochen worden ist, die im Auftrage ihrer Wähler sprachen und die über vorzulegende Gesetzentwürfe zu entscheiden haben.
Wir haben deshalb letzte Woche – nach Beratungen in beiden Koalitionsfraktionen und -parteien – Klarheit geschaffen und durch öffentliche Verlautbarung diesen Teil der Regierungserklärung vorweggenommen.
Ich wiederhole hier die wichtigsten Punkte, die wir dem Bundestag im Zusammenhang mit dem im Frühjahr zu erstattenden Rentenanpassungsbericht zur Gesetzgebung vorschlagen werden, der im übrigen dann auch die notwendigen Zahlen und Daten enthalten wird:

1. Die *Renten* werden zum 1. Juli 1977 um 9,9 Prozent erhöht; die nächste *Anpassung* erfolgt am 1. Januar 1979 und dann jeweils erneut im jährlichen Abstand.
2. Die *Bruttolohnbezogenheit* bei der Festsetzung der Neurenten bleibt. Es wird kein Krankenversicherungsbeitrag der Rentner eingeführt. Die Beitragssätze zur Rentenversicherung bleiben unverändert.
3. Die *laufenden Renten* werden ab 1. Januar 1979 jeweils mindestens entsprechend der Steigerung der nach Abzug von Steuern und Sozialabgaben verfügbaren Einkommen der aktiven Arbeitnehmer erhöht werden.
4. Die Rentenversicherung wird von den stark angestiegenen *Kosten der Krankenversicherung der Rentner* entlastet.

Dies letztere hat Folgen für die *gesetzliche Krankenversicherung*, auf die ich noch zurückkommen werde. Wir mußten bei der Krankenversicherung einen gewissen Ausgleich durch *Anhebung der Beitragsbemessungsgrenze* vornehmen. Dies ist eine Belastung besserverdienender Arbeitnehmer.

Unsere in einer schwierigen wirtschaftlichen Phase getroffenen Entscheidungen sind geeignet, die Rentenversicherung zu konsolidieren und damit die Altersversorgung der Bürger zu sichern. Damit wird zugleich der bewährte Vertrag zwischen den Generationen gefestigt und das Prinzip der Solidarität *zwischen den aktiven Arbeitnehmern und den Rentnern* sozial gerecht ausgewogen.

Wir nehmen diesen Vertrag zwischen den Generationen als eine ernste Verpflichtung. Er beruht darauf, daß die arbeitende Generation solidarisch für die Rentner sorgt. Dabei weiß die Generation der Rentner, daß sie die Solidarität der Arbeitenden nicht überfordern kann. Beide Generationen leben gemeinsam von dem, was in unserer Volkswirtschaft jeweils aktuell, in jedem Jahre neu, erarbeitet wird.

Heute beziehen die Rentner im Durchschnitt zwei Drittel des Nettoeinkommens der Arbeitnehmer. Das Nettoeinkommen der Arbeitnehmer ist seit 1969 um etwa 80 % gestiegen; die Einkommen der Rentner sind aber sogar um 103 % gestiegen. Das heißt, die Berufstätigen haben durch ihre Finanzierung des rascheren Ansteigens der Renten – rascher im Vergleich zu den verfügbaren Arbeitnehmereinkommen – Solidarität mit ihren, mit unseren älteren Mitbürgern bewiesen. Auch die kostenlose Krankenversicherung der Rentner ist ein Stück dieser Solidarität. Auf dieser Solidarität beruhen der soziale Friede und der soziale Ausgleich. Die vorgeschlagenen Maßnahmen sind dazu ein ausgewogener Beitrag. [...]

Ich komme nun zu den ökonomischen Grundlagen, auf denen wir handeln, die unser Leben sehr weitgehend bestimmen. Vorrangige wirtschaftliche Aufgabe der Bundesregierung für die 8. Legislaturperiode ist die Arbeit zur Wiederherstellung und zur Sicherung der *Vollbeschäftigung*. Die Eindämmung der Arbeitslosigkeit ist nicht nur eine wirtschaftliche Notwendigkeit, sondern ebenso ist sie aus sozialen und menschlichen Gründen unerläßlich. Arbeit ist ein wesentlicher Teil der Selbstverwirklichung des Menschen.

(Beifall bei der SPD und der FDP)

Am 10. November 1976 haben wir ein Arbeitsmarktprogramm in der Höhe

von 430 Millionen DM beschlossen, das insgesamt 1,5 Milliarden DM zusätzlich für arbeitsmarktpolitische Maßnahmen zur Verfügung stellt. Wir wollen damit vor allem solchen Personengruppen helfen, die bislang im Schatten der Belebung des Arbeitsmarktes gestanden haben.
Wir stehen auf dem Arbeitsmarkt vor allem vor den folgenden Problemen. Zum ersten werden 1977 rund 760000 Jugendliche die Schule verlassen und in den Beruf gehen. Das sind 40000 junge Menschen mehr als noch vor zwei Jahren. Im Jahre 1978 werden es sogar 820000 Jugendliche sein. Für alle diese jungen Menschen werden Ausbildungsplätze und Arbeitsplätze benötigt.
Zweitens. Vor allem *Frauen, Behinderte und ältere Angestellte* sind von den Auswirkungen der Weltrezession besonders betroffen. Wir appellieren an die Verantwortlichen in der Wirtschaft, an die Unternehmensleitungen, an die Betriebsräte, an die Gewerkschaften, sich ihrer sozialen Verantwortung gerade gegenüber diesen eben genannten Personengruppen bewußt zu sein. Wir wissen, daß auch der Staat dazu seinen Beitrag leisten muß, und bitten jedermann, bei diesen Bemühungen die Bundesregierung zu unterstützen.
Zugleich müssen die *Entwicklungen am Arbeitsmarkt* noch durchsichtiger gemacht werden, damit schneller und gezielter auf sie reagiert werden kann. Die Arbeitsmarktstatistik wird zu diesem Zweck verfeinert werden. Z. B. würden mehr Teilzeitarbeitsplätze nicht nur einem vielfach geäußerten Bedürfnis vieler Arbeitnehmer – vor allem Frauen – entsprechen; sie würden zugleich fühlbar zur Entlastung des Arbeitsmarktes beitragen. Die Bundesregierung wird zusammen mit den Ländern prüfen, welche Möglichkeiten sich hierfür im Rahmen des Arbeitsplatzangebotes im öffentlichen Dienst ergeben, und wir bitten die Tarifpartner, von sich aus das gleiche zu tun.
Entscheidende Voraussetzung für die Wiederherstellung der Vollbeschäftigung ist jedoch in den nächsten Jahren ein ausreichendes *Wirtschaftswachstum* bei gleichzeitigem weiteren Stabilitätsfortschritt. Der notwendige neue Wachstumsprozeß ist in Gang gekommen; er wird sich aber nur dann stetig fortsetzen, wenn die *Grundlagen unserer Wirtschafts- und Sozialordnung* erhalten bleiben und weiter ausgebaut werden. Individuelle Entscheidungsfreiheit, Anerkennung des Leistungsprinzips und Anerkennung des sozialpflichtigen Privateigentums gehören dazu ebenso wie die Ausgleichsfunktionen der öffentlichen Einrichtungen und der gemeinwirtschaftlichen Einrichtungen, eine leistungsfähige öffentliche Infrastruktur und vor allem die Ausgestaltung des Netzes sozialer Sicherungen. Der hierüber in unserer Gesellschaft entstandene Grundkonsens, die Grundübereinstimmung darüber, muß als gemeinsame Basis erhalten bleiben und darf nicht aufs Spiel gesetzt werden.
[...]
Von ausschlaggebender Bedeutung für die künftige Entwicklung unserer Wirtschaft ist allerdings auch, ob es der *Weltwirtschaft* gut geht oder nicht. Bereits am 17. Mai 1974 war ein Schwerpunkt in meiner damaligen Regierungserklärung, von den Gefahren aus der Weltwirtschaft zu sprechen. Manchen schien das damals weit hergeholt; die zwischenzeitlichen zweieinhalb Jahre der Erfahrung lassen mich dies heute in Erinnerung rufen. Man muß sich immer vergegenwärtigen: Jeder fünfte Arbeitnehmer lebt mit seiner Fa-

milie von der *Ausfuhr* – oder anders gesagt: Jeder Fünfte lebt von unserem Absatz auf den Märkten der Europäischen Gemeinschaft und der ganzen Welt. Das heißt auch, daß wir von der Nachfrage auf jenen Märkten draußen abhängen, die wir nicht durch Globalsteuerung oder andere Steuerungsmechanismen von hier aus sonderlich beeinflussen können.

[...]

Unser Volk wird in den kommenden Jahren mehr Solidarität, noch mehr Solidarität zwischen den Generationen nötig haben, um die neuen Aufgaben lösen zu können, die sich unter anderem aus der weiteren *Bevölkerungsentwicklung* ergeben.

Seit mehr als zehn Jahren ist die Zahl der Geburten rückläufig. Zugleich sind einzelne Altersgruppen sehr unterschiedlich besetzt. Zusammen mit den Spätfolgen der beiden Weltkriege verursacht dies erhebliche *Schwankungen im Bevölkerungsaufbau*.

Ich habe das Problem der geburtenstarken Jahrgänge bereits genannt: 1985 werden über zweieinhalb Millionen Menschen mehr im erwerbsfähigen Alter stehen als heute. Mehr Menschen brauchen dann Ausbildung und Arbeit.

Dagegen nimmt beispielsweise die Zahl der unter 25jährigen bis 1990 voraussichtlich um beinahe 5 Millionen Menschen ab. In den 80er Jahren wird der jährliche Neuzugang an Neurentnern später wieder ansteigen, der zunächst abfällt. Das sind alles Verschiebungen im gesamten Generationsgefüge unseres sozialen Aufbaus mit entsprechenden Verschiebungen der Anforderungen an alle unsere Einrichtungen.

Es ist bis 1982 mit einer Zunahme der Lehrstellensuchenden und der Schüler in der Oberstufe der Gymnasien zu rechnen. An den Hochschulen wird der voraussichtliche Höhepunkt der Nachfrage erst 1985 oder später erreicht werden.

Nun kann es sich kein Volk leisten, seine Begabungsreserven zu vernachlässigen. Dies ist nicht nur ein Gebot der Vernunft, sondern auch der Solidarität. Die Reformpolitik der sozialliberalen Koalition hat seit 1969 auf diesem Felde unbestreitbare Erfolge gebracht: Die Bildungschancen sind größer geworden. Zum Beispiel erhalten Arbeiterkinder heute eine eindeutig bessere Ausbildung als noch vor zehn Jahren. [...]

Angesichts dieser Entwicklung meinen manche heute, wir produzierten zu viele gut Ausgebildete. Solche Urteile verkennen dabei die Zukunftsvoraussetzungen dieses hochentwickelten Industrielandes, das sich unter den Bedingungen neuer weltwirtschaftlicher Arbeitsteilung behaupten muß. Für uns bedeutet das, daß wir steigende *Qualifikationen der Erwerbstätigen* brauchen. Ein wirkliches Risiko für unser Land wäre Unterqualifikation. (Beifall bei der SPD und der FDP) Das gilt nicht nur aus wirtschaftspolitischen Erwägungen. Es wäre auch menschlich nicht zu vertreten, wenn schon im frühen Lebensalter schematisch und ohne Rücksicht auf Neigungen und Fähigkeiten über die weiteren Bildungs- und Lebenschancen von Kindern entschieden würde.

(Beifall bei der SPD und der FDP)

Allerdings muß auch deutlich angemerkt werden, daß sich *im Bildungswesen Ungleichgewichte* abgezeichnet haben, die viele Eltern und viele Jugendliche

beunruhigen. Das Zurückbleiben der Hauptschule, der Unterrichtsausfall, die Streßsituation vieler Schüler, die Verzögerung der Studienreform, die Sorge um Ausbildungs- und Studienplätze in der Zeit geburtenstarker Jahrgänge, all dies wird mit Recht kritisiert. Es gibt einen besonderen Nachholbedarf in der beruflichen Bildung, und es gibt vielfältig auch Mangel inhaltlicher Reformen auf allen Stufen des Bildungswesens.
Diese kritischen Fragen können hier im Bundestag nicht ausgeklammert werden, auch wenn der Bundestag und wenn die Bundesregierung im Vergleich zu den Ländern auf all diesen Feldern nur ganz geringe Kompetenzen besitzen. Sie können deshalb nicht ausgeklammert werden, weil es sich hier um *gesamtstaatliche Verantwortung* handelt, von der wir zu reden haben.
(Beifall bei der SPD und der FDP)
Wir bejahen den Wettbewerb unter den Ländern um *Verbesserungen im Bildungswesen.* Aber viele Menschen verstehen nicht, daß ihre Kinder schulisch und beruflich benachteiligt werden, weil es keine gesamtstaatlich gleichen Bedingungen in unserem Lande gibt, (Beifall bei der SPD und der FDP) verstehen nicht, daß Abschlüsse von Schulen und Hochschulen nicht immer gegenseitig anerkannt werden, (Beifall bei der SPD und der FDP) verstehen nicht, daß Zeiten der Schulpflicht in einzelnen Ländern abweichend voneinander geregelt sind. Auch bei der Abstimmung von Ausbildungsinhalten in der beruflichen Bildung liegt vieles im argen. [...]
Bei dem Ausbildungsplatzangebot der nächsten Jahre wollen wir unser Augenmerk besonders auf jene jungen Menschen richten, die es schwerer haben als andere, einen Ausbildungsplatz zu finden. Z. B. bleiben heute in der ganzen Bundesrepublik über 17% der Hauptschüler ohne Hauptschulabschluß. Diese jungen Menschen, aber auch die Sonderschüler, die Jugendlichen im Strafvollzug und in der Erziehungshilfe sowie die behinderten Jugendlichen brauchen spezifische berufliche Bildungsangebote.
(Beifall bei der SPD und der FDP)
In der Aufgabe, diesen Jugendlichen zu helfen, sind sich 1976 Bundestag und Bundesrat einig gewesen. Darum sollten wir daraus auch gemeinsam die notwendigen gesetzgeberischen Konsequenzen ziehen.
In Gesprächen mit den Ländern wird sich die Bundesregierung im übrigen für die Einführung eines *Berufsgrundbildungsjahres* für alle Schüler einsetzen und dem den *Vorrang vor einem zehnten allgemeinbildenden Hauptschuljahr* geben.
(Beifall bei der SPD und der FDP)
Wir betonen auch die Notwendigkeit, durch Weiterbildung Mängel der Erstausbildung und Risiken im Arbeitsleben zu mindern. Die Weiterbildung wird an Bedeutung gewinnen müssen.
Was die *Hochschulen* angeht, so haben wir uns, wenn unsere Kompetenzen auch recht begrenzt sind, für den Abbau des Numerus clausus engagiert; wir werden das weiterhin tun. Der Numerus clausus hat bis in die Schulen hinein zu einem die Jugendlichen und die Familien belastenden Konkurrenzkampf geführt. Er hat in die Konkurrenzschule geführt. (Beifall bei der SPD und der FDP) Der Wettbewerb ist eine gute Sache, aber er gehört an die richtige

Stelle. Wenn jedoch Konkurrenz schon in der Schule zu Streß und Leistungsdruck führt, dann wird die Erziehung zur Gemeinschaft, aber auch die Erziehung zum kritischen Selbstbewußtsein des einzelnen jungen Menschen erstickt.
(Beifall bei der SPD und der FDP)
Wir treten deshalb mit Nachdruck für die Öffnung der Hochschulen ein. Aber jeder junge Mensch muß dabei auch wissen, daß ein akademischer Abschluß keineswegs eine Garantie sein kann, lebenslang mehr zu verdienen als ein Facharbeiter. (Beifall bei der SPD und der FDP) Was einer verdienen kann, erweist sich auf Grund seiner Leistung im Beruf. Dem hat auch die Besoldungs- und Laufbahnstruktur im öffentlichen Dienst zu entsprechen.
(Erneuter Beifall bei der SPD und der FDP)
Der öffentliche Dienst kann übrigens – das sei hier sehr deutlich ausgesprochen – keineswegs alle Hochschulabsolventen aufnehmen. Das hat er auch in der Vergangenheit nie getan.
Die Konsequenzen, die sich aus der Notwendigkeit der Integration der *geburtenstarken Jahrgänge* in Bildung und Beruf ergeben, müssen auch in den Hochschulen gezogen werden. Die Länder und auch die Hochschulen müssen die Studienreform zügig voranbringen, nicht nur um die Studiendauer zu verkürzen, sondern auch um das Studienangebot besser zu ordnen und damit den Übergang vom Bildungssystem in das Beschäftigungssystem für die jungen Menschen zu erleichtern. Die Hochschulkapazitäten müssen über den ganzen Tag und über das ganze Jahr hin voll genutzt werden.
(Beifall bei der SPD und der FDP)
Die Bundesregierung wird im nächsten Jahr die Ausbildungsförderung verbessern, die stärker auf soziale Kriterien und mehr auf Darlehnsförderung ausgerichtet sein wird. [...]
(Verhandlungen des Deutschen Bundestages, VIII, 16.12.1976)

[121] Bundeskanzler Helmut Schmidt zur Energiepolitik
(Regierungserklärung vom 24.11.1980; Auszug)

[...] Ich komme auf die einzelnen, wichtigsten Probleme nacheinander zu sprechen. Zunächst rede ich vom Öl. *Vom Öl unabhängiger zu werden* ist eine entscheidende wirtschaftliche und technische Aufgabe, vor der wir stehen. Ohne sichere Energieversorgung keine wirtschaftliche und soziale Stabilität, kein Wachstum, keine Leistungsfähigkeit – weder nach innen noch nach außen.
(Beifall bei der SPD und der FDP – Zurufe von der CDU/CSU)
Die zweite Ölpreisexplosion seit 1978 hat in unserer Volkswirtschaft unübersehbare Spuren hinterlassen: steigende Kosten und steigende Preise, Leistungsbilanzdefizit, steigende Arbeitslosigkeit. Die höhere Ölrechnung entzieht den Bürgern reales Einkommen in der Größenordnung von etwa 30 Milliarden Deutsche Mark pro Jahr! Dieser Kaufkraftentzug kann nicht binnenwirtschaftlich ersetzt werden.

Der Krieg in der Golf-Region hat uns die weltweiten Risiken der Energieversorgung drastisch vor Augen geführt. (Zuruf von der CDU/CSU: Und was haben Sie getan?) Zwar haben wir für den kommenden Winter volle Tanks, zwar haben wir zahlreiche Bezugsquellen, aber hohe Öl- und Erdgaspreise, dazu weltpolitisch bedingte Versorgungsrisiken werden den ganzen 80er Jahren ihren Stempel aufprägen. Seit 1973 haben sich die Bundesregierungen konsequent darauf eingestellt. Die Ziele unserer Politik sind und bleiben: Weg vom Öl, sparsamer und rationeller Einsatz von Energie, Vorrang der heimischen Kohle, begrenzter Ausbau der Kernenergie (Dr. Probst [CDU/CSU]: Was heißt das? – Weitere Zurufe von der CDU/CSU: Ha, ha!) – ich komme darauf –, Entwicklung und Einführung erneuerbarer Energien.
Diese Politik zeigt Wirkungen: (Lachen und Widerspruch bei der CDU/CSU) Unsere Versorgung war stets ausreichend. (Zurufe von der CDU/CSU)
Der Ölanteil am Energieverbrauch, 1973 noch 55 %, sinkt in diesem Jahr erstmals unter 50 %. Nur noch 7 % unserer Elektrizität kommt aus Öl-Kraftwerken. Das ist ein Erfolg der *Verstromungspolitik*.
Wir werden übrigens dem Bundestag eine gesetzliche Regelung vorschlagen, um Öl gänzlich aus den Kraftwerken herauszunehmen, und wir streben auf längere Sicht auch eine Verminderung der Verbrennung von Gas in den Kraftwerken an.
(Beifall bei der SPD und der FDP)
Im übrigen wird die Bundesregierung ihre – soweit wie möglich auf marktwirtschaftlichen Grundsätzen beruhende – Energiepolitik fortsetzen. Im kommenden Jahr wird die dritte Fortschreibung des Energieprogramms vorgelegt werden.
Die Richtigkeit unserer *Kohlepolitik* über die letzten eineinhalb Jahrzehnte ist heute offenkundig – sogar für diejenigen, die damals nicht damit einverstanden waren. Die Finanzhilfen von Bund und Bergbauländern sowie die Verstromungsregelung haben unsere Stromversorgungssicherheit ganz entscheidend verbessert.
(Beifall bei der SPD und der FDP)
Aber auch die Subventionierung der Kohle stößt an finanzwirtschaftliche Grenzen. Stahl und Kohle müssen sich darauf einrichten, daß die Kokskohle künftig nicht mehr im bisherigen Umfang subventioniert werden kann.
Die Bundesregierung hat Anfang 1980 ein Kohleveredelungsprogramm verabschiedet. Die großtechnische Umwandlung von Kohle erfordert erhebliche Anstrengungen in Forschung und Entwicklung, um die Wirtschaftlichkeit zu erreichen und die erheblichen Umweltprobleme, die hier entstehen, unter Kontrolle zu bringen. Wirtschaft und Staat stehen dabei vor großen finanziellen Aufgaben.
Über die Notwendigkeit der friedlichen Nutzung der *Kernenergie* besteht international breite Übereinstimmung. Die Bundesregierung hält einen weiteren Ausbau der Kernenergie sicherheitstechnisch für vertretbar und auf absehbare Zukunft, d. h. jedenfalls für die nächsten Jahrzehnte, energiepolitisch für notwendig. Sie tritt daher für den *begrenzten Ausbau* der Kernenergie ein – selbstverständlich unter Vorrang der Sicherheit.

Voraussetzung dafür ist die Gewährleistung der Entsorgung. Dafür sind der Beschluß der Regierungschefs von Bund und Ländern zur Entsorgung der Kernkraftwerke vom September 1979 und die darauf zurückgehende Neufassung der Grundsätze zur Entsorgungsvorsorge vom Februar 1980 unveränderte Grundlage. Zusammen mit den Ländern wird die Bundesregierung prüfen, wie die Genehmigungsverfahren für Kernkraftwerke ohne Einbuße an Sicherheit und Rechtsschutz beschleunigt werden können.
Die Bundesregierung lehnt es ab, einen Ausbau der Kernenergie »ohne Wenn und Aber« zu betreiben. Kernenergie darf dem Bürger nicht übergestülpt werden; ihr Ausbau erfordert einen breiten demokratischen Konsens. Die Bundesregierung sieht in dem Bericht der *Enquete-Kommission* des Bundestages wichtige Beiträge zur Versachlichung der öffentlichen Diskussion.
(Beifall bei der SPD und der FDP)
Die Bundesregierung erwartet weitere Beiträge an – wenn ich so sagen darf – *sanfter Energie*: aus Solaranlagen, aus Wärmepumpen, aus neuen Erfindungen insgesamt. Wir werden solche Entwicklungen weiterhin fördern.
Wir setzen auch auf die Mitarbeit der Industrie, der Energieversorgungsunternehmen, der Länder und Gemeinden, damit *Abwärme* besser genutzt wird, (Beifall bei der SPD und der FDP) damit wir nicht eine Abwärmeabgabe erwägen müssen (Zurufe von der CDU/CSU: Ha, ha! Oh!) und damit die *Fernwärme* weitere Verbreitung findet. [...]
(Verhandlungen des Deutschen Bundestages, IX, 24.11.1980)

[122] Helmut Kohl, Vorsitzender der CDU, über Umweltschutz und immaterielle Bedürfnisse
(Debatte über die Regierungserklärung vom 16.11.1980; Auszug)

Ihr Programm, Herr Bundeskanzler, läßt eine *dauerhafte Sicherung unserer materiellen Existenzgrundlagen* nicht erwarten. »No future«, so steht es an den Wänden deutscher Großstädte. Keine Zukunft: das ist auch die Prognose, die wir Ihnen und Ihrer Politik stellen müssen.
Es ist unübersehbar, daß der perspektivlose Pragmatismus ökonomischer Krisenverwaltung elementare, vor allem *immaterielle Bedürfnisse* der Menschen unbefriedigt läßt. Herr Bundeskanzler, Sie haben in Ihrer Regierungserklärung zu den Aufgaben im eigenen Land gesagt: »Hier geht es um Einkommen und Auskommen.« Aber, Herr Bundeskanzler, das ist allenfalls die halbe Wahrheit.
(Beifall bei der CDU/CSU)
Sie wollen jetzt dem Land »Mut zur Zukunft« verordnen, aber Sie deprimieren in Wahrheit die Menschen, weil Ihre Politik all jene Fragen ausklammert, auf die Sie mit mehr Geld, mehr Gesetzen und mehr Behörden keine Antwort geben können.
(Beifall bei der CDU/CSU)
Wie sollen wir in Zukunft leben, wenn unser wirtschaftliches Wachstum nicht mehr jedes Problem zu lösen hilft? Wie erhalten wir uns den inneren Frieden,

den sozialen Frieden, wenn es nur noch wenig zu verteilen gibt? Wie sieht die Perspektive einer lebenswerten, einer menschlichen Zukunft aus?
Das, meine Damen und Herren, werden Kernfragen deutscher Politik in den vor uns liegenden Zeiten sein. Herr Bundeskanzler, ich frage Sie: Wo sind Ihre Antworten? (Dr. Ehmke [SPD]: Und Ihre?) Wohlstand und materielle Sicherheit können nicht ausgleichen, was die Menschen in der Härte und Hektik, in der Anonymität und Kälte ihres Alltagsdaseins an Lebensqualität verlieren. Eine Generation wächst heran, für die Wohlstand und soziale Sicherheit selbstverständlich sind und die jetzt auch wieder nach Werten fragt, die eben mit Geld nicht zu kaufen sind, aber für das Glück der Menschen entscheidend sind: (Beifall bei der CDU/CSU) das Gefühl der Geborgenheit, das Erlebnis menschlicher Zuwendung, die Überschaubarkeit persönlicher Lebensbereiche, Orientierungssicherheit in einer Welt des Wandels – das sind Bedürfnisse, für die die Politik eine neue Sensibilität entwickeln muß. (Wehner [SPD]: Beinahe poetisch!) – Herr Wehner, es mag sein, daß Ihnen das poetisch vorkommt. (Wehner: »Beinahe« habe ich gesagt!) Aber das hat eben damit zu tun, daß Sie sich inzwischen weit, weit von unserem Volk entfernt haben.
(Beifall bei der CDU/CSU – Erneuter Zuruf des Abg. Wehner)
Die *Sorge um Natur und Landschaft* und die Bereitschaft, sich für ihre Pflege einzusetzen, ist wahrlich keine Erfindung unserer Tage. Diese Werthaltung ist im besten Sinne des Wortes konservativ. Sie hat in der Arbeit von Organisationen des Natur- und Landschaftsschutzes, sie hat im Selbstverständnis von Heimat- und Wandervereinen, von Winzern, Bauern und Jägern eine lange Tradition. Nicht die Wertschätzung für unsere Umwelt hat sich verändert, sondern der Grad ihrer Gefährdung. Das müssen wir zur Kenntnis nehmen.
(Beifall bei der CDU/CSU)
[...] Auch wenn im Bereich des Umweltschutzes vieles erreicht werden konnte – das ist doch wahr – und obwohl die Politik dem *Umweltschutz* einen erkennbar höheren Stellenwert zumißt, scheint sich im Bewußtsein vieler – wie ich finde, zu vieler – Bürger die Meinung festzusetzen, daß Politik im Grunde unsensibel ist für ihre Sorge um den Erhalt einer natürlichen Umwelt. Dieses Vorurteil, Herr Bundeskanzler, gilt gerade auch Ihrem ökonomisch verkürzten Politikverständnis. Was immer Sie an Gesetzen, Programmen und finanziellen Aufwendungen auch vorweisen mögen, hier bleibt eine Glaubwürdigkeitslücke.
Der Opportunismus, mit dem Sie und Ihre Partei zugleich eine Option für und gegen die *Kernenergie* offenhalten wollen, verstärkt eben die Sorge und den Widerstand vieler Bürger. (Beifall bei der CDU/CSU) Wer so tut, als sei er nur halb und mit schlechtem Gewissen für die Kernkraft, kann nicht überzeugend darlegen, daß wir Kernkraft wirklich brauchen und daß Kernkraft auch ein wichtiger Beitrag zum Umweltschutz ist, (Beifall bei der CDU/CSU) weil sie eben die Umwelt weniger belastet als Kohlekraftwerke, weil sie hilft, Rohstoffe zu sparen, die zu kostbar sind, um sie zu verheizen, und weil sie die notwendige Energie liefert, mit der wir andere Aufgaben des Umweltschutzes, z. B. die Reinhaltung des Wassers, verwirklichen können.

Mit Ihrer Zwei-Optionen-Politik, Herr Bundeskanzler, wirken Sie auf die Bürger wie der Exponent eines technokratischen Staates, der den Menschen kaltherzig schwere Risiken zumuten würde, der aber zurückzuckt, sobald er auf den Widerstand konfliktfähiger Gegner trifft. Diese Wirkung wird verstärkt durch eine Erfahrung, die die Bürger mit Ihrer Politik immer wieder und anläßlich der jüngsten Koalitionsverhandlungen in besonders krasser Form machen mußten: die Erfahrung nämlich, daß Politiker und Parteien viel vom Gemeinwohl und von sozialer Verantwortung reden, daß sie dann aber nicht den Mut haben, das Notwendige für die Schwachen auch einmal gegen die Interessen mächtiger Gruppen zu tun.
(Verhandlungen des Deutschen Bundestages, IX, 26.11.1980)

[123] Jahresgutachten 1982/83 des Sachverständigenrates zur Begutachtung der gesamtwirtschaftlichen Entwicklung
(Kürzere Fassung; 23.11.1982, Auszug)

Die Binnenkonjunktur 1982

14. In der Bundesrepublik hat sich die Wirtschaft auch 1982 nicht aus der hartnäckigen Stockung lösen können, in der sie sich seit 1980 befindet. Im Gegenteil, die wirtschaftliche Lage stellt sich gegen Ende des Jahres schlechter dar als zu Jahresbeginn. Statt zu der erwarteten allmählichen Erholung ist es vom Frühjahr an zu einem Rückgang der wirtschaftlichen Aktivität gekommen. Dabei wirkte zusammen, daß der zuvor starke Anstieg der Auslandsaufträge umschlug und die Binnennachfrage schwach blieb. Auftragspolster, die es erlaubt hätten, den bisherigen Produktionsumfang beizubehalten, waren nur in begrenztem Maße vorhanden. Produktionskürzungen und ein weiterer Personalabbau waren daher von der Jahresmitte an die Folge. Die Anzahl der Arbeitslosen ist damit wieder verstärkt gestiegen; am Jahresende wird sie voraussichtlich mehr als 2 Millionen betragen, über 500000 mehr als Ende 1981. Obwohl das Jahr in anderer Hinsicht auch Fortschritte brachte – abnehmende Preissteigerungen und eine weitgehend ausgeglichene Bilanz im Waren- und Leistungsverkehr mit dem Ausland –, überwiegt derzeit Enttäuschung, was die zurückliegende, und Sorge, was die weitere Entwicklung betrifft.

15. Offenbar hatte die deutsche Wirtschaft dem Sog der weltwirtschaftlichen Probleme nicht genug entgegenzusetzen.
Der Abbau des außenwirtschaftlichen Defizits, der verglichen mit anderen Ländern beachtlich schnell vorankam, selbst wenn man die binnenwirtschaftliche Nachfrageschwäche und die gedrückten Weltmarktpreise der meisten Rohstoffe dabei in Rechnung stellt, hat für eine Verbesserung der monetären Rahmenbedingungen zwar Spielraum geschaffen, aber keinen großen.
Das aus ihrer Sicht an geldpolitischer Lockerung Mögliche hat die Bundesbank getan. In mehreren Schritten hat sie den Zugang zum Notenbankkredit erleichtert und diesen verbilligt. Die Zentralbankgeldmenge, für die die Bundesbank – ausgehend freilich von einer niedrigen Basis der Geldversorgung –

zwischen dem vierten Quartal 1981 und dem vierten Quartal 1982 einen Expansionsspielraum von 4 vH bis 7 vH vorgegeben hatte, bewegte sich das Jahr über am oberen Rand dieses Zielkorridors. Ein expansiver Impuls, der über das hinausgeht, was sich aus einer Abkehr von einer restriktiven Linie ergibt, ist in der Geldpolitik des Jahres 1982 nicht angelegt. Die Beschleunigung in der Expansion der Zentralbankgeldmenge muß man aber deutlich sehen. Eine noch stärkere Beschleunigung hätte den Prozeß der Stabilisierung des Preisniveaus wohl erneut gefährdet. Hohe Kapitalabflüsse ins Ausland und eine bis zuletzt anhaltende Schwäche der D-Mark gegenüber dem Dollar haben gezeigt, wie eng begrenzt der geldpolitische Handlungsspielraum geblieben ist. Der zögerliche Rückgang der Kapitalmarktzinsen hat verdeutlicht, daß durch die Hergabe von einigen Milliarden Mark Zentralbankgeld allein kein niedriger Zins auf Dauer gesichert werden kann

16. Für eine Belebung der wirtschaftlichen Aktivität, vor allem der Investitionstätigkeit, hätte die Aussicht auf bessere Erträge hinzukommen müssen. Die Lohnrunde, die angesichts der zunehmenden Beschäftigungsprobleme und der vorangegangenen Verschlechterung der Ertragslage mit durchschnittlich 4 vH etwas geringere Tarifanhebungen als im Jahr davor brachte, bot für eine allmähliche Erholung der Unternehmensgewinne auch Raum. Die unerwartete Abschwächung der Nachfrage hat diesen jedoch geschmälert, weniger von den Preisen als vielmehr von den Mengen her, und die Gewinne in der Summe nicht wie die Gewinnmargen steigen lassen. Unsicherheiten im Exportgeschäft und drängende Konsolidierungsprobleme zahlreicher Unternehmen haben zudem der Verbesserung der Ertragslage viel von ihrer Wirkung genommen.

17. Die Finanzpolitik sah sich vor die Aufgabe gestellt, Maßnahmen einzuleiten, die einen Abbau der hohen staatlichen Defizite auf mittlere Sicht gewährleisten, die Ausgabenstruktur zugunsten der öffentlichen Investitionen ändern und darüber hinaus die private Investitionstätigkeit verstärkt fördern sollten. Ein erster Schritt war Ende 1981 mit der sogenannten Operation '82 getan worden. Die Verschlechterung der Beschäftigungslage veranlaßte die Bundesregierung im Frühjahr 1982, zusätzlich eine befristete Investitionszulage in Höhe von 10 vH der Anschaffungskosten von Ausrüstungsgütern und Betriebsgebäuden zu beschließen, soweit sie die durchschnittlichen Investitionsausgaben während der vergangenen drei Jahre übersteigen. Die Auseinandersetzungen um den angemessenen Kurs der Finanzpolitik hatten damit jedoch kein Ende, zumal bald offenkundig wurde, wie hoch das Haushaltsdefizit weiterhin sein würde. Der langanhaltende Streit um Art und Umfang zusätzlicher Maßnahmen verunsicherte Investoren und Konsumenten weiter. Die wirtschaftspolitischen Weichenstellungen, die von der neuen Regierung vorgenommen oder ins Auge gefaßt worden sind – Ausgabenkürzungen und Umstrukturierung des Haushalts zugunsten investitionsfördernder Maßnahmen –, sind für die wirtschaftliche Entwicklung im kommenden Jahr von Bedeutung. Das Jahr 1982 berühren sie nicht mehr.

18. Die Auslandsnachfrage, die im vergangenen Jahr kräftig gestiegen und damit zur wichtigsten Stütze der binnenwirtschaftlichen Entwicklung geworden war, ist 1982 unerwartet stark zurückgegangen. Von der Jahresmitte an schlug sich dies mehr und mehr auch im Exportvolumen nieder. Bei den unmittelbaren Wirkungen, die das auf Produktion und Beschäftigung im Inland hatte, blieb es nicht. In ihren Absatzerwartungen verunsichert, schoben die Unternehmen Investitionsvorhaben weiter auf und fuhren fort, den Personalbestand zu verringern. Einkommenseinbußen und steigende Arbeitsplatzrisiken dämpften zudem den privaten Verbrauch. Kurz, die Schwäche der Binnennachfrage verschärfte sich. Daß dies alles nicht nur auf die Produktion im Inland, sondern auch auf die Einfuhr zurückwirkte, die vom Frühjahr an ebenfalls rückläufig war, minderte zwar den von außen kommenden rezessiven Einfluß, wog ihn aber nicht auf.

19. Was an Verbesserungen der Angebotsbedingungen – von den Kosten für Kapital und Arbeit bis hin zu den finanzpolitischen Rahmenbedingungen – zu verzeichnen war, reichte offenbar nicht aus, die Widerstandskraft der Wirtschaft, insbesondere die Investitionsneigung der Unternehmen hinreichend zu stärken. Die hohen Zinsen haben sich zunächst nur langsam und stockend zurückgebildet. In der zweiten Jahreshälfte ist es aber zu weiteren deutlichen Zinssenkungsschritten gekommen. Die Entlastung bei den Fremdkapitalkosten hielt sich das Jahr über deshalb in engen Grenzen, weil viele Unternehmen sich noch gezwungen sahen, auslaufende Kredite zu Zinsen umzuschulden, die über den früheren lagen. Deutlicher als bei den Kapitalkosten war die Entlastung 1982 bei den Kosten für importierte Vorleistungen, die in den vorangegangenen drei Jahren außerordentlich stark gestiegen waren, zunächst durch den Preissprung beim Erdöl und die Hausse der Weltmarktpreise für zahlreiche Rohstoffe, dann durch den Kursrückgang der D-Mark bedingt. Der Anstieg der Lohnkosten hat sich erheblich verlangsamt.

20. Die akuten nachfrageseitigen Belastungen überwogen offenbar derart, daß die Investitionstätigkeit 1982 noch stärker zur Schwäche neigte als zuvor. Am frühesten und am deutlichsten wurde das bei den Lagerinvestitionen sichtbar. Die Nachfrage nach Ausrüstungsgütern ist bis in den Herbst hinein zurückgegangen. Ihre Auftragsvergabe an die Bauwirtschaft haben die Unternehmen das Jahr über dagegen nicht weiter gekürzt. Im Wohnungsbau hat die Nachfrage sogar, wie es scheint, etwas angezogen; der Anstieg, der im Verlauf des Jahres zu verzeichnen war, reichte indes bei weitem nicht, auch nur den scharfen Rückgang vom vergangenen Jahr wettzumachen. Alles in allem wurde im laufenden Jahr, soweit sich das derzeit abschätzen läßt, real gerechnet 5 vH weniger in Ausrüstungen und Bauten investiert als 1981. Anders als im vergangenen Jahr sind in diesem Jahr selbst unter Einschluß der Preissteigerungen die Investitionen gesunken.

21. Abnehmende Bestellungen aus dem Ausland wie aus dem Inland und zunehmende Lagerbestände bewogen mehr und mehr Unternehmen von der Jahresmitte an, ihre ohnehin nicht hohe Produktion einzuschränken, zumal die meisten eine baldige Erholung nicht sahen. So wurden in der zweiten Jahreshälfte nicht mehr, sondern weniger Güter hergestellt und Dienstleistungen erbracht als ein Jahr zuvor. Im ganzen dürfte die gesamtwirtschaftliche Produktion 1982 um etwa 1 vH hinter der des Jahres 1981 zurückbleiben. Besonders stark leidet weiterhin die Bauwirtschaft unter der Rezession. Ein Produktionsniveau, das noch erheblich niedriger war als im Vorjahr, wenn es auch im Jahresverlauf nicht weiter absank, Firmenzusammenbrüche in bisher nicht gekanntem Ausmaß und ein drastischer Abbau des Personalbestands kennzeichneten die schlechte Lage. Der Kapazitätsabbau im Baugewerbe hat sich fortgesetzt, und die Befürchtung, daß er über das hinausgeht, was auf mittlere Sicht als zuträglich gelten kann, erscheint nicht unbegründet. Es wäre nicht das erste Mal, daß in einer Baurezession bereits die Probleme eines folgenden Aufschwungs angelegt sind.
In der Volkswirtschaft im ganzen hat der Bestand an Produktionsanlagen weiter zugenommen; mit der rückläufigen Investitionstätigkeit hat sich die Zunahme allerdings verlangsamt. Der Angebotsspielraum, das heißt das gesamtwirtschaftliche Produktionspotential, ist unseren Rechnungen zufolge 1982 um 1½ vH gewachsen. Genutzt wurde der Spielraum freilich nicht. Im verarbeitenden Gewerbe, das besonders starke Produktionsschwankungen aufweist, sank die Auslastung der industriellen Anlagen Befragungen zufolge bis zum Herbst auf 74 vH der betriebsüblichen Vollauslastung. Sogar im Tiefpunkt der Rezession von 1974/75 hatten die Firmen ihre Kapazitäten noch etwas mehr nutzen können.

22. Die Lage am Arbeitsmarkt ist unter diesen Bedingungen 1982 noch ungünstiger geworden, als zu Anfang des Jahres erwartet wurde. Die Nachfrage nach Arbeitskräften ist erheblich zurückgegangen, abzulesen an dem deutlichen Beschäftigungsabbau und an der immer kleiner werdenden Zahl an angebotenen offenen Stellen. Der Beschäftigungsrückgang hat sich das ganze Jahr über nicht abgeschwächt. Von Vierteljahr zu Vierteljahr betrug er jeweils rund 100000. In den meisten Branchen entließen die Unternehmen trotz vermehrter Kurzarbeit bis zuletzt Arbeitskräfte. Im Vergleich zum Vorjahr hatten im Durchschnitt des Jahres 1982 etwa 410000 weniger Personen einen Arbeitsplatz. Bei abermals zunehmender Anzahl derer, die eine Erwerbstätigkeit aufnehmen wollen, stieg die Arbeitslosigkeit von Monat zu Monat ständig an. Im Oktober waren über 1,9 Millionen Arbeitslose gemeldet, von jahreszeitlichen Einflüssen bereinigt, entspricht dies mehr als 2 Millionen. Auch die Anzahl der Jugendlichen, die nach Abschluß ihrer Ausbildung keinen Arbeitsplatz finden, hat stärker zugenommen. Wie ungünstig die Beschäftigungschancen 1982 waren, zeigt sich nicht zuletzt auch daran, daß es noch länger dauerte als im Vorjahr, bis arbeitslos gewordene Arbeitnehmer wieder in Beschäftigung kamen. Nur noch jeder Sechste hatte innerhalb eines Monats einen neuen Arbeitsplatz.

23. Die Bedingungen für eine Preisberuhigung waren in diesem Jahr ungleich günstiger als 1981. Anders als im Vorjahr war nämlich die Preisentwicklung 1982 nicht von massiven Importverteuerungen gekennzeichnet, und anders als damals gab es keinen zunehmenden Kostendruck im Innern. Im vergangenen Jahr waren bei auch schon abgeschwächten Lohnsteigerungen die Lohnstückkosten noch stark gestiegen, weil kapazitätsauslastungsbedingt – der Personalabbau in den Unternehmen war noch nicht sehr stark – die Produktivität nur wenig zunahm. In diesem Jahr brachten ein abnehmender Kostenanstieg im Personalbereich, günstigere Finanzierungsbedingungen sowie sinkende Rohstoffpreise spürbare Entlastung. In den Absatzpreisen der Unternehmen findet sich dies nicht in vollem Umfang wieder. Trotz des Nachfragerückgangs haben die Unternehmen offenbar ihre Preise auch deshalb angehoben, weil sie hofften, so am ehesten ihre Ertragslage und ihre angeschlagene Finanzkraft wieder zu verbessern. Das scheint bei aller Verschiedenheit der Ertragsentwicklung im einzelnen, im Durchschnitt auch tatsächlich gelungen zu sein.

24. Nach zwei Jahren hoher Leistungsbilanzdefizite ist es der Bundesrepublik in diesem Jahr gelungen, wieder zu einem annähernden Ausgleich der Leistungsbilanz zu kommen. Dies ist im wesentlichen die Folge einer kräftigen Verbesserung der Handelsbilanz, die bis in die Jahresmitte 1982 anhielt. Seither sind die Exporte wieder zurückgegangen, vor allem wegen der schwachen Weltkonjunktur. Auch die Importentwicklung war im bisherigen Jahresverlauf sehr verhalten. Der Exportüberschuß, der in diesem Jahr schätzungsweise 50 Mrd DM erreichen könnte, dürfte indessen nur gerade ausgleichen, was die Bundesrepublik für Dienste und Übertragungen an das Ausland mehr zu zahlen hatte, als sie für Dienste und Übertragungen erhielt.
Anlaß, die außenwirtschaftliche Situation im ganzen nicht schon für entspannt zu halten, gibt der Kapitalverkehr. Im Bereich der langfristigen Anlagen überwogen die Abflüsse die Zugänge weitaus mehr als im vergangenen Jahr, und dies nicht nur, weil der Staat seine Kreditaufnahme im Ausland verringerte.
An den Devisenmärkten kam es nicht zu der erwarteten Stärkung der D-Mark gegenüber dem Dollar. Gegenüber fast allen anderen Währungen gewann die D-Mark jedoch an Wert. Faßt man die Wechselkursentwicklung gegenüber den Haupthandelspartnern zusammen, so stellte sich übers Jahr hinweg eine Höherbewertung ein.
(Drucksache 9/2118, Deutscher Bundestag, S. 1–8)

[124] »Weltwirtschaft ist unser Schicksal«
(Aufsatz von Helmut Schmidt; 24.2.1983, Auszug)

Im Jahre 1973, unmittelbar nach der ersten Ölpreisexplosion, schrieb ich in einem Aufsatz in *Foreign Affairs*: »Der Gedanke … bleibt, daß die Weltwirtschaft in eine Phase außerordentlicher Instabilität eingetreten ist und daß ihre

künftige Entwicklung absolut ungewiß ist. Sie mag Stabilität bringen, aber genausogut noch mehr Instabilität, Desintegration, nationale Isolierung und Autarkiestreben.«
Damals wie heute lautet die Frage: Werden die Staaten ihre gemeinsamen Probleme in Kooperation zu lösen versuchen – gleichsam ein Spiel miteinander spielen, bei dem jeder gewinnt –, oder werden sie in Konfrontation gehen, also ein Spiel spielen, bei dem alle verlieren?
Noch in den frühen siebziger Jahren sah es so aus, als könnten alle zugleich Gewinner bleiben: die Industrieländer, die Schwellenländer, die Ölförderländer, selbst die Nicht-Öl-Entwicklungsländer. Spätestens seit der zweiten Ölpreisexplosion, seit 1979/80, stimmt dies nicht mehr. Seither stecken wir in einer tiefen Weltwirtschaftsrezession, der tiefsten Rezession seit den dreißiger Jahren. Wenn es gutgeht, werden die Historiker diese Jahre als die »Große Stagnation« beschreiben. Wenn wir aber die Zeichen der Zeit mißdeuten und die Zügel weiterhin schleifen lassen, dann werden unsere Kinder sie mit der Katastrophe der dreißiger Jahre vergleichen. Sie werden unser wirtschaftliches und politisches System in Zweifel ziehen und in manchen Ländern möglicherweise – wie in Deutschland 1933 geschehen – über Bord werfen.
Niemand wird bestreiten, daß die Weltwirtschaft sehr krank ist. Aber sie ist nicht unheilbar krank. Denn: Unsere Probleme sind von Menschen gemacht, sie können auch von Menschen behoben werden. Dazu gehört, daß die Regierungen ihrer Verantwortung gerecht werden. Wir dürfen nicht so sehr an die unsichtbare Hand des Marktes glauben, daß wir es vorziehen, »die sichtbare Hand gestaltender Politik gar nicht wahrzunehmen« (Joseph Kraft). Man darf die Lösung unserer Probleme nicht allein den »Selbstheilungskräften des Marktes« überlassen.
Als Regierungschef habe ich einen mittleren Weg zwischen den keynesianischen und den monetaristischen Übertreibungen verfolgt; aber natürlich konnten wir nicht verhindern, daß auch die deutsche Wirtschaft nach der zweiten Ölpreisexplosion zunehmend in den Sog der Weltwirtschaftskrise geriet. Ich bin immer dabei geblieben: Die Weltwirtschaft ist unser Schicksal. Sie kann nur gemeinsam gesteuert werden. Deshalb haben wir vor zehn Jahren die *Library Group* geschaffen, ein informelles Treffen der Finanzminister, und bald darauf die Weltwirtschaftsgipfel eingerichtet.
Heute erscheinen die Regierungen wie gelähmt. Der politischen Entschlußlosigkeit der Regierenden steht die private Hilflosigkeit der Arbeitslosen und der Hungernden gegenüber. Mit jedem Tag wächst die Gefährdung des Systems, das uns ein Weltsozialprodukt beschert hat, von dem weder unsere Großväter noch unsere Väter, noch wir selbst zu träumen gewagt hatten.

Das Risiko einer Depression

Mehr als 32 Millionen Menschen sind gegenwärtig in den westlichen Industrieländern (OECD) arbeitslos. Selbst wenn die Industrieländer wieder reale Wachstumsraten von drei Prozent erreichten, ginge die Arbeitslosigkeit in den nächsten Jahren nicht zurück. Bei Fortführung der gegenwärtigen Wirtschaftspolitik durch die entscheidenden Staaten wird die Arbeitslosigkeit unweigerlich weiter steigen. Tatsächlich schrumpft die Weltproduktion. Der Welthandel stagnierte 1980, seit 1981 geht er zurück. Die Auslastung der Kapazitäten ist extrem niedrig. Die Investitionen in Sachkapital gehen weiter zurück. Die Zahl der Insolvenzen hat 1982 weltweit einen neuen Höchststand erreicht. Wenn in Detroit Armenküchen eingerichtet werden mußten, herrscht dort Depression.

Die realen Zinsen liegen trotz des deutlichen Rückganges der nominalen Zinsen immer noch extrem hoch. In einigen Industrieländern sind die Realzinsen im vergangenen Jahr sogar weiter gestiegen. Die Realzinsen der Welt sind heute doppelt so hoch wie im Durchschnitt des Jahres 1981.

Die Wechselkurse der Schlüsselwährungen spielen verrückt. Beides, die hohen Realzinsen und die extremen Wechselkursschwankungen, verunsichern den Handel erheblich und tragen zur Zurückhaltung der Investoren bei.

Die realen Preise vieler Rohstoffe der Entwicklungsländer liegen auf dem niedrigsten Stand seit 30 Jahren. Die Entwicklungsländer können mit ihren Erlösen weit weniger kaufen als ehedem. Niedrige Rohstoffpreise, hohe Rohölpreise und exorbitant hohe Zinsen haben in den Entwicklungsländern zu einer immensen Verschlechterung der Leistungsbilanzen geführt. Ihre Defizite waren 1982 immer noch dreimal so hoch wie 1978: Die Nicht-Öl-Entwicklungsländer hatten 1978 gemeinsam ein Leistungsbilanzdefizit von 23 Milliarden Dollar; es ist bis 1981 auf 73 Milliarden angestiegen und 1982 nur leicht abgesunken.

Deshalb sind die Auslandsschulden der Entwicklungsländer 1982 auf über 600 Milliarden Dollar angewachsen; mehr als drei Viertel davon sind kommerzielle Kredite. Ein weiteres Jahr weltwirtschaftlicher Rezession kann die Entwicklungsländer in eine katastrophale Lage bringen (möglicherweise mit schlimmen Folgen für die kreditgebenden Banken).

Die Rezession hat die im OPEC-Kartell zusammengeschlossenen Staaten nicht verschont. Der Ölverbrauch in den westlichen Industrieländern ist seit 1979 um etwa 15 Prozent zurückgegangen, auch aufgrund von Energie-Einsparung. Da die nicht am Kartell beteiligten Förderländer ihre Produktion in den vergangenen drei Jahren kräftig gesteigert haben, hat sich die Förderung der OPEC – bei fallenden Marktpreisen – seit 1979 nahezu halbiert. Der offizielle Ölpreis von 34 Dollar/Barrel steht nur noch auf dem Papier.

Auch die plangesteuerten kommunistischen Wirtschaften der RGW-Länder sind von der Rezession voll getroffen. Zu lange war man dort davon ausgegangen, daß die Krise lediglich ein Problem der kapitalistischen Industrieländer wäre. Die Planziele wurden weit unterschritten. Die Wachstumsraten des West-Ost-Handels haben sich seit 1981 deutlich verlangsamt. Die Auslandsverschuldung der kommunistischen Staaten ist bis 1981 erheblich gestiegen; seitdem stehen diesen Ländern praktisch keine frischen westlichen Bankkredite mehr zur Verfügung.

Die Tatsache, daß eine Reihe von Staaten – unter den Entwicklungsländern wie im Ostblock – sanierungsreifen Unternehmen gleichen, veranlaßte die Geschäftsbanken, die Vergabe neuer Kredite zu drosseln. Es kam zu Zah-

lungsrückständen, einseitig dekretierten Moratorien und schließlich zu spektakulären Umschuldungsaktionen, deren Ende noch nicht abzusehen ist.
Die Einschränkung der Exporte in die kranken Staaten hat die Beschäftigung in den gesunden Ländern getroffen. Immer mehr Länder versuchen jetzt, ihre Schwierigkeiten durch Subventionierung ihrer Ausfuhren und Abschottung ihrer Märkte zu lindern. Der Protektionismus wuchert. Er treibt immer mehr Unternehmen und Länder an den Rand des Ruins. Denn: »Märkte sind wie Fallschirme – sie funktionieren nur, wenn sie sich öffnen.«
Ich bin in einer Hafenstadt zu Hause. Was sich in Schiffbau und Schiffahrt abspielt, ist symptomatisch für die Weltwirtschaft. Die *Financial Times* schätzt, daß 12 Prozent der Welttonnage aufgelegt sind, obwohl mehr Tonnage als je zuvor abgewrackt wird. Die Frachtraten sind zusammengebrochen. Weder im Tankermarkt noch in der Trampschiffahrt, noch in der Linienschiffahrt zeichnet sich eine Besserung ab. Weil aber alle Regierungen unter dem Druck ihrer Parlamente den Schiffbau weiter subventionieren, wird mehr neue Tonnage fertiggestellt, als alte verschrottet wird. Banken und Schiffseigentümer sind in Bedrängnis.
Der einzige Lichtblick in der gegenwärtigen Lage und zugleich eine Chance liegt darin, daß die Inflation in den meisten Ländern eingedämmt ist und die Inflationserwartungen deutlich gedämpft, wenn nicht gebrochen sind. Die Bremsspuren sind freilich erschreckend.

Wie es soweit kommen konnte

Am Beginn des Niedergangs der Weltwirtschaft steht die rapide Geldentwertung der siebziger Jahre. Sie hatte komplexe Ursachen. Zum einen führte die Inflationierung des amerikanischen Dollars zum Zusammenbruch des Systems von Bretton Woods, das seit Kriegsende eine so wohltuende Rolle gespielt hatte. Es hatte die Wechselkurse stabil gehalten und die Regierungen und Notenbanken gezwungen, ihr Verhalten am Wert des Dollars zu orientieren. Der internationale Handel, das internationale Kreditgeschäft und die internationalen Investitionen konnten mit festen Wechselkursen operieren.
Die Verweigerung rechtzeitiger Anpassungen dieser festen Wechselkurse und die Finanzierung des Vietnam-Krieges führten gegen Ende der sechziger Jahre zu einem starken Interventionszwang für alle beteiligten Zentralbanken. Da die USA ihre Goldvorräte nicht zur Intervention einsetzen wollten oder konnten, brach das System 1971–1973 schrittweise zusammen. Der Dollar verfiel einer schnellen Abwertung, die in diesem Umfang durch die fundamentalen Wertverhältnisse keineswegs gerechtfertigt war.
Die Entlassung fast aller Währungen der Welt aus dem Zwang, ein festes Wechselkursverhältnis zum Dollar aufrechtzuerhalten, entließ gleichzeitig die Regierungen aus dem Zwang, ihre budgetäre und monetäre Politik am Zustand der eigenen Zahlungsbilanz zu orientieren. Viele Regierungen leisteten sich hohe Budgetdefizite, die durch expansive monetäre Politik (Geldschöpfung) finanziert wurden. Inflation und Inflationserwartungen stiegen fortlaufend an. Damit war der Boden vorbereitet für die explosionsartige

Durchsetzung erhöhter Preise durch das OPEC-Kartell. Die schnell erfundenen Mechanismen zum *Recycling* der Petro-Dollars taten ein übriges. Es erschien problemlos, aus kurzfristig angelegten Ölüberschußdollars einen riesenhaften Euro-Dollarmarkt und eine bis dahin unerhörte internationale Verschuldung aufzubauen.

In Wirklichkeit haben die Industriestaaten die höheren Ölpreise nur zum kleineren Teil real bezahlt; die größere Last haben die Entwicklungsländer in einer horrenden Verschlechterung ihrer *terms of trade* getragen. Aber inzwischen hat das Unglück der hohen internationalen Verschuldung und der drohenden Insolvenz die Geschäftsbanken der industriellen Staaten eingeholt.

Der zweite Ölpreisschock der Jahre 1979/1980 konnte nicht mehr auf die gleiche Weise bewältigt werden. Hierfür waren im wesentlichen psychologische und politische Gründe ursächlich: Viele Regierungen begannen – mit Recht –, die Inflation zu fürchten; sie ergriffen monetäre Restriktionen, die zu schnell zu weit gingen.

Budgetäre Restriktionen waren in der Tat in vielen Staaten der Welt schon seit längerem angezeigt gewesen. In den inflationistischen siebziger Jahren, hier und dort schon in den sechziger Jahren, hatte man in manchen Staaten die staatliche Finanzierung von Wohlfahrtsansprüchen stärker vorangetrieben, als durch reales Wachstum und Steuereingänge dauerhaft finanziert werden konnte. In vielen Staaten kamen unglückselige Indexierungen der Sozialleistungen hinzu (und die Indexierung der Löhne heizte die Inflation weiter an). Gleichzeitig aber hatten Parlamente und Regierungen auch begonnen, in zu hohem Maße ihre heimische Landwirtschaft und große Zweige ihrer Industrie zu subventionieren. Die entwickelten Volkswirtschaften verloren einen guten Teil ihrer Flexibilität und Anpassungsfähigkeit. Zugleich setzten viele Entwicklungsländer sich viel zu ehrgeizige Entwicklungs- und Industrialisierungsziele; viele von ihnen haben sich im Laufe der siebziger Jahre als unrealistisch erwiesen.

Dem Zusammenbruch des Bretton-Woods-Systems und seiner festen Wechselkurse ist die weltweite Inflation gefolgt. Sie wurde begleitet von einer Umkehr des Trends zur Liberalisierung des Welthandels. Selbst innerhalb der Europäischen Gemeinschaft wird das Prinzip mehr und mehr erkennbar, das sich seit Ende der siebziger Jahre auf der ganzen Welt breitmacht: kurzsichtiger nationaler Egoismus und Auslieferung nationaler ökonomischer Politik an den Druck der *pressure groups* überwuchert die internationale Kooperation.

Die Gefahr ist groß, daß die Weltwirtschaft zum zweitenmal in diesem Jahrhundert in eine langanhaltende Depression schlittert. Benjamin Franklin könnte recht bekommen: »Wir müssen zusammenhängen, sonst werden wir einzeln hängen.«

Was zu tun ist

Wenn die Regierungen nicht die Kraft zur Zusammenarbeit aufbringen, so werden sich die Fehler der dreißiger Jahre *mutatis mutandis* wiederholen:

übertriebene geld- und fiskalpolitische Restriktion, Abwertungswettläufe, Protektionismus und Brüche in den internationalen Kreditketten und im Bankensystem. »Man sollte eigentlich im Leben niemals die gleiche Dummheit zweimal machen; denn die Auswahl ist so groß« (Bertrand Russell). Im Ernst können wir uns eine Auswahl unter mehreren Dummheiten nicht leisten; dafür ist die Lage zu ernst. Regierungen haben es aber schwer, weil sie auf *vested interests* in ihren Gesellschaften und Parlamenten stoßen. Nur in gemeinsamer Verabredung der Regierungen untereinander kann jede einzelne Regierung hoffen, sich diesem Druck zu widersetzen. Es ist Zeit, daß die Regierungen gemeinsam in die ökonomische Offensive gehen, wenn sie ihre Verantwortung für die Arbeitslosigkeit wahrnehmen wollen.

Arbeitslosigkeit kann nicht über Nacht mit Patentverfahren beseitigt werden. Wer solche Illusionen gehegt hat, ist durch die rezessiven Erfahrungen in Amerika und England belehrt. Es bedarf vielmehr eines langen Prozesses. Aber die Ziele müssen jetzt gesetzt werden. Die westlichen Industrieländer müssen die Führung ergreifen. Die Vereinigten Staaten müssen sich an die Spitze stellen.

Worauf es ankommt, ist eine enge Abstimmung der einzelnen wirtschaftspolitischen Schritte in den wichtigsten Ländern. Diese Schritte werden selbstverständlich sowohl Maßnahmen zur Stabilisierung der Nachfrage als auch zur Verbesserung der Investitionstätigkeit enthalten müssen. Sie werden von Land zu Land unterschiedlich ausfallen; sie müssen jedoch miteinander verträglich sein und aufeinander aufbauen. Nur so kann vermieden werden, daß national durchaus sinnvolle Politiken verpuffen oder gar in ihr Gegenteil verkehrt werden.

Für den Fall, daß keine solche konzertierte Aktion zustande kommt, hat Henry Kissinger kürzlich das Risiko klipp und klar definiert: »Wenn die Völker des Westens den Glauben verlieren, daß demokratische Regierungen ihr ökonomisches Schicksal meistern, könnte aus der Wirtschaftskrise eine Krise der westlichen Demokratie werden.« [...]

Kredit schafft Handel, Handel sichert Kredit

Die Banker der Welt haben den gewaltigen Aufschwung, den die Weltwirtschaft nach dem Zweiten Weltkrieg genommen hat, nicht nur möglich gemacht, sondern auch entscheidend gestaltet. Das internationale Bankgeschäft hat allerdings in den letzten zehn Jahren einen so großen Umfang und eine so große Bedeutung erlangt, wie keiner erwartet hat. Ohne die verheerenden Folgen der beiden Ölpreisexplosionen wäre es auch kaum dazu gekommen, daß die Geschäftsbanken heute eine Schlüsselrolle für Wohl und Wehe der Weltwirtschaft spielen.

Das Bankgeschäft lebt national wie international vom Vertrauen. Es wäre schlimm, wenn das Vertrauen just dann schwände, wenn es am dringendsten gebraucht wird. In den dreißiger Jahren gab es tiefgreifende Ketten von Bankkrisen, die schwere weltwirtschaftliche Erschütterungen ausgelöst haben. Daraus haben die großen Staaten ihre Lehren gezogen. Sie haben seither strenge Maßstäbe an Liquidität und Bonität der Banken angelegt und den Einlegerschutz verstärkt. Bis in die siebziger Jahre herrschte Ruhe. Auch die Fälle Franklin National und Herstatt haben keine allgemeine Vertrauenskrise ausgelöst, weil die beiden Notenbanken und die beiden Regierungen energisch eingriffen.

Inzwischen hat sich das Bild schlagartig gewandelt. Die Beispiele: Polen, Ambrosiano und Mexiko haben zwar jeweils ihre eigene Vorgeschichte. Aber gemeinsam lösen sie den Soupçon aus, daß viele Geschäftsbanken in den siebziger Jahren ihre internationale Kreditvergabe etwas übertrieben und daß die Notenbanken und Regierungen ihre Aufsichtsfunktion vernachlässigt und ebenso ihre Rolle als *lender of last resort* im unklaren gelassen haben.

Es wäre falsch, aus den Beispielen den Schluß zu ziehen, das internationale Banken- und Finanzsystem sei nicht in der Lage, mit den schweren Belastungsproben fertig zu werden, welche die gegenwärtige Weltwirtschaftslage ihm auferlegt hat. Allerdings müssen dazu alle an einem Strang ziehen: Notenbanken, Regierungen, internationale Organisationen und private Gläubigerbanken.

Ganz obenan steht die Notwendigkeit, einen Bruch in den internationalen Kreditketten zu vermeiden. Das Auslandsengagement der Banken ist auf wenige Entwicklungsländer konzentriert. Entsprechend hoch ist das einzelne Länderrisiko im Verhältnis zum Eigenkapital der Banken; so machen zum Beispiel die Kredite amerikanischer Banken allein an brasilianische und mexikanische Adressen zusammen rund zwei Drittel des gesamten Eigenkapitals aller amerikanischen Banken aus.

Müßten die Banken Engagements dieser Größenordnung auf Null abschreiben, so wäre ihre eigene Solvenz gefährdet. Solange sie aber insgesamt bereit bleiben, die Kredite bei Zahlungsschwierigkeiten der Schuldnerländer umzuschulden, wird dieser Extremfall nicht eintreten. Weit wahrscheinlicher ist deshalb, daß es allenfalls zu Teilabschreibungen kommt – eventuell auf längere Zeiträume verteilt. Hierzu sind gesetzliche oder administrative Möglichkeiten denkbar, um eine Erosion des Eigenkapitals der Banken zu verhindern.

Natürlich bleibt jede einzelne Bank für ihre Liquidität und Solvenz verantwortlich. Die tatsächliche oder vermeintliche Erhöhung der Länderrisiken hat 1982 im internationalen Bankgeschäft zu verständlicher, aber insgesamt gefährlicher Zurückhaltung geführt; auch im Interbankengeschäft hat es Nervosität gegeben. Aber der Internationale Währungsfonds und die Bank für Internationalen Zahlungsausgleich (BIZ) haben in einer Reihe von ausgezeichneten Feuerwehraktionen bisher jede Krise abgewendet.

Auch für die Zukunft bleibt die Einschaltung des IWF eine *conditio sine qua non*, weil nur er seinen Mitgliedsländern bei der Kreditvergabe wirtschaftspolitische Auflagen erteilen kann. Die Geschäftsbanken können dies nicht. In den siebziger Jahren haben auch reiche Industrieländer wie Großbritannien und Italien sich Auflagen gefallen lassen müssen. Nur Auflagen des IWF können sicherstellen, daß Länder in Zahlungsbilanzschwierigkeiten ihr Haus in Ordnung bringen.

Die Auflagen müssen aber realistisch sein. Man darf nicht allen Ländern gleichzeitig empfehlen, den Gürtel enger zu schnallen, die Einfuhren zu drosseln und die Ausfuhren zu steigern. Solche Rechnung könnte nicht aufgehen, denn sie bedeutete eine drastische Absenkung des Welthandels. Wirtschaftliches Chaos wäre die Folge, politische Destabilisierung mindestens in den betroffenen Entwicklungsländern würde wahrscheinlich – und Konsequenzen für das West-Ost-Gleichgewicht wären nicht auszuschließen.

Natürlich müssen die Schuldnerländer, die Kreditnehmer des IWF, große eigene Anstrengungen unternehmen: Viele ehrgeizige oder prestigeorientierte Entwicklungsvorhaben müssen gestreckt oder vertagt werden. Das wichtigste ist die Sicherung der eigenen Ernährungsgrundlagen. Der Korruption muß Schach geboten werden. Ernsthafte Anstrengungen sind nötig, um das Bevölkerungswachstum zu dämpfen.

Zurück zur kreditpolitischen Kooperation: Auch die Weltbank und die Bank für internationalen Zahlungsausgleich in Basel (BIZ) haben eine wichtige Rolle zu spielen. Die BIZ hat in den vergangenen Monaten im großen Stil Vorausfinanzierung für spätere Kreditgewährung durch den IWF übernommen; sie hat damit nervöse Gläubigerbanken beruhigt. Ich verstehe, daß der BIZ-Verwaltungsrat (nämlich die wichtigsten europäischen Notenbankchefs) mit dieser Feuerwehrrolle nicht ganz glücklich ist. Aber die BIZ leistet damit der Weltwirtschaft einen großen Dienst; sie sollte ihn deshalb fortsetzen.

Nicht weniger wichtig war der Druck, den der IWF auf die Geschäftsbanken ausgeübt hat, Fälligkeiten zu prolongieren und neue Kredite auszureichen. Denn nichts wäre zum jetzigen Zeitpunkt falscher als eine Kontraktion im internationalen Kreditgeschäft. Kredit schafft Handel, Handel sichert Kredit.

Die heutige Situation der Gläubigerbanken ähnelt jener, in der sich viele Unternehmen in der Weltwirtschaftskrise der dreißiger Jahre befanden: als alle gleichzeitig versuchten, ihre Bilanzen durch Entlassungen, Lohnkürzung, Lagerabbau und Investitionsaufschub zu verbessern, mußte dieser Versuch insgesamt schiefgehen. Deshalb gibt es heute keine Alternative zu der Notwendigkeit, den Entwicklungsländern auch seitens der Banken zusätzliche Kredite zu gewähren. Ich stimme ausdrücklich Wilfried Guth (Deutsche Bank) zu, der kürzlich eine denkbare Kehrtwendung der Banken eine »Brüning-Politik im Weltmaßstab« genannt hat.

Notwendig ist dazu jedoch, daß der IWF die Führung übernimmt. Er bedarf dazu auch der finanziellen Mittel. Ich begrüße deshalb die Vereinbarungen der letzten Wochen in der Zehnergruppe und im Interimsausschuß des IWF. In den USA bedürfen diese Vereinbarungen der Zustimmung des Kongresses. Ein zeitraubendes innenpolitisches Tauziehen wäre an dieser Stelle gefährlich. Er würde abermals das Vertrauen in Amerikas Führungskraft untergraben.

Ich wiederhole: Kredit schafft Handel, Handel sichert Kredit. Die Zahlungsschwierigkeiten wichtiger Entwicklungsländer werden sich nicht beheben lassen, wenn wir uns gegen sie abschotten. In mancher Hinsicht ähnelt die heutige Lage der Entwicklungsländer derjenigen des Deutschen Reiches in den

zwanziger Jahren: Deutschland konnte die ihm auferlegten »Reparationen« nicht zahlen, weil die Alliierten nicht bereit waren, deutsche Handelsüberschüsse zu ertragen. Deshalb konnte Deutschland seinen Schuldendienst nicht leisten und büßte seine Kreditwürdigkeit ein.
Vieles ist heute im internationalen Kreditgeschäft zu kurzfristig gedacht. Wir werden mit Sicherheit im Laufe der Jahre noch über manches nachdenken müssen, was uns im Augenblick noch undenkbar scheint. Alljährliche Umschuldungen, wie sie jetzt üblich sind, scheinen mir bei weitem zu kurz gegriffen. Die einseitige Verlagerung des Zinsrisikos auf die Entwicklungsländer ist keine vernünftige Grundlage für langfristig solide Beziehungen zwischen Schuldnern und Gläubigern.
Wir brauchen aber stabilere Beziehungen zwischen Schuldnern und Gläubigern. Dazu gehört die Möglichkeit, die äußere Schuld längerfristig zu festen Zinssätzen zu prolongieren oder zu konsolidieren. Dazu bedarf es auch eines Beitrages der Öl-Überschuß-Staaten.
Dazu gehört die Notwendigkeit, die Kreditbeziehungen zwischen Gläubiger- und Schuldnerländern übersichtlich zu ordnen. Zu diesem Zweck ist ein Informations- und Frühwarnsystem zwischen den Geschäftsbanken notwendig; es muß mit dem IWF eng zusammenarbeiten. Aber auch die nationalen Bankaufsichtsbehörden müssen auf international konsolidierten Bankbilanzen und auf voller Transparenz des internationalen Kreditgeschäftes bestehen. [...]

Protektionismus: Flucht in den Selbstmord

Je mehr die Arbeitslosigkeit zum Trauma wird, desto mehr macht sich regionaler, branchenorientierter und nationaler Protektionismus breit. Das jüngste GATT-Ministerratstreffen hat den weltweiten Marsch in den Protektionismus nicht gestoppt. Die Teilnehmer feierten es bereits als Erfolg, daß die Konferenz nicht geplatzt ist, obgleich die wichtigsten Themen gar nicht erst auf ihrer Tagesordnung gestanden hatten. Ich denke dabei insbesondere an den fruchtbaren Zusammenhang zwischen Wachstum, Handel und Kredit. Er ist in größter Gefahr, in einen *circulus vitiosus* umzuschlagen. Ich denke auch an den schädlichen Zusammenhang zwischen falschen Wechselkursen und Protektionismus. [...]
Protektionistische Maßnahmen sind innenpolitisch populär; sie lassen sich scheinbar damit rechtfertigen, daß andere es noch viel schlimmer treiben. In der Tat sind wir alle Sünder. Wir dürfen uns von der verführerischen Anziehungskraft protektionistischer Argumente nicht blenden lassen. Protektionismus schafft keine Arbeitsplätze. Auch die Hoffnung, man könne damit bedrohte Arbeitsplätze sichern, ist trügerisch; denn wer weniger einführt, muß mit Bumerangeffekten bei der eigenen Ausfuhr rechnen. Die Arbeitsplätze gehen dann in den Exportindustrien verloren.
Meist ist Protektionismus nur ein Kurieren am Symptom. Der Stahlstreit zwischen den Vereinigten Staaten und der Europäischen Gemeinschaft konnte zwar im vergangenen Herbst durch eine Selbstbeschränkungsverpflichtung

der europäischen Anbieter beigelegt werden. Die Ursachen hat man damit aber nicht angepackt: Der Dollar blieb weiterhin überbewertet, und die meisten europäischen Stahlunternehmen bleiben nach wie vor massiv aus der Staatskasse subventioniert; die Leistungsfähigkeit der amerikanischen Stahlunternehmen hat sich nicht verbessert; die weltweiten Überkapazitäten haben sich nicht vermindert. Den jungen Stahlnationen – Brasilien, Südkorea, Nigeria, Taiwan – wird ihr Platz auf dem Weltmarkt verwehrt. Die internationale Arbeitsteilung wird in einem wichtigen Bereich zunehmend außer Kraft gesetzt. Das multilaterale Handelssystem ist in hohem Maße bilateralisiert. Die handelspolitischen Grundsatzfragen, die der europäisch-amerikanische Stahlkonflikt aufwirft, sind nicht von der dafür zuständigen Instanz, nämlich dem GATT, entschieden worden.

Im Dreieck zwischen Nordamerika, Japan und EG ist es handelspolitisch nicht zum besten bestellt. Im Agrarsektor spitzt sich der Konflikt zwischen den Vereinigten Staaten und der EG zu. Die USA haben Japan unter Druck gesetzt, das Selbstbeschränkungsabkommen für Automobile zu verlängern. Zwischen der EG und Japan ist gerade eine ganze Liste von japanischen Selbstbeschränkungsverpflichtungen für »sensible« Produkte vereinbart worden. Selbstbeschränkungsabkommen sind nur eine Camouflage für Protektionismus.

Eine formelle, bindende Selbstverpflichtung der sieben großen Industriestaaten, in den nächsten 24 Monaten keine zusätzlichen handelsbeschränkenden Maßnahmen untereinander und gegenüber Dritten zu ergreifen, ist das Minimum dessen, was nötig ist. Die schleichende Denaturierung des offenen, multilateralen Welthandelssystems führt in die Zwangswirtschaft, blockiert Wachstum und Beschäftigung. Protektionismus stranguliert die Weltwirtschaft.

Für diejenigen, die nicht zur EG gehören, muß übrigens gesagt werden: Wenn wir in der Handelspolitik von der Europäischen Gemeinschaft sprechen, so entsteht der Eindruck, als ob es sich um eine voll handlungsfähige Einheit handle. Die Wirklichkeit ist anders. Der Europäischen Gemeinschaft fehlt der Motor, der sie einst angetrieben hat. Von einer gemeinsamen ökonomischen Politik kann nur mit großen Einschränkungen die Rede sein. Das gilt nicht nur für die Handelspolitik gegenüber Drittstaaten, es gilt für das völlige Fehlen gemeinsamer Energie- oder Verkehrspolitik. Es gibt keinen zwischen den beteiligten Regierungen abgestimmten ökonomischen *Policy-mix*. Die Risse im Gefüge können auch durch institutionelle Tricks nicht überdeckt werden – der Plan einer sogenannten »Europäischen Akte« hat nicht die Absicht, an den Tatsachen etwas zu ändern.

Daß es auch anders gehen kann, haben Giscard und ich mit der Schaffung des Europäischen Währungssystems (EWS) bewiesen. Es war ein positiver Beitrag Europas zu einem stabileren Weltwährungsgefüge. Das ist fünf Jahre her. Heute dagegen fehlt jedwede europäische Initiative zur Behebung der Weltwirtschaftskrise. Es tut mir leid, abermals sagen zu müssen: In dieser Lage muß die Führung aus Amerika kommen. [...]

Die Bürde der Führung

Ich möchte diesen Aufsatz mit fünf Thesen abschließen.

Erste These: Die Sicherheit des Westens ist heute in zweifacher Weise gefährdet: durch die Verschärfung der Spannung und des Rüstungswettlaufes zwischen West und Ost und durch die Gefahr einer anhaltenden Weltwirtschaftskrise. Wenn es den Regierungen der westlichen Industrieländer nicht gelingt, das Vertrauen in ihre Fähigkeit zu stärken, mit dieser Doppelkrise fertig zu werden, dann wird eine politische Destabilisierung in diesen Ländern denkbar. Jedoch sehe ich die Verhinderung eines Umschlagens der gegenwärtigen Weltrezession in eine Weltdepression als zeitlich vorrangig an. Dieses Thema sollte deshalb auf dem nächsten Gipfeltreffen im Zentrum stehen. Wenn dieser Gipfel kein Vertrauen in die Fähigkeit der großen Industrieländer schafft, ihr wirtschaftliches Schicksal zu meistern, dann wird auch für die Bewältigung der gefährlichen Probleme zwischen West und Ost nicht genug Kraft vorhanden sein.

Zweite These: Die innenpolitische und parlamentarische Diskussion in unseren Ländern leidet darunter, daß sie die internationale Dimension der wirtschaftlichen Problematik systematisch unterschätzt: alle Wahlkreise liegen im Inland; jede Opposition neigt dazu, die eigene Regierung allein für schuldig zu halten; die Regierungen neigen dazu, ihre unmittelbaren Vorgänger für schuldig zu halten.
Kein vernünftiger Mensch wird bestreiten, daß es in allen Industrieländern auch hausgemachte Probleme gibt. Wenn es aber in der Weltwirtschaft drüber und drunter geht, so kann kein Land eine Insel der Stabilität sein oder bleiben. Ebenso falsch ist die Illusion, jede Regierung dürfe wirtschaftspolitisch tun oder lassen, was ihr innenpolitisch opportun erscheint, ohne Rücksicht auf die anderen Länder.
Die ökonomische Interdependenz der Welt war noch niemals größer als in diesem Jahrzehnt. Noch niemals war es notwendiger, auf gegenseitige Ergänzung und auf internationale Verträglichkeit der ökonomischen Politiken zu achten. Niemals war Kooperation so notwendig wie heute. Demokratien können nicht Bestand haben ohne einen allgemeinen Konsens über die Spielregeln. Genauso braucht eine funktionierende Weltwirtschaft Übereinkunft über Spielregeln und Rollenverteilung.

Dritte These: Schon wegen ihrer wirtschaftlichen Gewichte ist die Zusammenarbeit zwischen Nordamerika, Japan und der Europäischen Gemeinschaft für das Wohl und Wehe der Weltwirtschaft ausschlaggebend. Wenn die Zusammenarbeit in diesem Dreieck nicht funktioniert, so wird die Zusammenarbeit erst recht nicht funktionieren in dem sehr viel diffizileren Polygon der Weltwirtschaft, das auch die übrigen OECD-Länder, die OPEC-Länder, die RGW-Länder, die Schwellenländer und die übrigen Nicht-Öl-Entwicklungsländer umfaßt. Die trilaterale Kooperation muß ein Beispiel für alle geben.

Vierte These: Weder die trilaterale Zusammenarbeit noch die weltweite Zusammenarbeit ist gegenwärtig ohne amerikanische Führung vorstellbar. Dies gilt nicht nur für die ökonomische Krise der Welt, es gilt auch für ihre politische Krise. Die Versuchungen zu amerikanischem Isolationismus haben bisher abgewechselt mit der Versuchung zu amerikanischer Hegemonie. Manchen Amerikanern ist es lästig, Verantwortung für die ganze Welt tragen zu sollen. Manchen Europäern ist es widerwärtig, amerikanischen Wünschen oder gar Weisungen zu folgen.

Führung unter den freien und souveränen Staaten des Westens kann weder im politischen noch im militärischen, noch im ökonomischen Raum aus Weisung und Anordnung bestehen. Sie beruht auf Diskussion, auf Fragen und Antworten, auf neuen Fragen und neuen Antworten; sie beruht auf *give and take*.

Ökonomische Größe wie politische und militärische Macht prädestinieren die Vereinigten Staaten zur Führung. So sieht man es in Tokio, und so sehen es – wenn häufig auch ungern – die Europäer. Die Vitalität und die Großzügigkeit der im Verhältnis zur Geschichte der Europäer und Japaner sehr jungen amerikanischen Nation erleichtern diese Aufgabe. Amerika muß wissen: Wenn es in der ökonomischen Führung versagt, kann es auch die politische Führung verspielen.

Fünfte These: Wenn die Staaten der westlichen Welt amerikanische Führung akzeptieren, so müssen sie auf Urteilskraft und Augenmaß des amerikanischen Präsidenten vertrauen. Sie sollen Vertrauen setzen in die gewählten Organe und Personen an der Spitze der amerikanischen Demokratie. Dies Vertrauen darf nicht durch leichtfertige Reden und eilfertige Handlungen irritiert werden.

Amerika darf bei den Europäern nicht den irrtümlichen Eindruck erzeugen, als ob es ökonomisch oder durch Rüstung die Sowjetunion und die übrigen kommunistischen Staaten an die Wand drücken wollte. Die Europäer wissen, daß dies nicht möglich ist. Sie kennen die ungewöhnlich große Leidensfähigkeit des russischen Volkes und die ungewöhnlich große Bereitschaft kommunistischer Diktaturen, die Leidensfähigkeit der Menschen in Anspruch zu nehmen. Europa will Gleichgewicht und Europa will Frieden durch Gleichgewicht. Europa will ökonomische Gesundung und sozialen Frieden – und dies unabhängig von konservativer, liberaler oder sozialdemokratischer Schattierung seiner politischen Führer.

Die Europäer haben die Notwendigkeit zur engen Zusammenarbeit verstanden. Aber ihr eigener Versuch in der Gestalt der Europäischen Gemeinschaft hat keine ausreichende Kraft zur Herausbildung eines Führungszentrums entwickelt. Dies ist weder Schande noch Schuld. Amerika sollte aufhören, den Europäern mangelnde Vitalität vorzuwerfen. Europa muß aufhören, Amerika seine Größe vorzuwerfen. Die Zeit zum gemeinsamen Handeln ist gekommen. Wie es in Shakespeares »Julius Cäsar« heißt:

Es gibt Gezeiten auch für unser Tun,
Nimmt man die Flut wahr, führet
sie zum Glück;
Versäumt man sie, so muß
die ganze Reise
Des Lebens sich durch Not und
Klippen winden.
Wir sind nun flott auf solcher hohen See,
Und müssen, wenn der Strom uns hebt,
ihn nutzen,
Wo nicht, geht unser Schiff und Gut
verloren.

(vollständig abgedruckt in dem gleichnamigen Buch, erschienen 1983 im Robinson Verlag, Frankfurt. Der Abdruck erfolgt mit freundlicher Genehmigung.)

[125] »Für unsere Werte ist Wohlstand wichtig«
(Erklärung der sieben Staats- und Regierungschefs aus Williamsburg zur Wirtschaftspolitik, 31.5.1983, Auszug)

[...]

Was die Regierungen tun wollen

Zur Verwirklichung dieser Ziele haben wir uns auf folgendes geeinigt:
1. Unsere Regierungen werden eine angemessene Geld- und Haushaltspolitik verfolgen, die geringe Inflationsrate, niedrige Zinsen, mehr produktive Investitionen und erhöhte Beschäftigungschancen vor allem für die Jugend zur Folge hat.
2. Der in Versailles begonnene Konsultationsprozeß wird verstärkt, um die Konvergenz der Leistung unserer Volkswirtschaften und größere Wechselkursstabilität im Sinn des Anhangs zu dieser Erklärung zu fördern. Wir einigten uns auf engere Konsultationen über wirtschaftliche Maßnahmen, die auf die Bedingungen der Devisenmärkte einwirken, und über Marktbedingungen. Unter Wahrung unserer jeweiligen Handlungsfreiheit sind wir bereit, koordiniert in die Devisenmärkte in den Fällen einzugreifen, in denen man sich über die Nützlichkeit eines Eingreifens einig ist.
3. Wir verpflichten uns, den protektionistischen Tendenzen Einhalt zu gebieten und sie mit fortschreitender Gesundung zum Abbau der Handelsschranken umzukehren. [...]
4. Mit Sorge betrachten wir die internationale Finanzlage und insbesondere die Schuldenlast vieler Entwicklungsländer. Wir stimmen einer Strategie zu, die auf wirksame Anpassungs- und Entwicklungspolitik der Schuldnerstaaten, angemessener privater und öffentlicher Finanzierung, offenerer Märkte und fortdauernder weltweiter Wirtschaftserholung beruht. Wir streben eine baldige Ratifizierung der Aufstockung der Mittel des Internationalen Währungsfonds (IWF) und der allgemeinen Kreditvereinbarung an. Wir befürworten eine engere Zusammenarbeit und den rechtzeitigen Informations-

austausch zwischen den Ländern und den internationalen Institutionen, insbesondere IWF, Weltbank und GATT.
5. [...]
6. Die Last der weltweiten Rezession hat die Entwicklungsländer sehr hart getroffen, und wir sind tief um ihre Gesundung besorgt. Es kommt entscheidend darauf an, ein gesundes Wirtschaftswachstum wieder herzustellen und dabei unsere Märkte offen zu halten. Besondere Aufmerksamkeit gilt dem Fluß finanzieller Mittel, insbesondere der öffentlichen Entwicklungshilfe, sowohl bilateral als auch über entsprechende internationale Institutionen, in die ärmeren Länder sowie zugunsten der Nahrungsmittel- und Energieerzeugung. Wir bekräftigen unsere Verpflichtung, die internationale Entwicklungs-Agentur (IDA) mit Mitteln in vereinbarter Höhe auszustatten. Wir begrüßen die von den Entwicklungsländern bei den kürzlichen Konferenzen der Bewegung der Blockfreien in Neu-Delhi und der Gruppe der 77 in Buenos Aires gezeigte Dialogbereitschaft, und wir bekennen uns auch unsererseits dazu, an der bevorstehenden Tagung der UN-Konferenz für Handel und Entwicklung in Belgrad verständigungsbereit und kooperativ mitzuwirken.

Abb. 9: Demonstration von Beschäftigten bei AEG-Telefunken in Berlin (West) am 1.9.1982 gegen den Plan der Unternehmensleitung und des Wirtschaftssenators Elmar Pieroth (CDU), von rund 11000 Arbeitsplätzen 2600 vor allem in den Bereichen Großmaschinen und Industriemotoren »abzubauen«. Während eines mehrstündigen Protestmarsches forderten die Demonstranten die Solidarität der Westberliner Bevölkerung.

7. [...]
8. Wir alle erachten berechenbarere und weniger sprunghafte Ölpreise als hilfreich für die weltwirtschaftlichen Aussichten. Wir stimmen darin überein, daß der Rückgang der Ölpreise keineswegs die Bedeutung und Dringlichkeit von Bemühungen schmälert, Energie einzusparen, wirtschaftlich alternative Energiequellen zu entwickeln, die Kontakte zwischen Ölausfuhr- und Öleinfuhrländern zu erhalten und womöglich auszubauen und das Entstehen einheimischer Energieerzeugung in den Entwicklungsländern, in denen sie derzeit mangelt, zu fördern.
9. Die Ost/West-Wirtschaftsbeziehungen müssen mit unseren Sicherheitsinteressen vereinbar sein. Wir nehmen die Arbeit der multilateralen Organisationen zustimmend zur Kenntnis, die in den letzten Monaten die Schlüsselaspekte der Ost-West-Wirtschaftsbeziehungen analysiert und daraus Schlußfolgerungen gezogen haben. Wir befürworten weitere geeignete Arbeiten dieser Organisationen.
10. Wir haben vereinbart, beim Umweltschutz, bei der verbesserten Nutzung natürlicher Hilfsquellen und bei der Gesundheitsforschung verstärkt zusammenzuarbeiten.

Vertrauen in die Gesundung

Unsere Gespräche in Williamsburg haben unser Vertrauen auf die Chance der Gesundung gestärkt. Geschlossen wollen wir die fortbestehenden Probleme gemeinsam angehen, um einen tragfähigen und dauerhaften Aufschwung zu fördern, der den Menschen in unseren Ländern und in der Welt neue Arbeitsplätze und besseres Leben bringt.
Wir haben vereinbart, uns im nächsten Jahr wieder zu treffen, und haben hierzu die Einladung des britischen Premierministers in das Vereinigte Königreich angenommen.
(Süddeutsche Zeitung, 1./2.6.1983)

17. Kapitel
Der Friede der Politiker, die Friedensbewegung und Ökologieprobleme

Die Zusammenfassung dieser Punkte in der Dokumentation ist deshalb erfolgt, weil in der Friedensbewegung auch Positionen von Militärs eine Rolle spielen, weil die Träger von Friedens- und Ökologiebewegung teilweise identisch sind und weil notwendige Investitionskosten im Rahmen ökologischer Projekte die Reduktion der Rüstungskosten in aller Welt – einschließlich der Länder der Dritten Welt – voraussetzen.
Der erste Teil der folgenden Dokumente (Dok. 126–138) versucht, die Entwicklung von der noch im Zeichen der Entspannung geplanten Konferenz für Sicherheit und Zusammenarbeit in Europa (KSZE) 1975 über den Doppelbeschluß der NATO vom Dezember 1979 bis zur Gegenwart der Williamsburger Erklärung zur Abrüstungspolitik am 31. 5. 1983 nachzuzeichnen.
Die Vorgespräche der KSZE begannen 1972 in Helsinki. Die Konferenz selbst wurde bei einem Gipfeltreffen der Staats- und Regierungschefs der 35 Teilnehmerstaaten in Helsinki vom 30. Juli bis 1. August 1975 abgeschlossen. Die KSZE-Schlußakte[27] bezieht sich auf die Bereiche Sicherheit in Europa, Zusammenarbeit in Wirtschaft, Wissenschaft, Technik und Umwelt, Zusammenarbeit in humanitären Bereichen. Während das östliche Interesse mehr auf europäische Sicherheit und wirtschaftliche Zusammenarbeit gerichtet war, konzentrierte sich das westliche mehr auf humanitäre (Menschenrechte) und Sicherheitsfragen. Die KSZE-Schlußakte ist völkerrechtlich nicht verbindlich, ermöglicht aber Berufungen auf ihre Prinzipien. Ihre Bedeutung gehört mehr auf die Ebene des politischen Klimas als auf die faktischer Veränderungen. So sind die MBFR-Gespräche (Mutual Balanced Forces Reductions) bis heute ohne Ergebnis. Immerhin war und ist die KSZE bis heute ein Forum, bei dem noch Gespräche zwischen den beiden Großmächten stattfinden können.
Die Bundestagsentschließung vom 25. 7. 1975 und der abgelehnte CDU/CSU-Entwurf (Dok. 126f.) drücken die unterschiedlichen Interpretationen und Erwartungen aus. Bei der Londoner NATO-Rats-Tagung vom 10. 5. 1977 (Dok. 128f.) stehen Entspannung mit der Berufung auf die KSZE-Schlußakte und die SALT-II-Verhandlungen und Fragen des strategischen Gleichgewichts auch im konventionellen Bereich nebeneinander. Schmidt ging in seinen Darlegungen davon aus, daß nach dem erwarteten Erreichen des nuklearen Gleichgewichts auf dem Verhandlungs-

wege die Nuklearwaffen nur noch das »Instrument des letzten Rückgriffs« seien.

Das Frühjahr 1978 war von der Auseinandersetzung um die Neutronenbombe bestimmt: von den einen, so General Alexander M. Haig, Oberstem Alliierten Befehlshaber der NATO-Streitkräfte in Europa, als eine Waffe begrüßt, die wegen ihrer geringeren Nebenschäden für Zivilisten und Bauwerke glaubwürdiger in der Abschreckung sei und damit die Schwelle zum Atomkrieg anhebe[28]; von den anderen abgelehnt, weil gerade durch die geringeren Nebenschäden (Tötung von Menschen, aber Schonung der Bauwerke) die atomare Schwelle gesenkt werde, die Perversion der Waffentechnik vollkommen sei. Der niederländische Verteidigungsminister trat mit Unterstützung des Parlaments aus Protest zurück. Die Meinung in der SPD/FDP-Koalition war zunächst gespalten. Die Reaktionen der UdSSR und der europäischen Verbündeten bewogen Präsident Carter zur Aufschiebung der Produktion der Neutronenwaffe (Dok. 130).

Breshnews Rede bei der 30-Jahr-Feier der DDR im Oktober 1979 macht das zentrale Problem aller Abrüstungsverhandlungen deutlich: die Definition der Ausgangsposition der beiden Militärbündnisse hinsichtlich des bestehenden oder nicht bestehenden Gleichgewichtes (Dok. 132). Dieses Problem konnte auch mit dem NATO-Doppelbeschluß vom 12.12.1979 nicht reduziert werden, an dessen Zustandekommen Bundeskanzler Schmidt maßgeblich beteiligt war (Dok. 133). Der Beschluß hätte dann ein Verhandlungsinstrument sein können, wie von Schmidt zweifellos gewollt, wenn eine reale Chance zur Übereinkunft über die Ausgangsbedingungen bestanden hätte. Dies jedoch war und ist bis heute nicht der Fall, wie u. a. der Streit um die Einbeziehung der englischen und französischen Systeme in die Genfer Verhandlungen gezeigt hat.

In Außenminister Genschers Regierungserklärung zur Brüsseler NATO-Tagung vom 14.12.1979 wird der Doppelbeschluß in die Tradition des Harmel-Berichts von 1967 gestellt, in dem Entspannung und Sicherheitspolitik als notwendige Ergänzung bezeichnet wurden. Bundeskanzler Schmidt vertritt in seiner Regierungserklärung vom 24.11.1980 die gleiche Position und betont die Funktion des Doppelbeschlusses, Gespräche zwischen den Großmächten über Abrüstung in Gang zu bringen. Die Antwort von Oppositionsführer Kohl hält ebenfalls an beiden Seiten des Doppelbeschlusses fest, legt aber den Akzent auf die »unverfälschte Parität« und damit auf den Ausgangspunkt, der bisher Verhandlungen blockiert hat (Dok. 134).

Die Prager Erklärung der Warschauer-Pakt-Staaten vom 5.1.1983 (Dok. 135) faßt die von östlicher Seite gemachten Vorschläge zusammen: Gewaltverzichtserklärungen, beiderseitigen Verzicht auf den Ersteinsatz von Atomwaffen (widerspricht dem NATO-Konzept), Beschleunigung

kontrollierter Abrüstung, Schaffung atomwaffenfreier Zonen in Europa. Der letzte ursprünglich schwedische Vorschlag wird von der Regierung Kohl/Genscher abgelehnt, weil die Bedrohung eines Gebietes nicht von den dort liegenden Kernwaffen, sondern von den darauf gerichteten Kernwaffen ausgehe (Dok. 136).
Die Williamsburger Erklärung vom Mai 1983 (Dok. 125) geht von der militärischen Stärke des Bündnisses aus, das jeder Bedrohung begegnen werde, und bekundet danach das Interesse an Ergebnissen von Abrüstungsverhandlungen. Die Einbeziehung der englischen und französischen Systeme in die Verhandlungen wird abgelehnt, da sie an anderer Stelle einbezogen seien. Zwar sind beide Systeme in SALT II berücksichtigt, aber SALT II ist nicht ratifiziert.
Tatsächlich ist wohl von einer gegenüber der Entstehung des Doppelbeschlusses veränderten Situation auszugehen: die Entspannung ist in den Hintergrund getreten oder auch beendet, wenn man verbale Äußerungen als Kriterium einbezieht (die Bezeichnung der UdSSR als Verkörperung des Bösen u. dgl.). Die Westmächte machen dafür den sowjetischen Einmarsch in Afghanistan und die Lage in Polen seit Verhängung des Kriegsrechts sowie die fortschreitende sowjetische Rüstung verantwortlich. Der sowjetische Moratoriumsvorschlag und die freeze-Resolution (Einfrieren der Rüstungspotentiale auf beiden Seiten und gleichzeitige Verhandlungen) hatten keine Chance wegen der unterschiedlichen Positionen zur Frage des militärischen Gleichgewichts. Der SPD-Abrüstungsexperte Bahr kam in seiner Bundestagsrede vom 15.6.1983 zu dem Schluß, daß die NATO-Partner selbst die Position des Doppelbeschlusses verlassen hätten: eine Null-Lösung (Abbau sämtlicher sowjetischer Mittelstreckenraketen) sei 1979 nicht für realistisch gehalten worden, auf die Ratifizierung von SALT II habe man mit Hilfe des Doppelbeschlusses gehofft. Aufgrund der neuen Lage sollten in Genf die Verhandlungen über interkontinentale Systeme (START) und über Mittelstreckenwaffen zusammengeführt werden, um damit den Verhandlungsspielraum zu erweitern. Die britischen und französischen neuen Rüstungsprogramme existierten erst seit 1981 und seien in die Verhandlungen einzubeziehen. Die seit Oktober 1981 beschlossene Seestationierung von Cruise Missiles sei ebenfalls einzubeziehen. Wegen dieser wichtigen Veränderungen seit Dezember 1979 verlangt die SPD heute eine zeitliche und qualitative Ausdehnung der Genfer Verhandlungen statt Einhaltung eines unter anderen Bedingungen entstandenen Zeitplanes.
Die Nachrüstung ist am 23.11.1983 mit der Regierungsmehrheit des Bundestages mit 286 Stimmen gegen 225 Stimmen von SPD und Grünen bei einer Enthaltung seitens der FDP bestätigt worden. Damit ist die Stationierung neuer Raketensysteme in der Bundesrepublik eingeleitet.
Das erste zentrale Dokument der Friedensbewegung ist der »Krefelder

Appell an die Bundesregierung« vom November 1980 (Dok. 137), der als von Kommunisten lanciert diskreditiert wurde, aber so viele Unterschriften trägt, daß die Frage, wer ihn initiiert hat, darüber gegenstandslos wird. Die in sich heterogene Friedensbewegung versucht der *taz*-Artikel vom 27. 5. 1983 in ihren Schwierigkeiten zu analysieren (Dok. 138). Das Flugblatt mit dem Aufruf zur zweiten bundesweiten Friedenswoche im November 1981 (Abb. 10) steht für die breite Mitte der Friedensbewegung. Das Flugblatt der Frauen (Dok. 139), die traditionell in der Friedensbewegung engagiert sind (die Organisation »Frauen der Welt für Frieden und Freiheit« wurde 1915 in Den Haag gegründet), ruft zum Marsch nach Brüssel auf.

Unterstützung für die Friedensbewegung gegen Rüstung in Ost und West kommt aus den Kirchen (Dok. 140–142) der Bundesrepublik und der DDR. Die moralische Anklage, die in der einfachen Feststellung liegt, daß pro Kopf der Weltbevölkerung mehr Sprengstoffe als Lebensmittel bereitstehen, ist, einmal ins Bewußtsein gedrungen, auf Dauer unerträglich. Gerade darin liegt ein großes Problem. Die Warnungen vor weiterer Rüstung sind vielfältig, und die Dokumente geben nur einen kleinen Ausschnitt wieder. Zu nennen wären die Ärzte mit ihren Aufklärungskampagnen über die Grenzen der medizinischen Versorgung, die Schriftsteller und vor allem die Naturwissenschaftler, die erstmals auf breiterer Basis die Öffentlichkeit mit den Ergebnissen ihrer Arbeit bekannt machen. Selbst unter hochrangigen Militärs der westlichen Allianz wachsen Zweifel am nuklearen NATO-Konzept.[29]

Die Vielfältigkeit der Friedensbewegung nach ihrer Herkunft, Motivation und Organisationsform ist ein Novum in der Bundesrepublik. Anders als die alte Ostermarschbewegung und die Bewegung gegen die Wiederbewaffnung aus den 50er Jahren ist die heutige Friedensbewegung alles andere als zentral organisiert, was schon eine flüchtige Durchsicht von Flugblättern bei Veranstaltungen deutlich macht. Diese Bewegung der »Basis« nimmt mit dem Informationsgrad zu, deshalb ist es nicht erstaunlich, wenn der falsch verwandte Begriff »Pazifismus« für alle Nachrüstungsgegner in der Bundesrepublik ein Negativbegriff, vielleicht schon Schimpfwort geworden ist. Bei diesem Klima sind sachbezogene Publikationen von unverdächtiger Seite wichtig.

In der Studie der Weltgesundheitsorganisation WHO vom Mai 1983 (zusammengefaßt in der *Süddeutschen Zeitung* vom 11./12. 5. 83) stellen zehn Wissenschaftler fest, daß im Falle eines Atomkrieges etwa die Hälfte der z. Z. lebenden 4,5 Milliarden Menschen »unmittelbare Opfer« sein werden und daß es für sie keine medizinische Hilfe geben wird; daß vielmehr die Trinkwasserversorgung nicht zu gewährleisten sei, daß epidemische Ausbreitung von Krankheiten wie Krebs nicht verhindert werden könne, daß die mit Sicherheit eintretende Klimaveränderung zu extremen Hungerkatastrophen für die Überlebenden führen müsse. Darüber hinaus wird festgestellt, daß die begonnenen Maßnahmen zum Zivilschutz selbst schon eine Gefahr seien:

> »Allein schon die Tatsache, daß ein Land mit umfangreichen Maßnahmen des Zivilschutzes beginnt, könnte von der Gegenseite als Vorbereitung zu einem Atomkrieg betrachtet werden. In einem Klima politischer Spannung könnte dies sogar noch den Ausbruch eines Krieges durch einen vorbeugenden Schlag begünstigen.«

Ein Großteil der Friedensbewegung ist zugleich an Umweltschutzaktivitäten beteiligt. Die Diskrepanz zwischen dem an sich vorhandenen Wissen über die ökologische Bedrohung und dem politischen Handeln ist weltweit so groß, daß es schwerfällt, dafür eine schlüssige Erklärung zu geben. Vermutlich kann man generell sagen, daß die angemessene Reaktion auf die ökologischen Gefahren so radikale Strukturveränderungen erfordern würde, daß die Industriestaaten, die allein dazu in der Lage wären, damit gar nicht erst beginnen. Konkurrenzmechanismen in Krisensituationen lassen selbst das Nachdenken über mögliche Verbesserungen zurücktreten. Aktuelles Beispiel dafür: die Umstellung der westdeutschen Autoindustrie auf bleifreies Benzin, für den amerikanischen Export längst vollzogen, trifft auf Widerstände wegen der Veränderung der Chancen auf dem europäischen Markt.

Die Bundestagsdebatte über die im Auftrag des amerikanischen Präsidenten Carter angefertigte Studie »Global 2000« (Dok. 143) zeichnete sich durch große Einigkeit in der Analyse, durch geringe Beteiligung und durch geringe Konsequenzen aus. Der Artikel von M. Urban (Dok. 144) zeigt an unterschiedlichen Beispielen die Schwierigkeiten von Prognosen auf und die mangelnde Bereitschaft, auf eindeutige Prognosen zu reagieren. Das sozialliberale Umweltschutzprogramm von 1969 erzeugte Prognosen über die Kosten von Umweltschutz, die ihn als nicht ökonomisch realisierbar erscheinen ließen. Umweltschützer mit ihren Warnungen und Forderungen, wie etwa der Willy Brandts von 1961 nach einem blauen Himmel über der Ruhr, wurden mehr belächelt als ernstgenommen.

Diese Einschätzung trifft auch die neue Partei der »Grünen« (Dok. 145) seitens der etablierten Politiker. Ökologie allein sei kein Programm, und Umweltschutz wollten alle anderen auch, und finanzierbar sei das alles nicht, und hinter die Industriegesellschaft zurück könne man auch nicht. Das Neue an dem Versuch der »Grünen« ist, daß sie sich bemühen, unterschiedliche »Basis«-Vorstellungen in ein politisches Gesamtprogramm zu integrieren. Es geht eben nicht um isolierte ökologische Probleme wie das Waldsterben, sondern vermutete ökologische Konsequenzen sind ein Kriterium neben anderen (ökologisch/sozial/basisdemokratisch/gewaltfrei) zur politischen Entscheidung in allen Bereichen. Das heißt unter anderem, daß das bisherige zentrale Kriterium – wirtschaftliches Wachstum als Voraussetzung für alles andere – relativiert wird. Wie weit solche Positionen politisch realisierbar werden, hängt von ihrer sozialen Tragfähigkeit ab. Von einer neuen großen Sozialbewegung zu sprechen, scheint vorläufig noch eine Überschätzung zu sein.[30] Daß die in ihren Ursprüngen außerparlamentarische Bewegung in das Parlament hineingeht, anders als 1968, ist ein Fortschritt, weil die Abgehobenheit des Parlaments reduziert wird und ein Stück »Realitätszuwachs« (Dok. 146) stattfindet. Wie weit sich diese Entwicklung fortsetzt, dürfte davon abhängen, ob ökologische Fragen im Bewußtsein breiter Bevölkerungsschichten aufgenommen werden und nicht als im Widerspruch zu individuellen und sozialen Interessen stehend erscheinen. Das deutlichste Beispiel: gewerkschaftliche Befürwortung von Kernkraftwerken in der Annahme, mit dieser »sicheren« Energiequelle Arbeitsplätze zu erhalten. Eine ernsthafte Chance gibt es erst, wenn auch für die Industrie eine Interessenlage entsteht, in der ökologische Projekte nicht nur hinderlich sind und eine neue Art von Wachstum als möglich erscheint. Diese Entwicklung scheint bereits begonnen zu haben, ökologische Großprojekte beginnen, sich als gewinnträchtig zu erweisen.[31]

Dokumente zum 17. Kapitel

[126] Bundestagsentschließung zur geplanten Schlußakte der KSZE
(25. 7. 1975, Auszug)

[...] Die Ergebnisse der KSZE sind ein erster wichtiger Schritt auf dem Wege zu einem multilateralen Interessenausgleich zwischen Ost und West, Mitgliedern verschiedener Bündnissysteme sowie neutralen und ungebundenen Ländern in Europa und auf dem amerikanischen Kontinent. Die KSZE stellt den bisher umfassendsten Versuch einer Zusammenarbeit auf zahlreichen Gebieten zwischen 35 Staaten mit verschiedener Gesellschaftsordnung dar und bekräftigt die völkerrechtlichen Grundlagen des friedlichen Zusammenlebens in Europa. Der Deutsche Bundestag mißt einer vertrauensvollen Zusammenarbeit zwischen allen Staaten in Europa und auf allen Gebieten große Bedeutung bei. Sie dient der Erhaltung des Friedens und der Sicherheit.
Die Ergebnisse der KSZE sollen für alle Menschen den Weg zu mehr Verständigung, Freizügigkeit, Informationen und Kontakten ebnen. Über die Grenzen der Bündnissysteme und unterschiedlichen Wirtschafts- und Gesellschaftsordnungen hinweg wird zum Nutzen aller die wirtschaftliche, wissenschaftliche und technische Zusammenarbeit verstärkt ermöglicht. Der Deutsche Bundestag stellt fest, daß auf der KSZE die deutschen Interessen gewahrt worden sind. Er erwartet, daß nun nach Abschluß der Konferenz über die vertrauensbildenden Maßnahmen der KSZE hinaus zügige Fortschritte bei den Rüstungskontrollgesprächen, insbesondere bei den Wiener Verhandlungen über beiderseitige ausgewogene Truppenverminderung in Europa, erzielt werden, um eine Verbindung zwischen militärischer und politischer Sicherheit herzustellen. Der Deutsche Bundestag mißt Abrüstungsmaßnahmen große Bedeutung bei, um einen Zustand gegenseitigen Vertrauens in Europa zu erreichen.
(Archiv der Gegenwart, 26. 7. 1975, S. 19604)

[127] Abgelehnter Entschließungsantrag der CDU/CSU-Fraktion zur geplanten Schlußakte der KSZE
(25. 7. 1975)

Der Bundestag möge beschließen: Die Bundesregierung wird aufgefordert, die Schlußdokumente der KSZE nicht zu unterzeichnen. Begründung: Maßgebliche Inhalte des Schlußdokuments der Konferenz über Sicherheit und Zusammenarbeit in Europa
– werden wesentlichen Interessen des geteilten Deutschlands und seiner

Menschen nicht gerecht, sie erschweren zusätzlich die Ausübung des Selbstbestimmungsrechts des ganzen deutschen Volkes;
– schaffen infolge gegensätzlicher Auslegung in grundlegenden Fragen statt Entspannung neuen Konfliktstoff, der sich auf Deutschland und besonders auf Berlin auswirkt;
– werden der westlichen Forderung nach Freizügigkeit von Menschen, Meinungen und Informationen nicht gerecht;
– dienen einer weltweiten Täuschung über die wahre Sicherheitslage in der Welt.
Die weltpolitische Lage hat sich seit Beginn der Konferenz verschlechtert. Die Auffassung der Sowjetunion und ihrer Verbündeten über Entspannung und Sicherheit in Europa steht im Gegensatz zu dem, was der Westen darunter versteht. Die kommunistischen Führer selbst bekunden dies in aller Offenheit; die jüngsten Entwicklungen in unserem Lande, die Vorgänge in Portugal, die offensive Aufrüstung des Warschauer Paktes und die wieder zunehmende Unterdrückung der Freiheit in Osteuropa machen ihre Friedens- und Entspannungsbeteuerungen unglaubwürdig. Die Ergebnisse der KSZE drohen zu Instrumenten zur Durchsetzung langfristiger sowjetischer Ziele insbesondere in ganz Deutschland zu werden, die elementaren Interessen des Westens in Europa zuwiderlaufen. Die CDU/CSU-Fraktion tritt nach wie vor für eine Politik ein, die Spannungen abbaut, wahre Sicherheit schafft und die der Freiheit und dem Frieden der Menschen in der ganzen Welt dient.
(Archiv der Gegenwart, 26.7.1975, S. 19604)

[128] Kommuniqué der Londoner Tagung des NATO-Rates vom 10. Mai 1977
(Auszug)

[...]
2. Wesentlicher Zweck des Bündnisses ist es, die Unabhängigkeit und Sicherheit seiner Mitglieder zu wahren, sie dadurch in die Lage zu versetzen, die Werte der Demokratie und die Achtung der Menschenrechte und des sozialen Fortschritts zu fördern, und die Schaffung einer dauerhaften Friedensordnung zu ermöglichen. Die Bündnispartner sind fest entschlossen, die Wirksamkeit des Bündnisses und die sie einenden Bindungen aufrechtzuerhalten und zu verstärken.
3. Obgleich in den letzten Jahren im *Ost/West-Verhältnis* Verbesserungen eingetreten sind, bestehen nach wie vor Elemente der Unstabilität und der Ungewißheit. Besonders besorgniserregend ist das ständig anwachsende Offensivpotential der Streitkräfte des Warschauer Pakts. Unter diesen Umständen betonen die Bündnispartner die Notwendigkeit, daß das Bündnis die zur gemeinsamen Verteidigung und zur Abschreckung erforderlichen Streitkräfte auf einem angemessenen Stande hält. Sie sind entschlossen, ihre Anstrengungen zur gegenseitigen Unterstützung und ihre Zusammenarbeit zu stärken.

4. Die Bündnispartner sind entschlossen, in allen Fragen der *Rüstungsproduktion* eng zusammenzuarbeiten. [...]
6. Gleichzeitig bekräftigen die Bündnispartner ihre Überzeugung, daß die Sicherheit in Europa und in der Welt, ohne welche Entspannung keine positiven Wirkungen zeitigen könnte, nicht durch Absichtserklärungen erreicht werden kann, sondern konkrete Bemühungen um eine *Senkung des Rüstungsniveaus* durch realistische Abrüstungs- und Rüstungskontrollmaßnahmen erfordert. [...]
7. Die Bündnispartner begrüßen nachdrücklich die Bemühungen der USA, mit der UdSSR ein die Interessen der Bündnispartner berücksichtigendes Abkommen über die Beschränkung und Reduzierung strategischer Rüstungen auszuhandeln.
8. Hinsichtlich MBFR unterstreichen die beteiligten Bündnispartner die Bedeutung, die sie diesen Verhandlungen beimessen, deren Ziel darin besteht, zu stabileren Beziehungen und zur Stärkung von Frieden und Sicherheit in Europa beizutragen. Sie fordern die Länder des Warschauer Pakts auf, die im Dezember 1975 unterbreiteten zusätzlichen Vorschläge positiv zu beantworten, und sie bekräftigen erneut ihr zentrales Ziel der Herstellung eines ungefähren Gleichstands der Landstreitkräfte in der Form einer übereinstimmenden kollektiven Gesamthöchststärke für den Personalbestand der Landstreitkräfte und der Verminderung der Disparität bei den Kampfpanzern, wodurch eine unverminderte Sicherheit auf einem niedrigeren Streitkräfteniveau gewährleistet werden würde. [...]
10. Die Bündnispartner unterstreichen die große Bedeutung, die sie der Durchführung aller Bestimmungen der *Schlußakte von Helsinki* durch die KSZE-Unterzeichnerstaaten beimessen. Begrenzte Fortschritte auf bestimmten Gebieten sind zu verzeichnen. Die Bündnispartner begrüßen dies, betonen aber auch, daß noch viel zu tun bleibt, wenn die der Schlußakte innewohnenden Möglichkeiten sowohl für die zwischenstaatlichen Beziehungen als auch für das Leben der Bewohner aller beteiligten Länder voll zum Tragen gebracht werden sollen. Die bevorstehende Belgrader Konferenz wird eine nützliche Gelegenheit für eine gründliche Prüfung der Durchführung der Schlußakte sowie für einen Meinungsaustausch über Möglichkeiten in der Zukunft bieten. Auf dieser Konferenz werden die Bündnispartner auf ein konstruktives Ergebnis hinarbeiten, das zu einem besseren Verständnis zwischen den Teilnehmerstaaten führt und für alle ihre Völker von Nutzen ist. [...]
12. Die führenden Staatsmänner des Bündnisses bekräftigen erneut ihre Unterstützung für ein gerechtes internationales System, das den besten Interessen aller Länder – sowohl der entwickelten als auch der Entwicklungsländer – dient und das den wirtschaftlichen Fortschritt aller fördert. Sie beabsichtigen, ihre Anstrengungen in den entsprechenden Gremien auf die Verwirklichung dieses Ziels zu richten. Sie fordern die Länder des Warschauer Pakts auf, ein Gleiches zu tun. [...]

(Archiv der Gegenwart, 12.5.1977, S. 20987f.)

[129] Erklärung von Bundeskanzler Schmidt vor dem Bundestag über die Tagung des NATO-Rates
(12.5.1977, Auszug)

[...]
Das Bündnis dient der *Strategie des Friedens*. Neben der militärischen Komponente – der Abschreckung eines eventuellen Angreifers und der Erhaltung der Fähigkeit, sich selbst zu verteidigen – steht die *politische Zielsetzung*, die schließlich doch alles überwölben muß. Aus ihr entsteht die konsequente Bemühung um den Abbau bestehender Spannungen und um die Verkleinerung aller den Frieden gefährdenden Reibungsflächen.
Es ist ganz klar, daß Entspannungspolitik keineswegs eine mit leichter Hand unternommene, keine zur Aufweichung wirksamer Verteidigung unternommene Operation ist. Im Gegenteil, nur Verteidigungsfähigkeit, Gleichgewicht und Entspannung zusammen können uns dem Ziel, den Frieden noch sicherer zu machen, näher bringen. Dabei ist die Komponente des engen Zusammenwirkens zur Festigung der wirtschaftlichen Stabilität und damit der sozialen Stabilität innerhalb der Staaten unseres Bündnisses und innerhalb der Weltwirtschaft insgesamt genauso unerläßlich wie die zuvor genannten Komponenten. Dies war sowohl auf dem Weltwirtschaftsgipfel als auch in der Ratstagung des Nordatlantischen Bündnisses gleichermaßen klar, und es wurde gleichermaßen von vielen so ausgesprochen. Die Überwindung der Weltwirtschaftskrise ist für die Erhaltung der westlichen Gemeinschaft genauso wichtig wie deren Fähigkeit, sich zu verteidigen. Genauso wichtig ist und bleibt die Verringerung der Reibungsflächen zwischen West und Ost, um den Frieden zu sichern. Darüber gab es keine Meinungsverschiedenheit. [...]
Zu dem bestehenden *Ungleichgewicht* auf dem Felde der klassischen Bewaffnung, der *konventionellen Waffen:* man muß das im Zusammenhang mit dem großen strategischen Gespräch zwischen der Sowjetunion und den Vereinigten Staaten sehen. Die amerikanische Regierung bemüht sich darum, durch ein neues Abkommen mit der Sowjetunion, SALT II genannt, die strategischen atomaren Waffen, nämlich die, die von Kontinent zu Kontinent reichen, in ein stabiles Gleichgewicht, in Parität zu bringen. Wir hoffen sehr, daß die beiden Weltmächte dabei Erfolg haben werden. Dieser Wunsch, daß die beiden Weltmächte darin Erfolg haben mögen, wird von allen Partnern im Westen geteilt.
Wenn es nun aber gelingt, die großen strategischen Nuklearwaffen, die von Kontinent zu Kontinent reichen, mit ihrer ungeheuren Zerstörungskraft tatsächlich und auch formell – vertraglich – in ein Gleichgewicht zu bringen, dann wird es um so mehr darauf ankommen, daß nicht auf niedrigerer Ebene, nämlich bei den konventionellen Waffen, bei den Bodentruppen, den Panzern, der Artillerie, den unterstützenden Luftstreitkräften, ein Übergewicht einer Seite bestehenbleibt. Es gibt, ganz theoretisch gesprochen, zwei Möglichkeiten, auch hier, auf dieser konventionellen Ebene, zu einem Gleichgewicht, zur Parität zu kommen. Man könnte auf der einen Seite aufrüsten, insbesondere zunächst auf westlicher Seite, um das Gleichgewicht zu errei-

chen; dann würde allerdings die andere Seite nachziehen, dann wieder der Westen, und damit hätten wir jene Rüstungsspirale, wie man sie aus der Vergangenheit kennt. Theoretisch könnte man sich auf der anderen Seite auch durch Abschmelzung, durch Verringerung nach unten hin auf ein gleichmäßiges niedrigeres Niveau einigen, auf eine auf beiden Seiten der Gleichung – ich sage: Gleichung – kollektive Gesamtstärke. Dies ist das Ziel der von den beteiligten Bündnispartnern gemeinsam erarbeiteten Haltung für die Wiener Verhandlungen, die unter dem Stichwort MBFR geführt werden. [...]
(Archiv der Gegenwart, 12.5.1977, S. 20988f.)

[130] Erklärung der Bundesregierung zur Neutronenwaffe
(Staatssekretär Bölling; 7.4.1978, Auszug)

[...]
3. Die Bundesregierung nimmt den Beschluß des Präsidenten zur Kenntnis, die Entscheidung über die Produktion der Neutronenwaffe aufzuschieben und die endgültige Entscheidung im Lichte des Verhaltens der Sowjetunion und der daraus resultierenden verteidigungspolitischen Erfordernisse und rüstungskontrollpolitischen Möglichkeiten des Bündnisses zu fällen. Sie unterstreicht die Feststellung des Präsidenten über die Bedeutung der sowjetischen konventionellen und nuklearen Waffenprogramme und Streitkräftedislozierungen, die die Sicherheit Nordamerikas und Westeuropas berühren.
4. Die Bundesregierung teilt die Überzeugung des amerikanischen Präsidenten, daß die technologischen Möglichkeiten des Westens auch weiterhin erhalten bleiben und beim Ausgleich bestehender Disparitäten optimal genutzt werden müssen.
5. Die Bundesregierung mißt unverändert der *Nutzung der rüstungskontrollpolitischen Möglichkeiten der Neutronenwaffe große Bedeutung* bei, um die Disparitäten im Kräfteverhältnis, vor allem bei den Mittelstreckenpotentialen und bei den Panzern abzubauen. Für sie haben deshalb die geplanten Bündniskonsultationen zur rüstungskontrollpolitischen Nutzung besonderes Gewicht; deshalb wird sich die Bundesregierung an diesen Konsultationen weiterhin intensiv beteiligen.
6. Der Beitrag der Bundesregierung bei den Beratungen im Bündnis wird nach wie vor von ihren vitalen Interessen und ihrer Verantwortung für Verteidigungs- und Friedenssicherung bestimmt, wie das schon in der Erklärung der Bundesregierung vom 23. Februar zum Ausdruck kam. Die Sicherheitserfordernisse des Bündnisses und die große Bedeutung, die das Bündnis Fortschritten bei der Abrüstungs- und bei der Rüstungskontrolle beimißt, sind bei den Konsultationen der Verbündeten die Orientierungspunkte.
7. Wir begrüßen und teilen die Entschlossenheit des amerikanischen Präsidenten zur Modernisierung der Waffensysteme der Allianz und zur Stärkung der gemeinsamen Vorneverteidigung.
(Archiv der Gegenwart, 25.4.1978, S. 21738f.)

[131] *Interview mit Franz Josef Strauß zur Neutronenwaffe*
(Veröffentlicht in *Die Welt*, 8.4.1978, Auszug)

Frage: »Präsident Carter hat den Bau der Neutronenwaffe auf unbestimmte Zeit verschoben. Die Information über diese bevorstehende Entscheidung hat schon vor Tagen die europäischen NATO-Partner geschockt. Losgelöst davon gerät die amerikanische Afrika-Politik immer mehr in die Kritik. Sind Zweifel an der Führungsfähigkeit Präsident Carters erlaubt?«
Strauß: »*Zweifel an der Führungsfähigkeit sind* in diesem Falle nicht nur erlaubt, denn sie stellen keine leichtfertige oder hämische Kritik dar, sondern sie sind *leider berechtigt* und im Sinne einer offenen und ehrlichen Partnerschaft durchaus angebracht. Ich räume ein, daß *die Europäer* in der Frage der Einführung der Neutronenwaffe *eine jämmerliche Haltung* eingenommen haben. Einige haben diese Waffe rundweg abgelehnt, andere haben ausweichend geantwortet, die Bundesregierung hat sich ein Jahr lang um die Entscheidung herumgedrückt. Brandt und Bahr haben in dieser Frage klar die Position Moskaus bezogen. Als sich jetzt die Bundesregierung durchgerungen hat, ihrerseits die Zustimmung zu dieser Waffe zu geben, hat der amerikanische Präsident zurückgezogen. In meiner Kenntnis der amerikanischen Geschichte nach dem II. Weltkrieg ist dies der erste Fall, wo *ein amerikanischer Präsident* offen und erkennbar *vor einem russischen Zaren gekuscht* hat. [...] Es war eine Ungeheuerlichkeit, daß Breshnew an alle Verbündeten der USA drohende Briefe geschrieben und sie vor der Einführung dieser Waffe gewarnt hat. Eigentlich hätte dieser grobe sowjetische Vorstoß ausreichen müssen, bei der NATO und besonders ihrer Führungsmacht die Frage aufzuwerfen, warum denn die Sowjetunion so große Anstrengungen unternimmt, um diese Waffe bei der NATO zu verhindern? Die Sowjetunion könne sie ja ebenfalls entwikkeln und produzieren. Sie brauchen dafür ein Jahr länger als die Amerikaner, also drei statt zwei Jahre. Nur, daß der amerikanische Präsident verhältnismäßig langsam umschalten kann, während es die diktatorische Führung der Sowjetunion über Nacht kann. Dadurch hat sich die militärische Gleichgewichtslage erheblich verschoben. Hinzu kommt, daß die USA nach unseren Kenntnissen mit den Russen zu einem Abkommen über die Begrenzung der strategischen Atomwaffen ohne jeden Zusammenhang mit anderen Sicherheitsfragen gelangen wollen. Also haben sie einerseits die Einstellung der Neutronenwaffe verfügt, zum anderen verzichten die Amerikaner auch darauf, daß die Sowjetunion ihre strategische Offensive in Afrika einstellt.«
(Archiv der Gegenwart, 25.4.1978, S. 21739)

[132] *Leonid Breshnew bei der 30-Jahr-Feier der Gründung der DDR über Entspannungs- und Rüstungspolitik*
(6.10.1979, Auszug)

[...] Was die Sowjetunion betrifft, so wiederhole ich immer wieder, daß wir keine militärische Überlegenheit anstreben. Es war und ist nie unsere Absicht, irgendeinen Staat oder eine Gruppe von Staaten zu bedrohen. Unsere strategische Doktrin ist ausgesprochen auf Verteidigung ausgerichtet. Behauptungen, wonach die Sowjetunion ihre militärische Macht auf dem europäischen Kontinent in Dimensionen verstärke, die nicht durch Erfordernisse der Verteidigung bedingt sind, haben mit der Wirklichkeit nicht das Geringste gemein. Das ist ein bewußter Betrug der breiten Öffentlichkeit. [...) *Als Vorsitzender des Verteidigungsrates* der UdSSR erkläre ich mit aller Bestimmtheit: In den letzten zehn Jahren ist auf dem Gebiet des europäischen Teils der Sowjetunion die Anzahl der Träger von Kernwaffen mittlerer Reichweite um keine einzige Rakete, um kein Flugzeug vergrößert worden. Im Gegenteil – die Zahl der Abschußrampen für Mittelstreckenraketen sowie die Stärke der Kernladungen dieser Raketen sind sogar etwas zurückgegangen. Reduziert wurde auch die Anzahl von Mittelstreckenbombern. Und auf dem Territorium anderer Staaten stationiert die Sowjetunion derartige Waffen überhaupt nicht. Seit Jahren erhöhen wir auch nicht die Stärke unserer Truppen, die in Mitteleuropa stationiert sind. Mehr noch. Wir sind bereit, die Anzahl von Kernwaffenträgern mittlerer Reichweite, die in den westlichen Gebieten der Sowjetunion stationiert sind, im Vergleich zum heutigen Stand zu reduzieren – selbstverständlich nur unter der Voraussetzung, daß in Westeuropa keine zusätzlichen Kernwaffenträger mittlerer Reichweite stationiert werden. Ich möchte auch feierlich bekräftigen, daß die Sowjetunion niemals Kernwaffen gegen diejenigen Staaten einsetzen wird, die auf Herstellung und Erwerb solcher Waffen verzichten und sie nicht auf ihren Territorien haben.

Aufrichtig bestrebt, die jahrelangen Bemühungen um die militärische Entspannung in Europa über den toten Punkt hinwegzubringen und ein Beispiel dafür zu geben, wie man von Worten zu konkreten Taten übergeht, haben wir im Einvernehmen mit der Führung der DDR und nach Konsultationen mit den anderen Teilnehmerstaaten des Warschauer Vertrages den Beschluß gefaßt, die *Stärke der sowjetischen Truppen in Mitteleuropa einseitig zu reduzieren*. Innerhalb der nächsten zwölf Monate werden bis zu 20000 sowjetische Militärangehörige, 1000 Panzer sowie eine bestimmte Anzahl anderer Militärtechnik vom Territorium der DDR abgezogen. Wir sind sicher, daß dieser konkrete Ausdruck der Friedensliebe und des guten Willens der Sowjetunion und ihrer Verbündeten von den Völkern Europas und der ganzen Welt gutgeheißen wird. Wir rufen die Regierungen der NATO-Länder auf, die Initiativen der sozialistischen Staaten gebührend einzuschätzen und unserem guten Beispiel zu folgen. [...]

Als passendstes Forum für die Erörterung eines weitgehenden Komplexes von Maßnahmen der militärischen Entspannung in Europa betrachten wir nach wie vor eine *gesamteuropäische Konferenz* auf politischer Ebene, deren Vorbereitung und Einberufung eine durchaus aktuelle, man kann sagen, eine herangereifte Aufgabe ist. Bekanntlich stehen auch wichtige *Verhandlungen* zu SALT III bevor. Wir sind dafür, diese Verhandlungen unmittelbar nach dem Inkrafttreten des SALT-II-Vertrages aufzunehmen. Im Rahmen dieser Verhandlungen sind wir bereit, die Möglichkeiten der Begrenzung nicht nur interkontinentaler, sondern auch anderer Waffen zu erörtern – selbstver-

ständlich unter Berücksichtigung aller diesbezüglichen Faktoren und bei strikter Einhaltung des Prinzips der gleichen Sicherheit für alle Seiten. Somit weisen die UdSSR, die DDR und andere sozialistische Staaten Europas eine klare Perspektive – allen europäischen Völkern ein Leben unter den Bedingungen der Sicherheit und des Friedens real zu sichern.
[...]
(Archiv der Gegenwart, 6.10.1979, S. 22978)

[133] Doppelbeschluß der NATO vom 12. Dezember 1979

1. Die Außen- und Verteidigungsminister trafen am 12. Dezember 1979 in Brüssel zu einer Sondersitzung zusammen.
2. Die Minister verwiesen auf das Gipfeltreffen vom Mai 1978, bei dem die Regierungen ihre politische Entschlossenheit zum Ausdruck brachten, der Herausforderung zu begegnen, die der fortdauernde intensive militärische Aufwuchs auf seiten des Warschauer Paktes für ihre Sicherheit darstellt.
3. Im Laufe der Jahre hat der Warschauer Pakt ein großes und ständig weiterwachsendes Potential von Nuklearsystemen entwickelt, das Westeuropa unmittelbar bedroht und eine strategische Bedeutung für das Bündnis in Europa hat. Diese Lage hat sich innerhalb der letzten Jahre in besonderem Maße durch die sowjetischen Entscheidungen verschärft, Programme zur substantiellen Modernisierung und Verstärkung ihrer weitreichenden Nuklearsysteme durchzuführen. Insbesondere hat die Sowjetunion die SS 20-Rakete disloziert, die durch größere Treffgenauigkeit, Beweglichkeit und Reichweite sowie durch die Ausrüstung mit Mehrfachsprengköpfen eine bedeutende Verbesserung gegenüber früheren Systemen darstellt, und sie hat den »Backfire-Bomber« eingeführt, der wesentlich leistungsfähiger ist als andere sowjetische Flugzeuge, die bisher für kontinentalstrategische Aufgaben vorgesehen waren. Während die Sowjetunion in diesem Zeitraum ihre Überlegenheit bei den nuklearen Mittelstreckensystemen (LRTNF) sowohl qualitativ als auch quantitativ ausgebaut hat, ist das entsprechende Potential des Westens auf demselben Stand geblieben. Darüber hinaus veralten diese westlichen Systeme, werden zunehmend verwundbarer und umfassen zudem keine landgestützten LRTNF-Raketensysteme.
4. Gleichzeitig hat die Sowjetunion auch ihre Nuklearsysteme kürzerer Reichweite modernisiert und vermehrt und die Qualität ihrer konventionellen Streitkräfte insgesamt bedeutend verbessert. Diese Entwicklungen fanden vor dem Hintergrund des wachsenden Potentials der Sowjetunion im interkontinental-strategischen Bereich und der Herstellung der Parität mit den Vereinigten Staaten auf diesem Gebiet statt.
5. Diese Entwicklungen haben im Bündnis ernste Besorgnis hervorgerufen, da – falls sie fortdauern sollten – die sowjetische Überlegenheit bei den Mittelstreckenwaffen die bei den interkontinentalen strategischen Systemen erzielte Stabilität aushöhlen könnte. Durch diese Entwicklungen könnte auch die Glaubwürdigkeit der Abschreckungsstrategie des Bündnisses dadurch in

Zweifel gezogen werden, daß die Lücke im Spektrum der dem Bündnis zur Verfügung stehenden nuklearen Reaktionen auf eine Aggression stärker akzentuiert würde.

6. Die Minister stellten fest, daß diese jüngsten Entwicklungen konkrete Maßnahmen des Bündnisses erfordern, wenn die NATO-Strategie der flexiblen Reaktion glaubwürdig bleiben soll. Nach intensiven Beratungen auch über alternative Ansätze und deren Wert und nach Kenntnisnahme der Haltung bestimmter Bündnispartner, kamen die Minister überein, daß dem Gesamtinteresse der Allianz am besten dadurch entsprochen wird, daß die zwei Parallelen und sich ergänzenden Ansätze: LRTNF-Modernisierung und Rüstungskontrolle verfolgt werden.

7. Die Minister haben daher beschlossen, das LRTNF-Potential der NATO durch die Dislozierung von amerikanischen bodengestützen Systemen in Europa zu modernisieren. Diese Systeme umfassen 108 Abschußvorrichtungen für Pershing II, welche die derzeitigen amerikanischen »Pershing I a« ersetzen werden, und 464 bodengestützte Marschflugkörper (GLCM). Sämtliche Systeme sind jeweils mit nur einem Gefechtskopf ausgestattet. Alle Staaten, die zur Zeit an der integrierten Verteidigungsstruktur beteiligt sind, werden an diesem Programm teilnehmen. Die Raketen werden in ausgewählten Ländern stationiert und bestimmte Nebenkosten werden im Rahmen von bestehenden Finanzierungsvereinbarungen der NATO gemeinsam getragen werden. Das Programm wird die Bedeutung nuklearer Waffen für die NATO nicht erhöhen. In diesem Zusammenhang kamen die Minister überein, daß als integraler Bestandteil der TNF-Modernisierung so bald wie möglich 1000 amerikanische nukleare Gefechtsköpfe aus Europa abgezogen werden. Weiterhin beschlossen die Minister, daß die 572 LRTNF-Gefechtsköpfe innerhalb dieses verminderten Bestands untergebracht werden sollen. Dies impliziert notwendigerweise eine Gewichtsverlagerung mit der Folge, daß die Zahl der Gefechtsköpfe von Trägersystemen anderer Typen und kürzerer Reichweite abnimmt. Zusätzlich haben die Minister mit Befriedigung zur Kenntnis genommen, daß die Nukleare Planungsgruppe (NPG) eine genaue Untersuchung vornimmt über Art, Umfang und Grundlage der sich aus der LRTNF-Dislozierung ergebenden Anpassungen und ihrer möglichen Auswirkungen auf die Ausgewogenheit von Aufgaben und Systemen im gesamten nuklearen Arsenal der NATO. Diese Untersuchung wird Grundlage eines substantiellen Berichts an die Minister der NPG im Herbst 1980 sein.

8. Die Minister messen der Rüstungskontrolle als Beitrag zu einem stabileren militärischen Kräfteverhältnis zwischen Ost und West und zur Förderung des Entspannungsprozesses eine große Bedeutung bei. Dies spiegelt sich wider in einem breit angelegten Spektrum von Initiativen, die im Bündnis geprüft werden mit dem Ziel, die Weiterentwicklung von Rüstungskontrolle und Entspannung in den achtziger Jahren zu fördern. Die Minister betrachten die Rüstungskontrolle als integralen Bestandteil der Bemühungen des Bündnisses, die unverminderte Sicherheit seiner Mitgliedstaaten zu gewährleisten und die strategische Lage zwischen Ost und West auf einem beiderseits niedrigeren Rüstungsniveau stabiler, vorhersehbarer und beherrschbarer zu gestalten.

In dieser Hinsicht begrüßen sie den Beitrag, den der SALT-II-Vertrag zur Erreichung dieser Ziele leistet.

9. Die Minister sind der Auffassung, daß auf der Grundlage des mit SALT II erreichten und unter Berücksichtigung der die NATO beunruhigenden Vergrößerung des sowjetischen LRTNF-Potentials nun auch bestimmte amerikanische und sowjetische LRTNF in die Bemühungen einbezogen werden sollten, durch Rüstungskontrolle ein stabileres umfassendes Gleichgewicht bei geringen Beständen an Nuklearwaffen auf beiden Seiten zu erzielen. Dies würde frühere westliche Vorschläge und die erst kürzlich geäußerte Bereitschaft des sowjetischen Staatspräsidenten Breschnew aufnehmen, solche sowjetischen und amerikanischen Systeme in Rüstungskontrollverhandlungen einzubeziehen. Die Minister unterstützen voll die als Ergebnis von Beratungen im Bündnis getroffene Entscheidung der Vereinigten Staaten, über Begrenzungen der LRTNF zu verhandeln und der Sowjetunion vorzuschlagen, so bald wie möglich Verhandlungen auf der Grundlage der folgenden Leitlinien aufzunehmen, die das Ergebnis intensiver Konsultationen innerhalb des Bündnisses sind:

a) Jede künftige Begrenzung amerikanischer Systeme, die in erster Linie für den Einsatz als TNF bestimmt sind, soll von einer entsprechenden Begrenzung sowjetischer TNF begleitet sein.

b) Über Begrenzungen von amerikanischen und sowjetischen LRTNF soll Schritt für Schritt bilateral im Rahmen von SALT III verhandelt werden.

c) Das unmittelbare Ziel dieser Verhandlungen soll die Vereinbarung von Begrenzungen für amerikanische und sowjetische landgestützte LRTNF-Raketensysteme sein.

d) Jede vereinbarte Begrenzung dieser Systeme muß mit dem Grundsatz der Gleichheit zwischen beiden Seiten vereinbar sein. Die Begrenzungen sollen daher in einer Form vereinbart werden, die de jure Gleichheit sowohl für die Obergrenzen als auch für die daraus resultierenden Rechte festlegt.

e) Jede vereinbarte Begrenzung muß angemessen verifizierbar sein.

10. Angesichts der besonderen Bedeutung dieser Verhandlungen für die Sicherheit des Bündnisses insgesamt wird zur Unterstützung der amerikanischen Verhandlungsbemühungen ein besonderes, hochrangiges Konsultationsgremium innerhalb des Bündnisses gebildet. Dieses Gremium wird die Verhandlungen kontinuierlich begleiten und den Außen- und Verteidigungsministern berichten. Die Minister werden die Entwicklung dieser und anderer Rüstungskontrollverhandlungen bei ihren halbjährlichen Konferenzen bewerten.

11. Die Minister haben sich zu diesen parallel laufenden und komplementären Vorgehensweisen entschlossen, um einen durch den sowjetischen TNF-Aufwuchs verursachten Rüstungswettlauf in Europa abzuwenden, dabei jedoch die Funktionsfähigkeit der Abschreckungs- und Verteidigungsstrategie der NATO weiterhin zu erhalten und damit die Sicherheit ihrer Mitgliedstaaten weiterhin zu gewährleisten.

a) Ein Modernisierungsbeschluß, einschließlich einer verbindlichen Festlegung auf Dislozierungen, ist erforderlich, um den Abschreckungs- und Vertei-

digungsbedürfnissen der NATO gerecht zu werden, um in glaubwürdiger Weise auf die einseitigen TNF-Dislozierungen der Sowjetunion zu reagieren und um das Fundament für ernsthafte Verhandlungen über TNF zu schaffen.
b) Erfolgreiche Rüstungskontrolle, die den sowjetischen Aufwuchs begrenzt, kann die Sicherheit des Bündnisses stärken, den Umfang des TNF-Bedarfs der NATO beeinflussen und im Einklang mit der grundlegenden NATO-Politik von Abschreckung, Verteidigung und Entspannung – wie sie im Harmel-Bericht niedergelegt wurde – Stabilität und Entspannung in Europa fördern. Der TNF-Bedarf der NATO wird im Licht konkreter Verhandlungsergebnisse geprüft werden.
(Bulletin des Presse- und Informationsamtes der Bundesregierung, Nr. 154, 18.12.1979)

[134] Helmut Kohl, Vorsitzender der CDU, über den Doppelbeschluß der NATO und Abrüstungsfragen
(Debatte über die Regierungserklärung, 26.11.1980; Auszug)

[...]
Erstens. Die CDU/CSU hält *weltweite und Ost/West-Verhandlungen über die Begrenzung von Waffen* in einer Zeit der Massenvernichtungstechnik und zunehmender Not in der Welt für eine politische, für eine menschliche Pflicht. Wir haben deshalb alle wesentlichen Verhandlungspositionen der Bundesregierung in internationalen Gremien mitgetragen. Dies gilt insbesondere für die Abrüstungspositionen der Bundesrepublik Deutschland in Brüssel, Wien, Genf und New York. Den *Doppelbeschluß der NATO* vom Dezember 1979 – jeder weiß dies – haben wir in seinen beiden Teilen angemessen gefördert und mitvertreten. Wir sehen jedoch mit wachsender Sorge die Zunahme von Kräften und Tendenzen innerhalb der SPD, die gerade diesen NATO-Beschluß auszuhöhlen bereit sind. Sie werden auf unseren entschiedenen Widerstand treffen.
(Beifall bei der CDU/CSU)
Ost/West-Verhandlungen über die Minderung der Rüstungslasten mit dem Ziel, unverminderte Sicherheit auf einem niedrigeren militärischen Niveau zu erreichen, finden unsere Unterstützung. Wir, die CDU/CSU, wollen Abrüstung mit Sicherheit. Wovor wir warnen, ist: Abrüstung ohne Sicherheit.
(Beifall bei der CDU/CSU)
Zweitens. Bei den Wiener Truppenabbauverhandlungen werden wir die Positionen des Bündnisses – ich hoffe damit: auch die der Bundesregierung – weiterhin mittragen, wenn es zu einer unverfälschten Parität und zu einer unverfälschten Kollektivität kommt. Um es deutlich zu sagen: Herr Bundeskanzler, Ihr persönlicher *Vorschlag* und der auf ihm beruhende sowjetische Vorschlag *einer Ost/West-Vereinbarung, die der Bundeswehr eine Obergrenze auferlegt,* ist für uns völlig indiskutabel. (Beifall bei der CDU/CSU) Wenn wir, die Bundesrepublik Deutschland, innerhalb des Westens Absprachen treffen wollen, die allen Allianzpartnern gleiche Pflichten und Lasten auferlegen, dann brau-

chen wir dafür nicht den Umweg eines Ost/West-Abkommens in Wien, das der Sowjetunion ein erstes Mitspracherecht über den Umfang der Bundeswehr einräumen würde. Ich halte es nach wie vor für einen schweren Fehler, daß der deutsche Bundeskanzler einen Vorschlag gemacht hat, der die westliche Verhandlungsposition in Wien schwächt und der deshalb von Moskau begierig aufgegriffen wurde.
(Beifall bei der CDU/CSU)
Drittens. Beim Madrider *KSZE-Folgetreffen* werden wir die Haltung der Bundesregierung daran messen, wie weit sie dem Auftrag dieser Veranstaltung gerecht wird, d. h. die Einhaltung der Schlußakte ausgiebig und öffentlich zu überpüfen und weiterführende Vorschläge hinsichtlich der Ziele und die Durchsetzung der Ziele der KSZE zu verabschieden.
Da wir, meine Damen und Herren, in Europa das einzige Land sind, das zwischen Ost und West geteilt ist, werden wir insbesondere darauf zu achten haben, daß die Interessen unseres ganzen Volkes mit dem notwendigen Nachdruck wahrgenommen werden.
(Beifall bei der CDU/CSU)
[...]
(Verhandlungen des Deutschen Bundestages, IX, 24./26.11.1980)

[135] Prager Erklärung der Staaten des Warschauer Paktes (5.1.1983, Auszug)

[...]
Die Teilnehmerstaaten des Warschauer Vertrages sehen in einem von Kernwaffen mittlerer Reichweite wie von taktischen Kernwaffen vollständig freien Europa die beste Lösung. Sollte eine solche echte Null-Lösung gegenwärtig nicht möglich sein, gehen sie davon aus, daß die Kernwaffen mittlerer Reichweite in Europa nach dem Prinzip der Gleichheit und der gleichen Sicherheit radikal reduziert werden sollten. [...]
Die auf der Tagung vertretenen Staaten treten entschlossen für eine radikale Reduzierung der Kernwaffenarsenale auf europäischem Boden und für ein von chemischen Waffen freies Europa ein und registrieren zugleich die Gefahr, die von der Konzentration einer großen Menge konventioneller Waffen auf dem Kontinent für den Frieden in Europa ausgeht. Diese Gefahr wird im Falle der Realisierung der Pläne zur Anhäufung neuester konventioneller Waffenarten in Westeuropa wesentlich zunehmen, und damit wird das Wettrüsten noch mehr angeheizt.
[...]
Sie sprechen sich erneut für die Reduzierung von Streitkräften und Rüstungen in Mitteleuropa aus und halten es für besonders notwendig, Fortschritte bei den Wiener Verhandlungen, die bereits viele Jahre andauern, zu erreichen.
[...]
In diesem Zusammenhang treten die Teilnehmer der Tagung für einen praktischen Schritt der Sowjetunion und der USA zur Reduzierung der Streitkräfte

und Rüstungen in Mitteleuropa auf der Grundlage des gegenseitigen Beispiels ein. [...]
Die auf der Tagung vertretenen Staaten sprechen sich für Vorschläge zur Schaffung kernwaffenfreier Zonen in Nordeuropa, auf dem Balkan und in anderen Regionen des Kontinents sowie für die Umwandlung des Mittelmeeres in eine Zone des Friedens und der Zusammenarbeit aus. Sie treten für entsprechende Verhandlungen zu diesen Fragen ein.
[...] Bei aller Vielfalt der gegenwärtigen internationalen Probleme hängt die Perspektive Europas und der Welt in hohem Maße davon ab, ob es gelingt, zwischen den zwei größten militärisch-politischen Bündnissen, dem Warschauer Vertrag und der NATO, die über ein gewaltiges Potential, vor allem im Bereich der Kernwaffen, verfügen, das Mißtrauen zu beseitigen und das Niveau der Konfrontation zu vermindern. Eine bewaffnete Auseinandersetzung zwischen ihnen hätte verhängnisvolle Folgen für alle Völker.
Die Teilnehmerstaaten des Warschauer Vertrages treten seit langem dafür ein, die beiden Bündnisse – und als ersten Schritt ihre militärischen Organisationen – aufzulösen. Dieser Vorschlag bleibt in Kraft, und sie sind bereit, mit den Mitgliedstaaten der NATO Verhandlungen aufzunehmen, um ein entsprechendes Abkommen – beginnend mit den Fragen der gegenseitigen Reduzierung militärischer Aktivitäten – abzuschließen.
[...] Die Teilnehmerstaaten des Warschauer Vertrages streben nicht nach militärischer Überlegenheit über die Mitgliedstaaten der NATO. Sie haben nicht die Absicht, diese oder irgendein anderes Land innerhalb oder außerhalb Europas anzugreifen. Die Mitgliedstaaten der NATO erklären ebenfalls, sie würden keine aggressiven Absichten hegen. Wenn dem so ist, darf es keine Gründe geben, welche die beiden Bündnissen angehörenden Staaten daran hindern, entsprechende gegenseitige völkerrechtliche Verpflichtungen zu übernehmen. Das würde angesichts der gegenseitigen Lage einen besonders wohltuenden Einfluß auf die gesamte weitere internationale Entwicklung ausüben.
Ausgehend von diesen Erwägungen wenden sich namens der Teilnehmerstaaten des Warschauer Vertrages deren höchste Repräsentanten an die Mitgliedstaaten des Nordatlantikvertrages mit dem Vorschlag, einen Vertrag über den gegenseitigen Verzicht auf Anwendung militärischer Gewalt und über die Aufrechterhaltung friedlicher Beziehungen abzuschließen. [...]
(Frankfurter Allgemeine Zeitung, 7.1.1983)

[136] Brief von Bundeskanzler Kohl an den Staats- und Parteichef der DDR, Honecker, über Fragen der Abrüstung und Rüstungskontrolle ([18.2.1983])

Sehr geehrter Herr Generalsekretär,
für Ihr Schreiben vom 4. Februar 1983 danke ich Ihnen. [...]
Ich weiß mich mit Ihnen darin einig, daß die Bundesrepublik Deutschland und die Deutsche Demokratische Republik eine große Verantwortung für die

Sicherung des Friedens in Europa und in der Welt tragen. Wir sollten uns ernstlich darum bemühen, positive Impulse für die Lage in Europa zu geben. Dialog und Zusammenarbeit, die Ausfüllung der bestehenden Verträge, mehr Kontakte zwischen den Menschen, sind nach meiner festen Überzeugung ein wichtiger Beitrag zum Frieden.

Herr Generalsekretär, auf das Ziel der Sicherung des Friedens sind alle rüstungskontrollpolitischen Anstrengungen der Bundesregierung und des ganzen Atlantischen Bündnisses gerichtet – in Genf, in Wien, in Madrid und in den Vereinten Nationen. Wir wollen den Frieden sichern mit immer weniger Waffen. Wir wollen ein stabiles militärisches Gleichgewicht zwischen Ost und West auf möglichst niedrigem Niveau der Rüstungen.

Unsere besonderen Erwartungen richten sich derzeit auf die Verhandlungen über nukleare Mittelstreckenwaffen in Genf. Die Vereinigten Staaten haben dort in Abstimmung mit ihren Bündnispartnern vorgeschlagen, daß die USA und die UdSSR auf ihre landgestützten Mittelstreckenraketen verzichten. Ein solches Ergebnis würde zeigen, daß wirkliche Abrüstungsschritte zwischen West und Ost vereinbart werden können. Es wäre ein einschneidender Beitrag zum Abbau der nuklearen Bedrohung Europas.

Für die nukleare Bedrohung eines Gebietes ist es nicht ausschlaggebend, ob dort Kernwaffen stationiert sind, sondern ob auf dieses Gebiet Kernwaffen gerichtet sind. Verhandlungen, die nur auf ein Auseinanderrücken der nuklearen Arsenale in Europa hinauslaufen, würden deshalb die Stabilität nicht erhöhen, sondern nur eine Illusion größerer Sicherheit schaffen. Sie würden von den laufenden Verhandlungen über Reduzierung von Kernwaffen ablenken und damit baldige Ergebnisse erschweren.

Unser oberster Maßstab für alle rüstungskontrollpolitischen Vorschläge ist es, welchen Beitrag sie zur Verhütung jeglicher kriegerischer Auseinandersetzung leisten, einschließlich eines konventionellen Konflikts in Europa. Die Initiative für eine von nuklearen Gefechtsfeldwaffen freie Zone in Mitteleuropa wird dieser Anforderung nicht gerecht. Wir sehen uns deshalb nicht in der Lage, sie zu unterstützen. Angesichts der konventionellen Überlegenheit des Warschauer Paktes in Europa würde eine solche Zone das Risiko einer Konfrontation sogar erhöhen. Wir können nicht übersehen, daß der Warschauer Pakt allein in dem Raum, der von den Wiener Verhandlungen über gegenseitige und ausgewogene Truppenreduzierung erfaßt wird, über mehr als doppelt so viele Divisionen, Panzer und Kanonen verfügt als die NATO.

Ich halte es für notwendig, daß wir alle Anstrengungen auf diejenigen Bemühungen im Bereich der Abrüstung und Rüstungskontrolle konzentrieren, die geeignet sind, konkrete, ausgewogene und verifizierbare Verhandlungsergebnisse zu erzielen. Deshalb messen wir Fortschritten bei den laufenden Verhandlungen größte Bedeutung bei.

An einer Reihe solcher Verhandlungen nehmen Vertreter der Bundesrepublik Deutschland und der Deutschen Demokratischen Republik teil. Ich halte es für nützlich, über Grundsatzfragen, die diese Verhandlungen betreffen, einen direkten und sachlichen Meinungsaustausch zu führen. Deshalb schlage ich Ihnen vor, daß sich unsere Abrüstungsbeauftragten treffen, um die Gespräche über die Themen fortzusetzen, die bereits Gegenstand des beiderseitigen Gedankenaustauschs waren. Nach unserer Vorstellung könnte ein derartiges Treffen im April oder Mai in Bonn stattfinden.

Mit freundlichen Grüßen
gez. *H. Kohl*
(Süddeutsche Zeitung, 19./20.2.1983)

[137] Krefelder Appell an die Bundesregierung (November 1980)

Immer offensichtlicher erweist sich der Nachrüstungsbeschluß der NATO vom 12. Dezember 1979 als verhängnisvolle Fehlentscheidung. Die Erwartung, wonach Vereinbarungen zwischen den USA und der Sowjetunion zur Begrenzung der eurostrategischen Waffensysteme noch vor der Stationierung einer neuen Generation amerikanischer nuklearer Mittelstreckenwaffen in Westeuropa erreicht werden könnten, scheint sich nicht zu erfüllen.
Ein Jahr nach Brüssel ist noch nicht einmal der Beginn solcher Verhandlungen in Sicht. Im Gegenteil: Der neugewählte Präsident der USA erklärt unumwunden, selbst den bereits unterzeichneten SALT-II-Vertrag zur Begrenzung der sowjetischen und amerikanischen strategischen Nuklearwaffen nicht akzeptieren und deshalb dem Senat nicht zur Ratifizierung zuleiten zu wollen.
Mit der Verweigerung dieser Ratifizierung durch die USA würde jedoch die Aussicht auf Verhandlungen zur Begrenzung der eurostrategischen Nuklearwaffen unvermeidbar in noch weitere Ferne rücken. Ein selbstmörderischer Rüstungswettlauf könnte nicht im letzten Augenblick gestoppt werden; seine zunehmende Beschleunigung und offenbar konkreter werdende Vorstellungen von der scheinbaren Begrenzbarkeit eines Nuklearkrieges müßten in erster Linie die europäischen Völker einem untragbaren Risiko aussetzen.
Die Teilnehmer am Krefelder Gespräch vom 15. und 16. November 1980 appellieren daher gemeinsam an die Bundesregierung,
– die Zustimmung zur Stationierung von Pershing-II-Raketen und Marschflugkörpern in Mitteleuropa zurückzuziehen;
– im Bündnis künftig eine Haltung einzunehmen, die unser Land nicht länger dem Verdacht aussetzt, Wegbereiter eines neuen, vor allem die Europäer gefährdenden nuklearen Wettrüstens sein zu wollen.
In der Öffentlichkeit wächst die Sorge über die jüngste Entwicklung. Immer entscheidender werden die Möglichkeiten einer alternativen Sicherheitspolitik diskutiert. Solche Überlegungen sind von großer Bedeutung für den demokratischen Prozeß der Willensbildung und können dazu beitragen, daß unser Volk sich nicht plötzlich vollzogenen Tatsachen gegenübergestellt sieht.
Alle Mitbürgerinnen und Mitbürger werden deshalb aufgerufen, diesen Appell zu unterstützen, um durch unablässigen und wachsenden Druck der öffentlichen Meinung eine Sicherheitspolitik zu erzwingen, die

– eine Aufrüstung Mitteleuropas zur nuklearen Waffenplattform der USA nicht zuläßt;
– Abrüstung für wichtiger hält als Abschreckung;
– die Entwicklung der Bundeswehr an dieser Zielsetzung orientiert.

Gert Bastian, Würzburg · Prof. Dr. Dr. h. c. *Karl Bechert*, Weilmünster · *Petra K. Kelly*, Nürnberg · Dr. *Martin Niemöller*, Wiesbaden · Prof. Dr. *Helmut Ridder*, Gießen · *Christoph Strässer*, Münster · *Gösta von Uexküll*, Hamburg · *Josef Weber*, Köln

[138] »Gefahr oder Chance für die Friedensbewegung«
(Artikel in: *die tageszeitung*, 27. 5. 1983, Auszug)

Bei den bevorstehenden Treffen der Friedensbewegung wird sich zeigen, ob sie die politische Reife besitzt, alle in ihr auf vielfältige Weise aktiven Menschen und Strömungen in einem weiteren Schritt gegen die bevorstehende Raketen-Stationierung zusammenzubringen. Vieles spricht nicht dafür. Erkennbare destruktive Tendenzen in der Friedensbewegung, die eher ein Gegeneinander suchen, als ein Miteinander zu versuchen, stellen die optimistische Einschätzung, »die Stationierung kann verhindert werden«, ernsthaft in Frage.

Das konservative, weil konformistische Extrem der Friedensbewegung beschäftigt sich schon intensiv damit, wie jeglicher Loyalitätskonflikt mit dem Staat vermieden und wie darüber hinaus die Friedensbewegung insgesamt auf Staatsloyalität verpflichtet werden kann. Und das andere Extrem, der militant-radikale Flügel in der Friedensbewegung, wartet vielleicht ungeduldig auf den Zeitpunkt, wo er gegen den Staat auf den Putz hauen und einen Teil der Friedensbewegung in einen gewaltsamen Konflikt mit den Staatsorganen hineinziehen kann. [...]

Beide Extreme der Friedensbewegung neigen dazu, sich gegenseitig auszuschließen und in Krisensituationen dazu überzugehen, möglichst viele Gruppen und Menschen auf ihre Seite zu ziehen. Die Folge wäre die Spaltung der Friedensbewegung. Genau auf diesen Zustand hin spekuliert und arbeitet auch der Staat als lachender Dritter. Durch die Verschärfung des Demonstrationsrechtes und einkalkulierte gewaltsame Provokation soll dafür gesorgt werden, daß die beiden Extreme der Friedensbewegung Zulauf bekommen, daß die Friedensbewegung sich in einen handlungsunfähigen, perspektivlosen konformistischen Teil und einen militant agierenden Teil ohne weitere Verankerung aufspaltet.

Das faktische Bündnis der »Staatsloyalen« mit den »Systemveränderern«, die sich ergänzenden traditionellen Protestformen wie Appelle, Unterschriftensammlungen, Demonstrationen mit radikalen Widerstandsformen wie Hungerstreik und allerlei Aktionen des zivilen Ungehorsams zusammen machen die Stärke der Friedensbewegung aus. Das Zusammengehen der »Konservativen« und »Radikalen« ist nicht die Gefahr, sondern die Chance für die Frie-

Frieden schaffen

ohne Waffen

Aufruf zur zweiten bundesweiten Friedenswoche vom 15. bis 21.11.1981

Seit dem Ende des Zweiten Weltkrieges, der mehr als 50 Millionen Menschenleben kostete, hat es 127 Kriege gegeben, an denen 88 Staaten beteiligt waren. Ihre Gesamtdauer betrug mehr als 369 Jahre. Sie forderten 32 Millionen Opfer.

Etwa eine Milliarde Menschen in Asien, Afrika und Lateinamerika hungern, viele davon ständig an der Grenze zum Tode. Sie sterben nicht erst am Krieg, sie sterben schon an der Rüstung, die weltweit jährlich 500 Milliarden Dollar verschlingt. Das sind mehr als 100 Millionen DM stündlich.

Wir leben in einem Land, das sich einst schwor: »Nie wieder Krieg!«, einem Land mit den dritthöchsten Militärausgaben, einer schnell wachsenden Zuwachsrate an Rüstungsexporten und der größten Atomwaffen-Dichte der Erde, einem Land, das — so Helmut Schmidt — nur um den Preis seiner Zerstörung zu verteidigen ist. Die Bundesregierung befürwortet jedoch den Plan der USA, neue Mittelstreckenraketen hier zu stationieren, obwohl diese Waffen die Wahrscheinlichkeit eines Atomkrieges vergrößern.

Bisher gilt der Satz: Die Angst, die ich meinem Gegner mache, sichert meinen Frieden. Dagegen wächst die Erkenntnis: Die Angst, die ich dem Gegner nehme, gewährleistet meine eigene Sicherheit. Deshalb treten wir für kalkulierte einseitige Abrüstungsschritte ein.

Wir dürfen den Frieden nicht einigen wenigen »Experten« überlassen. Nur durch die Beteiligung möglichst vieler Menschen dieses Landes an der Meinungsbildung in Fragen von Rüstung und Abrüstung ist eine Veränderung der augenblicklichen Situation denkbar. Das heißt: Wir müssen uns stärker unseres Friedensauftrages bewußt werden, über Formen und Möglichkeiten nichtmilitärischer Friedensstärkung nachdenken, uns der Frage stellen, wie Frieden ohne Waffen geschaffen werden kann. In diesem Sinne muß es zu einem gemeinsamen Handeln aller Menschen kommen.

Eine Möglichkeit dazu bietet die zweite bundesweite Friedenswoche unter dem Motto FRIEDEN SCHAFFEN OHNE WAFFEN, die die Aktion Sühnezeichen/Friedensdienste und die Aktionsgemeinschaft Dienst für den Frieden initiieren. Landeskirchen, Kirchengemeinden, Jugendorganisationen, Schulen, Gewerkschaften, Dritte-Welt-Gruppen, Bürgerinitiativen, Frauengruppen, Seniorenkreise..., kurz: alle sind aufgefordert, sich an den Aktivitäten vom 15. bis 21. November 1981 in der ihnen möglichen Form zu beteiligen, sei es mit Gottesdiensten, Veranstaltungen, Aktionen, Ausstellungen, Unterrichtseinheiten oder gar durch die Organisation einer Friedenswoche vor Ort. Wir regen als gemeinsame bundesweite Aktionsform die Durchführung von lokalen Friedensmärschen am Samstag, dem 21. November 1981, an. Wir rufen dazu auf, sich vor allem mit der brennenden Frage der Stationierung von US-Mittelstreckenraketen in unserem Land zu beschäftigen. Wir bieten dazu einen »Vorschlag« an, der sich gegen ihre Stationierung wendet und eine entsprechende Selbstverpflichtung enthält.

Kontaktanschrift für nähere Informationen und Materialien zur Vorbereitung und Durchführung der bundesweiten Friedenswoche FRIEDEN SCHAFFEN OHNE WAFFEN erhalten Sie bei: Aktion Sühnezeichen/Friedensdienste, Jebensstr. 1, 1000 Berlin 12, Telefon: (030) 31 02 61.

Abb. 10: Aufruf der Aktion Sühnezeichen/Friedensdienste, Berlin, zur zweiten bundesweiten Friedenswoche »Frieden schaffen ohne Waffen« vom 15. bis 21. 11. 1981.

densbewegung. Die Legitimation des produktiven und historisch unabdingbaren Bündnisses beruht weder auf der Systemerhaltung noch auf der Systemveränderung, sondern auf dem übergreifenden Nahziel der Verhinderung der Raketenstationierung. Jeder erfolgreiche Versuch, die Friedensbewegung auf Systemerhaltung festzulegen oder für eine, egal wie geartete, Systemveränderung einzuspannen, wird unweigerlich das Ende dieser Bewegung einleiten. Gelänge es beiden Teilen des Bündnisses, sich gegenseitig zu akzeptieren, den Konservativismus und den Radikalismus einschließlich der entsprechenden Aktionsformen als eine von beiden Teilen offensiv zu verteidigende Einheitsbewegung gegen die Stationierung zu begreifen, dann wäre zumindest die Grundvoraussetzung zur Verhinderung der neuen Waffensysteme geschaffen. Von besonderer Bedeutung wird es sein, die bestehenden regionalen Ansätze direkter Aktionen des zivilen Ungehorsams weiterzuentwickeln und im Zusammenhang mit der Herbst-Aktionswoche zu verankern. Wer glaubt, durch Ausgrenzen und Überrollen der radikalen Ansätze die Voraussetzung in der Friedensbewegung schaffen zu müssen, daß SPD-Spitzenleute wie Willy Brandt auf den Abschlußkundgebungen der Aktionswochen reden können, der betreibt willentlich eine Passivierung der Friedensbewegung und muß mit entschiedenem Widerstand aller der unabhängigen Initiativen rechnen, die nur unter Bauchschmerzen den Kompromiß über die Herbst-Aktivitäten auf der Kölner Aktionskonferenz tragen.

Mohssen Massarrat (Mitglied im Bundeskongreß autonomer Friedensgruppen) und *Manfred Kühle* (im Vorstand des BBU)
Beide Autoren verstehen sich als Vertreter unabhängiger Positionen in der Bonner Koordinationsrunde

[139] »Wir Frauen aus dem Ruhrgebiet«
(Flugblatt 1983)

Wir Frauen aus dem Ruhrgebiet verfolgen, wie viele Menschen, mit großer Bestürzung die zunehmende Militarisierung aller Lebensbereiche. Uns entsetzt, daß die nukleare Auseinandersetzung ernsthaft erwogen und als politische Möglichkeit dargestellt wird.
Ein nuklearer Krieg wird uns alle treffen! Er wird Menschen, die wir kennen und lieben und viele, die wir nicht kennen, vernichten, mit Radioaktivität verseuchen, einem langsamen und qualvollen Sterben ausliefern.
Unserer Erde droht Zerstörung!
Und Rüstung tötet schon heute! In den unterentwickelten und ausgebeuteten Ländern verhungern Millionen Menschen. Rohstoffe und Arbeitskraft werden vergeudet. Arbeitslosigkeit wird produziert.
Die atomare Bedrohung wächst weltweit. In diesem Jahr '83, in dem Cruise Missiles und Pershing II in Europa stationiert werden sollen, ist es die dringendste Aufgabe für uns alle, den wahnsinnigen Rüstungswettlauf zu stoppen, umzukehren, dem Leben den Vorrang zu geben.

Wir müssen jede Möglichkeit ergreifen, so, wie
1981 die skandinavischen Frauen, die von Kopenhagen nach Paris liefen –
1982 viele Friedensmarschierer durch Länder Europas und die USA zogen.
Wir – aktive Mitglieder von Friedensinitiativen, Frauengruppen, Gewerkschaften, Kirchen, Parteien und Unorganisierte – haben schon 1982 den Friedensmarsch mit vorbereitet. Viele von uns sind mitgelaufen.
Wir haben uns wieder für diese Widerstandsform entschieden. Wir wollen zu den Menschen gehen und mit ihnen reden da, wo sie leben – da, wo sie arbeiten, in Dörfern, Städten, Industrieregionen.
Wir werden von unserer Angst reden und ... von unserer Hoffnung. Wir wollen durch Gespräche und Aktionen über die (möglichen) Folgen und den Wahnsinn atomarer Rüstung informieren.
Wir wollen mithelfen, schrittweise Vorurteile und Angst durch Urteile und Vertrauen zu ersetzen. Wir wollen mithelfen, daß das Bedürfnis nach »Sicherheit durch Rüstung« ersetzt wird durch den Willen zur Verständigung zwischen Menschen und Völkern.
Für alle, die am Marsch teilnehmen, bedeutet er eine große körperliche und seelische Anstrengung. Aber diese Anstrengung lohnt – so unsere Erfahrung aus '82!
Damit der Marsch ein Erfolg wird, brauchen wir Hilfe und Unterstützung von vielen Menschen, von Gruppen und von Organisationen. Nur in Zusammenarbeit mit örtlichen Organisationen können Route, Verpflegung, Übernachtung, Gepäcktransport, Pressearbeit und Aktionen an besonderen Plätzen vorbereitet und durchgeführt werden.
Wir bitten Euch um diese Mitarbeit!
Nur durch starke Unterstützung der Mehrheit der Menschen in diesem Land, die in den Gewerkschaften organisiert sind, in Parteien, Kirchen, Friedens- und Fraueninitiativen mitarbeiten, können wir in der kurzen Zeit, die uns noch bleibt, unser Ziel erreichen.
Wir bitten um Eure Teilnahme!
Wir bitten Euch: Geht mit uns! Geht mit, eine Stunde, einen Tag, eine Woche ...!
Wir wollen gegen den Rüstungswahnsinn anrennen und am 6. August, dem Hiroshima-Tag, im Hauptquartier der NATO in Brüssel unsere Forderungen vortragen.

[140] *Beschluß der Synode des Bundes der Evangelischen Kirchen in der DDR zur Friedensfrage*
(September 1982, Auszug)

[...]
Neue Waffensysteme sollen den atomaren Erstschlag ermöglichen; neue Strategien suchen seinen Erfolg zu sichern. Diese Bedrohung allen Lebens durch eine übersteigerte Rüstung fordert unseren Glauben heraus. Wenn wir sie stillschweigend hinnehmen, geraten wir in Widerspruch zu Gott dem Schöp-

fer, denn sein Auftrag verpflichtet uns zur Bewahrung der Schöpfung und schließt das Recht zu ihrer Zerstörung aus. Deshalb geht es hier um Gehorsam oder Ungehorsam gegen Gott.
So wird in unseren Gemeinden gefragt:
– Dürfen Christen sich an der Vorbereitung von Verteidigung mit atomaren Waffen beteiligen, wenn doch sicher ist, daß die Verteidigung unwiederbringlich zerstört, was sie schützen soll?
– Dürfen Christen sich an der Drohung mit Waffen beteiligen, die eben die Katastrophe wahrscheinlich machen, die sie verhindern sollen?
– Können Christen und Kirchen angesichts des unvorstellbaren Grauens eines möglichen Krieges Waffengewalt als Mittel der Friedenssicherung und zum Schutz des Nächsten noch rechtfertigen?
Die Antwort auf solche Fragen kann auf die Dauer nicht offen bleiben. Weil manche hier den Bekenntnisfall (status confessionis) gegeben sehen, bittet die Synode die Konferenz [der Kirchenleitungen], zur Klärung des Begriffes »status confessionis« in Verbindung mit den Fragen des Friedens eine Untersuchung in Auftrag zu geben. Diese Untersuchung sollte im ökumenischen Kontext geschehen. Ein Bericht ist der Synode bei ihrer Tagung 1983 vorzulegen. [...]
Die Synode begrüßt, daß die Konferenz das Zeichen »Schwerter zu Pflugscharen« als Kennzeichen für die kirchlichen Veranstaltungen der Friedensdekade 1982 und für das Arbeitsmaterial dazu bestätigt hat. Die Synode trägt den Beschluß der Konferenz mit, das Symbol nicht in einer Form herstellen zu lassen, die als Aufnäher verwendet werden kann. Sie weiß, daß dieser Verzicht angesichts des Einsatzes und der gemachten Erfahrungen besonders vieler Jugendlicher nicht leichtfällt. Wir verzichten aber darauf, um des Friedens willen. Die ausdrückliche Kennzeichnung des Symbols als eines Wegweisers in Richtung Abrüstung hilft Mißdeutungen entgegenzutreten und dient dem notwendigen sachlichen Gespräch in unserer Gesellschaft. [...]
Die Maßnahmen der Zivilverteidigung wollen dem Schutz der Bevölkerung dienen, sie haben aber auch eine militärische Komponente und bedenkliche Nebenwirkungen auf das Leben in unserer Gesellschaft.
Wo versucht wird, die Möglichkeit des Schutzes einleuchtend zu machen, kann es zur Verharmlosung des Charakters eines heutigen Krieges, insbesondere eines Atomkrieges, kommen. Wo die Dringlichkeit der Zivilverteidigung eingeschärft wird, kann es zu Bedrohungsängsten kommen, die besonders Kinder und Jugendliche seelisch gefährden. [...]
(Süddeutsche Zeitung, 30.9.1982)

[141] Friedenswort der katholischen Bischöfe zur Kriegsverhütung (April 1983, Auszug)

[...] Diese sittliche Tolerierung der Abschreckung, sofern auf sie zur Aufrechterhaltung der Sicherheit auf dem mühsamen Weg zur Abrüstung nicht sofort und ersatzlos verzichtet werden kann, ist an strengste Bedingungen geknüpft.

Im folgenden wollen wir versuchen, einige Gesichtspunkte zu nennen, die bei der ethischen Beurteilung nuklearer Abschreckung bedacht werden müssen.
Der erste und entscheidende Gesichtspunkt ist das Ziel, das mit dieser Strategie verfolgt wird: die Kriegsverhütung. Wenn sie nach dem erklärten Willen der Politiker und Strategen Ziel der Abschreckung ist, muß die politische und militärische Führung begründen können, daß und weshalb durch diese Strategie der Krieg tatsächlich verhindert werden kann. Denn nur so können die enormen Risiken hingenommen werden, die mit Nuklearrüstung stets verbunden sind. Dies betrifft zum Beispiel die Gefahr, daß in Krisensituationen politische Entscheidungen von äußerster Tragweite aufgrund der Art der Waffen unter starkem Zeitdruck getroffen werden müssen. [...]
Der zweite Gesichtspunkt zur Bewertung der Abschreckung bezieht sich deshalb auf die Mittel, d. h., die vorgesehenen konventionellen und nuklearen Waffen sowie die entsprechende Einsatzplanung. Die Absicht, Krieg mit allen Kräften zu verhüten, muß in der Wahl der gesamten Rüstungsmittel selbst glaubhaft werden. Die sicherheitspolitischen Mittel sind an der Ausrichtung auf das Ziel der Kriegsverhütung zu messen. Schließlich müssen die möglichen Auswirkungen gegenwärtiger und künftiger strategischer und taktischer Planung sowie der zugehörigen Waffensysteme auf die Sicherheitspolitik der anderen Seite in die Überlegungen einbezogen werden. [...] Allerdings darf man dann nicht einzelne Waffen oder Systeme isoliert vom Gesamtzusammenhang der Strategie betrachten, auf die sie bezogen sind. Wenn die Abschreckung den Waffen ein politisches Ziel im Rahmen der Kriegsverhütung setzen soll, dann müssen sie unter diesem Blickwinkel beurteilt werden.
Eine von dieser politischen Zielsetzung losgelöste Beurteilung nuklearer Strategien und nuklearer Rüstungsmittel müßte zwangsläufig zu einer radikalen Verurteilung führen. Wird die Androhung eines Einsatzes von Nuklearwaffen als ein Teil der umfassenden Abschreckungsstrategie mit dem Ziel der Kriegsverhütung verstanden, dann müssen ihre Chancen und Risiken mit äußerster Gewissenhaftigkeit geprüft werden. [...]
Es ist uns klar, daß wir mit dieser Forderung an einen kaum auflösbaren Widerspruch stoßen. Denn Waffen sind als Abschreckungsmittel nur wirksam, wenn ihr Einsatz auch glaubhaft angedroht werden kann. Aber unter dem Gesichtspunkt der Kriegsverhütung sind die wechselseitige Drohung mit unannehmbarem Schaden und das damit verbundene Risiko Hauptelemente der Abschreckungsstrategie. Gerade die Aussicht, daß konventioneller und nuklearer Krieg nicht begrenzbar ist, birgt für den Gegner ein unkalkulierbares Risiko, das die wechselseitige Abschreckung vor dem Krieg, und zwar vor jedem Krieg, gewährleisten soll. Eine Massenvernichtung anzudrohen, die man nie vollziehen darf – eine moralisch unerträgliche Vorstellung –, wird zum Zweck der Kriegsverhütung als besonders wirksam angesehen. Diese ungeheuerliche Spannung ist nur hinzunehmen, wenn die gesamte Sicherheitspolitik auf das Ziel der Kriegsverhütung ausgerichtet ist und die militärischen Maßnahmen dem vorrangigen Konzept der Friedenssicherung durch politische Mittel eingefügt bleiben. [...]

(*Frankfurter Rundschau,* 28.4.1983)

[142] »Für eine neue Sicherheitspartnerschaft«
(Erklärung führender Vertreter des evangelischen kirchlichen Lebens in der Bundesrepublik und der DDR, Juni 1983)

Europa steht am Ende des Abschreckungsfriedens. Neue Waffen, geänderte Militärstrategien und die Zunahme politischer Spannungen signalisieren die Veränderung der Situation. In Europa, und speziell in Mitteleuropa, wo die großen Bündnissysteme ihre militärischen Kräfte extrem konzentriert haben, wächst – scheinbar unaufhaltsam – die Gefahr eines nuklearen Krieges.
Die beiden deutschen Staaten haben durch ihre geographische Lage und die deutsche Geschichte eine besondere Friedensverantwortung. Die Wahrnehmung dieser Verantwortung erfordert jetzt, alle Möglichkeiten für die Entwicklung einer neuen Sicherheitspolitik zu nutzen, die dem Prinzip der gemeinsamen Sicherheit, der Sicherheitspartnerschaft zwischen Ost- und Westeuropa verpflichtet ist.
Sicherheitspartnerschaft zwischen den deutschen Staaten braucht die Unterstützung der Kirchen in den deutschen Staaten. Wir halten es für vordringlich, daß die Diskussion über konkrete politische Schritte zur Sicherheitspartnerschaft zwischen den beiden deutschen Staaten jetzt breite Förderung erhält.
Zu solchen Schritten gehören nach unserer Auffassung:
– eine ausgewogene Reduzierung der konventionellen Streitkräfte und Rüstungen und der Militärausgaben in den deutschen Staaten in Abstimmung mit dem jeweiligen Bündnissystem,
– der schrittweise Aufbau einer kernwaffenfreien Zone in Mitteleuropa,
– die Bildung einer gemeinsamen Kommission der deutschen Staaten für Fragen gemeinsamer militärischer Sicherheit, zum Beispiel zur Erörterung vertrauensbildender Maßnahmen oder von Verteidigungskonzeptionen, die als bedrohungsärmer angesehen werden,
– die Nutzung von Mitteln, die im militärischen Bereich frei werden, für gemeinsame Wirtschaftsprojekte mit den europäischen Nachbarn (zum Beispiel Polen) und mit den Ländern der Dritten und Vierten Welt zur Stärkung gemeinsamer Sicherheit.
– Einleitung eines Stufenprozesses der vollen Normalisierung der Beziehungen zwischen den beiden deutschen Staaten, von der schrittweisen Regelung einfacherer Fragen (zum Beispiel Staatsangehörigkeitsfragen) bis zur Anerkennung der vollen beiderseitigen Souveränität im Sinne des Völkerrechts und der vollen Normalisierung der Kommunikationsbeziehungen (Reiseverkehr, Informationsaustausch und so weiter).
– Ausschöpfung aller gegenseitig vorhandenen Möglichkeiten, das Prinzip der gemeinsamen Sicherheit für den Aufbau einer gesamteuropäischen Friedensordnung nutzbar zu machen.
Von den Kirchen in den beiden deutschen Staaten erwarten wir, daß sie
– das Konzept der Sicherheitspartnerschaft ihren Regierungen gegenüber mit Nachdruck vertreten,
– den Gedanken der gemeinsamen Sicherheit zum Thema des Friedensgesprächs der Gemeinden machen,

– Sicherheitspartnerschaft als politische Übersetzung des biblischen Gebotes der Feindesliebe verstehen lernen,
– Vorschläge zur Konkretisierung der Sicherheitspartnerschaft in den gemeinsamen Konsultationsprozeß zwischen dem Bund der Evangelischen Kirchen in der DDR und der Evangelischen Kirche in Deutschland einbeziehen, zum Beispiel durch die Bildung einer Arbeitsgruppe »Sicherheitspartnerschaft«.
Wir bitten alle Christen, die in Kirche und Gesellschaft ihre Friedensverantwortung wahrnehmen, nach ihren Möglichkeiten dazu beizutragen, daß das Konzept der gemeinsamen Sicherheit in praktische Friedenspolitik überführt wird.
Die Zeit drängt.

Juni 1983
Dr. *Heino Falcke*, Erfurt; *D. Günter Jacob*, Fürstenwalde; *Günter Krusche*, Berlin/DDR; Dr. *Walter Romberg*, Berlin/DDR; *D. Albrecht Schönherr*, Berlin/DDR; *Christof Ziemer*, Dresden
Prof. Dr. *Günter Brakelmann*, Bochum; *Volkmar Deile*, Berlin-West; Dr. *Erhard Eppler*, Dornstetten; *Brigitte Gollwitzer*, Berlin-West; Prof. Dr. *Wolfgang Huber*, Marburg; *D. Kurt Scharf*, Berlin-West; *Helmut Simon*, Karlsruhe
(*Frankfurter Rundschau*, 20.6.1983)

[143] Debatte im Deutschen Bundestag über »Global 2000« (28.10.1982, Auszug)

Frau Dr. Hartenstein (SPD): Frau Präsidentin! Meine Damen und Herren!
»Wenn sich die gegenwärtigen Entwicklungstrends fortsetzen, wird die Welt im Jahre 2000 noch übervölkerter, verschmutzter, ökologisch noch weniger stabil und für Störungen anfälliger sein als die Welt, in der wir heute leben.«
Dies ist der inzwischen berühmt gewordene erste Satz aus der Zusammenfassung der wichtigsten Erkenntnisse und Schlußfolgerungen des Berichts »Global 2000«, mit dem wir uns heute beschäftigen.
Es ist Zeit zu handeln, damit dies nicht geschieht! »Es ist Zeit zu handeln«, lautet auch der Titel des Nachfolgebandes von »Global 2000«, der Empfehlungen und Handlungsanleitungen speziell für die Vereinigten Staaten enthält. Der Ruf aber, es ist Zeit zu handeln, ergeht nicht nur an die Regierung der USA, sondern er ergeht ebenso an die Regierungen und Parlamente in aller Welt, an die Verantwortlichen in Wirtschaft, Wissenschaft und Gesellschaft, an die Kirchen, an die Erzieher, an jeden einzelnen.
Es scheint eine sehr menschliche Erfahrung zu sein: Je gewaltiger, je übermächtiger die Probleme werden, desto rascher ist man versucht, sich davonzuschleichen, die Augen zu verschließen, Vogel-Strauß-Politik zu betreiben. Das aber darf nicht geschehen. Ich hoffe, daß die heutige Debatte, auch wenn

es im Augenblick vielleicht nicht so aussehen mag, dazu beiträgt, mehr Wachheit, mehr Betroffenheit und mehr Bereitschaft zu erzeugen, die negativen Trends zu ändern. (Beifall bei der SPD und der FDP) Denn noch ist Zeit.

Die Analysen und Prognosen des Berichts, der im Juli 1980 dem damaligen amerikanischen Präsidenten Carter übergeben wurde, brauchen hier nicht in aller Breite dargestellt zu werden. Manches wurde auch schon angesprochen. Deshalb muß eine ganz kurze Grobskizze genügen.

Um es gleich vorwegzunehmen: Das Ergebnis ist niederschmetternd. Bis zum Jahre 2000 wird sich die Weltbevölkerung um über 50 % vermehrt haben. Es leben dann rund 6,3 Milliarden Menschen auf diesem Planeten, davon fast 80 % in den ärmeren Ländern.

Die Landflucht wird unvorstellbare Ausmaße angenommen haben, so daß eine Stadt wie Mexiko City, die heute schon über 10 Millionen Menschen beherbergt, dann auf 30 Millionen Bewohner angewachsen sein wird, Kalkutta auf fast 20 Millionen, Bombay ebenfalls auf 20 Millionen. Unausdenkbar, was dies alles für die Wasserversorgung, für die Nahrungsversorgung und für die Wohnraumproblematik mit sich bringt. (Frau Hürland [CDU/CSU]: Und für die Entsorgung!) Bis zum Jahre 2000 werden 40 % der heute vorhandenen Wälder verschwunden sein. Die größten Verluste sind dabei in den tropischen Regenwäldern Afrikas, Asiens und Südamerikas zu verzeichnen.

Parallel dazu breiten sich die Wüstenflächen immer mehr aus, und zwar durch Versteppung, durch Versalzung und Erosion.

Bis zum Jahre 2000 werden ca. 500000 Tier- und Pflanzenarten vernichtet sein. Damit geht ein unersetzliches genetisches Potential zur Nachzüchtung von Sorten verloren. Ich frage: Dürfen wir das?

Schließlich bahnt sich durch die steigende Kohlendioxidkonzentration eine gewaltige Klimaveränderung an. Dadurch besteht die Gefahr der Erwärmung der Atmosphäre, des Abschmelzens der Polkappen bis hin zu der Überflutung unserer Küstenregionen.

Meine Damen und Herren, es geht hier nicht darum, aus Lust an der Sensation ein Horrorgemälde zu entwerfen. Die Debatte soll auch nicht geführt werden, um Panik zu verbreiten; das wäre nicht nur töricht, das wäre unverantwortlich, denn Panik ist ein schlechter Ratgeber. Sie führt zu falschen, oft kopflosen Reaktionen, nicht aber zu sinnvollem, tatkräftigem Handeln, und dies ist gefordert. Wenn aber Handlungswille geweckt werden soll, dann, meine ich, hat es auch keinen Sinn, im luftleeren Raum zu diskutieren und sich vornehm um bittere Wahrheiten herumzuschleichen.

Ich möchte kurz zwei Einwände aufgreifen, die immer wieder gemacht werden. Da wird erstens gesagt, »Global 2000« habe methodische Mängel, der Bericht enthalte Ungereimtheiten, ja sogar Widersprüche. Die Autoren geben dies selber zu. Aber angesichts der Kernproblematik wäre es verfehlt, nun kleinlich darüber räsonieren zu wollen, ob denn alle Daten und Hochrechnungen bis auf die Stelle hinter dem Komma stimmen oder nicht. Entscheidend – und leider eindeutig – ist die sich abzeichnende Gesamttendenz.

Zweitens. Manche werden sagen: Diese Feststellungen sind ja alle nicht neu; es gibt andere Berichte, so das Weltmodell der Vereinten Nationen, den OECD-Bericht, den Bericht der Nord-Süd-Kommission, den Bericht der Weltbank, das Bariloche-Modell, um nur einige zu nennen; darin werden zum Teil ganz andere Schlußfolgerungen gezogen. – Das stimmt. Diejenigen Modelle aber, die zu optimistischeren Prognosen kommen, setzen teilweise radikale Strukturveränderungen voraus. Darüber muß man dann auch reden. Neu gegenüber den anderen Berichten ist bei »Global 2000« jedenfalls, daß hier erstmalig die Folgen für die Umwelt in solcher Ausführlichkeit untersucht und mit solcher Deutlichkeit dargestellt wurden.

Alle, auch die Kritiker des Berichts – und deren gibt es viele –, sind sich darin einig, daß die Summe der Folgerungen für die Umwelt zutrifft. Das bedeutet, ebenso schlicht wie hart ausgedrückt, daß die Menschheit bis zum Jahre 2000 und erst recht darüber hinaus in eine Katastrophe hineinrennt, wenn nichts Grundlegendes geschieht.

Neu und bemerkenswert ist allerdings noch etwas anderes: Nicht nur, daß der Bericht gewissermaßen »regierungsamtlich« erstellt worden ist, im Auftrag der US-Regierung, sondern auch daß die Ergebnisse nach dem ausdrücklichen Willen Präsident Carters Grundlage für eine längerfristige Politik sein sollten. Anders gesagt: Dieser Bericht sollte Entscheidungshilfen geben. Die zu ziehenden *Konsequenzen sollten,* wenn nicht kurzfristig, so doch mittel- und langfristig *in politisches Handeln umgesetzt werden*.

Es ist angesichts dieser Sachlage unverständlich und eigentlich unverzeihlich, daß Jahr für Jahr Weltwirtschaftsgipfel, Weltwährungsgipfel, Welternährungsgipfel, Nord-Süd-Konferenzen, Süd-Süd-Konferenzen und die Weltkongresse der Vereinten Nationen stattfinden, ohne daß die Überlebensfragen der Menschheit wirklich in den Mittelpunkt rücken und nicht nur am Rande abgehandelt werden.

(Beifall bei der SPD sowie bei Abgeordneten der CDU/CSU und der FDP)

Es ist vollends unbegreiflich, daß die Vereinigten Staaten selber, deren ehemaliger Präsident die Erstellung des Berichts veranlaßt hat und denen als größter Wirtschaftsmacht der Erde eine Schlüsselrolle zukommt, unter Präsident Reagan bislang keine Veranlassung gesehen haben, Maßnahmen zu ergreifen, um die geschilderten Trends zu verändern oder gar umzukehren.

Die Uhr tickt unbarmherzig weiter. Von der Jahrtausendwende, von der magischen Zahl 2000, trennen uns gerade noch 18 Jahre. Das ist der Bruchteil eines Menschenlebens. Umgerechnet sind das weniger als 7000 Tage. Und doch tun wir so, als ob die Zukunft nicht stattfände, und beschäftigen uns nur mit der Gegenwart, womöglich mit der Vierjahresgegenwart der Legislaturperiode oder, noch kürzer, mit dem Scheuklappenblick bis zu den nächsten Neuwahlen.

Wir können aber nicht zur Tagesordnung übergehen. Wir befinden uns in einem Wettlauf mit der Zeit, der nur noch mit äußerster Anstrengung zu gewinnen ist. Am schonungslosesten hat dies der Präsident der Umweltorganisation der Vereinten Nationen, Mostafa Tolba, vor der Konferenz im Mai dieses Jahres in Nairobi ausgedrückt, als er in seiner Eröffnungsrede sagte, daß die Umweltzerstörung, die sich die Menschheit leiste, genauso unumkehrbar sei wie der atomare Holocaust. – Ein Aufschrei der Verzweiflung! Wurde er gehört?

Eigentlich hätte bereits der *Abschlußbericht der Nord-Süd-Kommission* jenen Aufweckeffekt erzeugen müssen, jene Bewegung in die Herzen und Köpfe bringen müssen, die zur Tat führt. Willy Brandt, der Vorsitzende der Nord-Süd-Kommission, hat in seinem Vorwort am 20. Dezember 1979, also vor drei Jahren, eindringlich gefragt: »Ist es wirklich so, daß wir unseren Nachkommen einen zerstörten Planeten hinterlassen wollen – mit sich ausdehnenden Wüsten, ausgeplünderten Böden, verschandelten Landschaften, einer kranken Umwelt?« Die Frage ist bis heute noch nicht beantwortet.

Gewiß sind viele punktuelle Anstrengungen gemacht worden. Auch die Bundesrepublik hat einen beträchtlichen Anteil daran. Auf vielen Gebieten hat sie sogar Pilotfunktion übernommen. Die Beantwortung der Großen Anfrage gibt dafür zahlreiche eindrucksvolle Beispiele.

Aber wie sieht es auf internationaler Ebene aus? Wie steht es z. B. mit dem Sofortprogramm der *Nord-Süd-Kommission* für die Jahre 1980 bis 1985? Dort wurden unter anderem vorgeschlagen: eine internationale Energiestrategie, ein weltumspannendes Nahrungsmittelprogramm, die Inangriffnahme größerer Reformen des Weltwirtschaftssystems. – Davon ist noch nichts in Sicht.

Nun sage keiner, die Probleme seien eben globaler Art, was könne ein einzelnes Land schon tun. Genau auf diesen Punkt haben auch die Autoren des Berichts in ihrem Begleitschreiben an Präsident Carter hingewiesen, indem sie sagten: »Die notwendigen Veränderungen übersteigen die Möglichkeiten jeder einzelnen Nation. Unsere Nation kann jedoch wichtige und exemplarische Schritte tun.« Sie fügen hinzu: »Wir können die Verschmutzung der eigenen Umwelt vermeiden und müssen Sorge tragen, die Umwelt global nicht zu beeinträchtigen.«

Akzeptieren wir diesen Satz, der schwer zu widerlegen sein dürfte, dann folgt daraus, daß jedes Land, ob groß oder klein, in der Pflicht steht, auch die Bundesrepublik.

Die *Hauptverantwortung,* und damit auch die Hauptverpflichtung, liegt unstreitig bei den Industrieländern, zumal bei den großen. Denn sie sind in mehrfacher Weise gefordert: Erstens weil sie die *größten Umweltverschmutzer* sind. Beispiel: Auf der nördlichen Halbkugel der Erde werden pro Jahr 145 Millionen Tonnen Schwefeldioxid in die Luft ausgestoßen, auf der südlichen Halbkugel sind es 5,5 Millionen Tonnen.

Zweitens sind die Industrieländer gefordert, weil sie *die meisten Ressourcen* dieser Erde *verbrauchen*. Ein Viertel der Weltbevölkerung verbraucht heute drei Viertel der Weltproduktion an mineralischen Rohstoffen. Die Frage, die sich dabei aufdrängt, ob das so bleiben kann, ist nicht nur eine wirtschaftliche Frage, sondern ist auch eine moralische.

Drittens sind die Industrieländer gefordert, weil sie das *technische Know-how* besitzen, um andere Wege zu gehen zur Einsparung von Öl, zur Nutzung erneuerbarer Energiequellen, zur Sauberhaltung von Luft und Wasser, zur Bekämpfung der Bodenerosion.

Auch die Bundesrepublik Deutschland ist Mitbetroffene, Mitbeteiligte und Mitverantwortliche an der globalen Entwicklung. Daher müssen auch wir uns stellen, auch als Parlament. Ein paar unverbindliche Ratschläge, auch wenn sie noch so gut gemeint sind, reichen meines Erachtens nicht an das Kernproblem heran. [...]
(Verhandlungen des Deutschen Bundestages, IX, S. 7577ff.)

***[144]** »Unfähigkeit zur Voraussicht? – Prognosen der sechziger und siebziger und die Wirklichkeit der achtziger Jahre«*
(Aufsatz von Martin Urban, 22.2.1983)

[...]
Nebenwirkungen nicht beachtet
»Aufgrund ihrer Ausbildung, Erziehung und der natürlichen Gegebenheiten ihres Denkapparates sind die Menschen nur sehr begrenzt in der Lage, die Anforderungen des Denkens in komplexen Systemen zu bewältigen.« Zu dieser Schlußfolgerung kam vor zwei Jahren Dietrich Dörner, Universität Bamberg. Er hat seinen Versuchspersonen im Spiel strategische Entscheidungen abverlangt, wie sie auch von Politikern oder Unternehmern gefordert werden, und die Konsequenzen im Computer simuliert. Das Ergebnis: Die Menschen denken vorzugsweise linear, nicht in »Netzen«. Man kann sich komplexe Entwicklungen nicht vorstellen, vermag nicht zu erkennen, daß Nebenwirkungen bisweilen viel gravierender sind als die Hauptwirkung ist und beschränkt sich auf die Abwendung des jeweils drückendsten Übels.
Das wohl auffallendste Beispiel für einfältig-lineares Denken sind die Energieprognosen. Der Verbrauch an Primärenergien (Erdöl, Erdgas, Kohle, Wasserkraft, Uran) wuchs in der Bundesrepublik so lange, wie die Energie billig bereitgestellt wurde, Energiesparen sich also für den einzelnen Verbraucher nicht lohnte. Bruttosozialprodukt und Energieverbrauch nahmen in der Bundesrepublik in den zwei Nachkriegsjahrzehnten 1950 bis 1970 nahezu gleich zu. Daraus schlossen die Wirtschaftsminister von Bund und Ländern sowie ihre Ratgeber, die »Energieexperten« aus der einschlägigen Industrie, das werde auch so weitergehen.
Diese Fehlkalkulation war keineswegs nur ein typisch deutsches Mißgeschick. Auch die Verfasser der RAND-Studie glaubten 1967, für das Jahrzehnt 1981 bis 1990 global voraussagen zu dürfen: »Der Energieverbrauch wird sich verdoppelt haben.«
Das erste Energieprogramm der Bundesregierung von 1973 und seine drei Fortschreibungen in den Jahren 1974, 1977 und 1981 sind exakt lineare Extrapolationen der alten Trends, wobei man lediglich den Ausgangspunkt immer wieder neu dem tatsächlichen Verbrauch, dem »Ist-Zustand« entsprechend, anpaßte. »Trotz abgeflachten wirtschaftlichen Wachstums und wirksamer Anstrengungen, Energie zu sparen, ist davon auszugehen, daß der Energieverbrauch in den Industrieländern weiter – wenn auch schwächer als in der Vergangenheit – zunehmen wird«, heißt es im Energieprogramm der Bundes-

regierung (vom 28.10.1981). Klaus Traube und Otto Ullrich haben das in ihrem jüngst erschienenen Taschenbuch »Billiger Atomstrom?« (rororo aktuell) sarkastisch kommentiert: »War es der Bundesregierung gar nicht aufgefallen, daß der Energieverbrauch innerhalb von acht Jahren eben nicht zugenommen hatte?«

Stromkonsum-Annahmen

Besonders phantastisch sind die Stromprognosen. Elektrischer Strom wurde und wird von den Elektrizitätsversorgungsunternehmen (EVU) als »saubere Energie« verkauft, ungeachtet der Tatsache, daß die fossilen Kraftwerke die Hauptursache des sauren Regens sind. Prognostiziert wurde wiederum in Form kurzatmiger Extrapolation: Anton Riemerschmid (Isar-Amper-Werke) 1972 (in einer Verlagsbeilage der SZ): »Die heute in der Bundesrepublik installierte Leistung von rund 50000 Megawatt wird sich in zehn Jahren verdoppelt haben und im Jahre 2000 eine Höhe von 400000 Megawatt erreichen.« Tatsächlich sind 1982 etwa 73000 Megawatt für die öffentliche Versorgung installiert gewesen, darunter 10370 Megawatt aus Kernkraftwerken. Traube/Ullrich kommentierten: »Wegen der gleichzeitig mit dem Bau von Ölkraftwerken geschaffenen Überkapazitäten können die nagelneuen Ölkraftwerke – die nun mit fast 12000 Megawatt ein Sechstel der Kapazität stellen – praktisch ganzjährig unbeschäftigt herumstehen.« Die Rechnung dafür würden die Stromverbraucher zahlen: »Sie wissen es allerdings nicht.«

Das menschliche Gedächtnis sei ein schlechtes Instrument für den Umgang mit Zeitreihen, beobachtete Dietrich Dörner. Unklare, unkontrollierte Bedingungen zu bewältigen, löse bei den meisten Menschen Angst aus, stellte Dörner in seinen Bamberger Simulationsexperimenten fest. Die Folge seien Fluchttendenzen: Man beschäftige sich nur noch mit belanglosen Details oder werde angesichts der Komplexität der Welt zum »Generalisten«, der Probleme überhaupt nicht zu sehen vermöge.

Auf die Kehrseite ungebremsten Wachstums in den Industrienationen wurde bereits in den 60er Jahren hingewiesen. 1962 erschien in den USA Rachel Carsons »Silent Spring« (»Der stumme Frühling«, 1968), eine Darstellung der Folgen schrankenlosen Pestizidgebrauchs. Bereits 1961 waren Willy Brandt und die SPD in den Bundestagswahlkampf mit der Parole gezogen: »Der Himmel über dem Ruhrgebiet muß wieder blau werden.« Umweltschutz wurde in der Bundesrepublik dann mit Beginn der sozial-liberalen Koalition 1969 zum Thema; so ausgeprägt, daß manchem Politiker dabei rasch Angst wurde. Günter Hartkopf, Staatssekretär im Bundesinnenministerium, behauptete im Mai 1971 auf einer Veranstaltung der deutschen Industrie, in der Bundesrepublik sei keine Diskussion über den Umweltschutz möglich. Das liege an einer »Massenhysterie«, die vor allem von der Publizistik erzeugt worden sei. Die Begriffe Umwelthysterie und Panikmache sind in der Folgezeit von seiten der Industrie aufgenommen worden, als es galt, konkrete Forderungen zum technischen Umweltschutz abzuwehren.

Vor allem wurde und wird argumentiert, Umweltschutz sei zu teuer. Zum Beweis wurde wiederum mit Prognosen operiert, die sich als falsch herausstellten.

Der Deutsche Industrie- und Handelstag (DIHT) sagte 1972 voraus, der Umweltschutz werde bis zum Jahre 1975 bereits vier Prozent des Bruttosozialprodukts kosten. Das Deutsche Institut für Wirtschaftsforschung (DIW) rechnete später nach, Umweltschutz habe 1970 bis 1975 die Zuwachsrate des realen Bruttosozialprodukts im Jahresmittel nur um 0,1 Prozent verringert. Prognostiziert wurden im Bereich der verarbeitenden Industrie und im Bergbau Investitionskosten 1971 bis 1975 für den Umweltschutz von 12,3 Milliarden Mark, tatsächlich kostete der Umweltschutz (in Preisen von 1970) 7,7 Milliarden, rechnete das Ifo-Institut nach. Insgesamt wurden von der deutschen Industrie nach Rechnung 1980 ihres Bundesverbands (BDI) von 1971 bis 1977 12,4 Milliarden sowie 1978 bis 1980 weitere 7,5 Milliarden Mark investiert.
Im Weltmaßstab waren das bescheidene Mittel. Nach gemeinsamer Rechnung des Internationalen Instituts für Umwelt und Gesellschaft sowie des Ifo-Instituts 1981 hat in den Jahren 1971 bis 1978 die Industrie in der Bundesrepublik lediglich 5,5 Prozent ihrer Investitionen für den Umweltschutz ausgegeben, in den USA 7,7 und in Japan gar 14 Prozent. Und nach Rechnung des Bundesinnenministeriums haben Staat und Wirtschaft 1977 bis 1981 zusammen 1,4 Prozent des Bruttosozialprodukts an Investitionen und Betriebskosten für Um-

Abb. 11: Waldsterben in der Bundesrepublik Deutschland. Hier schwerkranke Fichten, aufgenommen im April 1983 in Witterschlick bei Bonn. Die Bäume stehen wenige hundert Meter weit von einer Fliesenfabrik entfernt, die Fluor abgibt, ein für Bäume höchst empfindlicher Schadstoff. Die Symptome der letzten Stufe des Krankheitsbildes: 1. Der Stamm ist bis in die Krone hinein sichtbar (Verlichtung); 2. Lametta-Effekt; 3. totale Entnadelung der Zweigspitzen.

weltschutzmaßnahmen bezahlt, in den USA 1,5 und in Japan 1,7 Prozent. Interessanterweise ist trotz massiver Umweltschutzauflagen im eigenen Lande gerade die japanische Industrie weltweit auf dem Vormarsch.
In den letzten Jahren behauptet die deutsche Industrie, Umweltschutz, insbesondere ein durch Sicherheitsauflagen bedingter »Investitionsstau« vernichte Arbeitsplätze. Per Saldo ist das Gegenteil wahr: Bereits 1977 hat der Bundesinnenminister darauf hingewiesen, daß die Umweltausgaben 1970 bis 1980 in der Bundesrepublik etwa 370000 Arbeitsplätze im Jahr schaffen oder sichern würden. 1981 bestätigte sogar der BDI, daß durch Umweltschutz einige hunderttausend Arbeitsplätze jährlich neu entstehen würden.
Trotzdem sind die bescheidenen Fortschritte im technischen Umweltschutz in der Bundesrepublik gegen den zum Teil erbitterten Widerstand der betroffenen Industrie durchgesetzt worden. Beispielsweise das Benzinbleigesetz. Es sollte die Bleizusätze von 1972 an um rund 30 Prozent auf 0,4 und von 1976 an auf 0,15 Gramm pro Liter reduzieren. Die Autoindustrie bekämpfte dieses ohnehin nur halbherzige Vorhaben bis zum Schluß erbittert, diesmal vergeblich. Seit 1982 klagt nun – von schärferen Abgasvorschriften im Ausland, etwa der Schweiz betroffen – just die deutsche Autoindustrie, beispielsweise die Firma Daimler-Benz, Blei im Benzin verhindere eine effizientere Abgasreduzierung, weil es bestimmte dazu nötige Katalysatoren zerstöre. Auch das ist ein Beispiel für die Richtigkeit der Beobachtungen Dörners.
15 Jahre Diskussion über technischen Umweltschutz in Deutschland brachte diese Ergebnisse: Der Ausstoß an Schwefeldioxid (SO_2) aus deutschen Kraftwerken und Fernheizwerken stieg (nach Angaben der Großkraftwerksbetreiber) von 1460000 Tonnen 1966 auf 2000000 Tonnen im Jahr 1978. Schlechtere SO_2-Werte als in deutschen Ballungsgebieten finden sich im EG-Raum, so der Verein Deutscher Ingenieure (VDI) im Dezember '82, nur noch in Norditalien. Der Stickoxidausstoß aus den Kraftwerken in Deutschland stieg im selben Zeitraum von 650000 auf 940000 Tonnen pro Jahr, aus Kraftfahrzeugen sogar von 640000 auf 1340000 Tonnen jährlich. Die übrige Industrie verringerte ihre Emissionen dieser Gifte, auch der Staubausstoß ging allgemein zurück. Insgesamt aber stieg die SO_2-Konzentration leicht an, der Stickoxidausstoß nahm sogar um rund ein Drittel zu.
Bei einer Anhörung 1978 prognostizierte der Vertreter der Forstwirtschaft als Konsequenz der geltenden Immissionsgrenzwerte der TA Luft für Schwefeldioxid: »Alle Nadelholzwälder, also insbesondere Tannen, Fichten, Kiefern, Lärchen – und diese nehmen etwa 69 Prozent der deutschen Waldfläche ein – sterben vorzeitig ab.« Seit 1978 für jedermann offensichtlich, stirbt nun der deutsche Wald. Seit 1976 spätestens weiß die Fachwelt, zum Beispiel auf Grund von Begasungsexperimenten mit SO_2 in der Schweiz, daß Schwefeldioxid allein bereits in sehr viel niedrigerer Konzentration, als dem deutschen Wald nach TA Luft zugemutet werden durfte und darf, die Vitalität der Bäume beeinträchtigt.
Doch das Bewußtsein dafür, daß in dem komplexen System Natur eine Wirkung eine ganze Kette von Nebenwirkungen nach sich zieht, ist nur bei einer

Minderheit selbst unter Wissenschaftlern vorhanden. So wurde lange Zeit gerade von den Experten der chemischen Industrie gegen die Versauerung des Bodens durch Schwefeldioxid, Stickoxide und andere Säurebildner als Patentrezept das Kalken der Wälder anempfohlen. Dabei ist – vor allem aus Göttinger Untersuchungen – längst bekannt, daß die Schadstoffe aus der Luft schon großenteils in den Baumkronen ihre verheerende Wirkung anrichten. Man weiß auch, daß gewisse Pilze, welche die Nadelbäume faulen lassen, durch Kalken erst richtig virulent werden.

[...]

Falsche Erwartungen

Beispielhaft hierfür ist die Geschichte des Schnellen Brüters in der Bundesrepublik. Fehlprognosen über einen gigantischen wachsenden Stromverbrauch und zugleich Spekulationen über angeblich sehr begrenzte Uranvorräte, ließen 1965 die Gruppe um Wolf Häfele im Kernforschungszentrum Karlsruhe argumentieren: »Man hat also guten Grund, wegen der begrenzten natürlichen Spaltstoffvorräte überhaupt Brüterentwicklung zu betreiben. Wegen des ausgezeichneten wirtschaftlichen Potentials des Schnellen Brüters hat man jedoch Grund, dies schnell zu tun.« Die spezifischen Stromerzeugungskosten in Kernkraftwerken für die Zeit 1970 bis 1985 – Kosten für Investitionen und Brennstoffkreislauf eingeschlossen – schätzten die Karlsruher auf 1,91 Pfennige pro Kilowattstunde, die aus natriumgekühlten Schnellen Brütern auf 1,62 Pfennige. Tatsächlich werden die spezifischen Stromerzeugungskosten (einschließlich Nebenkosten) für ein 1982 in Betrieb gegangenes 1300-Megawatt-Kernkraftwerk (etwa Grafenrheinfeld) für das 1. Betriebsjahr von der Vereinigung deutscher Elektrizitätswerke auf etwa 10,2 Pfennige je Kilowattstunde geschätzt, für ein mit heimischer Steinkohle betriebenes Kraftwerk gleicher Leistung bei gleicher Ausnutzungsdauer auf 13 bis 14, bei realistischer (also geringerer) Ausnutzungsdauer auf etwa 16 Pfennige. Tatsächlich gibt es in Deutschland auch immer noch nur eine Baustelle in Kalkar, und die Kosten für den SNR 300 haben sich – gemessen an den 500 Millionen Mark, die Häfele 1970 voraussagte – etwa vervierzehnfacht, ohne daß ein Ende abzusehen ist, und ohne daß man es wagt, das Projekt abzubrechen.

Denn mittlerweile hat sich ja herausgestellt, was zunächst Amory Lovins (1977) in den USA, später unter anderm die Gruppe um Klaus M. Meyer-Abich (Essen) errechnet hat, daß Energiesparen vorerst die größte »Energiequelle« ist. Die sicherste Möglichkeit, die schädlichen Emissionen rasch zu verringern, ist, weniger Energie, weniger Strom zu verbrauchen. Die sicherste Methode, *mehr fossile* Energie zu konsumieren ist, wie die 1. Enquetekommission Zukünftige Kernenergiepolitik des Bundestags 1980 detailliert vorgerechnet hat, der Weg eines massiven Ausbaus der *Kern*energie. Anton Jaumann aber, der bayerische Wirtschaftsminister, sagt weiterhin, unbeeindruckt von den vorliegenden Analysen (im Januar 83), bei den Energiesparbemühungen seien »die Grenzen des derzeit in sinnvoller Weise Möglichen und in erträglicher Weise Machbaren« erreicht.

(*Süddeutsche Zeitung*, 22.2.1983)

[145] Das Bundesprogramm der »Grünen«
(o. J. [1981], Auszug)

I. Präambel (Entwurf)

Einleitung

Wir sind die Alternative zu den herkömmlichen Parteien. Hervorgegangen sind wir aus einem Zusammenschluß von grünen, bunten und alternativen Listen und Parteien. Wir fühlen uns verbunden mit all denen, die in der neuen demokratischen Bewegung mitarbeiten: den Lebens-, Natur- und Umweltschutzverbänden, den Bürgerinitiativen, der Arbeiterbewegung, christlichen Initiativen, der Friedens- und Menschenrechts-, der Frauen- und Dritte-Welt-Bewegung. Wir verstehen uns als Teil der grünen Bewegung in aller Welt.

Die in Bonn etablierten Parteien verhalten sich, als sei auf dem endlichen Planeten Erde eine unendliche industrielle Produktionssteigerung möglich. Dadurch führen sie uns nach eigener Aussage vor die ausweglose Entscheidung zwischen Atomstaat oder Atomkrieg, zwischen Harrisburg oder Hiroshima. Die ökologische Weltkrise verschärft sich von Tag zu Tag: Die Rohstoffe verknappen sich, Giftskandal reiht sich an Giftskandal, Tiergattungen werden ausgerottet, Pflanzenarten sterben aus, Flüsse und Weltmeere verwandeln sich in Kloaken, der Mensch droht inmitten einer späten Industrie und Konsumgesellschaft geistig und seelisch zu verkümmern, wir bürden den nachfolgenden Generationen eine unheimliche Erbschaft auf.

Die Zerstörung der Lebens- und Arbeitsgrundlagen und der Abbau demokratischer Rechte haben ein so bedrohliches Ausmaß erreicht, daß es einer grundlegenden Alternative für Wirtschaft, Politik und Gesellschaft bedarf. Deshalb erhob sich spontan eine demokratische Bürgerbewegung. Es bildeten sich Tausende von Bürgerinitiativen, die in machtvollen Demonstrationen gegen den Bau von Atomkraftwerken antreten, weil deren Risiken nicht zu bewältigen sind und weil deren strahlende Abfälle nirgends deponiert werden können; sie stehen auf gegen die Verwüstung der Natur, gegen die Betonierung unserer Landschaft, gegen die Folgen und Ursachen einer Wegwerfgesellschaft, die lebensfeindlich geworden ist.

Ein völliger Umbruch unseres kurzfristig orientierten wirtschaftlichen Zweckdenkens ist notwendig. Wir halten es für einen Irrtum, daß die jetzige Verschwendungswirtschaft noch das Glück und die Lebenserfüllung fördere; im Gegenteil, die Menschen werden immer gehetzter und unfreier. Erst in dem Maße, wie wir uns von der Überschätzung des materiellen Lebensstandards freimachen, wie wir wieder die Selbstverwirklichung ermöglichen und uns wieder auf die Grenzen unserer Natur besinnen, werden auch die schöpferischen Kräfte frei werden für die Neugestaltung eines Lebens auf ökologischer Basis.

Wir halten es für notwendig, die Aktivitäten außerhalb des Parlaments durch die Arbeit in den Kommunal- und Landesparlamenten sowie im Bundestag zu ergänzen. Wir wollen dort unseren politischen Alternativen Öffentlichkeit und Geltung verschaffen. Wir werden damit den Bürger- und Basisinitiativen

eine weitere Möglichkeit zur Durchsetzung ihrer Anliegen und Ideen eröffnen.
Grüne, bunte und alternative Listen hatten ihre ersten Wahlerfolge. Die 5%-Klausel und andere Erschwernisse können sie nicht mehr aufhalten. Wir werden uns nicht an einer Regierung beteiligen, die den zerstörerischen Kurs fortführt. Wir werden aber versuchen, in der Verfolgung unserer Ziele auch bei etablierten Parteien Unterstützung zu erhalten und Vorschlägen anderer Parteien, die unseren Zielen entsprechen, zustimmen.
Gegenüber der eindimensionalen Produktionssteigerungspolitik vertreten wir ein Gesamtkonzept. Unsere Politik wird von langfristigen Zukunftsaspekten geleitet und orientiert sich an vier Grundsätzen: sie ist ökologisch, sozial, basisdemokratisch und gewaltfrei.

Ökologisch

Ausgehend von den Naturgesetzen und insbesondere von der Erkenntnis, daß in einem begrenzten System kein unbegrenztes Wachstum möglich ist, heißt ökologische Politik, uns selbst und unsere Umwelt als Teil der Natur zu begreifen. Auch das menschliche Leben ist in die Regelkreise der Ökosysteme eingebunden: wir greifen durch unsere Handlungen ein und dies wirkt auf uns zurück. Wir dürfen die Stabilität der Ökosysteme nicht zerstören.
Insbesondere stellt ökologische Politik eine umfassende Absage an eine Wirtschaft der Ausbeutung und des Raubbaus an Naturgütern und Rohstoffen sowie zerstörerische Eingriffe in die Kreisläufe des Naturhaushalts dar. Unsere Überzeugung ist, daß der Ausbeutung der Natur und des Menschen durch den Menschen entgegengetreten werden muß, um der akuten und ernsten Bedrohung des Lebens zu begegnen.
Unsere Politik ist eine Politik der aktiven Partnerschaft mit der Natur und dem Menschen. Sie gelingt am besten in selbstbestimmten und selbstversorgenden überschaubaren Wirtschafts- und Verwaltungseinheiten. Wir sind für ein Wirtschaftssystem, das sich an den Lebensbedürfnissen der Menschen und zukünftiger Generationen, an der Erhaltung der Natur und am sparsamen Umgang mit den natürlichen Reichtümern orientiert. Es geht um eine Gesellschaft, die demokratisch ist, in der die Beziehungen der Menschen untereinander und zur Natur zunehmend bewußter gehandhabt werden.
Um solche Veränderungen gegen die bestehenden Herrschaftsverhältnisse durchzusetzen, bedarf es einer politischen Bewegung, in der menschliche Solidarität und Demokratie untereinander und die Absage an ein von lebensfeindlicher Konkurrenz bestimmtes Leistungs- und Hierarchiedenken grundlegend sind. Diese gesellschaftlichen und wirtschaftlichen Veränderungen können nur demokratisch und mit Unterstützung der Bevölkerungsmehrheit erreicht werden.

Sozial

Eine zukünftige soziale Politik muß zum Ziele haben, ein stabiles Sozialsystem zu errichten, »Sozial« hat vor allem eine ökonomische Komponente.

Durch ständige Preissteigerungen und staatliche Steuer- und Subventionspolitik werden bereits ungleiche Einkommens- und Vermögensverhältnisse zwischen arm und reich noch verstärkt. Wir wenden uns gegen einen Arbeitsprozeß, in dem die wirtschaftliche Macht regiert, und der dazu führt, daß einzelne wenige nicht nur über das Arbeitsergebnis, sondern faktisch über die Existenz vieler entscheiden können. Arbeitslosigkeit auf der einen und unmenschliche Arbeitsbedingungen auf der anderen Seite zeigen dies.
Die Vernichtung der Wohnumwelt, immer längere Wege zur Arbeit, die Kommerzialisierung des Naturgenusses und der Freiheit führen dazu, daß trotz steigender Einkommen eine reale Verarmung stattfindet, deren Opfer neben den Einkommensschwachen vor allem Kinder, Jugendliche, Alte und Behinderte sind.
Sowohl aus der Wettbewerbswirtschaft als auch aus der Konzentration wirtschaftlicher Macht in staats- und privatkapitalistischen Monopolen gehen jene ausbeuterischen Wachstumszwänge hervor, in deren Folge die völlige Verseuchung und Verwüstung der menschlichen Lebensbasis droht. Hier genau verbinden sich die Umweltschutz- und Ökologiebewegung mit der Arbeiter- und Gewerkschaftsbewegung. Deshalb treten wir gemeinsam für eine Verkürzung der Arbeitszeit und für humane Arbeitsbedingungen ein.
Nur durch eine Selbstbestimmung der Betroffenen kann der ökologischen, ökonomischen und sozialen Krise entgegengetreten werden. Weil wir für die Selbstbestimmung, freie Entfaltung jedes Menschen sind und dafür, daß die Menschen ihr Leben gemeinsam und solidarisch in Übereinstimmung mit ihrer natürlichen Umwelt, ihren eigenen Wünschen und Bedürfnissen frei von äußerer Bedrohung kreativ gestalten können, treten wir radikal für die Menschenrechte und umfassende demokratische Rechte bei uns und anderswo ein.
Unsere gesellschaftlichen Verhältnisse produzieren massenhaftes soziales und psychisches Elend. Besonders betroffen von dieser Situation sind ethnische, soziale, religiöse und sexuell diskriminierte Bevölkerungsteile. Das soziale System wird zunehmend unstabiler. Die Folgen sind steigende Kriminalität, erhöhte Selbstmordraten, Drogenkonsum und Alkoholismus.
Offensichtlich wird dieser gesellschaftliche Zustand auch durch die Tatsache, daß die Frauen in fast allen gesellschaftlichen Bereichen benachteiligt und unterdrückt werden.

Basisdemokratisch

Basisdemokratische Politik bedeutet verstärkte Verwirklichung dezentraler, direkter Demokratie. Wir gehen davon aus, daß der Entscheidung der Basis prinzipiell Vorrang eingeräumt werden muß. Überschaubare, dezentrale Basiseinheiten (Ortsebene, Kreisebene) erhalten weitgehende Autonomie und Selbstverwaltungsrechte zugestanden. Basisdemokratie bedarf jedoch einer zusammenfassenden Organisation und Koordination, wenn ökologische Politik in der öffentlichen Willensbildung gegen starke Widerstände durchgesetzt werden soll. Wir setzen uns in allen politischen Bereichen dafür ein, daß durch

verstärkte Mitbestimmung der betroffenen Bevölkerung in regionalen, landesweiten und bundesweiten Volksabstimmungen Elemente direkter Demokratie zur Lösung lebenswichtiger Planungen eingeführt werden.
Unser inneres organisatorisches Leben und unser Verhältnis zu den Menschen, die uns unterstützen und wählen, ist das genaue Gegenbild zu den in Bonn etablierten Parteien. Diese sind unfähig und nicht willens, neue Ansätze und Gedanken und die Interessen der demokratischen Bewegung aufzunehmen. Wir sind deshalb entschlossen, uns eine Parteiorganisation neuen Typs zu schaffen, deren Grundstrukturen in basisdemokratischer und dezentraler Art verfaßt sind, was nicht voneinander zu trennen ist. Denn eine Partei, die diese Struktur nicht besitzt, wäre niemals in der Lage, eine ökologische Politik im Rahmen der parlamentarischen Demokratie überzeugend zu betreiben. Kerngedanke ist dabei die ständige Kontrolle aller Amts- und Mandatsinhaber und Institutionen durch die Basis (Öffentlichkeit, zeitliche Begrenzung) und die jederzeitige Ablösbarkeit, um Organisation und Politik für alle durchschaubar zu machen und um der Loslösung einzelner von ihrer Basis entgegen zu wirken.

Gewaltfrei

Wir streben eine gewaltfreie Gesellschaft an, in der die Unterdrückung von Menschen durch den Menschen und Gewalt von Menschen gegen Menschen aufgehoben ist. Unser oberster Grundsatz lautet: Humane Ziele können nicht mit inhumanen Mitteln erreicht werden.
Gewaltfreiheit gilt uneingeschränkt und ohne Ausnahme zwischen allen Menschen, also ebenso innerhalb sozialer Gruppen und der Gesellschaft als Ganzem als auch zwischen Volksgruppen und Völkern.
Das Prinzip der Gewaltfreiheit berührt nicht das fundamentale Recht auf Notwehr und schließt sozialen Widerstand in seinen mannigfachen Varianten ein. Widerstand kann langfristig am wirksamsten auf soziale Weise geführt werden, wie das Beispiel der Anti-Atombewegung zeigt. Wir sind ebenso grundsätzlich gegen die Anwendung zwischenstaatlicher Gewalt durch Kriegshandlungen.
Deshalb treten wir in den internationalen Beziehungen für eine aktive Friedenspolitik ein. Aktive Friedenspolitik heißt auch, daß wir uns gegen die Besetzung von Staaten und die Unterdrückung von Volksgruppen wenden und für die Unabhängigkeit und Selbstbestimmung der Volksgruppen in allen Staaten eintreten. Frieden ist untrennbar mit der Unabhängigkeit der Staaten und dem Vorhandensein demokratischer Rechte in ihnen verbunden. Es muß weltweit abgerüstet werden. Weltweit müssen die Atom-, biologischen und chemischen Waffen vernichtet werden, fremde Truppen müssen von fremden Territorien abgezogen werden.
Gewaltfreiheit schließt aktiven sozialen Widerstand nicht aus, bedeutet also nicht die Passivität der Betroffenen. Der Grundsatz der Gewaltfreiheit bedeutet vielmehr, daß zur Verteidigung lebenserhaltender Interessen von Menschen gegenüber einer sich verselbständigenden Herrschaftsordnung

unter Umständen auch Widerstand gegen staatliche Maßnahmen nicht nur legitim, sondern auch erforderlich sein kann (z. B. Sitzstreiks, Wegesperren, Behinderung von Fahrzeugen).

[146] »Nach dem Schock des 6. März. Zum Verhältnis von Basisbewegungen und parlamentarischer Opposition«
(Aufsatz von Oskar Negt; 25. 6. 1983, Auszug)

[...]
Eine in der Grundtendenz angstbesetzte, auf Sozialismus-Vorurteile und Arbeitsplatzhoffnungen spekulierende Wahl hat die Voraussetzung für ein in der Geschichte der Bundesrepublik bis heute unbekanntes *politisches* Experiment im Lager der Linksopposition geschaffen. Zunächst scheint für diese Situation des Experiments nichts weiter charakteristisch zu sein als eine Reihe von Paradoxien: Eine Organisation, die ihre ganze Kraft daraus bezogen hatte, die stadtteilorientierten und regionalen Initiativen in den *unmittelbar* erfahrbaren Konfliktbereichen zu unterstützen und allenfalls in den Kommunalparlamenten und Landtagen *zusätzliche* Öffentlichkeit herzustellen, begibt sich nun auf eine Abstraktionsebene, wo solche konkreten Rückkoppelungen nur noch schwer vorstellbar sind. [...]
Den ernsthaftesten Versuch, die logische und praktische Unmöglichkeit einer dauerhaften Verbindung von *Basis* und *Demokratie* unter Beweis zu stellen, hat Ralf Dahrendorf unternommen. Abgesehen davon, daß ihm gewählte Repräsentanten unter allen Umständen lieber seien als nichtgewählte Aktivisten, könne er sich Basisdemokratie nur als den »moralischen Ausnahmezustand« vorstellen, der seine demonstrative Kraft einzig und allein aus der zeitweiligen Mobilisierung gesinnungsethischer Interessenlagen beziehe.
Wie immer man nun die einzelnen Elemente bestimmen mag: Im höchsten Maße unwahrscheinlich ist jedenfalls die Annahme, daß der »moralische Ausnahmezustand« durch die »Grünen« oder eine Handvoll Aktivisten *verursacht* ist. Daß über Formen der Demokratie, über Gesinnungs- und Verantwortungsethik im politischen Geschäft öffentlich nachgedacht wird, nachdem jetzt die zur politischen Randexistenz deklarierten zwei Millionen Demonstranten ihre parlamentarischen Repräsentanten haben, ist ein bedrohliches Zeichen für die fortwirkenden Verdrängungsleistungen dieser Gesellschaft. [...]
Tatsächlich setzen sich Bewegungen, die aus den Verankerungen des offiziellen Institutionensystems herausfallen oder sich bewußt dagegensetzen, zunächst immer dem Utopie-Verdacht aus. Es ist die Sprache der Psychiatrie, auf die man zurückgreift, um solche Bewegungen zu bekämpfen: Bewußtseins- und Realitätsstörungen oder einfach Verrücktheit. So sehr entziehen sie sich der offiziellen Realitätsdefinition, daß sie noch nicht einmal ernstzunehmender Gegenstand der wissenschaftlichen Analyse sind. [...]
Michael Vester gehört zu den wenigen, die schon den Versuch unternommen

haben, die neuen sozialen Bewegungen zu analysieren: Im Prozeß der Entkoppelung von System und Lebenswelt bildet sich eine neue oder »alternative« Mittelschicht, von der man – obwohl sie viel breiter ist, als auf dem traditionellen Wege von Wahlen und Demonstrationen sichtbar wird – mit Sicherheit noch nicht sagen kann, ob sie die herkömmlichen Konstitutionsmerkmale sozialer Klassen, wie gleiche Lebensbedingungen, Organisierungsfähigkeit und Emanzipationswille, aufzuweisen hat. Vester sagt: »Es gibt Gründe zu der Annahme, daß wir Zeuge einer historischen Neuformierung und Neuradikalisierung der Mittelschichten sind. Wichtige Teile der alternativen sozialen Bewegung entstammen dem Bildungs- und Reformmittelstand, der vor allem durch Umschichtungen seit den 60er Jahren an Bedeutung gewonnen hat. Der Anteil an Schul- und Hochschulausbildung und überhaupt an nichtkörperlicher Arbeitsqualifikation hat erheblich zugenommen, ebenso der technischen und intellektuellen Berufsgruppen, die mit programmierenden, überwachenden, sozial steuernden und dienstleistenden Funktionen zu tun haben.« (*Frankfurter Rundschau* vom 5.4.83)
Ein solcher Konstitutionsprozeß ist nicht anders als in den Anfängen der Arbeiterbewegung zur Zeit noch offen, vielfach strukturlos; ebensowenig ist, wie geschichtliche Erfahrungen zeigen, gegenwärtig schon ausgemacht, ob die gesellschaftlichen Gruppen und Schichten, welche den Erosions- und Auflösungsprozeß der *alten* Gesellschaft begleiten, dieselben sind, die auch den Aufbau einer *neuen* Gesellschaft einleiten. [...]
Nimmt man die Anfänge der Arbeiterbewegung, so zeigt sich über Jahrzehnte hinweg ein breites Spektrum von Organisationsansätzen; neben Bildungsvereinen und Bünden stehen Genossenschaften und Gewerkschaften. Bis sich der sozialdemokratische Parteitypus durchsetzt, vergehen Jahrzehnte. *Wie* er sich durchsetzt und welche Struktur die Sozialdemokratie schließlich annimmt, das ist wiederum sehr verschieden nach der jeweiligen Geschichte des Landes. Es definiert ja gerade eine soziale Bewegung (im Unterschied zu der bloßen Neugründung einer Partei), daß sie ihre Emanzipationsansprüche mit den vom politischen Herrschaftssystem zur Verfügung gestellten Mitteln *nicht* realisieren kann. Sie ist darauf angewiesen, einen neuen Begriff der Politik zu formulieren.
Vor diesem Problem steht auch die Linksopposition in der Bundesrepublik, von deren vielfältigen Organisationsansätzen die »Grünen« lediglich *einen* bilden; er ist für die neuen sozialen Bewegungen weder charakteristisch noch vorherrschend, aber er thematisiert als einziger die problematische Beziehung zwischen System und Lebenswelt, indem er Basisbewegungen und innerparlamentarische Opposition miteinander zu verknüpfen sucht. Dadurch ergeben sich für *diesen* spezifischen Organisationsansatz eine Reihe von praktischen Problemen, die für die traditionell Außerparlamentarische Opposition nur theoretisch bestanden hatten. Die »Grünen« müssen sich, ob sie wollen oder nicht, mit den politischen Regeln des bestehenden Systems auseinandersetzen, und zwar in der konkreten Alltagspraxis. [...]
Es ist nun charakteristisch für die westdeutsche Nachkriegssituation, daß aus der Angst heraus, Weimar oder gar das Dritte Reich könnten zurückkehren,

eine verfassungsrechtliche Bestandssicherung und Privilegierung von Parteien und Parlamenten festgelegt wird, durch die neuartige und äußerst folgenreiche Ausgrenzungskriterien im politischen Willensbildungsprozeß entstehen. [...]
Diese Ausgrenzung hat ihre eigene Dialektik. In dem Maße nämlich, wie fundamentale Lebensinteressen der Menschen Schwierigkeiten haben, die Barrieren der Parteien und Parlamente zu überwinden, erfahren sie mit ihrer schleichenden Entwertung eine Enteignung der *Politik* durch die Exekutive des Staates und der *Legitimation* dieser Politik durch die Gerichte. [...]
Alles, was den außerparlamentarischen Bewegungen als wichtig erscheint – Selbstverwirklichung in der Arbeit und in der sozialen Tätigkeit, pfleglicher Umgang mit der Natur und den anderen Menschen, verständigungsorientiertes Handeln und Selbstbestimmung über die eigenen Angelegenheiten –, alles das ist im herkömmlichen Sinne *nicht politikförmig*. Aber die Linke hat, von dieser für die menschliche Existenzweise in einer hochkomplexen Industriegesellschaft entscheidenden substantiellen Grundlage ausgehend, auch noch keine neuen *Formen* der Politik entwickelt, die das Kardinalproblem der Linken, die Verallgemeinerungsfähigkeit von Bedürfnissen und Interessen, löst und Regeln einer Verantwortungsethik formuliert, nach der politisches Handeln an der Vertretung *konkret-allgemeiner* Interessen orientiert ist.
Durch den Einzug der »Grünen« in den Bundestag sind die Chancen gewachsen, die Berührungsängste mit dem Institutionssystem zu überwinden und die seit den Ursprüngen der Außerparlamentarischen Opposition bestehenden Verweigerungshaltungen in eine offensive Auseinandersetzung mit den Herrschaftsmechanismen zu wenden. Es ist ein *Realitätszuwachs*, die Chance eines neuen Politikverständnisses, das den »moralischen Ausnahmezustand«, von dem Dahrendorf spricht, zum politischen Normalverhalten macht.
(*Süddeutsche Zeitung*, Nr. 143, 25./26.6.1983)

18. Kapitel
Deutsch-deutsche Beziehungen im Schatten internationaler Konflikte

Überblickt man die Entwicklung der Beziehungen zwischen den beiden deutschen Staaten seit 1974, so kann man unterschiedliche Tendenzen erkennen: einerseits gibt es eine bemerkenswerte Kontinuität in der Erfüllung langfristiger Abmachungen, so bei der Autobahnerneuerung Helmstedt–Berlin 1975, bei der Abmachung zum Bau der Autobahn Hamburg–Berlin 1978, der Einrichtung neuer Grenzübergänge, Verbesserung von Transitwasserstraßen, Einführung einer Transitpauschale statt Einzelzahlungen an den Grenzen, Schaltung neuer direkter Fernsprechleitungen und dergleichen mehr. Daß alles das mit westlichen Zahlungen verbunden ist, von denen die Bundesbürger ihren Nutzen haben, schränkt die Bedeutung nicht ein. Wirtschaftliche Schwierigkeiten der DDR seit der Energiekrise haben sicher die Verhandlungsbereitschaft der DDR erhöht. Gegenläufige Tendenzen sind erkennbar in der Erhöhung des Mindestumtauschsatzes im Oktober 1980 (Dok. 159), der bis heute (Juni 1983) nicht verändert worden ist; in den Auseinandersetzungen um Grenzzwischenfälle; in zeitweise kleinlichen Transitkontrollen und den Behinderungen von westlichen Journalisten. Letztere dürften innenpolitische Gründe in der DDR haben wie etwa zur Zeit der Ausbürgerung des Liedermachers Biermann und der Proteste dagegen (Dok. 154). Für einzelne Verstimmungen gab es eindeutige Gründe: so im Falle des Fluchthilfe-Urteils des Bundesgerichtshofes, auf das sich ein Kommentar des Neuen Deutschland bezieht (Dok. 158).
Abgesehen von solchen und anderen konkreten Ereignissen, gibt es eine anhaltende Tendenz der DDR zur ideologischen Abgrenzung, am deutlichsten in der seit der Verfassungsänderung von 1974 praktizierten Abkehr vom Begriff »deutsche Nation« hin zur Bezeichnung »sozialistische Nation« (Dok. 152) und im Betonen des Status von Berlin-West, das entsprechend dem Viermächteabkommen kein Land der Bundesrepublik sei und auch nicht als solches behandelt werden dürfe (Dok. 155–157). Zugleich wird aber seitens der DDR an einer Vertragspolitik und an einer Politik der »friedlichen Koexistenz«, die keine ideologische Koexistenz sei, festgehalten (Dok. 147). Im September 1977 weist Honecker (Dok. 155) auf die wachsenden Probleme der Friedenssicherung hin, die nicht durch Reisekontakte zu beheben seien, sondern nur durch Abrüstung. So richtig Honeckers Feststellung ist, daß Reisekontakte auch 1939 keinen Krieg verhindert haben, so eindeutig taktisch bestimmt ist die Relativie-

rung der Bedeutung von Reisekontakten. Der Besucherverkehr von der Bundesrepublik in die DDR – umgekehrt nur sehr begrenzt – erreichte 1975 Rekordhöhen (Dok. 151) und hat, wenn auch reduziert, auch die letzte drastische Erhöhung des Mindestumtauschsatzes überstanden. Von seiten der Regierung Schmidt wurde seit dem Amtsantritt von 1974 die realistische Linie vertreten, daß nur das Verfolgen gemeinsamer Interessen von Bundesrepublik und DDR Erfolg verspreche, was das Festhalten an der Existenz der »deutschen Nation« nicht berühre (Dok. 148, 150, 160). Die Bemühungen von CDU/CSU, die »deutsche Frage offen zu halten« (Dok. 149), liegen jenseits der Interessen der DDR und werden dort als illusorisch erklärt (Dok. 152). Die von der CDU/CSU vertretene Position entspricht zwar dem »Brief zur deutschen Einheit«, der dem Moskauer Vertrag und dem Grundlagenvertrag beigefügt wurde, die politische Realität aber ist eine andere Frage.

Nach dem sowjetischen Einmarsch in Afghanistan verschlechterten sich die ohnehin erstarrten Ost/West-Beziehungen noch mehr, der für Februar/März 1980 vorgesehene Besuch von Bundeskanzler Schmidt bei Honecker wurde auf Wunsch der DDR verschoben. Im August 1980 erfolgte eine neue Einladung an Schmidt zu einem Besuch am Werbellinsee. Wegen der unübersehbaren Lage im Sommer 1980 in Polen, offiziell: »wegen der jüngsten Entwicklungen in Europa«, wurde dieser Termin von Schmidt abgesagt. Im Oktober 1980 erfolgte die Erhöhung des Mindestumtauschsatzes, die Weihnachtsbesuche gingen um 50% zurück. Während des schließlich im Dezember 1981 zustande gekommenen Treffens wurde in Polen das Kriegsrecht verhängt. Schmidts Regierungserklärung vom 24.11.1980 (Dok. 160) geht auf die Veränderung der politischen Gesamtlage ein und betont die Aufgaben beider deutscher Staaten in Mitteleuropa.

Die Podiumsdiskussion, die zum 10. Jahrestag der Unterzeichnung des Grundlagenvertrages veranstaltet und vom ZDF ausgestrahlt wurde (gekürzte Veröffentlichung in der *Zeit* vom 24.12.1982), bemühte sich um ein Fazit der Vertragspolitik. Die Bilanz fiel bei Angehörigen unterschiedlicher politischer Richtungen überwiegend positiv aus. Solange gemeinsame Interessen der beiden deutschen Staaten bestehenbleiben – und das ist angesichts der strategischen Lage in Mitteleuropa anzunehmen –, wird es unabhängig von Vorstellungen über die Wiedervereinigung, die Einheit der Nation, die besondere Art der Grenze und die gegenseitig abgelehnten Systeme Möglichkeiten einer vernünftigen Kooperation geben. Zu diesem Schluß scheint auch die neue Regierungskoalition gekommen zu sein. Angesichts des von Strauß persönlich vertretenen Milliardenkredits an die DDR – im Gegensatz zu allen CDU/CSU-Bekundungen während der Oppositionszeit – ist man versucht zu sagen, eine »Wende« in der Deutschlandpolitik findet nicht statt.

Dokumente zum 18. Kapitel

[147] Erich Honecker, Erster Sekretär des ZK der SED, zur Entwicklung der Beziehungen zwischen der Bundesrepublik und der DDR
(Interview mit der amerikanischen Nachrichtenagentur AP, 30.5.1974, Auszug)

Frage: Das deutsche Volk wurde nach einem immensen Weltkrieg geteilt, in dem das faschistische »Dritte Reich« zerstört wurde. Es gibt jedoch immer noch zahllose kulturelle, historische, geographische, wirtschaftliche und familiäre Bindungen, die immer noch zusammenhalten, was als Ost- und Westdeutschland bekannt wurde. Glauben Sie an ein Zusammenkommen in der Zukunft – nicht im Sinne einer Wiedervereinigung von etwas, das einmal war, sondern einer Vereinigung zweier jetzt völlig unabhängiger Staaten, die ein immer noch eng verbundenes Volk regieren? Glauben Sie, daß das Volk Ihrer Republik einen Schritt in dieser Richtung begrüßen würde?
Antwort: Das faschistische »Dritte Reich« ist im Feuer des II. Weltkrieges untergegangen, damit haben Sie recht. Es entstanden zwei voneinander unabhängige deutsche Staaten mit grundlegend verschiedener Gesellschaftsordnung. Das war ein Prozeß, den niemand mehr rückgängig machen kann und an dem auch kulturelle Traditionen und familiäre Beziehungen nichts zu ändern vermögen. Selbstverständlich existieren Traditionen, und soweit sie progressiv sind, erfahren sie in unserem Staat alle Pflege. Familiäre Beziehungen, die natürlich schon allein durch das Heranwachsen neuer Generationen lokkerer werden, brauchen nicht zu verkümmern. *Verwandtschaftliche Beziehungen brauchen nicht belastend zu sein* für die Entwicklung gutnachbarlicher Beziehungen zwischen zwei voneinander unabhängigen und souveränen Staaten. [...] Sie sind keinesfalls hinderlich, sondern von Vorteil. Aber Tatsache ist nun einmal: Es gibt zwei Staaten, die sozialistische DDR und die kapitalistische BRD, die sich grundverschieden entwickeln, und es gibt Bürger der DDR und Bürger der BRD. Normale Beziehungen zwischen diesen beiden Staaten können nur solche der friedlichen Koexistenz sein. Auf ihrer soliden Grundlage gestalten sich die Dinge zum Nutzen der Menschen. Heute über das zu sprechen, was Sie ein »Zusammenkommen in der Zukunft« nennen, ist müßig. Fest steht: Sozialismus und Kapitalismus lassen sich nicht unter ein Dach bringen. Im übrigen haben auch Politiker westlicher Staaten mehrfach betont, daß sie derselben Ansicht sind. Für die DDR gibt es kein Zurück zum Kapitalismus, und der Weg zum Sozialismus in der BRD ist eine innere Angelegenheit unseres Nachbarlandes.
[...]
Frage: Teilen Sie die Auffassung des neuen Bundeskanzlers Schmidt, daß trotz Erschwernissen die Bemühungen um Ost/West-Entspannung, insbeson-

dere die Normalisierung der Beziehungen zwischen beiden deutschen Staaten, verstärkt werden sollen?
Antwort: [...] Insgesamt, so denke ich, ist die weltpolitische Großwetterlage heute so, daß es zur friedlichen Koexistenz zwischen Staaten mit unterschiedlicher sozialer Ordnung keine Alternative gibt. Daher kann man davon ausgehen, daß personelle Veränderungen in der Regierung des einen oder anderen Staates nichts Grundsätzliches am Prozeß der Ost/West-Entspannung zu ändern vermögen. Das gilt allgemein, und das gilt natürlich auch im Hinblick auf die jüngsten Ereignisse in Bonn. Wir betrachten diese Vorgänge als eine innere Angelegenheit der Bundesrepublik, und ihre tieferen Ursachen liegen – das kann man ja auch in der Presse der Vereinigten Staaten lesen – ganz gewiß nicht in irgendwelchen Spionageaffären. Auf Ihre Zwischenfrage kann ich antworten: Wir waren selbst überrascht vom *Rücktritt Brandts als Bundeskanzler*. Der Sprecher unseres Ministeriums für Auswärtige Angelegenheiten hat zu diesem Fragekomplex eine Erklärung abgegeben. Die Entwicklung der Beziehungen zwischen der DDR und der BRD ist durch verschiedene Probleme belastet. Für die Erwärmung des europäischen Klimas wird es wichtig sein, intensiv an der weiteren Verbesserung dieser Beziehungen zu arbeiten. Das wird sich gut auswirken für alle europäischen Staaten. Ich brauche es eigentlich gar nicht besonders zu betonen: die DDR hat immer ihre hohe Wertschätzung für den Realismus in der Außenpolitik von Bundeskanzler Brandt bekundet. Wir begrüßen die Feststellung seines Nachfolgers Helmut Schmidt in der Regierungserklärung, daß trotz Belastungen in den gegenseitigen Beziehungen das begonnene Vertragswerk zwischen der BRD und der DDR mit Leben erfüllt und weiter ausgebaut werden soll. Diesen Standpunkt teilen wir vollauf. Die DDR hat in der Vergangenheit stets das Ihre zur Normalisierung der Lage und zur Entspannung in Europa beigetragen. Und wenn Sie nach der Rolle unseres Landes in einer künftigen umfangreichen Kooperation zwischen Ost und West in Europa fragen, dann möchte ich antworten: als fester Bestandteil der um die Sowjetunion gescharten sozialistischen Gemeinschaft, als politisch stabiler, wirtschaftlich leistungsfähiger Staat beteiligt sich die DDR selbstverständlich aktiv an der Entwicklung der Zusammenarbeit.
[...]
(Archiv der Gegenwart, 4.6.1974, S. 18733f.)

[148] Bundeskanzler Schmidt zur Frage der Einheit der Nation
(Bericht zur Lage der Nation; 30.1.1975, Auszug)

30 Jahre nach dem Ende des Zweiten Weltkrieges und 25 Jahre nach der Begründung der beiden Staaten kann niemand mehr über deren Realität hinwegsehen; die Tatsache ihrer gleichzeitigen Existenz bestimmt weitgehend die Lage der deutschen Nation. Die beiden deutschen Staaten haben miteinander vielerlei Meinungsverschiedenheiten. Aber sie haben auch vielerlei Gemeinsamkeiten. Sie nennen sich beide deutsch – es gibt keinen dritten Staat auf der Welt, der sich deutsch nennt. Die Deutschen wollen nicht – und wer es wollte,

der könnte nicht – sich von ihrer Zugehörigkeit zur deutschen Nation lossagen. Mit Recht hat Ernst *Bloch* am 7. Oktober 1974 gesagt: »[...] man kann nicht durch Volkskammerbeschluß die Zugehörigkeit zu einer zweitausendjährigen Geschichte aufheben und zu dem, was [...] in einer Kulturnation aufgebaut ist.« Nach unserer Überzeugung ist deshalb in der Tat das Verhältnis zwischen den beiden deutschen Staaten ein Verhältnis von besonderer Art. Wir bleiben dabei, auch wenn die Führung der DDR darin fälschlich den Versuch der Bundesrepublik zu sehen meint, der DDR einen Minderstatus aufzwingen zu wollen.

Die Bundesregierung erblickt die Besonderheit im Verhältnis zur DDR nicht als Versuch des Antastens deren Souveränität, sondern darin, daß in beiden Staaten Deutsche leben und daß wir Deutschen einen Anspruch auf Gestaltung unseres nationalen Schicksals nach unserem eigenen Willen haben. Von dieser Überzeugung läßt sich die Bundesregierung auch in Zukunft leiten. Sie wird auch in Zukunft alles tun, um den Menschen in Deutschland soviel Möglichkeit zur Nation zu schaffen, wie sie es nur kann. Diese Politik entspricht dem Auftrag des Grundgesetzes, das in Artikel 116 eine einheitliche Staatsangehörigkeit unter seinen Schutz stellt.

[...]

Um angemessene Regelungen zu finden, bedarf es nicht – und bedurfte es zu keiner Zeit – einer Einmischung in innere Angelegenheiten dritter Staaten. Wie bereits in der Regierungserklärung am 17. Mai 1974 geschehen, so betone ich auch heute: Wir werden trotz aller Schwierigkeiten und Rückschläge nicht nachlassen in dem Bemühen, die Beziehungen zwischen der Bundesrepublik Deutschland und der Deutschen Demokratischen Republik zu verbessern. Die bisherige Entwicklung hat bewiesen, daß Erfolge in der Deutschlandpolitik vor allem einen langen Atem voraussetzen. Die Bundesregierung hat stets vor Pessimismus oder Resignation ebenso gewarnt wie vor Leichtglaube oder Illusion. Es gilt das Wort, das Willy *Brandt* am 5. April 1973 an diesem Platz gesprochen hat: »Wir machen uns, was die Komplikationen der Probleme zwischen den beiden deutschen Staaten angeht, nichts vor, aber wir lassen uns auch nichts vormachen.« Der Grund für diese Haltung liegt darin, daß es wenig Sinn hätte, in den deutschen Fragen an Ideale und Einsichten zu appellieren, die bei der Führung der DDR nicht vorhanden sind. In entscheidenden Grundsatzfragen scheitert ein Konsens daran, daß beide deutsche Staaten sehr unterschiedlichen, zum Teil antagonistischen gesellschaftlichen und politischen Systemen angehören, und daß sie vielfach gegensätzliche Interessen haben. Gleichwohl gibt es auch gleichlaufende Interessen; vor allem aber gibt es vielerlei Möglichkeiten zur wechselseitigen Befriedigung von Interessen des jeweiligen Vertragspartners. Deshalb kommt es für die Entwicklung unserer Beziehungen darauf an, herauszufinden, auf welchen Gebieten es übereinstimmende oder wenigstens komplementäre Interessen gibt. Dazu wird verhandelt – mit der Zielsetzung, zu Vereinbarungen zu gelangen. Fortschritte können dabei allerdings nur erzielt werden, wenn beide Seiten das bisher Vereinbarte respektieren.

(Archiv der Gegenwart, 30. 1. 1975, S. 19222f.)

***[149]** Karl Carstens, CDU, zum Standpunkt der CDU/CSU-Fraktion in der Deutschlandpolitik*
(Debatte über den Bericht des Bundeskanzlers zur Lage der Nation, 30.1.1975; Auszug)

[...]
Was ist in dieser Lage zu tun? Ich möchte den Standpunkt der CDU/CSU-Fraktion in fünf Punkten zusammenfassen:
1. Berlin: Es ist von entscheidender Bedeutung, daß wir alle gemeinsam die Position West-Berlins stärken; dazu gehört seine feste Verbindung mit uns, mit der Bundesrepublik Deutschland. Ich stelle fest, daß dies, was ich gesagt habe, mit dem übereinstimmt, was der Bundeskanzler gesagt hat. Aber ich meine, zur Festigung der Bindungen zwischen Berlin-West und uns sollte auch gehören, daß wir, die Fraktionen des Bundestages, in regelmäßigen Abständen unsere Sitzungen in Berlin abhielten. [...]
2. Wir müssen die deutsche Frage offenhalten. Wir müssen im Inneren und nach außen politische und diplomatische Anstrengungen unternehmen, um der Welt bewußt zu machen, daß die deutsche Frage nicht gelöst und nicht befriedigend geregelt ist. »Die Ostverträge schaffen keinen definitiven Zustand, sondern sind Elemente eines Modus vivendi«, so haben wir alle gemeinsam im Mai 1972 in der einstimmigen Resolution gesagt. Die deutsche Nation besteht fort. Eine deutsche Nationalität besteht fort. Das Recht des deutschen Volkes auf Selbstbestimmung ist nicht erfüllt und besteht fort. Dies ist eine Forderung, die zu erheben wir nicht müde werden dürfen. [...]
3. Die CDU/CSU fordert, daß das deutsche Geschichtsbewußtsein wieder stärker belebt wird. Da berühre ich mich mit dem, was der Bundeskanzler soeben gesagt hat. Ihnen hat das offenbar nicht gefallen, aber mir hat es ganz gut gefallen. Ich möchte Ihnen nur sagen, Herr Bundeskanzler, die Zurückdrängung des Geschichtsunterrichts, die Verfälschung des Geschichtsbilds an den Schulen unseres Landes ist die Folge einer von SPD- und FDP-Regierungen in den entsprechenden Ländern jahrelang betriebenen systematischen Politik. [...]
Die 4. Forderung, die ich stellen möchte, ist, daß wir im freien Teil Deutschlands für diejenigen Deutschen eintreten, deren Menschenrechte in der DDR verletzt werden. Das, was ich jetzt sage, ist bestimmt nicht komisch, sondern ist ausgesprochen tragisch. In den Zuchthäusern Brandenburg und Cottbus vor allem sitzen Tausende von politischen Gefangenen ein, die hauptsächlich wegen Fluchtversuchs oder wegen Beihilfe zur Flucht verurteilt sind. Ich möchte Sie daran erinnern, daß sie wegen eines Delikts verurteilt worden sind, das nach der Konvention der Vereinten Nationen über die Menschenrechte ein garantiertes Menschenrecht darstellt, nämlich das Recht, seinen eigenen Staat jederzeit verlassen zu dürfen. Viele von ihnen befinden sich in strenger Einzelhaft. Vor kurzem ist neben den drei bisher bestehenden Arten des Strafvollzugs in der DDR eine vierte Art zusätzlich eingeführt worden. Sie nennt sich verschärfter Strafvollzug. Sie ist niedergelegt in § 19 des Strafvollzugsgesetzes der DDR. Sie wird hauptsächlich auf politische Gefangene ange-

wandt, und sie wird in diesem § 19 wie folgt beschrieben – ich zitiere wörtlich –: »In der verschärften Vollzugsart erfolgt die Gestaltung des Vollzugs besonders durch die dem Zwangscharakter der Freiheitsstrafe entsprechende strenge Reglementierung des Verhaltens der Strafgefangenen durch hohe Anforderungen an die Erfüllung von Pflichten und die Anwendung der Täterpersönlichkeit angepaßter Erziehungsmaßnahmen, um eine nachhaltige Einordnung des Strafgefangenen in festgelegte Verhaltensnormen zu erreichen.«
Hinter diesen Worten verbirgt sich tausendfaches menschliches Leid! Unsere Versuche, zu gemeinsamen Erklärungen des Bundestages zu diesem Problem der Verletzung der Menschenrechte im anderen Teil Deutschlands zu kommen, sind leider immer wieder auf Schwierigkeiten gestoßen. [...]
5. Schließlich und endlich, meine ich, sollten wir alle miteinander versuchen, die Liebe zu unserem Land, zu unserem Vaterland, die in den beiden vergangenen Jahrzehnten manchmal in den Hintergrund zu treten schien, wieder zu wecken. [...]
Wir alle wissen von den Verirrungen, zu denen ein falsch verstandener Patriotismus in der Vergangenheit geführt hat. Niemand von uns wird überdies Vaterlandsliebe als ein absolutes und höchstes Gebot ansehen. Wir sehen das deutsche Vaterland, unser Land, und die deutsche Nation als Teil eines größeren europäischen Verbandes. Aber ich meine, innerhalb dieser für jedermann einsichtigen Grenzen ist die Liebe zum Vaterland auch heute noch eine der nobelsten Regungen, deren der Mensch fähig ist. [...]
(Archiv der Gegenwart, 4.2.1975, S. 19235f.)

[150] Bundeskanzler Schmidt zu den Zielen der Deutschlandpolitik
(Bericht zur Lage der Nation; 29.1.1976, Auszug)

Unsere Politik, durch menschliche Erleichterungen die Härten der Teilung zu mildern, konnte in geduldigen, zähen Verhandlungen zu neuen Ergebnissen geführt werden. Diese Ergebnisse zugunsten der Menschen gilt es sachlich festzuhalten und nicht durch kleinliches Aufrechnen von staatlichen Leistunden und Gegenleistungen in Frage zu stellen. Zur Wirklichkeit gehört allerdings auch, daß die SED versucht, ein neues Bewußtsein von einer sogenannten »sozialistischen Nation« zu schaffen und damit die DDR von der gemeinsamen nationalen Grundlage abzugrenzen. Die Verfassung der DDR von 1974 sowie der jüngste Freundschafts- und Beistandsvertrag der DDR mit der Sowjetunion verfolgen das Ziel, die DDR noch fester in das gesellschaftlich-politische System Osteuropas einzubinden. Und auch in dem Entwurf des neuen Parteiprogramms der SED wird die Abgrenzung zum Programmsatz erhoben. Demgegenüber bekennen wir in der Bundesrepublik Deutschland uns – wie seit eh und je – zur Verantwortung vor der gesamten Nation. Deshalb kommt es für die gesamte, für die ganze Nation und für ihr zukünftiges Schicksal darauf an, wie sich diese Bundesrepublik Deutschland nach innen und nach außen entwickelt und darstellt. Hierbei geht es nicht um einen überholten Alleinvertretungsanspruch, sondern hier geht es darum, daß die deut-

sche Frage – von allen weltpolitischen Vorbedingungen abgesehen – am ehesten dann lösbar sein wird, wenn der größte Teil, wenn die Bundesrepublik Deutschland 1. ganz entschieden die Zusammenarbeit mit dem kleineren Teil fördert, zugleich aber 2. ihr eigenes Haus gut bestellt und 3. zu einer stabilen Friedensordnung beiträgt, die es den Völkern und Staaten erlaubt, mit ihren Nachbarn in Frieden zu leben und zusammenzuarbeiten. Diese Überzeugungen haben in der Vorgeschichte der Berichte zur Lage der Nation, wie sie die Bundesregierung hier erstattet haben, immer eine entscheidende Rolle gespielt. [...]
Die DDR-Führung scheint trotz aller Schwierigkeiten an ihrem Ziel der Hebung des materiellen Lebensstandards verständlicherweise festzuhalten. Und da dies unter den gegenwärtigen Umständen ohne weitere Steigerung der ohnehin hohen Subventionen über die Preise lebensnotwendiger Güter und Dienstleistungen nicht geht, muß sie die Erhöhung des Lebensstandards von einer entsprechend gesteigerten Arbeitsproduktivität abhängig machen. Auf eine kurze Formel gebracht: Die gegenwärtige ökonomische Problematik drüben läßt erkennen, daß bestimmte wirtschaftliche Gesetzmäßigkeiten überall in der Welt gelten, unabhängig davon, ob es sich um eine staatliche Zentralverwaltungswirtschaft oder um eine Marktwirtschaft handelt. Tatsächliche und konkrete Verbesserungen, wie wir sie in den Verkehrsverhandlungen erzielt haben, können die Bindungen zwischen uns und den Berlinern stärken; allein konkrete Verbesserungen können dies, nicht aber markige Reden oder Sprüche. [...]
Die Opposition kritisiert heute den ihrer Meinung nach unangemessen hohen Finanzierungsbeitrag der Bundesregierung für den Ausbau der Verkehrswege nach Berlin. [...] Ich halte heute fest: Wer nur darauf schaut, daß das alles Geld kostet, der muß sich sagen lassen:
1. Jeder Staat vertritt seine Interessen, auch die DDR! Wir können nicht erwarten, daß sie finanzielle Leistungen für Investitionen erbringt, die in unserem Interesse liegen. An ihre vertraglichen Pflichten aus dem Transitabkommen hat sich die DDR gehalten.
2. Nichts ist wichtiger für die Bindungen zwischen dem Bund und Berlin als ein ungehinderter Verkehrsfluß. Was wir aufbringen, sind Investitionen in die Zukunft des Berlin-Verkehrs, Investitionen in die Zukunft Berlins. Den Status und die Sicherheit der Stadt verbürgen unsere Verbündeten Amerika, Großbritannien und Frankreich. Für die Aufrechterhaltung und Kräftigung der Bindungen zu uns zu sorgen, das ist unsere eigene Sache. [...]
Ich will an dieser Stelle darauf hinweisen, daß in der Konsequenz unserer besonderen Bemühungen, die schon in der Obhut von Bundesministern aus allen drei Fraktionen dieses Hauses unternommen worden sind, seit 1970 etwa 20000 Personen aus der DDR ausreisen und in die Bundesrepublik übersiedeln konnten, darunter auch etwa 3500 Kinder; ein großer Teil von ihnen sind solche, die als Kinder einzeln herübergekommen sind. Etwa ein Drittel der vorher genannten Gesamtzahl von Ausreisenden ist allein im Jahre 1975 gekommen. Man hat sich drüben bewegt! [...]
(Archiv der Gegenwart, 5.5.1976, S. 20180f.)

[151] Rekordzahlen im innerdeutschen Verkehr

Das Bundesministerium für innerdeutsche Beziehungen gab am 19. Januar u. a. folgende Zahlen bekannt:
1975 seien mit fast 3124000 Besuchen von Westdeutschen in der DDR 62,7% mehr gezählt worden als 1974; gegenüber 1971, dem Jahr vor Inkrafttreten des Verkehrsabkommens, habe sich der Reiseverkehr aus der BRD in die DDR mehr als verdoppelt.
Die Entwicklung des *Reiseverkehrs in die DDR* seit 1969: 1969: 1107077 Reisen, 1970: 1254084, 1971: 1267355, 1972: 1540381, 1973: 2278989, 1974: 1919141, 1975: 3123941 Reisen.
In den Reisezahlen seit 1972 sind die Zahlen der *Eintagesfahrten* im grenznahen Verkehr aus der BRD in die DDR enthalten. 1975 sind 463190 Reisen im grenznahen Tagesverkehr gezählt worden: = +39,7%. Seit Sommer 1973, seit die Möglichkeit zum grenznahen Verkehr besteht, wurden über 987000 Eintagesfahrten in grenznahe Bereiche der DDR gezählt. Außer den über 3,1 Mill. Reisen von Westdeutschen in die DDR sind 1975 rund 1,4 Mill. Tagesaufenthalte von Bewohnern der BRD *in Ost-Berlin* gezählt worden. Aufgrund der Berliner Besuchsregelung im Zusammenhang mit dem Viermächte-Abkommen sind in der Zeit vom 20. XII. 1974 bis 15. XII. 1975 (Abrechnungszeitraum) nahezu 2740000 Reisen von Bewohnern *aus Berlin* (West) nach Ost-Berlin sowie in die DDR registriert worden. Das erfreuliche Ansteigen des Reiseverkehrs aus der BRD in die DDR sei u. a. zurückzuführen auf die Senkung der Mindestumtauschquote sowie die Wiederbefreiung der Rentner vom Mindestumtausch. Außerdem habe sich positiv ausgewirkt, daß seit Ende 1974 auf Antrag die Reise in der Regel mit dem eigenen Pkw unternommen werden kann. Im grenznahen Verkehr beispielsweise führen gegenwärtig 90% der Reisenden mit dem eigenen Wagen in die DDR.
Der *Reiseverkehr aus der DDR* hat sich 1975 wie folgt entwickelt: 1330389 Reisen von Bewohnern der DDR im Rentenalter in die BRD und nach West-Berlin = +27% mehr als 1971; 1975 haben 40442 Einwohner der DDR, die nicht im Rentenalter sind, in dringenden Familienangelegenheiten die BRD besucht = +5,5%; seit Abschluß des Grundlagenvertrages wurden damit über 130000 Reisen von jüngeren DDR-Bewohnern in dringenden Familienangelegenheiten in die BRD erfaßt.
Im *Transitverkehr* zwischen der BRD und Berlin (West) sind etwa 14,8 Mill. Reisende gezählt worden = +9%; gegenüber 1971, vor Inkrafttreten des Transitabkommens, hat sich der Transitverkehr auf dem Landweg zwischen der BRD und Berlin (West) damit nahezu verdoppelt: 1971 ca. 7,6 Mill. Reisende.

(Archiv der Gegenwart, 19. 1. 1976, S. 19960)

***[152]** Erich Honecker, Erster Sekretär des ZK der SED, über die Beziehungen zwischen beiden deutschen Staaten und die Entwicklung der sozialistischen deutschen Nation*
(Bericht vor dem IX. Parteitag der SED, 18.–22.5.1976 in Berlin [Ost], Auszug)

[...]
d) Wir gehen an diese Politik ohne Illusionen heran, weil wir wissen, daß die Politiker kapitalistischer Länder auch im Prozeß der Entspannung nicht aufhören, die Interessen der in ihren Ländern herrschenden Kräfte zu vertreten. Wir verfolgen das Ziel, den Krieg als Mittel zur Lösung strittiger Fragen in den Beziehungen zwischen den Staaten auszuschließen.
e) Die Verwirklichung der Prinzipien der friedlichen Koexistenz ist notwendig für alle Völker. Wir bekunden nachdrücklich, daß sie von Vorteil ist für die Entfaltung des Kampfes der antiimperialistischen Kräfte gegen Ausbeutung und Unterdrückung, für die sozialen und nationalen Interessen der Völker in den Ländern des Kapitals und der dritten Welt.
f) Für uns Kommunisten bedeutet friedliche Koexistenz Frieden zwischen den sozialistischen und kapitalistischen Staaten und die Entwicklung einer gleichberechtigten und gegenseitig vorteilhaften Zusammenarbeit. Friedliche Koexistenz bedeutet aber niemals Klassenfrieden zwischen Ausbeutern und Ausgebeuteten. Friedliche Koexistenz bedeutet weder die Aufrechterhaltung des sozialökonomischen Status quo noch eine ideologische Koexistenz.
g) Voraussetzung für den weiteren Erfolg dieses Friedenskurses sind die allseitige Stärkung des Sozialismus und die Festigung des Bündnisses zwischen den sozialistischen Staaten und allen anderen für Frieden, Sicherheit und Zusammenarbeit eintretenden Kräften in der ganzen Welt.
Der klare Blick für neue Möglichkeiten, auf dem Wege der friedlichen Koexistenz weiter voranzukommen, läßt uns niemals übersehen, daß der Imperialismus sein ihm eigenes aggressives und expansives Wesen nicht verloren hat. Wir erleben gerade gegenwärtig immer wieder neue Attacken von Feinden der Entspannung. Sie heizen das Wettrüsten an, entfesseln antikommunistische und besonders antisowjetische Kampagnen. Es wird versucht, abgeschlossene Verträge zu torpedieren oder sie sogar für die Verletzung des Völkerrechts zu mißbrauchen. Deshalb sind Rückschläge und auch plötzliche Zuspitzungen der Lage nicht auszuschließen. Das erfordert von uns wie eh und je, in der gebotenen Wachsamkeit nicht nachzulassen. [...]
Wir übersehen nicht die andauernden und in jüngster Zeit verstärkten Versuche seitens revanchistischer Kräfte der BRD, sich mit Mitteln der ideologischen Diversion in die inneren Angelegenheiten der DDR einzumischen. Man muß feststellen: das stört die Entspannung und stellt eine Verletzung der Schlußakte von Helsinki dar. Deshalb ist der entschiedene Kampf gegen jedwede Art von Revanchismus gegen die DDR nach wie vor ein Gebot der Stunde. Die DDR wird weiterhin alle Versuche reaktionärer Kräfte in der BRD zurückweisen, die auf der ebenso überlebten wie *aussichtslosen These eines »Offenhaltens der deutschen Frage«* beharren. Da ist nichts mehr offen.

Die Geschichte hat längst ihr Wort gesprochen. Mit der sozialistischen Revolution und der Gestaltung der sozialistischen Gesellschaft in der DDR wurden, wie es in unserem Parteiprogramm heißt, Grundlagen, Inhalt und Formen des nationalen Lebens qualitativ verändert. Geführt von der Arbeiterklasse, hat das Volk der DDR in Übereinstimmung mit dem Gang der Geschichte durch den Aufbau des Sozialismus sein Recht auf sozialökonomische, staatliche und nationale Selbstbestimmung verwirklicht. In der DDR entwickelt sich *die sozialistische deutsche Nation*. Ihre Wesenszüge werden von der Arbeiterklasse als der führenden Kraft der sozialistischen Gesellschaft geprägt. Die DDR ist als sozialistischer Nationalstaat ein untrennbarer Bestandteil der Gemeinschaft der sozialistischen Länder. [...]
(Archiv der Gegenwart, 8.6.1976, S. 20267ff.)

[153] Kommentar des Neuen Deutschland *zur Ausbürgerung von Wolf Biermann*
(17.11.1976, Auszug)

Weshalb wurde diese Maßnahme notwendig? Am 13. November trat er in einer Massenveranstaltung in der Kölner Sporthalle auf, die vom Fernsehen und Rundfunk der BRD verbreitet wurde. Er hat den Abend ganz allein bestritten und ein Programm gestaltet, das sich ganz bewußt und gezielt gegen die DDR und gegen den Sozialismus richtete. Was er dort, noch als DDR-Bürger und in einem kapitalistischen Land, an Haß, an Verleumdungen und Beleidigungen gegen unseren sozialistischen Staat und seine Bürger losgelassen hat, macht das Maß voll. Schon jahrelang hat er unter dem Beifall unserer Feinde sein Gift gegen die DDR verspritzt. Dabei wurde er von den gehässigsten Gegnern der DDR noch angestachelt und hochgejubelt. Unser sozialistischer Staat hat mit diesem Treiben viel Geduld gehabt, eher zuviel als zuwenig. Die Szene, die sich in Köln abgespielt hat, verlangte eine angemessene Antwort. Was er dort sang, rezitierte und zusammenredete, das waren massive Angriffe gegen unseren sozialistischen Staat, gegen unsere sozialistische Gesellschaftsordnung. Es enthielt die Aufforderung, diese Ordnung in der DDR zu beseitigen. Er beleidigte aufs gröbste die Bürger der DDR, von den Arbeitern in den Betrieben bis zur Führung der Partei und des Staates. [...]
Um den Grad der Unverschämtheit dieses sogenannten Liedermachers zu ermessen, muß man sich vergegenwärtigen, auf welcher Bühne sich das alles abgespielt hat, nämlich in einem kapitalistischen Land, in der BRD. Daß dort die kapitalistische Ausbeutung noch immer fortdauert, daß Unsicherheit, Arbeitslosigkeit, Kurzarbeit, Inflation die werktätigen Menschen quält, daß jede progressive Betätigung bespitzelt und mit Repressalien belegt wird, das alles stört Biermann nicht. Er befindet sich in der Front derer, die ihre Hetzkampagne, ihre psychologische Kriegführung gegen die DDR wieder auf eine Höhe getrieben haben, die hinter der Zeit des kalten Krieges kaum noch zurücksteht. In dieser Front ist er einer unter vielen, ganz konform und kaum zu unterscheiden. Er verschwindet in der dunklen Masse der antikommunistischen Krakeeler. [...] (Archiv der Gegenwart, 5.1.1977, S. 20698)

[154] »Offener Brief« an die DDR-Führung von in der DDR lebenden Schriftstellern und Künstlern zur Ausbürgerung von Wolf Biermann (17.11.1976)

Wolf Biermann war und ist ein unbequemer Dichter – das hat er mit vielen Dichtern der Vergangenheit gemein. Unser sozialistischer Staat, eingedenk des Wortes aus Marxens »18. Brumaire«, demzufolge die proletarische Revolution sich unablässig selber kritisiert, müßte im Gegensatz zu anarchistischen Gesellschaftsformen eine solche Unbequemlichkeit gelassen nachdenkend ertragen können. Wir identifizieren uns nicht mit jedem Wort und jeder Handlung Biermanns und distanzieren uns von Versuchen, die Vorgänge um Biermann gegen die DDR zu mißbrauchen. Biermann selbst hat nie, auch nicht in Köln, Zweifel daran gelassen, für welchen der beiden deutschen Staaten er bei aller Kritik eintritt. Wir protestieren gegen seine Ausbürgerung und bitten darum, die beschlossene Maßnahme zu überdenken.

[Unterzeichnet u. a. von: *Christa Wolf, Volker Braun, Stefan Heym, Stephan Hermlin, Jurek Becker]*

(Archiv der Gegenwart, 5.1.1977, S. 20698)

[155] Erich Honecker, Erster Sekretär des ZK der SED, über die Bundesrepublik und die Ost/West-Beziehungen (26.9.1977, Auszug)

[...] In der Zeit, in der man davon spricht, und ich meine mit Recht, daß die Entspannung Fortschritte macht und daß man die Entspannung unumkehrbar machen muß, hat die Spannung auf der internationalen Ebene in nicht wenigen Bereichen zugenommen. Dafür spricht die *Härte der politischen und ideologischen Auseinandersetzung* zwischen den beiden Systemen und mehr noch eine so gewichtige Tatsache, daß vom Imperialismus das Wettrüsten in einer noch nicht dagewesenen Weise forciert wird. Die Lage ist so, daß trotz aller Fortschritte in der Entspannung die Abrüstung zu einer Schlüsselfrage der weiteren Entwicklung geworden ist. Bekanntlich haben 35 Staaten, einschließlich der USA und Kanadas, in Helsinki ihre Unterschrift unter die Schlußakte gesetzt. Das bleibt ohne Zweifel ein großer Erfolg für den Frieden, die Sicherheit und Zusammenarbeit in Europa. Aber man kann nicht übersehen, daß zur gleichen Zeit in allen kapitalistischen Staaten von Gewicht die Rüstungsaufwendungen ins Unermeßliche steigen. In den USA betragen die offiziell ausgewiesenen Rüstungsausgaben 109,7 Mrd. $. Was die BRD betrifft, so rühmt sich Herr Leber als Minister einer sozialliberalen Koalition, daß er gegenwärtig den höchsten Rüstungshaushalt seit Existenz der Bundesrepublik Deutschland zur Verfügung hat, nämlich mehr als 50 Mrd. DM. Weitere 100 Mrd. DM sind für die Umrüstung der Bundeswehr vorgesehen. Am 1. und 2. Oktober dieses Jahres soll auf dem Gelände des Flugplatzes Köln/Bonn eine Musterschau von »Superwaffen« durchgeführt werden. Die NATO hat umfassende Rüstungsprogramme verkündet und dabei vor allem die Einführung neuer Massenvernichtungswaffen eingeplant. Liegt darin eine Gefahr? Niemand kann es bestreiten.

[...]

Der Ruf der ganzen friedliebenden Menschheit geht nicht nach neuen Waffen, sondern danach, die Massenvernichtungsmittel zu verbieten und den Ausbruch eines nuklearen Weltkrieges zu verhindern. Wie aber kann man *den Frieden dauerhaft sichern?* Manche Leute stellen die Dinge so dar, als brauche man lediglich noch mehr Reisen und menschliche Kontakte, und die Frage Krieg oder Frieden sei gelöst. Das ist aber, wie das Leben zeigt, nicht nur naiv, sondern eine bewußte Irreführung. Sie soll die Menschen auf einen falschen Weg bringen und von den Urhebern der Kriegsgefahr sogar noch ablenken. Vor 1939 gab es auch einen großen Reiseverkehr zwischen Deutschland und Frankreich, Deutschland und Polen sowie verschiedenen anderen europäischen Ländern. Aber das konnte den Ausbruch des II. Weltkrieges nicht verhindern. Es wäre also verfehlt zu sagen, daß die Sicherung des Friedens von der Entfaltung des Reiseverkehrs, des Jugendaustausches abhängt. Wir sind für beides. Und was die Kontakte betrifft, so hat die DDR kein Defizit aufzuweisen. Sie tragen dazu bei, das friedliche Zusammenwirken von Staaten unterschiedlicher Gesellschaftsordnung zu fördern, beseitigen jedoch nicht die Kriegsgefahr, die von den aggressiven Kreisen des Monopolkapitals ausgeht. [...] Die Sicherung des Friedens hängt also nicht von der Anzahl der Reisen und der Menge der Kontakte ab. Es geht vielmehr darum, daß die aggressiven Kreise des Imperialismus durch den entschlossenen Kampf der Völker gebändigt, das heißt, daran gehindert werden, ihre Pläne in die Tat umzusetzen. [...]

(Archiv der Gegenwart, 26.9.1977, S. 21267ff.)

[156] Londoner »Erklärung zu Berlin« der Staats- und Regierungschefs von Frankreich, Großbritannien, den USA und der Bundesrepublik (9.5.1977, Auszug)

[...] Die Drei Mächte werden auch in Zukunft jeden Versuch zurückweisen, die Rechte und Verantwortlichkeiten in Frage zu stellen, die Frankreich, die Vereinigten Staaten, das Vereinigte Königreich und die Sowjetunion in bezug auf Deutschland als Ganzes und alle vier Sektoren Berlins beibehalten. Die vier Regierungen erinnerten daran, daß eines der wesentlichen Elemente des Viermächte-Abkommens die Bestätigung ist, daß die Bindungen zwischen den Westsektoren Berlins und der Bundesrepublik Deutschland in Übereinstimmung mit den einschlägigen Bestimmungen des Abkommens aufrechterhalten und entwickelt werden. Dies stimmt mit den Interessen und Wünschen der unmittelbar betroffenen Menschen überein. In diesem Zusammenhang anerkannten die Drei Mächte die Bemühungen der Bundesrepublik Deutschland, unter Berücksichtigung der einschlägigen Bestimmungen des Viermächte-Abkommens betreffend ihre Befugnis zur Vertretung der Interessen der Westsektoren Berlins im Ausland, den Westsektoren Berlins zu er-

möglichen, aus den praktischen Vorteilen der Ost/West-Beziehungen Nutzen zu ziehen. Die vier Regierungen verpflichteten sich zur Zusammenarbeit bei der Aufrechterhaltung einer politischen Lage, die die Lebensfähigkeit und das Gedeihen der Westsektoren Berlins begünstigt. Die Drei Mächte würdigten die Bemühungen der Bundesrepublik Deutschland und des Senats von Berlin, mit denen sichergestellt wird, daß es sich auch weiterhin lohnt, in den Westsektoren Berlins zu investieren und zu arbeiten. Sie bekräftigen ihre Verpflichtung für die Sicherheit der Stadt, die eine unabdingbare Voraussetzung für ihre wirtschaftliche und soziale Entwicklung ist.
(Archiv der Gegenwart, 12.5.1977, S. 20982f.)

[157] Kommentar der Prawda *zur Londoner »Erklärung zu Berlin«* (15.5.1977, Auszug)

[...] Das Londoner Dokument enthält eine ganze Reihe von Versuchen, das Vierseitige Abkommen – gelinde gesagt – sehr frei zu interpretieren: die Autoren des Dokuments leisten damit offensichtlich jenen Kräften in der BRD Vorschub, die unter Umgehung des Vierseitigen Abkommens West-Berlin eigenmächtig in die BRD zu integrieren versuchen. Danach ist der Hauptsinn des Vierseitigen Abkommens die »Entwicklung der Bindungen« zwischen West-Berlin und der BRD. Die Westmächte äußern sich lobend über das Wirken der BRD bei der Vertretung der Interessen West-Berlins im Ausland, obgleich gerade hier am häufigsten gegen das Vierseitige Abkommen verstoßen wird. Was das Kernstück des Vierseitigen Abkommens – die Nichtzugehörigkeit der Stadt zur BRD – anbelangt, so wird dies in der Londoner Erklärung überhaupt nicht erwähnt. Dafür wird von den Verfassern der Londoner Erklärung der Versuch gemacht, die Substanz des Vierseitigen Abkommens zu entstellen. Zum Beispiel wird von angeblich immer noch bestehenden Rechten der Westmächte auf alle »vier Sektoren Berlins« gesprochen, obwohl doch allgemein bekannt ist, daß es die vier Berliner Sektoren schon lange nicht mehr gibt. Es gibt die von den USA, Großbritannien und Frankreich okkupierten Westsektoren der Stadt, und es gibt Berlin, die Hauptstadt des souveränen Staates Deutsche Demokratische Republik. Das ist die entstandene Realität, und der Versuch, sie zu ignorieren, ist eine Zeitverschwendung. [...]
(Archiv der Gegenwart, S. 20983)

[158] Kommentar des Neuen Deutschland *zum Urteil des Bundesgerichtshofs zu kommerzieller Fluchthilfe* (10.11.1977, Auszug)

[...] Mit der Entscheidung des Bundesgerichtshofes vom 29. September 1977 zur Gültigkeit der sogenannten Fluchthelferverträge wurde die Existenz und verbrecherische Tätigkeit dieser Banden in der BRD legalisiert, der Mißbrauch der Transitwege zur Ausführung dieser Verbrechen ausdrücklich gebilligt und zur weiteren Verletzung der Rechtsordnung der DDR ermuntert. Diese Entscheidung ist jedoch ohne Wirkung auf die völkerrechtliche Verpflichtung der Regierung der BRD, da sich kein Staat unter Berufung auf die Unabhängigkeit der innerstaatlichen Rechtsprechung seinen völkerrechtlichen Verpflichtungen entziehen kann. Die BRD hat sich im Vertrag über die Grundlagen der Beziehungen zwischen der DDR und der BRD vom 21. Dezember 1972 völkerrechtlich verbindlich verpflichtet, sich in ihren Beziehungen zur DDR von den in der UN-Charta festgelegten Zielen und Prinzipien leiten zu lassen und von dem Grundsatz auszugehen, daß die Hoheitsgewalt jedes der beiden Staaten sich auf sein Staatsgebiet beschränkt. Die Behauptung, daß sogenannte Fluchthelferverträge nicht deshalb unwirksam seien, weil die als Fluchthelferorganisationen bezeichneten Banden die Transitwege mißbrauchen und mit ihren Praktiken gegen Gesetze der DDR verstoßen, widerspricht der in diesem Vertrag sowie der im Transitabkommen eingegangenen, völkerrechtlich verbindlichen Verpflichtung der BRD zur Respektierung der Souveränität, territorialen Integrität und der Nichteinmischung in die inneren Angelegenheiten der DDR. Insoweit ist vor allem darauf hinzuweisen, daß Art. 2 des Transitabkommens festlegt, daß im Transitverkehr die allgemein üblichen Vorschriften der DDR bezüglich der öffentlichen Ordnung gelten. Ausdrücklich werden in Art. 16 des Abkommens die während der Benutzung der Transitwege rechtswidrig und schuldhaft begangenen Straftaten als Mißbrauch gekennzeichnet. Das gilt entsprechend Art. 16 Abs. 1 auch für Personen, die an diesen Mißbrauchshandlungen als Mittäter, Anstifter oder Gehilfe teilnehmen. Die Entscheidung des Bundesgerichtshofes steht somit im offenen Widerspruch zu der von der Regierung der BRD u. a. in Art. 17 des Abkommens übernommenen Verpflichtung, die erforderlichen Maßnahmen insbesondere zur Verhinderung des Mißbrauchs der Transitwege zu treffen, und kann diese Verpflichtung in keiner Weise beeinträchtigen. Die festgestellte Praxis dieser Banden, die vorteilhaften Regelungen des Transitabkommens und das großzügige Kontroll- und Abfertigungsverfahren für ihre Verbrechen auszunutzen, erfordert, daß die zuständigen Organe der DDR alle notwendigen Maßnahmen zur Unterbindung ihrer verbrecherischen Aktivitäten treffen.

[...]

(Archiv der Gegenwart, 18. 3. 1979, S. 22458)

[159] DDR-Verkehrsminister Schmieder zur Erhöhung des Mindestumtauschsatzes von 13,– auf 25,– DM pro Tag (9. 10. 1980, Auszug)

Von einem Eingriff in den Besucher- und Reiseverkehr kann überhaupt keine Rede sein, denn die Festlegung des verbindlichen Mindestumtausches von Zahlungsmitteln berührt die Bestimmungen über den Reiseverkehr zwischen der BRD bzw. West-Berlin und der DDR einschließlich ihrer Hauptstadt überhaupt nicht. Das einzige, was die Neufestlegung mit berührt, ist die Eindäm-

mung der Spekulation mit der Mark der DDR in West-Berlin. Schließlich ist es nicht normal, daß man in West-Berlin für 1,– DM der BRD 5,– Mark der DDR illegal tauscht. Es kann ja nicht so sein, daß Bürger aus der BRD oder West-Berlin für 1,– DM zu diesem Schwindelkurs in einem Restaurant der DDR ein gutes Mittagessen bekommen, während sie dafür in der BRD oder West-Berlin mindestens 16,– DM bezahlen müssen. Hinzugefügt werden muß, daß allen bekannt ist, daß die Mark der DDR in das Ausland nicht ausgeführt werden darf, wie das im Devisengesetz der DDR eindeutig festgelegt ist. Ich kann mir nicht vorstellen, daß notwendige finanzielle Maßnahmen, die nur die DDR etwas angehen, die Beziehungen zwischen der DDR und der BRD bzw. West-Berlin belasten können. Dies würde jedem Sinn für Realität widersprechen.
(Archiv der Gegenwart, 9.10.1980, S. 23936)

[160] Bundeskanzler Schmidt über die deutsch-deutschen Beziehungen (Regierungserklärung vom 24.11.1980; Auszug)

Meine Damen und Herren, als die sozialliberale Koalition vor elf Jahren ihre *Politik eines vertraglich geregelten Nebeneinanders der beiden deutschen Staaten* einleitete, konnte niemand darüber im Zweifel sein, daß uns auf diesem Wege Schwierigkeiten, Belastungen und Rückschläge nicht erspart bleiben würden. Die Bundesregierung hat sich davon zu keiner Zeit beirren lassen. Auch in schwierigen Zeiten haben wir zäh und beharrlich an unseren Zielen festgehalten.

Unser langfristig angelegtes *Bemühen um eine Verbesserung der Lage der Deutschen,* die unter der Teilung leiden, hat vieles bewegt: Millionen von Menschen sind gereist, Verwandte telefonieren miteinander, Familien sind wieder zusammengekommen. Es werden Straßen gebaut nach Berlin. Der Handel hat sich kräftig entwickelt, um einiges zu nennen. Insgesamt haben wir verhindern können, daß die Deutschen sich auseinanderleben.

(Beifall bei der SPD und der FDP)

Diese Politik ist und sie bleibt eingebettet in die allgemeine *Politik des Ausgleichs zwischen West und Ost.* Wir bedauern, daß die DDR wenige Wochen vor dem Madrider KSZE-Folgetreffen durch Maßnahmen, z. B. die *Erhöhung der Mindestumtauschsätze,* in den Bestand dessen eingegriffen hat, was an Verbesserungen für die Menschen erreicht war. Dies ist ein schwerer Rückschlag für alle Deutschen.

(Beifall bei der SPD und der FDP und der CDU/CSU)

Die Bundesregierung wird sich damit nicht abfinden. Sie wird an ihrem Ziel festhalten, die Lage der Deutschen durch Verbesserung unserer Beziehungen zur DDR zu erleichtern. In Wahrheit gibt es keinen anderen Weg. Wir bieten auch für die Zukunft *Zusammenarbeit und Ausbau der Beziehungen mit der DDR* an. Wir denken nicht daran, Abgrenzungsakte unsererseits mit Abgrenzungsakten zu beantworten; denn dies würde die Gräben zwischen Deutschen und Deutschen nur noch vertiefen.

(Beifall bei der SPD und der FDP)

Wir setzen den Willen zur Zusammenarbeit gegen Abgrenzung. Ich appelliere an alle Deutschen, die Ausdauer und die Geduld aufzubringen, die wir brauchen, um die gegenwärtig besonders schwierige Wegstrecke zu überwinden.

Beide deutsche Staaten haben *gemeinsame Verantwortung und gemeinsame Aufgaben.* Ihnen kann sich auch die Führung der DDR nicht entziehen. Der Staatsratsvorsitzende Erich Honecker und ich, wir konnten für alle Deutschen sprechen, als wir sagten, daß von deutschem Boden nie wieder ein Krieg ausgehen darf. Die *Normalisierung der Zusammenarbeit* und die *aktive Friedenssicherung* in Europa muß die beiden deutschen Staaten einschließen.

(Beifall bei der SPD und der FDP)

Wir kennen die Grundunterschiede in der politischen Zielsetzung der beiden Staaten. Wir wollen auf einen Frieden in Europa hinarbeiten, in dem das deutsche Volk frei über sich selbst bestimmen kann. Die DDR-Führung setzt ein anderes Ziel. Wir wollen das *Bewußtsein von der Einheit der deutschen Nation* wachhalten. Die DDR-Führung will das nicht.

Wir wissen, daß die bestehenden politischen und ideologischen Gegensätze durch praktische Zusammenarbeit nicht überwunden werden können. Sie dürfen auch gar nicht verwischt werden. Diese Gegensätze führen zwangsläufig zu *unterschiedlichen Rechtsauffassungen* in grundsätzlichen Fragen, die – wie schon bei Abschluß des Grundlagenvertrages – auch heute nicht gelöst werden können. Wir können uns auch nicht mit Minen und Selbstschußanlagen an der Grenze abfinden.

(Beifall bei der SPD und der FDP)

Aber die wesentlichen Fortschritte in den vergangenen Jahren haben auch gezeigt, daß diese Gegensätze einer *praktischen Zusammenarbeit* zum Vorteil beider Seiten nicht im Wege stehen müssen. Ich begrüße, daß der *innerdeutsche Handel* in den letzten vier Jahren um 50 Prozent auf rund 11 Milliarden DM im Jahr 1980 gestiegen ist. Der kontinuierliche Ausbau der Wirtschafts- und Verkehrsbeziehungen, den wir wünschen, muß natürlich mit der Entwicklung der Gesamtbeziehungen im Einklang bleiben.

Wir sind für eine Intensivierung der *kulturellen Beziehungen zur DDR.* Deren Führung sollte erkennen, daß sie nicht nur uns, sondern auch sich selbst schadet, wenn sie ihren Künstlern verwehrt, zu Gastspielen zu uns zu kommen.

Aus ersten Gesprächen über einzelne *Umweltfragen* müssen sich praktische Verhandlungen entwickeln.

Die *Arbeit unserer Journalisten in der DDR* ist abermals Beschränkungen unterworfen. Ich bedauere solche Rückfälle. Sachliche Berichterstattung aus der DDR liegt im Interesse beider Seiten. Voraussetzung dafür ist, daß die Arbeitsmöglichkciten unserer Journalisten nicht eingeschränkt, sondern vielmehr verbessert werden.

Die Bundesregierung ist auch in Zukunft hier im Bundestag und in seinen Ausschüssen an der sorgfältigen Erörterung ihrer Deutschlandpolitik interessiert. Sie ist darauf eingestellt, Anregungen aufzunehmen. Über die Grundrichtung ihrer Deutschlandpolitik kann es dabei keinen Zweifel geben.

Meine Damen und Herren, wir alle denken an das Schicksal aller Deutschen.

Abb. 12: Deutsch-deutsche Beziehungen im Schatten der internationalen Konflikte. Der Bundeskanzler besuchte die DDR vom 11. bis 13.12.1981. Erich Honecker und Helmut Schmidt vor dem Gästehaus am Döllnsee.

Und wir nehmen Anteil an dem, was die Deutschen in der DDR denken. Wir wollen die DDR nicht bevormunden.

Nach wie vor streben wir das *Gespräch mit der Führung der Deutschen Demokratischen Republik* an. Angesichts der jetzt entstandenen Lage werden wir dabei den *Gesamtzusammenhang unserer Beziehungen* zu berücksichtigen haben.

Der Stadt *Berlin* und ihren Bürgern gilt unser politisches, unser menschliches und wirtschaftliches Engagement. Dank der Anstrengungen des Senats, der Unternehmer, der Arbeitnehmer, auch des Bundestages und der Bundesregierung, hat Berlin vollen Anschluß an unsere wirtschaftliche Entwicklung gewonnen. In Berlin ist die Besinnung auf die eigene Leistungskraft gegenüber dem Ruf nach Hilfe von außen deutlich in den Vordergrund getreten; der letzte Wirtschaftsbericht des Senats gibt davon Zeugnis.
Mir imponieren die Kraft und die Vielfalt des *geistigen Lebens der Stadt,* ihrer Theater, ihrer Konzerte, auch ihrer Literatur und ihrer Museen.
Wir werden für Berlin weiter mit den Drei Mächten zusammenarbeiten, die auf der Basis ihrer Rechte und Verantwortlichkeiten die Sicherheit, die Freiheit der Stadt verbürgen. Die Bundesregierung geht davon aus, daß das Viermächteabkommen strikt eingehalten, voll angewandt wird. Dies liegt im Interesse aller Beteiligten – besonders dann, wenn die weltpolitische Lage schwierig ist.
(Beifall bei der SPD und der FDP)
Die Förderung des *Zonenrandgebiets* wollen wir ebenso fortsetzen.
Die *Ostpolitik der sozialliberalen Koalition* ist zu einem wesentlichen Element der West/Ost-Beziehungen in Europa insgesamt geworden. Wir wollen den Rahmen der Verträge und Abreden nicht nur ausfüllen, sondern ihn auch weiter entfalten.
Die Bereitschaft zu einer langfristig angelegten Zusammenarbeit kennzeichnet unser Verhältnis zur *Sowjetunion*. Ich erinnere an die Erklärungen anläßlich meiner Begegnungen mit Generalsekretär Breschnew hier in Bonn vor zwei Jahren und in Moskau in diesem Sommer. In diesen Erklärungen kommt auch das Interesse der Sowjetunion an einer Zusammenarbeit der beiden deutschen Staaten zum Ausdruck. Die Bundesregierung will – gerade in schwierigen Zeiten – den Gesprächsfaden mit der Sowjetunion nicht abreißen lassen.
Wir stellen aber auch fest, »daß durch die Ereignisse in Afghanistan die Entspannung schwieriger und unsicherer geworden ist«. Dies waren die Worte der deutsch-französischen Erklärung vom Februar dieses Frühjahrs. Dort steht auch – ich zitiere –, »daß die Entspannung einem neuen Schlag gleicher Art nicht standhalten würde«. Deshalb verurteilen wir mit der überwältigenden Mehrheit der Staatengemeinschaft die anhaltende *bewaffnete Intervention der Sowjetunion in Afghanistan* und fordern den vollständigen, den bedingungslosen Abzug ausländischer Truppen aus Afghanistan.
(Beifall bei der SPD und der FDP und bei Abgeordneten der CDU/CSU)
Auf der Grundlage unserer Verträge wollen wir den Weg der Zusammenarbeit mit Polen weitergehen. Wie bisher sollten sich dabei die humanitären Fragen lösen lassen. Wir verfolgen die Entwicklung in Polen mit Aufmerksamkeit und Anteilnahme. Wir mischen uns nicht ein. Aber wenn wir uns bemühen, der polnischen Führung auf ihren Wunsch hin bei Überwindung ihrer gegenwärtigen wirtschaftlichen und finanziellen Krise Hilfe zu leisten, so lassen wir uns das von niemandem als Einmischung vorwerfen. [. . .]
(Verhandlungen des Deutschen Bundestages, IX, 24.11.1980)

19. Kapitel
Die »Wende«

Die »Wende« ausreichend zu kommentieren und zu dokumentieren, ist es noch zu früh, weil die Perspektiven sich gerade erst zu klären beginnen. Der Begriff der »Wende« tauchte in der Koalition von SPD und FDP seit 1976 unter dem Eindruck wachsender ökonomischer Probleme auf. Bundespräsident Scheel sprach in einem Fernsehinterview am 5. März 1976[32] über seine Funktion bei der Regierungsbildung und über die Rolle von Koalitionen. Er wandte sich gegen die Theorie von historischen Bündnisgemeinschaften, insbesondere wenn Gemeinsamkeiten verbraucht seien. Die Vorstellung eines historischen Bündnisses von liberalem Bürgertum und Sozialdemokratie hatte 1969 eine Rolle im Selbstverständnis der Koalition gespielt. Verbraucht waren insbesondere Gemeinsamkeiten in der Finanz- und Wirtschaftspolitik. Während die Sozialdemokraten versuchten, an einer überwiegend nachfrageorientierten Politik festzuhalten, was notwendigerweise die möglichen Sparmaßnahmen begrenzte, trat Wirtschaftsminister Lambsdorff für mehr Investitionsanreize, geringere steuerliche Belastungen und geringere staatliche Kreditaufnahme ein und verfolgte damit stärker die monetaristische Linie des Sachverständigenrates (vgl. 16. Kapitel). Möglicherweise wäre die Koalition schon bei der Bundestagswahl von 1980 zerbrochen, wenn nicht Strauß der Kanzlerkandidat der Opposition gewesen wäre. Im August 1981 benutzte Genscher den Begriff der »Wende« mehr pragmatisch, bezogen auf die veränderten wirtschaftlichen Rahmenbedingungen, während Strauß von der notwendigen »geistig-moralischen Wende« redete. Bei so vielfältigen Wenden war zu erwarten, daß die Koalition nicht bis 1984 halten würde.

Zu den wirtschaftlichen Schwierigkeiten, die die SPD zur Zurücknahme von Reformen zwangen (Arbeitslosenversicherung, Mietrecht), kam die Auseinandersetzung innerhalb der SPD um den NATO-Doppelbeschlüß. Die Uneinigkeit innerhalb der SPD – bei einer so einschneidenden Entscheidung eigentlich normal – fand in der Öffentlichkeit wenig Verständnis: die Anhänger der Nachrüstung waren enttäuscht, die Anhänger der Friedensbewegung, soweit sie SPD-Mitglieder und -Wähler waren, zogen sich zurück. Eine Bestätigung des Doppelbeschlusses nach einer Rücktrittsdrohung von Bundeskanzler Schmidt konnte an der tatsächlichen Uneinigkeit nichts ändern.

Den Ausschlag in dieser Situation gab das sogenannte Lambsdorff-Papier vom September 1982, das vom Bundeskanzler angefordert worden war und das die Grundlage der neuen Wirtschaftspolitik enthielt. Die wichtigsten Positionen des umfangreichen Papiers sind auch in Lambsdorffs Aufsatz in der *Zeit* vom Dezember 1982 enthalten (Dok. 165). Den Prozeß der Entscheidungen aus der Sicht der Sozialliberalen in der FDP beschreibt Verheugen, ehemaliger Generalsekretär der Partei (Dok. 161). Als Ergänzung könnten die im *Spiegel* veröffentlichten Tagebucheintragungen von Bölling dienen, die aber stellenweise eher polemisch abgefaßt sind.

Schmidts Erklärung vom 17.9.1982 (Dok. 162) zeichnet die Stimmungslage in der Koalition nach und beendet den »Zustand der Unsicherheit«. Der von Schmidt und auch Politikern der CDU/CSU gemachte Vorschlag, auf dem schnellsten Wege Neuwahlen herbeizuführen, konnte nicht im Interesse des Oppositionsführers Kohl und auch nicht der zur »Wende« bereiten FDP-Abgeordneten liegen: die Wahlen hätten eine Niederlage gebracht. So wurde der Weg über das konstruktive Mißtrauensvotum begangen. Den damit innerhalb der FDP ausgelösten Prozeß beschreibt Verheugen (Dok. 161). Schmidt griff am 1.10.1982 in der Bundestagsdebatte über das Mißtrauensvotum den in den Fraktionen und in der Öffentlichkeit unterschiedlich beurteilten Weg der Bildung der neuen Regierung auf, bei dem die FDP die im Wahlkampf 1980 gegen die CDU/CSU gewonnenen Stimmen in die Koalition mit der CDU/CSU einbrachte. Die verfassungsrechtliche Möglichkeit war dabei unbestritten. Die wurde erst fraglich bei dem Bemühen der neuen Regierung, die für den März 1983 angekündigten Neuwahlen herbeizuführen. Die versprochenen Wahlen am 6. März 1983 wurden erreicht durch die Auflösung des Bundestages aufgrund der von Bundeskanzler Kohl gestellten Vertrauensfrage. Trotz gerade erwiesener Haushaltsmehrheit wurde dem Bundeskanzler das Vertrauen nicht ausgesprochen und der Bundestag aufgelöst. Bundespräsident Carstens gab eine Erklärung zu dem schwierigen Verfahren ab (Dok. 166), das Bundesverfassungsgericht erklärte das Verfahren für nicht verfassungswidrig, und ernstzunehmende Zeitungen witzelten über die Situation wegen des vorhandenen und doch nicht vorhandenen Vertrauens.

Am 1.10.1982 verabschiedete sich Mischnick für die FDP aus der alten Koalition, und R. Barzel stellte den Antrag, der Bundestag möge Bundeskanzler Schmidt das Mißtrauen aussprechen und als seinen Nachfolger Dr. Helmut Kohl zum Bundeskanzler wählen. In der Begründung des Antrags wird das Verfahren der neuen Regierungsbildung verteidigt. Der SPD wird geraten, nicht eine »schwammige Bewegung« zu werden, nachdem sie ein »blühendes Gemeinwesen« in ein »krisengeschütteltes Land« verwandelt habe. Das »Signal der Wende« wird gegeben. Worauf sich die »Wende« bezieht, wird nur an zwei Aussagen klar: Verläßlichkeit gegenüber den USA und dem Bündnis ist wieder herzustellen, und gegenüber

dem Osten darf keine Politik »Kasse gegen Hoffnung gemacht (werden) statt Leistung und Gegenleistung« (Dok. 164).
Fragt man sich nun nach den Wahlen vom 6. März 1983 (Dok. 167), was die »Wende« inhaltlich bedeutet, so ist die Antwort vorläufig noch verschwommen. Eine Klimaveränderung, die im Sinn der geistig-moralischen Wende gewollt war, ist eindeutig. Erinnert sei an die Aufwertung tradierter Prinzipien wie Leistung, Effizienz, Ordnung und die zunehmende Ausgrenzung derer, die aus unterschiedlichen Gründen diesen Prinzipien nicht oder nur begrenzt entsprechen können wie Arbeitslose, Asylanten, Ausländer. Gewerkschaftsstreiks für die Verkürzung der Wochenarbeitszeit werden in offiziellen und offiziösen Kommentaren zu Streiks derer, die immer mehr haben und immer weniger leisten wollen. Von den Problemen arbeitsloser Frauen ist die Rede, aber geplant wird an der Restaurierung des § 218 und der Einschränkung der Beratungsstellen »pro familia«. Im Zuge der formellen Aufwertung nationaler Tugenden werden Nationalismus und Deutschtümelei, die latent immer vorhanden waren, lauter – eine ungewollte Begleiterscheinung der Wende. Die neue Wirtschaftspolitik hat zu drastischen Einsparungen im Sozialbereich geführt (geänderte Kriterien für die Zahlung von Sozialhilfe), die über Anfänge in der sozialliberalen Koalition weit hinausgehen und in der Einschätzung von Kritikern die Grenze des Sozialstaatsprinzips berühren. Die Veränderungen gehen aber über die kostenwirksamen Gesetze hinaus. Die nun doch geplante und im Kabinett schon beschlossene Änderung des Demonstrationsstrafrechts im Sinn der Fassung von vor 1969, die angekündigten Veränderungen im Familienrecht, der Abbau von Jugendschutzbestimmungen mit der Begründung, mehr Ausbildungsplätze schaffen zu können, deuten auf die »Wende« in der Sozial-, Innen- und Rechtspolitik, die vor den Wahlen gefordert worden war. Welche Auswirkungen für den organisierten Liberalismus, der diese Politik mitträgt, davon ausgehen, ist abzuwarten.
In der Außenpolitik sind die Beziehungen zur amerikanischen Regierung nahezu bruchlos, der Streit um den europäischen Osthandel (Erdgas und Röhren) wurde beigelegt, und die Kontinuität der wirtschaftlichen Interessen im Rahmen der Ost/West-Beziehungen macht sich bemerkbar. Die waren früher so wenig wie heute »Kasse gegen Hoffnung«.

Dokumente zum 19. Kapitel

[161] »Genschers verhängnisvolle Einschätzungen«
(Der frühere FDP-Generalsekretär Günter Verheugen über die Rolle des FDP-Vorsitzenden beim Koalitionswechsel; März 1983, Auszug)

[...] In der Koalitionsfrage hatte sich Lambsdorff früh entschieden. Als er nach dem Sommertheater 1981 von der großen Auslandsreise in exotische Gefilde, die er jeden Sommer unternimmt, zurückkehrte, fragte er mich, das einzige in Bonn gebliebene Präsidiumsmitglied, nach meiner Einschätzung der Lage. Er kam schnell zum Punkt und fragte, ob wir, das hieß Genscher und ich, denn glaubten, daß die notwendigen Entscheidungen mit der SPD getroffen werden könnten. Er glaubte das nicht. Auch für ihn sei der Koalitionswechsel problematisch. Er schätze den Bundeskanzler persönlich und politisch sehr, und er werde sich ja auch in einer anderen Koalition nicht so profilieren können wie jetzt. (Da irrte er sich, aber er ging davon aus, daß der Bundeskanzler einer CDU-FDP-Koalition keinesfalls Kohl heißen werde. Das konnte er sich, wie viele andere, schlechterdings nicht vorstellen.)
Lambsdorff wollte von mir wissen, wie geschlossen die Partei einen Wechsel mitmachen wolle. Ich faßte meine Einschätzung so zusammen:
– wenn die Parteiführung den Bruch der Koalition provoziert, zerbricht die Partei;

Abb. 13 (folgende Seiten): Ausdruck der »Wende« in der Innenpolitik? Eine Bürgerinformation des Bundesministers des Innern, die als Beilage zur Wochenzeitung »Das Parlament« am 8. und 15. 10. 1983 verteilt wurde.
* Aktionsgemeinschaft Dienst für den Frieden, Aktion Sühnezeichen/Friedensdienste, Bundesverband Bürgerinitiativen Umweltschutz, Deutsche Friedens-Gesellschaft – Vereinigte Kriegsdienstgegner, Bundeskonferenz Frieden, Bundeskongreß autonomer Friedensinitiativen, Demokratische Fraueninitiative, Komitee für Frieden, Abrüstung und Zusammenarbeit, Sozialistische Deutsche Arbeiterjugend, Frauen in der Bundeswehr – Wir sagen Nein!, Liberale Demokraten, Die Grünen, Komitee für Grundrechte und Demokratie, Jungsozialisten, Jungdemokraten, Föderation gewaltfreier Aktionsgruppen, Vereinigte Deutsche Studentenschaften, Demokratische Sozialisten, Konferenz der Landesschülervertretungen, DGB-Jugend, Gustav-Heinemann-Initiative, Initiative für Frieden, Abrüstung und Sicherheit

Kommunistische Einflußnahme auf die Protestbewegung

„Der NATO-Raketenbeschluß muß fallen!"

Unter dieser Parole forcieren kommunistische Parteien unter sowjetischer Führung ihre Kampagne gegen die Verteidigungsanstrengungen des Westens: Den NATO-Doppelbeschluß vom Dezember 1979, der – angesichts der Bedrohung durch sowjetische SS 20-Raketen – Verhandlungen über eine Begrenzung der Raketenrüstung anbietet und für den Fall ihrer Erfolglosigkeit eigene Rüstungsmaßnahmen vorsieht.

Das Ziel: Die verschiedenartigen westlichen Protestbewegungen sollen mit Hilfe sowjetisch gesteuerter internationaler „Frontorganisationen" und nationaler kommunistisch beeinflußter Vereinigungen einseitig auf den Kampf gegen die NATO-Nachrüstung festgelegt werden.

„Zu jeder Zeit und an jedem Ort besser auf den bewaffneten Kampf vorbereitet ... sein als der imperialistische Gegner!" (DDR-Minister Armeegeneral Heinz Hoffmann)

Die moskautreuen Kommunisten verhehlen nicht, daß sie ihren „Friedenskampf" als Teil einer weltrevolutionären Strategie betrachten, die gekrönt werden soll mit dem „TRIUMPH DER KOMMUNISTISCHEN IDEALE AUF DEM GANZEN ERDBALL". (aus „Probleme des Friedens und des Sozialismus")

Das Rüstzeug: „... sowjetische Streitkräfte, die die Kunst der Führung nicht nur defensiver, sondern auch moderner offensiver Operationen zu Land, zur Luft und zur See in vollem Umfang beherrschen ... Das Auflassen der modernen interkontinentalen ballistischen Raketen ist automatisiert" (Nikolai Ogarkow, Generalstabschef der sowjetischen Streitkräfte)

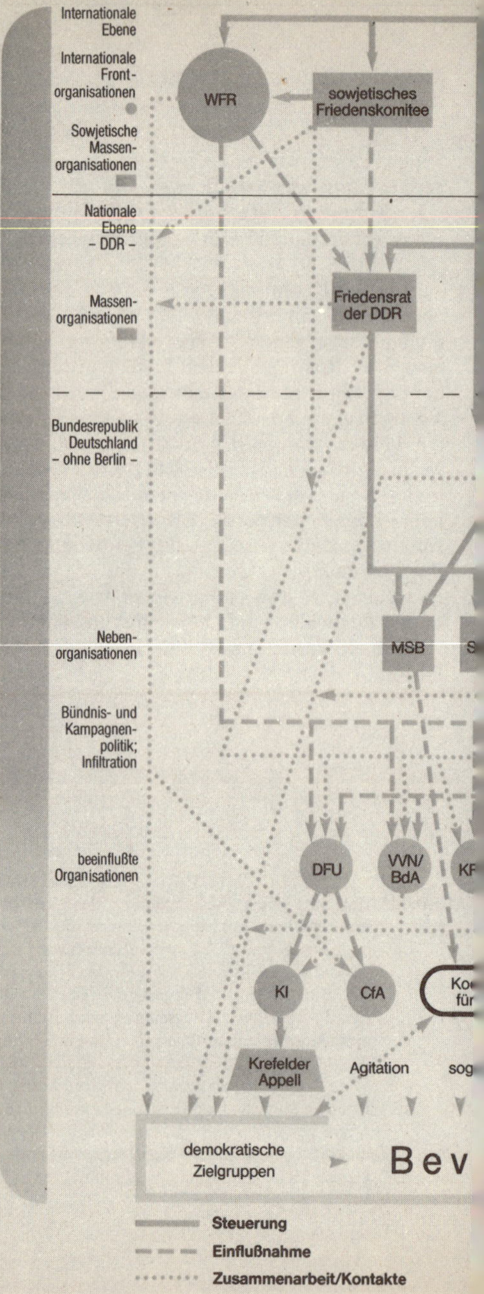

eitrag zum „Triumph des Sozialismus im Weltmaßstab"*

*KPdSU-Programm

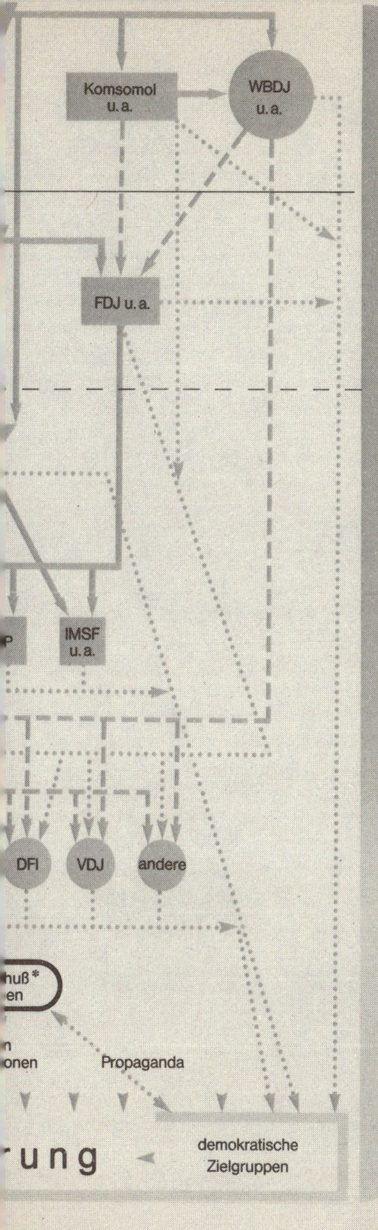

KPdSU	**Kommunistische Partei der Sowjetunion**
sowjetisches Friedens-komitee	**Sowjetisches Komitee zum Schutze des Friedens** Massenorganisation zur Mobilisierung der sowjetischen Bevölkerung für die „Friedenspolitik der Sowjetunion"; Mitglied des WFR
Komsomol	Leninscher Kommunistischer Jugendverband der Sowjetunion
Front-organisation	Tarnorganisation, die unter dem Vorwand der Verfolgung politischer Ideale die Verwirklichung der „Sozialistischen Demokratie" im Weltmaßstab anstrebt; operative Leitstelle ist die Internationale Abteilung des Zentralkomitees der KPdSU
WFR	**Weltfriedensrat** Bedeutendste und aktivste vom Zentralkomitee der KPdSU gesteuerte Frontorganisation
WBDJ	**Weltbund der Demokratischen Jugend**
SED	**Sozialistische Einheitspartei Deutschlands der DDR**
Friedensrat der DDR	Massenorganisation, die nach eigener Aussage „den mit der Friedenspolitik des sowjetischen Staates übereinstimmenden Friedenswillen der Bevölkerung der DDR verkörpert"; Mitglied des WFR
FDJ	**Freie Deutsche Jugend** Sozialistische Jugendorganisation der DDR („Kampfreserve der SED")
DKP	**Deutsche Kommunistische Partei** Vertritt den orthodoxen, d.h. sowjetisch orientierten Kommunismus in der Bundesrepublik Deutschland
Neben-organisationen	Formell selbständige Verbände, die sich der führenden Rolle der DKP unterordnen
MSB	**Marxistischer Studentenverband Spartakus**
SDAJ	**Sozialistische Deutsche Arbeiterjugend**
JP	**Junge Pioniere** – Sozialistische Kinderorganisation
IMSF	**Institut für Marxistische Studien und Forschungen e.V.**
beeinflußte Organisationen	Netz von etwa 50 überregional tätigen Organisationen, die sich nach außen hin meist unabhängig und demokratisch darstellen, tatsächlich aber von der DKP erheblich beeinflußt werden
DFU	**Deutsche Friedens-Union** Tragende Rolle in der kommunistischen Bündnispolitik, insbesondere im „Friedenskampf". Maßgeblicher Einfluß auf die Initiativen „Weg mit den Berufsverboten!" „Christen für die Abrüstung" und „Krefelder Appell", jeweils in enger Abstimmung mit der DKP
VVN-BdA	**Vereinigung der Verfolgten des Naziregimes – Bund der Antifaschisten** Engagiert im „Friedenskampf" („Krefelder Appell"). Mitglieder müssen „entschieden jeglichem Antikommunismus und Antisowjetismus entgegentreten"
KFAZ	**Komitee für Frieden, Abrüstung und Zusammenarbeit** Mobilisierung von Nichtkommunisten für Zusammenarbeit mit Kommunisten; Unterstützung der sowjetischen „Friedenspolitik". Vorbereitung von „Friedensaktionen" durch das „Büro", in dem orthodoxe Kommunisten die entscheidenden Funktionen ausüben
DFG-VK	**Deutsche Friedensgesellschaft – Vereinigte Kriegsdienstgegner** Mitgliederstärkste kommunistisch beeinflußte Organisation. DKP – Mitglieder im Bundesvorstand. Will die „Stationierung strategischer US-Atomraketen in unserem Land" verhindern
DFI	**Demokratische Fraueninitiative** Maßgebliche Mitarbeit von Kommunistinnen und Funktionärinnen DKP-beeinflußter Organisationen im „Zentralen Arbeitskreis". Aktionsschwerpunkt: „Friedenskampf"
VDJ	**Vereinigung Demokratischer Juristen in der Bundesrepublik Deutschland und Berlin (West) e.V.** Auf Initiative der DKP gegründet. Mitarbeit von Kommunisten im Bundesvorstand. Als „Sektion" der sowjetisch gesteuerten „Internationale Vereinigung Demokratischer Juristen" angeschlossen
CfA	**Christen für die Abrüstung** Initiative zur Förderung des Erfahrungsaustauschs zum Thema „Frieden und Abrüstung" innerhalb der Kirchen mit dem Ziel, als „konkreten ersten Schritt" die geplante Stationierung neuer Atomwaffen in Europa, insbesondere in der Bundesrepublik Deutschland zu verhindern
KI	**Krefelder Initiative** Unterschriftensammlung gegen NATO-Nachrüstung (**„Krefelder Appell"**). Während nach außen die KI als Träger der Kampagne auftritt, ist es tatsächlich die DFU, die die Aktionen organisiert und sich gegen den „Antikommunismus" wendet, der „demokratische Bündnisse" behindere. Betont die „Rolle der Sowjetunion im Kampf um den Frieden"

Wofür steht die DKP?

Die DKP vertritt den orthodoxen, d.h. von der sowjetischen kommunistischen Partei bestimmten Kommunismus in der Bundesrepublik Deutschland. Vorbehaltlos unterwirft sich die DKP der von der KPdSU und SED vorgegebenen ideologischen und politischen Linie.

„Die positive Haltung zur Sowjetunion und zur KPdSU ist das Kriterium für einen wirklichen Kommunisten" (DKP-Vorsitzender Herbert Mies)

Mit der SED weiß sich die DKP „brüderlich verbunden". Den DDR-Sozialismus hält sie für „die größte Errungenschaft der deutschen Arbeiterklasse". Sie bekennt sich zum Marxismus-Leninismus als „Anleitung zum Handeln": Ihre ganze Tätigkeit gründet sich auf die „Theorie von Marx, Engels und Lenin".

Ihre Strategie und Taktik

Die DKP weiß, daß sie den Sozialismus in der Bundesrepublik Deutschland nicht in einem „einzigen revolutionären Akt" errichten kann. Daher kämpft sie vorerst für eine „Wende zu demokratischem und sozialem Fortschritt", die das Kräfteverhältnis zugunsten der „Arbeiterklasse und der anderen demokratischen Kräfte" verändern und in die nächste Etappe, eine „antimonopolistische Demokratie", einmünden soll. Diese „antimonopolistische Demokratie" – sie entspricht der Leninschen „revolutionär-demokratischen Diktatur" – soll dann den Weg zum Sozialismus öffnen.

Pazifismus – Nein
„Die Friedenspolitik des Sozialismus und der kommunistischen Bewegung hat nichts mit Pazifismus gemein" (aus: Sozialismus – Kleines Handbuch, Verlag Marxistische Blätter 1980)

Wozu braucht die DKP „Bündnispartner"?

Die DKP stützt sich bei ihrem Bemühen, möglichst viele Bürger für kommunistische Nahziele zu mobilisieren, auf ein Netz von etwa 50 überregional tätigen Organisationen, die sich nach außen hin meist unabhängig und demokratisch darstellen, tatsächlich aber erheblich von der DKP beeinflußt werden; sie werden im Sprachgebrauch der Partei als „Bündnis"- oder „Massenorganisationen" bezeichnet. Die Mehrheit der Mitglieder, häufig auch der Vorstände, gehört nicht der DKP an. Jedoch liegen entscheidende Funktionen, vor allem im organisatorischen Bereich („Sekretariat"), in den Händen kommunistischer und prokommunistischer Funktionäre, die mitunter aus Tarnungsgründen der Partei nicht offiziell beitreten („verdeckte Mitgliedschaft").

Bei ihrer Bündnispolitik, einem „fundamentalen Bestandteil der Strategie der revolutionären Arbeiterbewegung", ist die DKP gezwungen, aus taktischen Gründen auf Vorstellungen potentieller Bündnispartner einzugehen. Deshalb formuliert sie „demokratische" Forderungen, von denen sie annimmt, sie würden von den Zielgruppen akzeptiert und – das ist die entscheidende Bedingung – ihre Durchsetzung verbessere die kommunistischen Positionen. Dabei kommen der DKP zahlreiche nichtextremistische Gruppen entgegen, die sich dem Grundsatz der kommunistischen Bündnisstrategie „Gemeinsames betonen, Trennendes zurückstellen" anschließen, strittige Fragen (z.B. Haltung zum Kriegsrecht in Polen, zur sowjetischen Invasion in Afghanistan und zur sowjetischen Hochrüstung) „ausklammern" und sich auf den „Minimalkonsens" der Verhinderung der NATO-Nachrüstung konzentrieren.

Militärkult im Realsozialismus
„Aufgabe der Jugend ist es, wehrpolitische Bildung, vormilitärische Kenntnisse und Fertigkeiten zu erwerben sowie in der Nationalen Volksarmee und den anderen Organen der Landesverteidigung zu dienen" (§24 des DDR-Jugendgesetzes)

Orthodoxe Kommunisten bilden in der vielschichtigen Protestbewegung zahlenmäßig nur eine Minderheit. Da sie jedoch über klare Zielvorstellungen, eine geschlossene Organisation mit verbindlicher Parteidisziplin, ein weites Netz von Vorfeldorganisationen und ausreichende finanzielle Mittel sowie ein erprobtes Kampagnenmanagement verfügen, ging ihr Einfluß erheblich über ihren zahlenmäßigen Anteil hinaus. Selbstbewußt stellt die DKP fest: „Jeder, der die Realität des außerparlamentarischen Kampfes kennt, weiß, was es bedeutet, wenn das Engagement, die Disziplin und die Organisationskraft von nahezu 50000 Kommunisten zum Tragen kommt".

Pazifismus – Nein
Ausnutzung des Pazifismus – Ja!
„Den Pazifismus haben Sie ebenso wie ich als Programm der revolutionären proletarischen Partei bekämpft. Das ist klar. Aber von wem, wo und wann wurde die Ausnutzung der Pazifisten durch diese Partei abgelehnt, wenn es galt, den Feind, die Bourgeoisie zu zersetzen?" (Weisung Lenins an den Volkskommissar des Auswärtigen G. W. Tschitscherin).

Überragendes Thema kommunistischer „Massenarbeit" ist die KAMPAGNE GEGEN DIE NATO-NACHRÜSTUNG. Der DKP-Vorsitzende Herbert Mies erklärte, die Protestbewegung zur Verhinderung der NATO-Nachrüstung sei eines der „Hauptkampffelder", auf denen die DKP „Aktionseinheits- und Bündnispolitik praktizieren" und „Kräfte für die Stärkung der Partei gewinnen" wolle.

▶ Mit Hilfe der von ihr beeinflußten Organisationen gelang es der DKP, bundesweit Koordinierungsausschüsse für örtliche und regionale „Friedensinitiativen" zu schaffen und – zum Teil bestimmenden – Einfluß auf deren Aktionsplanungen zu nehmen.

Beispiel: Der linksextremistische Einfluß auf die „Ostermärsche 1983". Kein Büro für eine „Schwerpunktkundgebung", das nicht in den Bereich der DKP oder ihres Vorfeldes gehörte.

▶ Im Mittelpunkt kommunistischer Friedensaktivitäten steht die Ausweitung des DFU-initiierten „Krefelder Appells" zu einer „Volksabstimmung" und seine Verbindung mit der Kampagne „atomwaffenfreie Regionen". Der DKP liegt vor allem an der Bildung betrieblicher Friedensinitiativen und an einer Zusammenarbeit mit Gewerkschaften, denn für sie gilt es, „durch die Zusammenführung von Arbeiter- und Friedensbewegung dem Kampf gegen die Raketenstationierung die erforderliche Stoßkraft zu entwickeln" (aus: Zweck und Ziel der 6. Parteivorstandstagung).

▶ Neben Demonstrationen und der Unterschriftensammlung zum „Krefelder Appell" propagieren und praktizieren orthodoxe Kommunisten und von ihnen beeinflußte Organisationen zunehmend auch – zum Teil illegale – Formen des „direkten gewaltfreien Widerstandes". Sie haben bereits angedeutet, daß sie das Mittel des „politischen Streiks" selbst gegen höchstrichterliche Entscheidungen einsetzen wollen.

Von Aktivitäten und Zielen der orthodoxen Kommunisten handelt diese Information, nicht von den Beweggründen und Zielen der Menschen in der Friedensbewegung, die sich aus unterschiedlichen Motiven, aber sehr oft als entschiedene Demokraten im Rahmen unserer Rechtsordnung für Abrüstung einsetzen. Kommunisten unternehmen gewaltige Anstrengungen, um Einfluß zu gewinnen. Ihr Erfolg oder Mißerfolg hängt davon ab, mit welcher Entschiedenheit Demokraten sich von Kommunisten – wie vor allen Extremisten – politisch absetzen und sich mit ihren Zielen auseinandersetzen.

Der Bundesminister des Innern
Weitere Informationen: Der Bundesminister des Innern, Postfach 170290, 5300 Bonn 1

Instrumente und Wege kommunistischer Einwirkung

auf die Protestbewegung in der Bundesrepublik Deutschland zur Verhinderung der NATO-Nachrüstung

Bürger-Information

– wenn ein Wechsel aus objektiven Gründen unvermeidlich ist, wird nur der ganz linke Flügel (Jungdemokraten etc.) nicht mitmachen, in der Fraktion werden alle mitmachen bis auf höchstens drei oder vier. [...]

Den Winter 1981/82 verbrachte ich mit einer Art Inspektion der Partei. Ich führte Regionalkonferenzen mit den Funktionären und Mandatsträgern im ganzen Land durch und kam zu folgendem Befund:

1. Die Partei erwartet Klarheit in der Koalitionsfrage. Auch die Gegner der sozialliberalen Koalition halten den gegenwärtigen Schwebezustand für tödlich.
2. Die Partei trägt die Inhalte der »Wende« mit, mißbilligt aber den Gebrauch dieser Politik als taktisches Instrument.
3. Die Partei verlangt wieder klarere Konturen in der Außen- und Sicherheitspolitik. Für den Nachrüstungsteil des Doppelbeschlusses gab es keine Mehrheit. Die Partei wünscht Anschluß an die Friedensbewegung und Wiederaufnahme der sicherheitspolitischen Alternativen der Liberalen aus den sechziger Jahren.
4. Die Partei ist bereit zu einem konsequenten Reformkurs auf dem Feld der Innen-, Rechts- und Umweltpolitik. Sie verlangt, den Grünen nicht nachzulaufen, aber die Ursachen des grünen Protests durch eine ökologisch orientierte Gesamtpolitik zu beseitigen.

Für diese Erkenntnisse interessierte sich in Bonn niemand mehr. Die Führung hatte sich von ihrer Basis abgekoppelt. Das Jahr 1982 begann mit einer rasanten Abfolge von Partei- und Koalitionskrisen. [...]

Wochenlang gingen um diese Zeit Gerüchte über eine Kabinettsumbildung durch Bonn. Aus Agenturmeldungen erfuhr die FDP, daß ihre Minister Ertl und Lambsdorff vom Kanzler ausgewechselt werden sollten. Genscher machte das sofort zur Koalitionsfrage. Den Dementis aus dem Kanzleramt glaubte er nicht. Für Genscher war es eine Sache des Prinzips, daß die verfassungsmäßigen Kompetenzen des Kanzlers ihre Grenze an der Personalhoheit des Koalitionspartners FDP fanden. [...]

Die Wahlen in dieser Zeit – Kommunalwahlen in Schleswig-Holstein und Landtagswahlen in Niedersachsen – brachten das schon vertraute Bild: schwere Verluste der SPD, Grüne stärker als FDP, keine SPD-FDP-Mehrheit möglich. Da die Union in Niedersachsen allein regierte, war dort die Koalitionsfrage nicht so wichtig. Genscher hatte sich in Übereinstimmung mit dem Präsidium für eine CDU-Aussage eingesetzt, aber beim niedersächsischen Landesvorsitzenden Heinrich Jürgens nichts bewirken können – Jürgens konnte seine Abneigung gegen Albrecht nicht überwinden und hielt die Aussage offen. Die FDP kam zwar wieder in den Landtag, aber inzwischen war die Lage da: Die Partei war auch in Bundesumfragen hinter den Grünen auf den vierten Platz abgerutscht.

Die niedersächsische Wahl löste im FDP-Präsidium und in der Fraktion besorgte Diskussionen aus. Das Ende der sozialliberalen Koalition durch Wählerschwund schien für 1984 fest programmiert, selbst die Rückkehr der FDP in den Bundestag war nicht mehr sicher. Die größte Kälte in der Analyse legte Walter Scheel an den Tag. Er erklärte, das Dreiparteiensystem und damit eine

weitere gestaltende Rolle der FDP könnten nur erhalten bleiben, wenn die SPD schnell in die Opposition käme, um die Grünen und Alternativen aufsaugen zu können. Für den daraus zwingend abzuleitenden Schluß gab es aber in keinem Gremium eine offene Zustimmung. Die »Rechten« spielten zwar in ihren Zirkeln schon alle denkbaren Modelle eines Wechsels durch – sie gingen aber immer noch nicht in die Offensive. [...]
Die hessische Koalitionsentscheidung der FDP wurde zur Frage über Weiterbestehen oder Untergang einer ganzen Ära deutscher Politik. Sie fiel ohne Beteiligung des FDP-Bundesvorstandes. Programmiert wurde sie in einer Sitzung der FDP-Präsidien von Bund und Land am Tag der Hamburger Bürgerschaftswahl. Die Hamburger hatten ohne Bonner Einwirkung eine Koalitionsaussage zugunsten der SPD mit einer Eventualaussage zugunsten der CDU gemacht. Erwartungsgemäß gingen sie mit diesem Wahlkampf ein zweites Mal unter. Sie kamen nicht in die Bürgerschaft, die GAL übernahm die frühere FDP-Rolle als dritte, ausschlaggebende Kraft. Dieses Ergebnis war natürlich für die FDP traumatisch. [...]
Die Hessen ließen inzwischen keinen Zweifel mehr daran, daß sie nur noch eine Hoffnung auf Erfolg hätten, wenn vorher in Bonn gewechselt würde. Das allerdings wollte Genscher nicht. Er zielte immer noch darauf ab, erst nach dem Wahlergebnis entscheiden zu müssen. Das erklärt, warum Genscher bis zum Tag vor dem Koalitionsbruch immer noch Treue zur Koalition und Entschiedenheit zum Wechsel zugleich bekundete. Aber Lambsdorff hatte sich inzwischen entschlossen, die Sache zu beschleunigen. Er legte ein wirtschaftspolitisches Programmpapier vor, das praktisch die Rücknahme sämtlicher Reformen der sozialliberalen Koalition verlangte und eine klare Übernahme des neokonservativen amerikanischen Wirtschaftskurses war: Belastung für die kleinen Einkommen, Entlastung für die Reichen.
Vermutlich war dieses Papier ursprünglich als die Vorlage gedacht, mit der die FDP die SPD in der nächsten Haushaltsrunde zum Aufgeben zwingen wollte. Weil aber der Bundeskanzler von Lambsdorff Ende August eine schriftliche Darstellung seiner Konzeption verlangte, kam das Papier auf den Markt, ohne daß der Verfasser die zu diesem Zeitpunkt schwer zu erhaltende Zustimmung der FDP-Gremien gebraucht hätte. Genscher und Mischnick versuchten verzweifelt, Lambsdorff von der Veröffentlichung abzuhalten: Sie sahen die Gefahr, daß die SPD aus diesem Papier eine Waffe gegen die FDP schmieden konnte. [...]
Das letzte Koalitionsgespräch am 14. September im Kanzlerbungalow verlief gespenstisch. Die Runde plauderte über Belanglosigkeiten, ganz am Ende, beiläufig, kam die Rede auf das Lambsdorff-Papier und die Lage der Koalition. Fast freundlich sagte der Kanzler, man möge bitte nicht vergessen, daß er Instrumente habe, auch solche, die nicht in der Verfassung stünden. [...]
Drei Tage später beendete der Kanzler die Koalition. Die Zusammenarbeit mit der FDP sei seiner Partei und ihm nicht länger zuzumuten gewesen, sagte er vor dem Bundestag. In der Nacht zuvor sprudelte Bonn vor Gerüchten. Alle Welt versuchte zu informieren, zu koordinieren, zu raten, zu helfen und zu kitten. Aber das Kanzleramt antwortete nicht mehr. [...]

In der abschließenden Beratung von Bundesvorstand und Bundestagsfraktion am 28. September wurden alle Argumente gegen die neue Koalition vorgetragen, die es gab. Die Experten der Fraktion widerlegten die sachliche Notwendigkeit des Wechsels anhand jedes einzelnen Punktes der Vereinbarungen. Die anderen sprachen dem geplanten konstruktiven Mißtrauensvotum die moralische Legitimation ab: Man dürfe das Wort nicht brechen, dem die Wähler von 1980 vertraut hatten und dem die FDP ihr Wahlergebnis verdankte.
Der Bundesvorstand stimmte dem Ergebnis der Koalitionsverhandlungen mit 18:17 zu. [...]
(*Der Spiegel*, Nr. 9, 1983, S. 44ff.)

[162] Erklärung des Bundeskanzlers Schmidt im Deutschen Bundestag (17. 9. 1982)

Im Bericht zur Lage der Nation am 9. September 1982 habe ich mit großer Sorge zur innenpolitischen Situation in der Bundesrepublik Deutschland gesprochen. Die Lage war – und ist – durch Unsicherheit und Ungewißheit über den Fortbestand der sozial-liberalen Koalition gekennzeichnet.
Seit Kollege Genscher im Sommer 1981 das Wort von der »Wende« geprägt und seitdem viele Male ausgesprochen hat, war zweifelhaft geworden, ob die FDP bis zum Ende der Wahlperiode an der vom Wähler 1980 eindrucksvoll bekräftigten Regierungskoalition mit der SPD festhalten will und wird.
Diese Zweifel hatten sich seit der Koalitionsaussage der hessischen FDP zunehmend verstärkt. Die für diese Zusage zunächst gegebene Begründung, man wolle durch eine Koalition mit der CDU in Hessen die sozial-liberale Koalition in Bonn weiterhin ermöglichen, war zu keiner Zeit glaubhaft. Sie wird auch heute schon längst nicht mehr gebraucht.
Ich habe deswegen den Bericht zur Lage der Nation zum Anlaß genommen, nachdrücklich den Anspruch des Bürgers auf Wahrheit und Klarheit zu unterstreichen. Wahrheit und Klarheit der politischen Willensbildung sind Voraussetzung für eine handlungsfähige Regierung, für die innere und soziale Stabilität, für die wirtschaftspolitische und vor allem für die außenpolitisch notwendige Verläßlichkeit der Regierungspolitik. Die politische und wirtschaftliche Weltkrise verlangt eine voll handlungsfähige Bundesregierung.
Mein Appell und die Debatte über den Bericht zur Lage der Nation haben die notwendige Klärung nicht gebracht. Herr Dr. Kohl hat meine Aufforderung nicht angenommen, die von ihm angestrebte Kanzlerschaft unverzüglich über ein konstruktives Mißtrauensvotum nach Artikel 67 des Grundgesetzes zu erreichen und danach Neuwahlen herbeizuführen.
Aber ebensowenig haben die Kollegen Genscher und Mischnick sich eindeutig und unmißverständlich, ohne Wenn und Aber, für das Festhalten ihrer Partei an der sozial-liberalen Koalition ausgesprochen. Der eine klare Satz hat immer gefehlt – und er fehlte auch in dieser Woche, nämlich: Die FDP steht zur sozial-liberalen Koalition. Mit Recht hat zum Beispiel eine Zeitung am nächsten Tag geschrieben: »Herr Genscher lieferte eine auf charakteristi-

sche Weise zweideutige Rede, die es vermied, seine Partei in der Koalitionsfrage festzulegen.« Seitdem sind Zweifel und Ungewißheit über Wege und Ziele der FDP täglich gewachsen.
Ich bedauere dies außerordentlich. Denn ich bin nach wie vor der Überzeugung, daß es auch heute einen soliden Bestand substantieller politischer Gemeinsamkeit zwischen Sozialdemokraten und Liberalen gibt. Deshalb glaube ich, daß es uns in einer großen gemeinsamen Anstrengung hätte gelingen können – soweit das einem einzelnen, außenwirtschaftlich hoch abhängigen Industriestaat überhaupt gelingen kann – aus den gegenwärtigen Schwierigkeiten herauszukommen. Und zwar ohne die soziale Gerechtigkeit zu verletzen und ohne den sozialen Frieden zu stören.
Voraussetzung dafür wäre ein ehrlicher, vor allem ein uneingeschränkter Wille zur politischen Gemeinsamkeit. Er müßte deutlich stärker sein als die Freude an vielfach wechselnden Taktiken und Interview-Gefechten, je nach tagespolitischer Opportunität, Zusammenarbeit ist nicht möglich bei unausgesprochenen, versteckten Vorbehalten. Die mehrfach wiederholte, öffentlich gebrauchte Redensart von den »neuen Sachfragen, die sich neue Mehrheiten suchen«, hat Anlaß genug gegeben, innere Vorbehalte des Redners, nämlich des Kollegen Genscher, zu erkennen.
Die Bürger, die Medien und die öffentliche Meinung insgesamt haben die von einem Bundesminister mir am 10. September abends vorgelegte Denkschrift nahezu übereinstimmend als Scheidungsbrief, als »Manifest der Sezession« verstanden, d.h.: als Dokument der Trennung. Dieses Verständnis wurde durch die gestrige Erklärung des Bundesministers für Wirtschaft vor dem Bundestag keineswegs aufgehoben. Daß die Denkschrift in Übereinstimmung mit dem vom gleichen Ressortminister zu verantwortenden Jahreswirtschaftsbericht übereinstimmt, kann ich auch nicht anerkennen. Es bleibt auch unverständlich, daß die Denkschrift neuerdings bloß mittelfristig und nicht auch schon für die unmittelbare Zukunft gemeint sein soll. Zu alldem hatte der gleiche Redner noch im Mai vor der Industrie gesagt, ein etwaiger Regierungswechsel in Bonn werde nicht zu großem oder wichtigem Wechsel in der Wirtschaftspolitik führen.
Im übrigen aber hat die öffentliche Meinung die Denkschrift sehr richtig verstanden: Sie will in der Tat eine Wende, eine Abwendung vom demokratischen Sozialstaat im Sinne des Artikel 20 unseres Grundgesetzes und eine Hinwendung zur Ellbogengesellschaft. Die Denkschrift soll offenbar als Wegweiser zu anderen Mehrheiten dienen – jedenfalls wird dieser Eindruck bewußt in Kauf genommen und nicht überzeugend korrigiert.
Der durch das Verhalten einiger FDP-Politiker eingetretene Zustand der Unsicherheit darf nicht fortgesetzt werden. Wenn ganze Landesverbände und viele einzelne Politiker des Koalitionspartners FDP miteinander öffentlich Streit führen über die Frage, ob man der Koalition treu bleiben oder ein konstruktives Mißtrauensvotum wagen solle – und wenn ja: wann? – so hätte die dadurch entstandene große Unsicherheit durch die Parteiführung ausgeräumt werden müssen. Das ist nicht geschehen.
Im Interesse unseres Landes, im Interesse unseres parlamentarisch-demokra-

tischen Regierungssystems und im Interesse des sozialdemokratischen Koalitionspartners kann und will ich nicht länger zusehen, wie die Handlungsfähigkeit und das Ansehen der Bundesregierung ständig beschädigt werden. Es wird mir niemand verdenken, daß ich auch mich selbst nicht demontieren lassen will.
Ich habe letzte Woche die Opposition aufgefordert, einen konstruktiven Mißtrauensantrag einzubringen und damit einen anderen Bundeskanzler zu wählen. Der Oppositionsführer hat darauf geantwortet, man wolle erst die Wahlen zu den Landtagen in Wiesbaden und München abwarten, erst danach werde man weitersehen. Ich habe daraus entnommen, daß Herr Dr. Kohl gegenwärtig noch nicht glaubt, genug Abgeordnete des Deutschen Bundestages hinter sich bringen zu können.
Aus der öffentlich geführten Diskussion von FDP-Politikern ist zu entnehmen, daß diejenigen, die den Bundeskanzler stürzen und durch Herrn Dr. Kohl ersetzen wollen, zunächst die beiden Landtagswahlen abwarten wollen, um damit die Reaktion der Wählerinnen und Wähler auf den für Wiesbaden angekündigten Koalitionswechsel auszuprobieren. Mit anderen Worten: Wenn die FDP in Wiesbaden die 5-Prozent-Schwelle überschreiten sollte, so würde dies einigen Bonner FDP-Politikern genug Mut zum Kanzlersturz einflößen. Wenn umgekehrt die FDP in Wiesbaden unter 5 Prozent bleiben und damit aus dem Landtag ausscheiden sollte, dann wollten dieselben Kollegen vielleicht bereit sein, die sozial-liberale Koalition in Bonn fortzusetzen. Aber 1 Prozent mehr oder 1 Prozent weniger ist keine solide Grundlage für eine Bundesregierung. Zugleich wird für den ersten Fall schon jetzt vorsorglich daran gearbeitet, die Schuld für einen Koalitionsbruch den Sozialdemokraten zuzuweisen.
Ich habe letzte Woche betont, daß – ungeachtet meines nachdrücklichen Hinweises auf die verfassungsrechtliche Möglichkeit eines konstruktiven Mißtrauensvotums – nur Neuwahlen zum Bundestag eine volle demokratische Legitimität für einen anderen Bundeskanzler, für eine andere Bundesregierung und für eine andere Politik schaffen können. Ich wiederhole: der Bürger hat das Recht zu wissen, welche Absichten mit einer »neuen Mehrheit« tatsächlich verfolgt werden, welche Antworten ein anderer Bundeskanzler auf die Lebensfragen der Nation geben will und wie seine Führungsmannschaft aussehen soll. Herr Dr. Kohl hat bisher mit keinem Wort darauf geantwortet. Außer ihm selbst weiß keiner, ob er andere und bessere Lösungen für die uns bedrängenden Probleme bereithält.
Ich habe seit der Kabinettssitzung an diesem Mittwoch mit meinen engsten politischen Freunden die Situation nüchtern geprüft. Wir sind übereinstimmend zu dem Ergebnis gekommen, daß Neuwahlen zum Bundestag in der Tat der beste Weg wären, um aus der gegenwärtigen innenpolitischen Krise herauszuführen. Sie sollten so schnell stattfinden, wie es verfassungsrechtlich möglich ist.
Ich stimme also dem Ministerpräsidenten Stoltenberg zu, ebenso den Ministerpräsidenten Albrecht, Späth und Strauß, ebenso den Kollegen Barzel, Biedenkopf und Geißler. Die CDU- und CSU-Führungspersonen, aber auch

viele andere, haben sich in den letzten Tagen eindeutig für Neuwahlen ausgesprochen. Sie, Herr Dr. Kohl, haben vor einigen Tagen der *Westfälischen Rundschau* in Dortmund gleichfalls gesagt, daß Sie am liebsten Neuwahlen hätten. Allerdings sähen Sie im Augenblick keinen realistischen Weg dorthin. Sie haben jedoch hinzugefügt (und ich zitiere wörtlich:) eine »von der Union geduldete Minderheitsregierung unter Bundeskanzler Helmut Schmidt wäre nur möglich, wenn sie in Absprache mit der Opposition Neuwahlen vorbereitet« und weiter: »Ich sehe noch nicht den Kanzler der SPD, der solche Absprachen trifft.«

Herr Dr. Kohl. Sie irren! Denn ich bin zu solcher Vereinbarung bereit. Aber ich bin sehr gespannt, ob Sie zu Ihrem Wort stehen können.

Ich mache den im Bundestag vertretenen Parteien und ihren Fraktionen den Vorschlag einer Vereinbarung zum Zwecke der unverzüglichen Herbeiführung von Neuwahlen. Das Grundgesetz bietet dafür einen Weg an. Es ist allerdings ein sehr komplizierter Weg. Und er bedarf einer politischen Willensbildung und Übereinstimmung einer Mehrheit des Bundestages. Dieser Weg ist 1972 schon einmal beschritten worden. Er führt über die Vertrauensfrage des Bundeskanzlers gemäß Artikel 68 des Grundgesetzes.

Danach kann der Bundespräsident auf meinen Vorschlag den Bundestag dann auflösen, wenn vorher ein Antrag des Bundeskanzlers, ihm das Vertrauen auszusprechen, nicht die Mehrheit des Bundestages findet. Aber als zweite Bedingung schreibt das Grundgesetz vor, der Bundestag kann nur dann aufgelöst werden, wenn nicht inzwischen durch ein konstruktives Mißtrauensvotum ein anderer Bundeskanzler gewählt wird.

Dieser Weg ist für mich und die mich tragende größere Regierungspartei nicht leicht zu begehen, weil ja in Wirklichkeit volles Vertrauen zwischen dem Bundeskanzler und der sozialdemokratischen Fraktion besteht. Ich bin aber bereit, meine Bedenken zurückzustellen – für meine Parteifreunde wird im Laufe dieser Debatte Willy Brandt sprechen –, um

– erstens: die Vertrauensfrage zu stellen; und

– zweitens: meine Freunde zu bitten, sich bei der Abstimmung der Stimme zu enthalten, damit ich anschließend dem Herrn Bundespräsidenten die Auflösung des Bundestages vorschlagen kann;

– drittens: Dieser Weg setzt voraus, daß er auf der Grundlage einer Vereinbarung einer klaren Mehrheit des Bundestages beschritten wird;

– viertens: Diese Verabredung müßte natürlich einschließen, daß die Opposition von Artikel 68, Absatz 1, Satz 1, keinen Gebrauch macht. Mit anderen Worten: die Verabredung muß einschließen den Verzicht der Opposition auf ein zwischenzeitliches Mißtrauensvotum. Denn damit würden Neuwahlen auf unbestimmte Zeit verschoben – sofern Sie Neuwahlen überhaupt wollen. Tatsächlich würde dann die Neuwahl zum Handelsobjekt bei Ihren bevorstehenden Koalitionsverhandlungen mit der FDP – und vielleicht findet sie überhaupt nicht statt.

Zur Klarstellung: Ich kann Ihnen den Weg über das konstruktive Mißtrauensvotum keineswegs abschneiden, zu dem ich Sie ja letzte Woche aufgefordert hatte – ohne Antwort zu erhalten. In jedem Fall muß der Oppositionsführer

alsbald erklären, wann eigentlich er die Neuwahl will, von der die ganze CDU/CSU redet. Ich bin also bereit, alle Partei- und Fraktionsvorsitzenden des Bundestages für nächste Woche zum gemeinsamen Gespräch für eine solche Vereinbarung einzuladen.
Dabei gehe ich davon aus, daß die Neuwahl zum Bundestag noch in diesem Jahr stattfinden soll. Wie Sie wissen, besteht die grundgesetzliche Vorschrift aus Artikel 39, daß die Neuwahl nicht später als 60 Tage nach Auflösung des Bundestages zu erfolgen hat. Ich denke also an Neuwahl für etwa Ende November oder spätestens Anfang Dezember. Wir sind uns gewiß alle darüber im klaren, daß die Auflösung des Bundestages mitten in der Wahlperiode eine Ausnahme bleiben muß. Deshalb haben die Väter des Grundgesetzes – unter dem Eindruck der negativen Erfahrungen mit häufigeren Reichstagsauflösungen in der Weimarer Republik – die Parlamentsauflösung bewußt erschwert. Das war eine gute und richtige Entscheidung. Sie haben nur den einen, soeben beschriebenen, komplizierten Weg offengelassen.
Weil die Bundesrepublik inzwischen politisch erwachsen geworden ist, weil Weimarer Verhältnisse auch in Zukunft in Bonn nicht zu befürchten sind, deswegen zweifle ich nicht, daß die Wählerinnen und Wähler meinen Vorschlag verstehen werden. Im Gegenteil, ich bin überzeugt: die öffentliche Meinung Deutschlands wird den Vorschlag für unverzügliche Neuwahlen begrüßen.
Meine Freunde und ich, wir sind uns bewußt, daß sich die Sozialdemokratie gegenwärtig in einem handfesten politischen Tief befindet. Wir wissen, daß wir bei Neuwahlen Federn lassen müssen. Angesichts der Weltwirtschaftskrise kann gegenwärtig kaum irgendwo in einem parlamentarisch-demokratischen Staat der Welt eine Regierungspartei zusätzliche Wähler für sich gewinnen. Das wird wohl auch uns so gehen. Aber die SPD ist eine selbstbewußte Partei. Sie kann auch schwere Krisen durchstehen! Das hat sie in weit schwererer Zeit oft genug bewiesen. Wir tragen die Regierungsverantwortung mit innerer Überzeugung, aber wir kleben nicht an unseren Stühlen!
Ich verkenne keineswegs, daß Neuwahlen auch für die FDP schwerwiegende Fragen aufwerfen. Sie wird Mut brauchen, um Neuwahlen zuzustimmen. Denn wenn sie im Wahljahr 1980 mit 10,6 Prozent der Zweitstimmen in den Bundestag eingezogen ist, so ist ein solches Ergebnis gegenwärtig nicht in Aussicht. Aber es wäre nicht in Ordnung, wenn die FDP ihre 1980 mit den Plakattiteln »Schmidt/Genscher« gegen CSU und CDU gewonnenen Mandate jetzt in eine CDU/CSU/FDP-Regierung einbringen wollte. Die kritische Lage der FDP ist von einigen ihrer Führungspersonen selbst verursacht worden. Ich kann Ihnen die Feststellung nicht ersparen, daß Sie demnächst aus vorangegangenem Tun haften müssen. Ich hoffe, daß Sie gute Schuldner sein werden.
Ich will in diesem Zusammenhang meinen Stolz auf das in der sozial-liberalen Koalition Geleistete noch einmal hervorheben. Das gilt für die Aufarbeitung des Reform-Defizits, das wir 1969 vorgefunden haben, das gilt für den Ausbau des Sozialstaates, das gilt ebenso für unsere Friedenspolitik im Verein mit unseren Bündnispartnern, aber auch gegenüber den Nachbarn im Osten.

Ich gehöre zu denjenigen Sozialdemokraten, die im Laufe der gemeinsamen Arbeit zu vielen Abgeordneten der FDP enge kollegiale und menschliche Bindungen gefunden haben. Ich bin auf sehr viel guten Willen zur sozial-liberalen Zusammenarbeit gestoßen. Das hat mir immer wieder Kraft gegeben für die Anstrengungen, die nötig waren, bei Meinungsverschiedenheiten Kompromisse zu finden, die zugleich sowohl dem öffentlichen Wohle nützlich als auch beiden Koalitionspartnern tragbar waren.

Dies galt zuletzt für die schwierigen Beratungen zum Haushaltsgesetzentwurf für 1983 und die ihn begleitenden Gesetzestexte am 30. Juni und am 1. Juli. Ich habe mich danach in einem langen Gespräch am 31. Juli mit Herrn Genscher um Stabilisierung der Gemeinsamkeit bemüht, erneut am 25. August in einer Kabinettssitzung. Im gleichen Sinne habe ich am Abend des 25. August Herrn Genscher einen persönlichen Brief geschrieben; dieser hat am 30. August zu einem weiteren Gespräch geführt. Ich habe bis zum letzten Mittwoch jede denkbare Anstrengung zur Aufrechterhaltung der Gemeinsamkeit unternommen – gegen die Skepsis der gesamten deutschen Presse und gegen viele Skeptiker auch in beiden Koalitionsfraktionen. Ich habe es an gutem Willen nicht fehlen lassen.

Nach den Ereignissen der letzten Tage mußte ich das politische Vertrauen zu einigen Führungspersonen der FDP verlieren. Eine weitere Zusammenarbeit ist weder den sozialdemokratischen Bundesministern noch dem Bundeskanzler zuzumuten.

Der Oppositionsführer verlangt heute in einer Frankfurter Zeitung einen politischen Neuanfang: Neuanfang, Herr Dr. Kohl, ist ein ziemlich unklares Wort. Bekennen Sie sich zur Neuwahl in der kürzesten Frist, die schon in der letzten Woche in vielen Zwischenrufen von den Bänken der Opposition verlangt worden ist.

Ich habe vorhin den Oppositionsführer zitiert, der in einem Zeitungsgespräch von einem Minderheitskabinett sprach. Ich wiederhole: Damit will ich nicht hantieren, sondern ich bin für Neuwahl des Bundestages. In der Zwischenzeit werden die sozialdemokratischen Minister und ich unsere Pflicht tun. Die laufende Regierungsarbeit wird keinen Schaden nehmen. Sie hat auch bisher keinen Schaden genommen – auch wenn die Bürger das kaum zur Kenntnis bekommen haben.

Ich fasse zusammen: Nicht nur viele junge Deutsche, auch eine große, zunehmend größer werdende Zahl von älteren Bürgern fühlt sich in den letzten Monaten durch das, was »die in Bonn« machen, zunehmend bedrückt. Diese Sorgen kann ich gut verstehen; denn ich teile sie.

Weil ich meine Verantwortung ernst nehme, weigere ich mich, taktischen Manövern noch länger zuzusehen. Uns Sozialdemokraten sind Ansehen und Festigkeit der Demokratie wichtiger als taktische Vorteile zu eigenen Gunsten. Mal um Mal habe ich dem Koalitionspartner das ernstgemeinte Angebot gemacht, in einer großen und gemeinsamen Anstrengung die Handlungsfähigkeit der sozial-liberalen Bundesregierung zu kräftigen und – über den Haushalt 1983 hinaus – schöpferische Regierungsarbeit auch in der zweiten Hälfte der Legislaturperiode zu leisten.

Mal um Mal bin ich ohne Antwort geblieben. Ein einziger Satz hätte Klarheit schaffen können. Er ist bis heute morgen ausgeblieben. Statt dessen habe ich viele Male von Herrn Kollegen Genscher hören müssen »Neue Sachfragen schaffen sich auch neue Mehrheiten«.
Es drängt sich mir der Eindruck auf, daß die Haushaltsberatungen von einigen Führungspersonen der FDP nur noch zum Schein geführt werden, weil ein Vorwand gesucht wird, mit dem der Partner-Wechsel dem Publikum erklärt werden soll.
Was da seit Wochen über Zeit- und Fahrpläne für den Wechsel geredet und geschrieben und niemals richtiggestellt worden ist, berührt die Selbstachtung der Sozialdemokratischen Partei Deutschlands, der sozialdemokratischen Bundesminister; es berührt meine eigene Selbstachtung.
Aber auch wenn meine persönlichen Empfindungen nicht so wichtig sind: wichtig bleibt, das Regierungsamt nicht durch Machenschaften beschädigen zu lassen.
Eigensüchtiges parteiliches Handeln schadet dem Ansehen der Bundesrepublik Deutschland – auch jenseits unserer Grenzen. Verläßlichkeit für unsere Partner im Bündnis und unsere Nachbarn in West und Ost schaffen wir nicht allein durch Kontinuität unserer Außen- und Sicherheitspolitik. Berechenbarkeit für unsere Verbündeten und für unsere Partner außerhalb der Allianz hängt in erster Linie von der Glaubwürdigkeit unseres demokratisch-parlamentarischen Systems ab.
Ich bitte deshalb die im Bundestag vertretenen Parteien und ihre Fraktionen, gemeinsam einen mutigen Schritt zu tun, um unsere gegenwärtige innenpolitische Krise auf überzeugende Weise und schnell zu beenden!
(*Süddeutsche Zeitung*, 18./19.9.1982)

[163] Erklärung von Wolfgang Mischnick, FDP, zum Bruch der sozialliberalen Koalition (1.10.1982)

Dies ist eine schwere Stunde, meiner Überzeugung eine schwere Stunde für den Staat, deshalb, weil wir wissen – ganz gleich, wo wir stehen –, daß die Stabilität der Bundesrepublik Deutschland, die über 35 Jahre selbstverständlich war, heute nicht mehr die gleiche Selbstverständlichkeit hat. Landtagswahlen haben dies bewiesen. Dies ist eine schwere Stunde für dies Parlament, weil ich weiß (es geht mir selbst so), daß viele Abgeordnete quer durch alle Fraktionen hin und her gerissen sind zwischen dem, was in dem Wahlkampf 1980 als Grundlage der Entscheidung gesehen wurde, und dem, was die Verfassung dem Abgeordneten, wenn er gewählt ist, aufträgt zu handeln.
Es ist eine schwere Stunde für meine Partei, weil sich hier am meisten widerspiegelt, diese Diskrepanz, diese Spannung, das Spannungsverhältnis, was daraus entsteht. Und ich gestehe offen, es ist eine schwere Stunde für mich. Ich habe diese Koalition vor 13 Jahren bewußt mit herbeigeführt, ich habe zu ihr gestanden bis zur letzten Minute. Manche sagen, zu lange. Auch diese

Kritiker mögen recht haben. Herr Bundeskanzler, Sie haben am 17. September in einem Gespräch, bevor Sie Ihre Rede hier hielten, deutlich gemacht, daß diese Koalition zu Ende geht. Ich habe Sie gefragt, ob das in Ihrer Rede steht. Sie haben mir geantwortet: ja. Ich habe Sie gefragt, ob Sie erwarten, daß die Minister der Freien Demokraten zurücktreten. Sie haben das bestätigt. Ich habe Ihnen gesagt: Wenn das nicht geschieht, werden Sie sie dann entlassen? Sie haben mir das bestätigt. Das ist von Ihrem Standpunkt her die Konsequenz Ihrer Rede: Es war nicht mehr zumutbar zusammenzuarbeiten. Herr Bundeskanzler, ich möchte allerdings auch hinzufügen: Wenn Sie dann zulassen, daß das als Verrat gekennzeichnet wird, enttäuscht mich das tief.
Ich weiß, daß da gemeint ist – Sie brauchen keine Sorge zu haben, daß ich auch nur einen Grund verschweige, den ich für notwendig halte zu nennen –, ich weiß, daß diese Entwicklung, die Sie meinten, daß sie unaufhaltsam sei, mit dadurch beeinträchtigt worden ist, daß unterschiedliche Meinungen aus meiner Fraktion, aus meiner Partei sichtbar waren. Aber es war doch nicht nur so, daß sie aus der FDP kamen, sondern sie kamen ja aus der SPD – über die Frage, ob es noch einen Sinn habe. Und wenn man das Postulat (und für mich ist es nicht nur ein Postulat, sondern es ist eine innere Einstellung) »Würde« so stark herausstellt, dann, Herr Bundeskanzler und meine Kollegen von der SPD, bitte dann auch in einem Augenblick, wo man erkennt, daß es eben nicht mehr möglich ist, die gemeinsame Basis fortzusetzen, mit Würde festzustellen, daß es sachlich keine Gemeinsamkeit mehr in vielen Fragen gibt. Dies scheint mir notwendig zu sein.
Ich füge auch hier hinzu, daß das unterschiedlich ist, daß es Bereiche gibt, wo ich fest überzeugt bin, daß man auch morgen noch gemeinsam arbeiten könnte. Aber jetzt steht im Vordergrund das Problem der Wirtschafts-, Gesellschafts-, der Finanz- und Steuerpolitik. Und ich füge hinzu: Es steht vor uns die Frage auch von einer anderen Seite, als sie hier zum Teil angesprochen worden ist, nämlich: Ob hier dieses Parlament in einer so schwierigen Lage bereit ist zu handeln und in Kauf nimmt, den Vorwurf zu bekommen, nicht sofort zum Wähler zu gehen.
Ich kann das um so leichter sagen, weil ich ja schon am 9. September, Herr Bundeskanzler, als Sie zum erstenmal von Neuwahlen sprachen, als einziger hier eine andere Meinung vertreten habe. Wir waren uns beide in einem Gespräch darüber klar, daß das Grundgesetz unterschiedliche Möglichkeiten zuläßt. Aber ich wiederhole, was ich Ihnen sagte: Ich bin zutiefst überzeugt davon – das ist meine ganz persönliche Meinung –, daß das Grundgesetz in erster Linie das Parlament aufruft zu handeln und nur dann, wenn es nicht handeln kann, die Neuwahl als letzte Möglichkeit vorgesehen ist.
Dieses Verfassungsverständnis mag heute stärker als Anfang der siebziger Jahre im Widerspruch stehen zu dem allgemeinen Empfinden. Dies bestreite ich nicht. Und daß es harter Diskussionen bedarf, um dies sichtbar zu machen und deutlich zu machen, wird eine gemeinsame Aufgabe sein. Ich füge sofort hinzu, um hier gar keinen Irrtum aufkommen zu lassen: Es ist eine Vereinbarung in der Koalition getroffen worden. Ich habe gelernt, Mehrheiten zu respektieren. Ich erwarte von meinen Freunden, daß sie Mehrheiten

respektieren. Ich respektiere auch Mehrheiten, wenn sie in einer Koalitionsvereinbarung für die Zukunft festgelegt werden. Ich bitte deshalb, nicht aus meiner grundsätzlichen Auffassung, die ich nach wie vor habe, etwa den Versuch des Herausgleitens aus einer Vereinbarung zu sehen. Aber ich halte es für die Pflicht, die grundsätzliche Meinung auch in diesem Augenblick in der gleichen Deutlichkeit darzulegen, wie ich das vor wenigen Tagen getan habe, weil das auch zur Glaubwürdigkeit gehört, die ja mehrfach beschworen worden ist.

Meine Damen und Herren, diese Pflicht zum Handeln steht ja auch nicht im Widerspruch zur Auffassung, die in diesem Hause schon geäußert worden ist. Herr Bundeskanzler, Sie haben als Vorsitzender der SPD-Fraktion in einer Antwort auf meine Rede, die ich damals zur Regierungserklärung der Großen Koalition zu halten hatte, wörtlich gesagt: »Es war das Parlament, das aus sich heraus die neue Regierung geschaffen hat – ein Beweis für die Funktionstüchtigkeit des Deutschen Bundestages.« Ich stimme Ihnen voll zu. Heute sind nicht die gleichen Umstände, aber ähnliche Umstände. Und Helmut Schmidt hat damals weiter gesagt, eine Regierung muß nach den Möglichkeiten einer arbeitsfähigen Mehrheit gebildet werden. Dies soll geschehen.

Oder wenn jemand – dem damaligen Bundeskanzler Kiesinger zustimmend – zitierte, daß die neue Regierung, wörtlich, nicht aus einem glänzenden Wahlsieg hervorgegangen sei, sondern aus einer von unserem Volk mit tiefer Sorge verfolgten Krise. Sehen Sie, meine Damen und Herren, wenn man von Glaubwürdigkeit spricht, dann bitte ich auch, die Glaubwürdigkeit, die die damalige Äußerung hatte, nicht, wenn es in einer anderen Konstellation genauso zutrifft, in Zweifel zu ziehen.

Ich wiederhole, daß die Interessenlage bei solchen Situationen sich verändern kann. Ich werfe niemandem vor, wenn er aus seiner Interessenlage zu anderen Entscheidungen kommt. Da, wo ich aber das Gefühl bekomme, daß die eigene Interessenlage dann plötzlich verbrämt werden soll mit dem Vorwurf, die Interessenlage der anderen oder deren Entscheidungsbereitschaft sei gegen Recht und Sitte, muß ich darauf verweisen, daß Recht und Sitte im Grundgesetz den hier vorgesehenen Weg absolut legitimiert. Und wer dies bezweifelt, muß den Mut haben zu sagen, daß er das Grundgesetz in diesem Punkt für falsch hält oder ändern will.

Ich stehe auch in dieser Stunde nicht an, die 13jährige Regierungsverantwortung, die ja sehr viel Kritik erfahren hat, so zu beurteilen, wie ich es immer getan habe. Es waren entscheidende Schritte, neue Schritte in der Außen- und Ostpolitik, es waren entscheidende Schritte in der Innenpolitik, in der Gesellschaftspolitik, deren Grundlagen ich heute genauso positiv beurteile wie gestern. Ich bestreite nicht, daß dabei Fehler gemacht worden sind. Wo Menschen tätig sind, werden Fehler gemacht. Das war in der Regierungskoalition CDU/FDP so, das war in der Großen Koalition so, das war in der jetzigen Koalition so. Und das wird bei einer künftigen Koalition genauso sein. Worauf es hier ankommt, ab dann, wenn man erkannt hat, daß da oder dort ein Fehler gemacht worden ist, den Mut hat, aus diesen Fehlern zu lernen, und wenn man dann nicht mit Ideologie betrachtet, sondern aus der Vernunft her-

aus entscheidet, ist dies leichter. Wir bemühen uns, aus der Vernunft heraus zu entscheiden.
Meine Damen und Herren, gestatten Sie mir zum Abschluß noch zwei persönliche Worte: Herr Bundeskanzler, wir haben über lange Jahre sehr eng zusammengearbeitet. Ich schätze diese Arbeit. Ich respektiere Ihre Leistung, ich stehe zu dieser Zusammenarbeit, ich bin Ihnen dankbar dafür. Daß wir jetzt getrennte Wege gehen müssen, das gehört zur Demokratie. Eins möchte ich Sie bitten, nicht zu vergessen, daß Sie und ich und alle in diesem Haus, diesem Staat, diesem Volk dienen wollen – und deshalb Handlungen, die so oder so gefällt werden, unter diesem Gesichtspunkt zu sehen sind. Und nicht unter anderen. Herzlichen Dank für die Zusammenarbeit!
Herr Kollege Wehner! Wir haben über 13 Jahre sehr schwere Entscheidungen treffen müssen. Wir haben manchmal allein vor Entscheidungen gestanden, von völlig divergierenden Standpunkten aus. Wenn ich an die Mitbestimmung denke, an die Verträge, wo wir die gemeinsame Grundlage hatten. Es war immer ein persönlich faires Verhalten. Ich danke Ihnen dafür. Wir haben in den schwersten Interessengegensätzen Lösungen gefunden und sie gemeinsam durchgesetzt, in Kompromissen, die ihre Tragfähigkeit auch später bewiesen haben. Ich habe Sie kennengelernt als einen fairen Partner, als einen Menschen, der in der Öffentlichkeit oft falsch dargestellt ist. Es tut mir weh, daß wir so auseinandergehen müssen. Herr Kollege Wehner, meine Hochachtung bleibt! Herr Kollege Kohl! Wenn die Wahl so ausgeht, wie wir es wollen – und ich bin überzeugt, sie geht so aus –, Sie werden einen fairen Partner haben, weil ich faire Partnerschaft als einen entscheidenden Teil der Glaubwürdigkeit dieser Demokratie ansehe.
(*Süddeutsche Zeitung*, 2./3.10.1982)

[164] Begründung des konstruktiven Mißtrauensvotums der Fraktionen der CDU/CSU und der FDP gegen Bundeskanzler Schmidt durch Rainer Barzel, CDU
(1.10.1982)

Meine Damen und Herren, dieses Volk, dem wir dienen und für das zu handeln wir gewählt sind, hat Anspruch auf eine Regierung mit einer Mehrheit und mit einer qualitativen Leistung. Die alte Mehrheit zerbrach. CDU/CSU und FDP haben durch gemeinsame Antworten auf anstehende Fragen eine neue Mehrheit gebildet. Entsprechend haben wir fristgerecht den Antrag gestellt, der Ihnen auf Drucksache 9/2004 vorliegt. Er lautet:
Antrag der Fraktionen der CDU/CSU und FDP nach Artikel 67 des Grundgesetzes.
Der Bundestag wolle beschließen: Der Deutsche Bundestag spricht Bundeskanzler Helmut Schmidt das Mißtrauen aus und wählt als seinen Nachfolger den Abgeordneten Dr. Helmut Kohl zum Bundeskanzler der Bundesrepublik Deutschland. Der Bundespräsident wird ersucht, Bundeskanzler Helmut Schmidt zu entlassen.
So lautet dieser Antrag.

Meine Damen und Herren! Ich bitte die Mehrheit dieses Hauses, diesen Antrag anzunehmen und so den Weg freizumachen für einen neuen Anfang. Und wenn Sie hier über Wahlen sprechen, Herr Bundeskanzler, so kennen Sie unsere schriftlich vorliegende Verabredung, und Sie kennen das Grundgesetz und das Parteiengesetz und die notwendige Frist von 60 Tagen.
Wir halten es für erforderlich, vorher das Signal der Wende zu geben, um deutlich zu machen: Hier beginnt eine neue Politik, die nicht nach mehr Staat, sondern nach mehr Bürgerfreiheit und mehr realer, sozialer Gerechtigkeit verlangt. Das haben wir doch beantwortet! Das ist doch alles vorgelegt!
Meine Damen und Herren! Mit diesem Antrag kehren wir zur Normalität zurück, indem die stärkste Fraktion den Kanzler stellt. Unser Volk wählt Abgeordnete. Unser Volk wählt am Wahltag nicht den Kanzler. Der Kanzler stellte das soeben alles auf den Kopf. Deshalb ist es notwendig, den Artikel 38 des Grundgesetzes noch einmal in die Erinnerung zu rufen. Da heißt es:
Die Abgeordneten des Deutschen Bundestages werden in allgemeiner, unmittelbarer, freier, gleicher und geheimer Wahl gewählt. Sie sind Vertreter des ganzen Volkes, an Aufträge und Weisungen nicht gebunden und nur ihrem Gewissen unterworfen.
Allein das, was hier steht und dem wir soeben mit Recht alle zugestimmt haben – wie sollte es anders sein –, allein das ist der Wählerauftrag. Wenn wir also heute einen anderen Bundeskanzler wählen, so machen wir legitimen Gebrauch von Artikel 67 des Grundgesetzes. Auf eben diese Weise hat die SPD im Lande Nordrhein-Westfalen, das eine ähnliche Verfassung wie der Bund hat, früher die CDU-Ministerpräsidenten Karl Arnold und Franz Meyers ersetzt durch die SPD-Ministerpräsidenten Steinhoff und Kühn. Wir, meine Damen und Herren, haben da nicht »Verrat!« gerufen. Wir haben das als Demokraten respektiert, weil das Grundrecht der Gewissensfreiheit der Abgeordneten den ersten Rang in diesem Staat haben muß.
Wenn Sie jetzt hier so ganz anders reagieren und reagieren lassen – gestern auf dem Bonner Marktplatz: Das gehört ja wohl alles dazu, meine Damen und meine Herren –, dann offenbart das – es tut mir leid – doch eine Moral zur Auswahl, Herr Kollege Brandt, nicht wahr. Wenn wir etwas machen, ist es verwerflich; wenn Sie das Recht anwenden, ist das natürlich Moral. Das ist eine doppelte Moral und verrät – es tut mir leid – eine gespaltene Zunge. Und dies sind Beeinträchtigungen von Glaubwürdigkeit, die, meine Damen und Herren, nicht die Opposition, sondern die diese noch im Amt befindliche Regierung allein verantwortet.
Meine Damen und Herren, es kann niemand übersehen – wir haben dies ja schon in früheren Debatten hier ausgeführt –, daß die Sozialdemokratische Partei Deutschlands regierungsunfähig geworden ist. Trotzdem finden Sie den traurigen Mut, auf uns zu schimpfen – denken Sie mal an das Flugblatt von gestern –, die nun wieder in Ordnung bringen müssen, was Sie hinterlassen. Sie hinterlassen, meine Damen und Herren, geplünderte Kassen und Sie hinterlassen Massenarbeitslosigkeit, und die um die bessere Zukunft geprellten jungen Menschen. Aber Sie verunglimpfen uns.
Sie machten krank, Herr Kollege Brandt. Und nun wird man schimpfen auf

die Ärzte und die Schwestern und die Pfleger, die da kommen, um das wieder in Ordnung zu bringen. Sie sind verantwortlich für die Übel. Sie kamen, meine Damen und Herren – das war Ihr lautstarkes Versprechen, Sie erinnern sich doch noch, Herr Kollege Brandt, um das »moderne Deutschland« zu bauen. Nun gehen Sie, weil Sie ein blühendes Gemeinwesen, das Sie übernahmen, in ein krisengeschütteltes Land verwandelt haben. Das ist die Lage.
Und ich sage, meine Damen, meine Herren, egal, wie Sie darauf reagieren, weil dies meine Meinung ist, ich sage von dieser Stelle: Hut ab vor Herrn Genscher, der gehandelt hat, damit nicht alles noch schlimmer wird und weiter bergab geht.
Hätten Sie, Herr Bundeskanzler, mit gleicher Konsequenz die verabredete Politik in Ihrer Partei durchgesetzt, Sie wären nicht an dem Tag, den Sie heute erleben müssen. Herr Kollege Brandt, auch wenn Sie, was Sie offenbar wollen, aus einer früheren – ich weiß nicht genau –, aus einer bisherigen Arbeiterpartei – ich sage das mit Respekt – eine schwammige Bewegung machen wollen. Es bleiben diese Schatten von enttäuschten jungen Menschen, von Reformruinen, von Arbeitslosen, die diesen Weg säumen. Das bleibt Ihnen lange, lange Zeit erhalten, und ich glaube eben nicht, Herr Bundeskanzler, daß diese Menschen noch das Vertrauen in sozialdemokratische Politik haben. Deshalb werden wir ja wählen. Ja, Hamburg; ich kenne auch ein paar Länder.
Meine Damen, meine Herren, ich weiß natürlich zu schätzen, was der Kanzler gestern hier in Bonn und Herr Wischnewski gestern in New York über die künftige Verläßlichkeit der deutschen Politik gesagt haben. Nur, was die SPD gleichzeitig hier in Bonn veranstaltete, das kann ich auch nicht übersehen.
Meine Damen und Herren, wer gestern abend die Nachrichten hörte und sah, konnte unschwer erkennen, warum auch aus außenpolitischen Gründen die alte Koalition zerbrach. Hier Brandt und Eppler, da Schmidt und Wischnewski, so kann Deutschland nicht gut regiert werden.
In der Welt um uns reden ja nicht nur Diplomaten. Da fragt man doch laut und seriös in allen großen Zeitungen: Was ist mit den Deutschen los? Die Verläßlichkeit unseres Wortes wird doch angezweifelt wie die Berechenbarkeit unserer Haltung. Ja, meine Damen, meine Herren, da wurde doch mit Frankreich etwas feierlich unterschrieben und unterzeichnet, und das fand dann nicht statt. Das Wort wurde nicht gehalten. Da gibt man dem Bündnis sein Wort und kommt nach Hause und macht an der Zusage ein Fragezeichen. Das ist doch keine verläßliche Politik. Da wurde doch zum Osten – wir haben es oft genug hier behandelt – eine Politik Kasse gegen Hoffnung gemacht statt Leistung und Gegenleistung. Meine Damen und Herren, auf diese Weise ist der Friede nicht sicherer geworden.
Unser Platz ist nicht zwischen Ost und West. Nur aus dem Westen und im Westen können wir auf Ausgleich wirken. Mit beiden Füßen im Westen stehend wollen wir nach Osten die Hand reichen, die Hand, aber nicht das Standbein. Dies muß klar sein und klar bleiben, wenn hier Frieden und Freiheit bleiben sollen.
Wer, Herr Kollege Brandt, die mögliche Abrüstung verhindert oder er-

schwert, indem er die westliche Position unterläuft, der verhindert nicht nur die Abrüstung, der erhöht die Gefahr. Die neue Mehrheit ist ja nicht zufällig die, welche gegen die deutschen Sozialdemokraten in den Schutz und die Sicherheit des Bündnisses diesen freien Staat gebracht hat. Wir sind bedächtig, erfahren und friedfertig genug, um Frieden hier weiter zu sichern. Dieses Versprechen steht, dessen bin ich gewiß, hinter dem Namen Kohl. Deshalb, weil ich das weiß, rede ich hier heute und begründe diesen Antrag, meine Damen und Herren.
(*Süddeutsche Zeitung*, 2./3.10.1982)

[165] »Keynes ist nicht vergessen. Angebot und Nachfrage müssen gestärkt werden«
(Aufsatz von Wirtschaftsminister Otto Graf Lambsdorff, 24.12.1982)

Auf keinen Fall neue Steuern, ruft uns Gerd Bucerius in der *Zeit* vom 10. Dezember zu, und ein paar Zeilen weiter empfiehlt er ebenso dringend, die rückzahlbare Investitionsanleihe in eine Ergänzungsabgabe, in eine neue Steuer umzuwandeln. Bei solchen Ratschlägen werden Politiker etwas ratlos; was sollen wir uns da aussuchen?
Eine Menge der Ideen, die Bucerius ausgebreitet hat, sind längst Bestandteil unserer Politik und unserer Absichten auch für die Zeit nach dem 6. März: Die sozialen Leistungen werden natürlich auf Wirksamkeit und Gerechtigkeit überprüft. Vieles von den Vorschlägen, die ich im September vorgelegt habe und die vor dem Regierungswechsel einiges Aufsehen hervorriefen, ist in die Koalitionsbeschlüsse eingeflossen. Anderes wird folgen. Bafög als Darlehen? Die neue Bundesregierung hat es gerade gegen lauten und starken Widerstand jedenfalls für Studenten durchgesetzt. Schnelle Entscheidungen in der Verkabelungspolitik? Wir legen die Voraussetzungen dafür, daß wir hier leistungs- und konkurrenzfähig bleiben. Förderung des Wohnungsbaus? Genau das geschieht durch zusätzliche Haushaltsmittel, durch bessere steuerliche Finanzierungsbedingungen, durch Mietgesetze, die den Wohnungsbau wieder lohnender machen.
Da gibt es also keinen Streit. Daß wir mehr Umweltschutzinvestitionen brauchen und auch finanzieren und daß Fernwärme Öl spart, ist zwischen uns auch unumstritten. Und es gibt noch mehr, worüber wir uns einig werden könnten.
Aber Bucerius meint, jetzt habe die Stunde des Staates geschlagen. Und er setzt das offensichtlich gleich mit zusätzlichen Schulden, mit massiven öffentlichen Nachfrageprogrammen. Da allerdings unterscheiden wir uns. Kann man denn übersehen, daß auch der Bundeshaushalt für das Jahr 1983 eine Kreditaufnahme von über 41 Milliarden Mark zum Inhalt hat, daß wir also einen Kreditrahmen akzeptiert haben, der immer noch besorgniserregend ist? Bucerius verlangt zusätzliche Schulden von 20 bis 30 Milliarden Mark, um mit Ausgabeprogrammen die Nachfrage anzukurbeln und damit die Arbeitslosen wieder in Lohn und Brot zu bringen. Ich bin mit ihm einig über die mensch-

lichen und sozialen, über die politischen Belastungen, die aus der Lage am Arbeitsmarkt erwachsen. Aber ich bestreite nachdrücklich, daß die Rezepte, die er uns angeboten hat, die Situation zum Besseren wenden würden.
Ich teile nicht den Pessimismus, den Bucerius über die wirtschaftliche Lage und über die wirtschaftlichen Aussichten verbreitet. Es ist richtig, daß die Zahl der Arbeitslosen weiterhin viel zu hoch bleibt und daß sie zunächst noch weiter steigen wird. Aber ich sehe nicht, wie sie mit massiven Arbeitsbeschaffungsprogrammen nennenswert und vor allem langfristig vermindert werden kann. Es stimmt ja nicht, daß wir in Bonn die keynesianischen Lehren verdrängt hätten. Sie würden gegenwärtig nur nicht wirken. Auch jetzt ist Keynes nicht vergessen: Die massive Förderung der Wohnungsbaunachfrage wäre durchaus in seinem Sinne: nicht nur die Bereitstellung zusätzlicher öffentlicher Mittel, sondern auch die Verbesserung der Angebotsbedingungen für den Wohnungsbau. Beides zusammen wird schnell neue Nachfrage und neues Angebot auf einem Markt bewirken, der für die Beschäftigung von besonderer Bedeutung ist.
Darum geht es uns doch in der Wirtschaftspolitik der neuen Regierung: Angebot und Nachfrage zu stärken, und dies nicht nur für kurzfristige Programmzeiträume, sondern auf längere Sicht. Dabei steht heute und wohl noch einige Zeit die Verbesserung der Angebotsbedingungen für neue Investitionen im Vordergrund unserer Anstrengungen. Aber deshalb halten wir die Nachfrage noch lange nicht für eine vernachlässigenswerte Größe. Gerade weil das so ist, kann ich auch keinen Nutzen in der Forderung von Bucerius sehen, für 1983 auf alle Lohnerhöhungen zu verzichten. Das würde die Nachfrage in einem Umfang schwächen, der konjunkturpolitisch nicht vertretbar wäre. Wir müssen vielmehr die schwierige und delikate Balance finden zwischen den Nachfragerisiken und den wachstumspolitischen Impulsen, die wir nicht nur ein paar Monate lang brauchen.
Bekommen wir diese Wachstumsimpulse, wenn der Staat zusätzliche Schulden auf die schon vorhandenen türmt und sich auf Programmrezepte verläßt, die in einer ganz anderen weltwirtschaftlichen Situation einmal richtig waren? Ich bin nicht dieser Meinung.
Weitgehend gibt es Einverständnis darüber, daß die Arbeitslosenzahlen nur durch eine Verstärkung der Investitionstätigkeit nach und nach zurückgeführt werden können. Dabei helfen öffentliche Investitionen; sie spielen aber nicht die entscheidende Rolle. Es kommt darauf an, die privaten Investoren zu neuen Aktivitäten zu veranlassen. Private Investitionen – jedenfalls in unserer Wirtschaftsordnung – ermöglichen es, sich an weltweit veränderte Wirtschaftsstrukturen anzupassen. Sie halten uns international konkurrenzfähig. Für ein Außenhandelsland wie die Bundesrepublik ist das eine unabdingbare Voraussetzung für wirtschaftlichen Erfolg. Und zugleich sind die privaten Investitionen der Motor, um einen neuen Wachstumsprozeß im Inneren in Gang zu setzen, der mehr ist als ein kurzlebiges Feuerwerk.
Ich räume dabei ein, daß auch dies nicht zu schaffen sein wird, wenn in den übrigen Industrieländern der Welt Arbeitslosigkeit und Stagnation anhalten. Aber wir sind auch nicht auf uns allein angewiesen. Die Sorgen, die wir haben,

drücken andere Staaten noch schwerer, und die konjunkturpolitischen Bemühungen zielen überall in die gleiche Richtung. Wenn es möglich wäre, sie besser zu koordinieren, wäre das ein großer Vorteil.

Aber wir müssen im eigenen Hause beginnen. Wenn die Investitionsneigung und die Investitionstätigkeit gefördert und gesteigert werden sollen, muß der Staat dafür Bedingungen schaffen. Das ist in einem anderen Sinne, als Bucerius gemeint hat, eine Stunde des Staates. Denn zunächst ist es notwendig, das Vertrauen in die Handlungsfähigkeit und die Solidität der öffentlichen Hand zu stärken. Das schafft man nicht durch neue Schuldenaufnahme, sondern durch nachprüfbare Schritte auf dem Weg, die öffentlichen Haushalte zu konsolidieren. Im Bundeshaushalt 1983 ist damit ein Anfang gemacht worden.

Damit allein ist es nicht genug. Es kommt auch darauf an, staatliche Konsumausgaben (zumindest relativ) zu verringern und die Investitionsausgaben zu erhöhen. Zu einer solchen Politik gehört weiter, daß wir die Leistungsbereitschaft und die Privatinitiative fördern, indem wir die Steuerquote und die Abgabenquote begrenzen und die Steuerlast allmählich etwas anders verteilen. Über Erhöhung der indirekten Steuern läßt sich durchaus reden, wenn im Zusammenhang damit die direkte Steuerlast verringert wird. Auch damit beginnen wir 1983, ebenso mit stärkeren öffentlichen Investitionen, zum Beispiel durch eine bessere Finanzierung der Gemeinschaftsaufgaben.

Gewiß, das sind noch Anfänge. Und obwohl ich weiß, daß ich damit keinen heute Arbeitslosen beruhigen kann, muß ich doch darauf bestehen: Wir können nicht nur an die nächsten zwölf Monate denken. Die Investitionsbedingungen müssen mittelfristig klar sein, die Haushaltskonsolidierung, die zu diesen Bedingungen gehört, die Steuerpolitik müssen mittelfristig angelegt sein. Nur so werden wir das Vertrauen und die Zuversicht der Investoren wecken.

Andererseits können wir den Abbau des strukturellen Haushaltsdefizits nicht so weit treiben, daß wir die Konjunktur und die angestrebte Wirtschaftsbelebung wiederum abwürgen. Deshalb hat sich die Bundesregierung ja entschlossen, die konjunkturell bedingten Steuermindereinnahmen und Mehrausgaben, zum Beispiel für Arbeitslosengeld, nicht etwa durch zusätzliche Kürzungen im Haushalt einzusparen, sondern durch Kredite zu finanzieren.

Was Gerd Bucerius vorgeschlagen hat, würde auf das Gegenteil einer jetzt richtigen Politik hinauslaufen. Der Zinsabbau durch die Bundesbank würde gestoppt, die Preissteigerungsrate wohl nicht mehr heruntergehen. Das Vertrauen des Auslands in die Deutsche Mark müßte schwinden mit allen fatalen Wirkungen auf D-Mark-Kurs und Kapitalbewegungen.

Für mehr Beschäftigung brauchen wir Investitionen. Dafür ist weiterer Zinsabbau nötig, der ohne Haushaltskonsolidierung, ohne Preisstabilisierung, ohne Leistungsbilanzausgleich nicht kommen wird. Die Regierung muß zugleich Zeichen für die Lohnpolitik setzen, die ebenfalls vor einem Drahtseilakt zwischen ausreichender Nachfrage und Kostendämpfung steht.

Ich übersehe gewiß nicht die Risiken, aber ich vertraue auf die Chancen der eingeschlagenen Wirtschafts-, Finanz- und Sozialpolitik. Ihre Einzelentschei-

dungen müssen aufs engste abgestimmt werden. Das ist und das wird weiter geschehen. In dem Ziel, die Arbeitslosigkeit zurückzudrängen, gibt es zwischen allen politischen Kräften keine Meinungsverschiedenheit. Die Wege sind umstritten. Ich habe nicht den geringsten Zweifel, daß die Bundesregierung auf dem richtigen Wege ist.
(*Die Zeit*, 24.12.1982)

[166] »Ich habe mir die Sache nicht leicht gemacht«
Erklärung von Bundespräsident Carstens zu seiner Entscheidung, den Bundestag aufzulösen; 7.1.1983)

Ich habe heute den Deutschen Bundestag aufgelöst und Neuwahlen für den 6. März angesetzt.
Da diese Frage die Öffentlichkeit in den letzten Monaten sehr stark beschäftigt hat, möchte ich einige Worte zur Begründung meiner Entscheidung sagen. Ich habe mir die Sache nicht leicht gemacht. Die Frist, die das Grundgesetz zur Verfügung stellt, habe ich voll ausgeschöpft. Alles, was zu dem Thema im Bundestag gesagt worden ist, habe ich sorgfältig geprüft. Ich habe mit dem Bundeskanzler, mit den Vorsitzenden der im Bundestag vertretenen Parteien, mit den Fraktionsvorsitzenden dieser Parteien, mit den Präsidenten von Bundestag und Bundesrat, mit meinem Vorgänger im Amt des Bundespräsidenten sowie mit den für Verfassungsfragen zuständigen Bundesministern des Innern und der Justiz gesprochen.
Auch die Argumente der vielen Bürger, die mir geschrieben oder die sich in der Öffentlichkeit geäußert haben, habe ich sorgfältig geprüft. Ich danke allen, die sich an mich gewandt haben.
Ich stehe vor einer Situation, in der alle im Bundestag vertretenen Parteien – wenn auch aus unterschiedlichen Gründen – Neuwahlen für nötig halten. Dies jedenfalls haben sie öffentlich und mir gegenüber unzweideutig erklärt. Auch in meinen letzten Gesprächen haben sie mir auf meine ausdrückliche Frage hin ihre Auffassung noch mal bestätigt. Die Überzeugung aller Parteien, daß Neuwahlen notwendig sind, ist gewichtig. Sie kann aber nur dann zur vorzeitigen Auflösung des Bundestages führen, wenn die verfassungsrechtlichen Voraussetzungen dafür gegeben sind.
Ein möglicher Weg, um zu Neuwahlen zu gelangen, nämlich eine Änderung des Grundgesetzes, die dem Bundestag ein Selbstauflösungsrecht geben würde, ist erwogen, aber nicht verwirklicht worden.
So kann die Neuwahl nur auf einem der nach geltendem Verfassungsrecht vorgesehenen Wege herbeigeführt werden, das heißt entweder dadurch, daß der Bundeskanzler zurücktritt, oder dadurch, daß der Bundestag einem Vertrauensantrag des Bundeskanzlers die Zustimmung verweigert.
Mehrfach ist gesagt worden, der Bundeskanzler hätte zurücktreten und dadurch den Weg für Neuwahlen freimachen sollen. Dies wäre jedoch ein sehr komplizierter Weg gewesen, denn keinesfalls könnte der Bundespräsident im Falle des Rücktritts des Bundeskanzlers den Bundestag ohne weiteres auflösen.

Es müßten vielmehr mehrere Wahlgänge zur Wahl eines neuen Bundeskanzlers durchgeführt werden. Nur wenn bei keinem dieser Wahlgänge die absolute Mehrheit der Stimmen erreicht wird, könnte der Bundestag aufgelöst werden.
Der Bundeskanzler hat sich dafür entschieden, im Bundestag einen Vertrauensantrag zu stellen. Der Bundestag hat diesem Antrag am 17. Dezember die Zustimmung verweigert, und der Bundeskanzler hat mir daraufhin die Auflösung des Bundestages vorgeschlagen. Damit waren die im Grundgesetz ausdrücklich genannten Voraussetzungen für die Auflösung gegeben, und ich hatte nun zu prüfen, ob der eingeschlagene Weg verfassungsrechtlich gangbar ist, und wenn ja, ob die vorgeschlagene Auflösung des Bundestages auch unter politischen Gesichtspunkten richtig oder mindestens vertretbar ist. Ich will nicht verschweigen, daß mir die vorgetragenen Bedenken zu schaffen gemacht haben.
Zunächst möchte ich klarstellen, daß ich den Bundestag nicht auflösen würde, wenn nach meiner Überzeugung eine Mehrheit im Bundestag sich auf diesem Weg Vorteile bei der Wahl unter Verletzung der Interessen der Minderheit verschaffen würde. Dieser Fall ist jedoch, so meine ich, nicht gegeben. Regierung und Koalitionsparteien haben sofort nach dem Regierungswechsel im Herbst Neuwahlen im März angekündigt. Ob der von ihnen für die Wahl ins Auge gefaßte Zeitpunkt unter wahltaktischen Gesichtspunkten für sie günstig ist, war und ist nicht vorhersehbar. Auch die Opposition hat ungeachtet ihrer Vorbehalte gegen den eingeschlagenen Weg keine Einwendungen gegen den Wahltermin erhoben.
Die Bedenken gegen das eingeschlagene Verfahren greifen nach meiner Ansicht nicht durch. Zunächst ist es dem Bundespräsidenten nicht möglich festzustellen, aus welchen Gründen der einzelne Abgeordnete dem Bundeskanzler die Zustimmung versagt hat. Ich halte mich an die öffentlich vorgetragenen Begründungen. Danach haben die Koalitionsparteien der neuen Regierung von vornherein nur eine sachlich und zeitlich begrenzte Unterstützung zugesagt.
Sie haben erklärt, sie wollten zunächst den Haushalt nebst einigen dazugehörigen Gesetzen durchbringen, dann aber Neuwahlen herbeiführen. Dementsprechend hat der Vorsitzende der CDU/CSU-Fraktion am 14. Dezember im Bundestag erklärt, daß seine Fraktion ohne Neuwahlen nicht bereit sei, diese oder eine andere Regierung künftig parlamentarisch zu unterstützen. Der Sprecher der FDP-Fraktion hat erklärt, daß der für das verabredete Regierungsprogramm ausgestellte Vertrauensbonus nunmehr aufgebraucht sei. In unserem letzten Gespräch am Mittwoch haben mir die Koalitionsparteien diese ihre Haltung nachdrücklich bestätigt.
Das sind Tatsachen, an denen ich nicht vorübergehen kann. Aus ihnen ergibt sich nach meiner Überzeugung, daß eine handlungsfähige parlamentarische Mehrheit zur Unterstützung der Regierungspolitik nicht mehr vorhanden ist. In dieser kritischen Situation, die in der Geschichte der Bundesrepublik Deutschland bisher einmalig ist, erscheint mir die von allen Parteien erhobene Forderung nach Neuwahlen auch politisch begründet.

Nun meinen manche, die Lage könnte nach dem 6. März noch schwieriger sein, als sie jetzt ist. Diese Möglichkeit kann in der Tat niemand ausschließen, und auch ich habe sie bedacht. Aber eine solche Ungewißheit ist beinahe mit jeder Wahl verbunden. Wenn aus anderen Gründen vorgezogene Neuwahlen gerechtfertigt erscheinen, dürfen sie nach meiner Meinung nicht mit der Begründung abgelehnt werden, daß ihr Ausgang ungewiß sei.
Zum Schluß wende ich mich an alle Parteien, die an der Wahl teilnehmen. Ich richte die dringende Bitte an sie, den bevorstehenden Wahlkampf sachlich und fair zu führen, von persönlichen Verunglimpfungen des politischen Gegners abzusehen und sich an das Gebot der Wahrhaftigkeit zu halten. Diese Bitte spreche ich zugleich im Namen von Millionen von Mitbürgern aus, die von den Politikern sachliche Argumente und keine Polemik erwarten.
Die Parteien bemühen sich nach ihren besten Kräften um die Lösung der vor uns liegenden Probleme. Niemand sollte dem anderen den guten Willen absprechen. Die wahlberechtigten Mitbürger und Mitbürgerinnen aber bitte ich, von ihrem Wahlrecht Gebrauch zu machen. Entscheidungen von großer Tragweite stehen bevor. Alle sind aufgerufen, durch Teilnahme an den Wahlen daran mitzuwirken.

(*Frankfurter Allgemeine Zeitung*, 8.1.1983)

[167] Die Ergebnisse der Bundestagswahlen von 1976, 1980 und 1983 im Vergleich

	Bundestagswahl 1983 Zweitstimmen		Bundestagswahl 1980 Zweitstimmen		Bundestagswahl 1976 Zweitstimmen	
Wahlberechtigte	44068741		43231741		42058015	
Abgegebene Stimmen	39279816		38292176		38165753	
Ungültige Stimmen	342243		353115		343253	
Beteiligung in %	89,1		88,6		90,7	
SPD	14866210	38,2	16260677	42,9	16099019	42,6
CDU/CSU	18997186	48,8	12989200	34,2	14367302	38,0
			3908459	10,3	4027499	10,6
FDP	2705798	6,9	4030999	10,6	2995085	7,9
Die Grünen	2164988	5,6	569589	1,5	–	–
DKP	65789	0,2	71600	0,2	118581	0,3
NPD	90901	0,2	68096	0,2	122661	0,3
Sonstige	46701	0,1	40441	0,1	92353	0,3

(*Hannoversche Allgemeine Zeitung*, Nr. 55, 7.3.1983)

[illegible]

[illegible] Kanadas [illegible] Millionen [illegible]

[illegible]

[illegible]

Anhang

Anmerkungen

(Die Zahl hinter dem Autor verweist immer auf die entsprechende Ziffer im Literaturverzeichnis.)

1 *1*, 18.2.1968, S. 13739ff.
2 Einen Überblick zur Politik der inneren Reformen gibt P. Borowsky, *36*, S. 64–108; Baring, *60*, S. 656–660, formuliert eine überwiegend negative Einschätzung von »Reformeuphorie und falsche(r) Planungszuversicht«. Einen Abriß der Sozialpolitik in Längsschnitten gibt V. Hentschel, *63*, S. 167ff.
3 Vgl. im Literaturverzeichnis die Dokumentationen von R. Ehlers, *7*, vom Bundesministerium f. innerdeutsche Beziehungen, *18*, von B. Meissner, *11*, und von I. v. Münch, *12, 15, 16, 17*
4 Borowsky, *36*, S. 18f.; dort auch S. 19ff. übersichtliche Zusammenfassung der Vorgänge und wichtigen Elemente von Moskauer und Warschauer Vertrag; sehr ausführlich über personelle Hintergründe, Zwischenergebnisse und Einzeleinschätzung von Vertragsteilen Baring, *60*, Kapitel II.
5 Abgedruckt in *8*, S. 111f., auch bei Baring, *60*, S. 314f.
6 Abgedruckt in: *8*, S. 110.
7 Zur Aussiedlerproblematik vgl. Baring, *60*, S. 482–487.
8 Abgedruckt in: *8*, S. 77ff.
9 Grundsatzerklärung von Kassel in: *8*, S. 90ff.
10 Text in deutscher Übersetzung in: I. v. Münch (Hrsg.), *12*, Bd. II, S. 107f.
11 Text in: *12*, S. 123ff.
12 So die vermutlich zutreffende Einschätzung bei Borowsky, *36*, S. 36.
13 Text in: I. v. Münch (Hrsg.), *12*, Bd. II, S. 359ff.
14 Zur Einschätzung der Deutschlandpolitik, zu Veränderungen im Nationsbegriff, zur Analyse der politischen Positionen in den Bundestagsdebatten ausführlich und informativ: Karlheinz Niclauß, *68*.
15 1, 1970, S. 15903.
16 Vgl. Baring, *60*, S. 389–395 zu den einzelnen Schritten der Entscheidung.
17 Baring, *60*, S. 392.
18 Zur Rechtsproblematik: Erhard Denninger (Hrsg.), *73*, Bd. II, S. 489–496; s. auch Borowsky, *36*, S. 112f.
19 Zum Folgenden: E. Altvater/J. Hoffmann/W. Semmler, *31*, S. 324ff.
20 Vgl. Dok. 121 und 122.
21 Baring, *60*, S. 722ff.
22 Helmut Bley/Rainer Tetzlaff (Hrsg.), *Afrika und Bonn. Versäumnisse und Zwänge deutscher Afrika-Politik*, 1978. Sowie: *Das Überleben sichern. Der Brandt-Report. Bericht der Nord-Süd-Kommission*, 1981.
23 Baring, *60*, S. 382f.
24 Einen kommentierten Literaturüberblick zur Terrorismusentwicklung gibt Baring, *60*, S. 794–796; hilfreich für die Anfangsphase im Rahmen der Studentenbewegung: J. Miermeister/J. Staadt (Hrsg.), *Provokationen* ..., 1980, besonders S. 197ff. Klaus Mehnert, *84*; H.-D. Schwind (Hrsg.), *87*; Dirk Blasius, *Geschichte der politischen Kriminalität in Deutschland 1800–1980*, 1983, Abschnitt I.5.
25 *Süddeutsche Zeitung*, 29.12.1978.

26 Vgl. dazu Joseph Huber, *95*, besonders die beiden letzten Kapitel, S. 164ff.
27 *Europa-Archiv 30*, 1975, S. D 439ff.
28 *1*, 25.4.1978, S. 21736.
29 *Bericht über eine »Europäische Sicherheitsstudie«*, Nomos-Verlag Baden-Baden, in: *Süddeutsche Zeitung*, Nr. 123, 31.5.1983.
30 So Michael Vester in der *Frankfurter Rundschau*, 5.4.1983.
31 Joseph Huber, *95*.
32 *1*, 1976, S. 20064.

Literaturhinweise

I. Quellen

1 *Archiv der Gegenwart*, hrsg. v. H. v. Siegler, Jg. 32–50, 1962–1980.
2 *Die Auswärtige Politik der Bundesrepublik Deutschland*, hrsg. vom Auswärtigen Amt, Bonn 1972.
3 Benz, Wolfgang/Plum, Günter/Röder, Werner, *Einheit der Nation. Diskussionen und Konzeptionen zur Deutschlandpolitik der großen Parteien seit 1945*, Stuttgart 1978.
4 *Bericht der Bundesregierung und Materialien zur Lage der Nation 1971 und 1972*, hrsg. vom Bundesministerium f. innerdeutsche Beziehungen, Berlin 1971 und 1972.
5 Brandt, Peter/Ammon, Herbert, *Die Linke und die Nationale Frage. Dokumente zur deutschen Einheit seit 1945*, Reinbek 1981.
6 *Bulletin des Presse- und Informationsamtes der Bundesregierung*, Bonn 1962ff.
7 Ehlers, Rolf (Hrsg.), *Verträge Bundesrepublik Deutschland – DDR*, Berlin 1973.
8 *Die Entwicklung der Beziehungen zwischen der Bundesrepublik Deutschland und der Deutschen Demokratischen Republik 1969–1976. Bericht und Dokumentation*, hrsg. v. Bundesministerium f. innerdeutsche Beziehungen, Bonn 1977.
9 Fülberth, Georg, *Geschichte der Bundesrepublik in Quellen und Dokumenten*, Köln 1982.
10 *Materialien zum Bericht zur Lage der Nation 1974*, hrsg. v. Bundesministerium f. innerdeutsche Beziehungen, Berlin 1974.
11 Meissner, Boris (Hrsg.), *Die deutsche Ostpolitik 1961–1970. Kontinuität und Wandel. Dokumentation*, Köln 1970.
12 Münch, Ingo v. (Hrsg.), *Dokumente des geteilten Deutschland*, Stuttgart 1968, 1976[2].
13 Ders. (Hrsg.), *Dokumente des geteilten Deutschland. Bd. II seit 1968*, Stuttgart 1974.
14 *Nachrichtendienste. Bundespressestelle des Deutschen Gewerkschaftsbundes*, hrsg. v. Bundesvorstand des DGB, Bundespressestelle Düsseldorf, Bd. XXI, Jg. XV, 1965 – Bd. XXIII, Jg. XVII, 1967.
15 *Ostverträge 1: Deutsch-sowjetische Verträge*. Zusammengestellt v. Ingo v. Münch, Berlin 1971.
16 *Ostverträge 2: Deutsch-polnische Verträge*. Zusammengestellt v. Ingo v. Münch, Berlin 1971.
17 *Ostverträge 3: Deutsch-tschechoslowakische Verträge*. Zusammengestellt v. Ingo v. Münch, Berlin 1973.
18 *Texte zur Deutschlandpolitik*, hrsg. v. Bundesministerium f. innerdeutsche Beziehungen, Bonn 1967ff.
19 *Verhandlungen des Deutschen Bundestages. Stenographische Berichte, Wahlperiode 4, 1961 bis 10, 1983. Anlagen zu den stenographischen Berichten. Drucksachen, Wahlperiode 4, 1961 bis 10, 1983*.

(Gesetzblätter, Statistische Jahrbücher und benutzte Zeitungen sind in der Dokumentation angeführt, werden hier nicht nochmals angegeben.)

II. Memoiren (bzw. Schriften aktiver Politiker)

20 Barzel, Rainer, *Auf dem Drahtseil*, München / Zürich 1978.
21 Blankenhorn, Herbert, *Verständnis und Verständigung. Blätter eines politischen Tagebuches 1949–1979*, Berlin 1980.
22 Brandt, Willy, *Begegnungen und Einsichten*, Hamburg 1976.
23 Ders., *Über den Tag hinaus. Eine Zwischenbilanz*, Hamburg 1974.
24 Eppler, Erhard, *Ende oder Wende. Von der Machbarkeit des Notwendigen*, Stuttgart 1975.
25 Mende, Erich, *Die FDP. Daten, Fakten, Hintergründe*, Stuttgart 1972.
26 Grewe, Wilhelm G., *Rückblenden 1976–1951. Aufzeichnungen eines Augenzeugen deutscher Außenpolitik von Adenauer bis Schmidt*, Frankfurt / Berlin / Wien 1979.
27 Möller, Alex, *Genosse Generaldirektor*, München / Zürich 1978.
28 Moersch, Kurt, *Kursrevision. Deutsche Politik nach Adenauer*, Frankfurt 1978.
29 Schmid, Carlo, *Erinnerungen*, Berlin / München / Wien 1980.
30 Wehner, Herbert, *Wandel und Bewährung. Ausgewählte Reden und Schriften 1930–1980*, hrsg. v. G. Jahn, Frankfurt / Berlin / Hannover 1981[5].

III. Darstellungen

31 Altvater, Elmar / Hoffmann, Jürgen / Semmler, Willi, *Vom Wirtschaftswunder zur Wirtschaftskrise. Ökonomie und Politik in der Bundesrepublik*, Berlin 1979.
32 Behr, Wolfgang, *Bundesrepublik Deutschland – Deutsche Demokratische Republik. Systemvergleich Politik–Wirtschaft–Gesellschaft*, Stuttgart 1979.
33 Bender, Peter, *Die Ostpolitik Willy Brandts oder: Die Kunst des Selbstverständlichen*, Reinbek 1972.
34 Wolfgang Benz (Hrsg.), *Die Bundesrepublik Deutschland. Geschichte in drei Bänden,* Frankfurt M. 1983.
35 Ders. (Hrsg.), *Rechtsradikalismus: Randerscheinung oder Renaissance?* Frankfurt M. 1980.
36 Borowsky, Peter, *Deutschland 1970–1976*, Hannover 1980.
37 Bruns, Wilhelm, *Deutsch-deutsche Beziehungen. Prämissen – Probleme – Perspektiven*, Opladen 1978.
38 *DDR – Das politische, wirtschaftliche und soziale System*, hrsg. v. H. Rausch / Th. Stammen, München 1978[4].
39 *DDR-Handbuch*, Wiss. Leitung P. Ch. Ludz, hrsg. v. Bundesministerium f. innerdeutsche Beziehungen, Köln 1979[2].
40 Deuerlein, Ernst, *Deutschland 1963–1970*, Hannover 1972.
41 Eggebrecht, Axel (Hrsg.), *Die zornigen alten Männer. Gedanken über Deutschland seit 1945*, Reinbek 1979.
42 Fenner, Ch. / Heyder, U. / Strasser, J. (Hrsg.), *Unfähig zur Reform? Eine Bilanz der inneren Reformen seit 1969*, Frankfurt 1978.
43 Glastetter, Werner, *Die wirtschaftliche Entwicklung der Bundesrepublik Deutschland im Zeitraum 1950 bis 1975. Befunde und Aspekte*, Berlin 1977.
44 Görtemaker, Manfred, *Die unheilige Allianz. Die Geschichte der Entspannungspolitik 1943–1979*, München 1979.
45 Greiffenhagen, Martin und Sylvia, *Ein schwieriges Vaterland. Zur politischen Kultur Deutschlands*, München 1979[2].
46 Grosser, Alfred, *Geschichte Deutschlands seit 1945. Eine Bilanz*, München 1977[5].
47 *Handbuch DDR-Wirtschaft*, hrsg. v. Deutschen Institut f. Wirtschaftsforschung Berlin, Reinbek 1977.

48 Hillgruber, Andreas, *Deutsche Geschichte 1945–1972. Die »deutsche Frage« in der Weltpolitik*, Frankfurt/Berlin/Wien 1974.
49 Löwenthal, Richard, *Gesellschaftswandel und Kulturkrise. Zukunftsprobleme der westlichen Demokratien*, Frankfurt 1979.
50 Löwenthal, R. u. Schwarz, H.-P. (Hrsg.), *Die zweite Republik*, Stuttgart 1974.
51 Ludz, Peter Ch., *Die DDR zwischen Ost und West. Politische Analysen 1961–1976*, München 1977.
52 Narr, Wolf-Dieter/Thränhardt, Dietrich (Hrsg.), *Die Bundesrepublik Deutschland. Entstehung, Entwicklung, Struktur*, 1979 (NWB Geschichte, Bd. 102).
53 Rupp, Hans-Karl, *Politische Geschichte der Bundesrepublik Deutschland. Eine Einführung*, Stuttgart 1978.
54 Schmollinger, Horst W./Müller, Peter, *Zwischenbilanz. 10 Jahre sozialliberale Politik 1969–1979. Anspruch und Wirklichkeit*, Hannover 1980.
55 Sontheimer, Kurt, *Die verunsicherte Republik. Die Bundesrepublik nach dreißig Jahren*, München 1979.
56 Sontheimer, K./Röhring, H. H. (Hrsg.), *Handbuch des politischen Systems der Bundesrepublik Deutschland*, München 1977.
57 Sontheimer, Kurt/Bleek, Wilhelm, *Die DDR, Politik, Gesellschaft, Wirtschaft*, Hamburg 1979[5].
58 Thalheim, Karl C., *Die wirtschaftliche Entwicklung der beiden Staaten in Deutschland. Tatsachen und Zahlen*, Berlin 1978.
59 Weber, Hermann, *DDR – Grundriß der Geschichte*, 1945–1976, Hannover 1976.

LITERATURHINWEISE ZU EINZELNEN SCHWERPUNKTEN

10. Kapitel

60 Baring, Arnulf, *Machtwechsel*, Stuttgart 1982. Borowsky, Peter, *36*.
61 Glotz, Peter, *Der Weg der Sozialdemokratie. Der historische Auftrag des Reformismus*, 1975.
62 Hennis, W., *Demokratisierung. Zur Problematik eines Begriffs*, Köln/Opladen 1970.
63 Hentschel, Volker, *Geschichte der deutschen Sozialpolitik 1880–1980*, Frankfurt 1983 (Kapitel 3).

11. Kapitel

Baring, Arnulf, *60*.
64 Hacke, Christian, *Die Ost- und Deutschlandpolitik der CDU/CSU. Wege und Irrwege der Opposition seit 1969*, Köln 1975.
65 Joffe, J., *Westverträge, Ostverträge und die Kontinuität der deutschen Außenpolitik*, in: *Europa-Archiv 28*, 1973.
66 Kaase, Max, *Die Bundestagswahl 1972. Probleme und Analysen*, in: *PVS 14*, 1973.
67 Jahn, E./Rittberger, V. (Hrsg.), *Die Ostpolitik der Bundesrepublik. Triebkräfte, Widerstände, Konsequenzen*, Opladen 1974.
68 Niclauß, Karlheinz, *Kontroverse Deutschlandpolitik. Die politische Auseinandersetzung in der Bundesrepublik Deutschland über den Grundlagenvertrag mit der DDR*, Frankfurt 1977 (Dokumente zur Deutschlandpolitik, Beihefte, Bd. 3).
69 Schmid, Günther, *Entscheidung in Bonn. Die Entstehung der Ost- und Deutschlandpolitik 1969/1970*, Köln 1979.
70 Wettig, Gerhard, *Die Sowjetunion, die DDR und die Deutschlandfrage 1965–1976. Einvernehmen und Konflikt im sozialistischen Lager*, Stuttgart 1976.

71 Zündorf, Benno, *Die Ostverträge. Die Verträge von Moskau, Warschau, Prag, das Berlin-Abkommen und die Verträge mit der DDR*, München 1979.

12. Kapitel

72 Brandt, Edmund (Hrsg.), *Die politische Treuepflicht. Rechtsquellen zur Geschichte des deutschen Berufsbeamtentums*, Karlsruhe/Heidelberg 1976.
73 Denninger, Erhard (Hrsg.), *Freiheitliche demokratische Grundordnung, 2 Bde.*, Frankfurt 1976/77 Bd. II (Kapitel V).
74 Martin, E., *Extremistenbeschluß und demokratische Verfassung*, in: *Aus Politik und Zeitgeschichte*, Jg. 1973, B 50/73.
75 Ders. *Wer ist ein Verfassungsfeind?*, in: *Aus Politik und Zeitgeschichte*, Jg. 1974, B 5/74, S. 26ff.
76 *»Radikale« im Öffentlichen Dienst. Eine Dokumentation*, hrsg. v. Hanspeter Knirsch, Bernhard Nagel, Wolfgang Voegeli, Frankfurt 1973.

13. Kapitel

77 Bergmann, Joachim, *Neues Lohnbewußtsein und Septemberstreiks*, in: Jacobi, Otto/Müller-Jentsch, Walter/Schmidt, Eberhard (Hrsg.), *Gewerkschaften und Klassenkampf. Kritisches Jahrbuch 1972*, Frankfurt 1972.
78 Ehrenberg, Herbert, *Zwischen Marx und Markt*, Frankfurt 1973. Eppler, Erhard, *24.*
79 Kalmbach, Peter (Hrsg.), *Der neue Monetarismus*, München 1973.
80 Scharpf, Fritz W., *Krisenpolitik*, in: Oertzen, Peter v., Ehmke, Horst, Ehrenberg, Herbert (Hrsg.), *Thema: Wirtschaftspolitik*, Bonn/Bad Godesberg 1974.

14. Kapitel

Baring, Arnulf, *60.*

15. Kapitel

81 Brückner, Peter, *Ulrike Marie Meinhof und die deutschen Verhältnisse*, Berlin 1976.
82 Ders. (Hrsg.), *Die Mescalero-Affaire*, Hannover 1977.
83 Funke, Manfred, *Terrorismus – Untersuchungen zur Struktur und Strategie revolutionärer Gewaltpolitik*, Bonn 1977 (Schriftenreihe der Bundeszentrale f. politische Bildung, Bd. 123).
84 Mehnert, Klaus, *Jugend im Zeitbruch*, Reinbek 1978².
85 Meinhof, Ulrike Marie, *Die Würde des Menschen ist antastbar. Aufsätze und Polemiken*, Berlin 1980.
86 Rauball, Reinhard, *Die Baader-Meinhof-Gruppe*, Berlin/New York 1973.
87 Schwind, H.-D. (Hrsg.), *Ursachen des Terrorismus in der Bundesrepublik Deutschland*, Berlin 1978.

16. Kapitel

88 Frosch, Alfred, *Mikroprozessoren – Zentrale Technologie einer umfassenden Rationalisierung*, in: *Prokla 31*, 1978.
89 Huffschmid, Jörg/Schui, Herbert (Hrsg.), *Gesellschaft im Konkurs? Handbuch zur Wirtschaftskrise 1973–1976 in der BRD*, Köln 1976.
90 Scharpf, Fritz W./Hauff, Volker, *Modernisierung der Volkswirtschaft*, Köln 1975.
91 Wacker, Ali (Hrsg.), *Vom Schock zum Fatalismus? Soziale und psychische Auswirkungen der Arbeitslosigkeit*, Frankfurt/New York 1978.
92 Zinn, Karl Georg (Hrsg.), *Strategien gegen die Arbeitslosigkeit*, Frankfurt/Köln 1977.

17. Kapitel

93 Bahro, Rudolf/Mandel, Ernest/Oertzen, Peter v., *Was da alles auf uns zukommt... Perspektiven der 80er Jahre*, hrsg. v. Ulf Wolter, 2 Bde, Berlin 1980.
94 Heidt, Wilfried (Hrsg.), *Abschied vom Wachstumswahn*, Achberg 1980.
95 Huber, Joseph, *Die verlorene Unschuld der Ökologie*, Frankfurt 1982.
96 Jänicke, Martin, *Wie das Industriesystem von seinen Mißständen profitiert*, Opladen 1979.
97 Lutz, Dieter S. (Hrsg.), *Kein Überleben ohne Frieden*, Frankfurt 1982.
98 Mechtersheimer, Alfred (Hrsg.), *Nachrüsten? Dokumente und Positionen zum NATO-Doppelbeschluß*, Reinbek 1981.
99 *Streitkräfte und Gesellschaft (Unterrichtshilfe)*, hrsg. v. Niedersächsische Landeszentrale f. Politische Bildung, Hannover 1982.
Traubc, Klaus, *Müssen wir umschalten?* Reinbek 1978.

18. Kapitel

Untersuchungen zu deutsch-deutschen Beziehungen speziell der letzten acht Jahre liegen noch nicht vor, abgesehen von Zeitungskommentaren, Interviews u. dgl. Mehr Spekulation als Untersuchung, aber von Interesse wegen des darin angezeigten Trends:

100 Wolfgang Venohr (Hrsg.), *Die deutsche Einheit kommt bestimmt*, Bergisch-Gladbach, 1982.

19. Kapitel

Die »Wende« ist bisher, abgesehen von Zeitungsberichten, nur ausführlicher in den Tagebuchaufzeichnungen von Klaus Bölling und G. Verheugen (vgl. Dokumentation) festgehalten worden.

Zeittafel

1969	
21.10.	Wahl von Willy Brandt zum Bundeskanzler; Aufwertung der DM
28.11.	Unterzeichnung des Atomwaffensperrvertrages durch die Bundesrepublik
1970	
Januar	Beginn der Vertragsverhandlungen zwischen der Bundesrepublik und der Sowjetunion in Moskau
Februar	Beginn der Vertragsverhandlungen zwichen der Bundesrepublik und Polen in Warschau
19.3.	Treffen zwischen Bundeskanzler Brandt und DDR-Ministerpräsident Stoph in Erfurt
26.3.	Beginn der Viermächteverhandlungen über Berlin
21.5.	Treffen zwischen Bundeskanzler Brandt und DDR-Ministerpräsident Stoph in Kassel; Begrenzte Amnestie für Demonstrationsstraftäter in der Bundesrepublik
Juli	Senkung des aktiven Wahlalters in der Bundesrepublik auf 18 Jahre, des passiven auf 21
12.8.	Unterzeichnung des Vertrages zwischen der Bundesrepublik und der Sowjetunion
27.11.	Beginn des Meinungsaustausches zwischen Dr. Michael Kohl, Staatssekretär beim Ministerrat der DDR, und Egon Bahr, Staatssekretär im Bundeskanzleramt
7.12.	Unterzeichnung des Vertrages zwischen der Bundesrepublik und Polen
1971	
31.1.	Telephonverkehr zwischen Ost- und West-Berlin nach 19 Jahren wieder aufgenommen
3.5.	Honecker Nachfolger Ulbrichts als Erster Sekretär des ZK der SED
13.5.	Rücktritt von Bundesfinanzminister Möller, Übernahme seines Ressorts durch Bundeswirtschaftsminister Schiller
15.–19.6.	VIII Parteitag der SED in Anwesenheit Breschnews
3.9.	Unterzeichnung des Viermächte-Abkommens über Berlin
30.9.	Postabkommen zwischen Bundesrepublik und DDR
Oktober	Wahl von Rainer Barzel zum Vorsitzenden der CDU
26.11.	Wahl von Ulbricht zum Staatsratsvorsitzenden, Stoph zum Vorsitzenden des Ministerrats, Honecker zum Vorsitzenden des Nationalen Verteidigungsrats durch die Volkskammer der DDR

November	Metallarbeiterstreik und Aussperrung in Baden-Württemberg
17.12.	Unterzeichnung des Transitabkommens durch Bahr und Kohl (in Kraft ab 3.6.1972)
20.12.	Unterzeichnung von Vereinbarungen zwischen DDR und Berliner Senat
1972	
28.1.	Extremistenbeschluß des Bundeskanzlers und der Ministerpräsidenten der Länder
27.4.	Ablehnung des Konstruktiven Mißtrauensvotums gegen Bundeskanzler Brandt
17.5.	Annahme der Ostverträge durch den Bundestag
26.5.	Unterzeichnung des Verkehrsvertrages zwischen Bundesrepublik und DDR
3.6.	Transitabkommen in Kraft
7.7.	Rücktritt von Finanz- und Wirtschaftsminister Schiller
16.10.	Verabschiedung des Staatsbürgerschaftsgesetzes durch die Volkskammer der DDR
17.10.	Verkehrsvertrag in Kraft
19.11.	Wahlen zum 7. Deutschen Bundestag
21.12.	Unterzeichnung des Grundlagenvertrages durch Bahr und Kohl in Ost-Berlin
1973	
Mai	Ratifizierung des Grundlagenvertrages und Billigung des Beitritts der Bundesrepublik zu den Vereinten Nationen durch den Bundestag
Juni	Helmut Kohl als Nachfolger Rainer Barzels CDU-Vorsitzender
Juli	Erste Phase der KSZE in Helsinki
1.8.	Tod des Staatsratsvorsitzenden Ulbricht
18.9.	Bundesrepublik und DDR werden UNO-Mitglieder
3.10.	Wahl von Stoph zum neuen Staatsratsvorsitzenden, Sindermann Vorsitzender des Ministerrats
November	Bildungsgesamtplan von Regierungschefs von Bund und Ländern beschlossen; Fahrverbot für vier Sonntage und Geschwindigkeitsbegrenzungen wegen Ölkrise
1974	
Februar	ÖTV-Streik
6.5.	Nach Verhaftung des DDR-Spions Guillaume Rücktritt von Bundeskanzler Brandt, Nachfolger Helmut Schmidt
15.5.	Wahl von Walter Scheel als Nachfolger Heinemanns zum 4. Bundespräsidenten, Genscher neuer Außenminister und Vizekanzler
20.6.	Beginn der Arbeit der Ständigen Vertretungen in Ost-Berlin und Bonn
7.10.	Änderung der DDR-Verfassung
10.11.	Ermordung des Berliner Kammergerichtspräsidenten von Drenkmann

Dezember	1 Million Arbeitslose in der Bundesrepublik, erstmals seit den 50er Jahren

1975

Januar	Beginn der Antiterrorismusgesetze
25.2.	Reform des §218 (Fristenregelung) durch Bundesverfassungsgericht für verfassungswidrig erklärt
27.2.	Entführung des Berliner CDU-Vorsitzenden Lorenz durch »Bewegung 2. Juni«
April	Kapitulation Südvietnams; Überfall westdeutscher Terroristen auf deutsche Botschaft in Stockholm
30.7.–1.8.	KSZE-Gipfelkonferenz in Helsinki; Unterzeichnung der Schlußakte durch 35 Staats-, Regierungs- oder Parteichefs; erstes Gespräch zwischen Honecker und Schmidt
7.10.	Freundschaftsvertrag zwischen DDR und Sowjetunion
9.10.	Unterzeichnung mehrerer Abkommen zwischen der Bundesrepublik und Polen
18.12.	Verabschiedung des Hochschulrahmengesetzes
21.12.	Terroristenüberfall auf die OPEC-Konferenz in Wien

1976

1.1.	Neues Zivilgesetzbuch in der DDR
12.2.	Neufassung des §218 verabschiedet
18.3.	Neues Mitbestimmungsgesetz verabschiedet
8./9.5.	Tod von Ulrike Meinhof
18.–22.5.	IX. Parteitag der SED, Honecker Generalsekretär der SED
18.8.	Gesetz gegen »Bildung terroristischer Vereinigungen« in Kraft
9.9.	Tod Mao Tse Tungs, Nachfolger Hua Kuo Feng
3.10.	Wahlen zum 8. Deutschen Bundestag
29.10.	Wahl Honeckers zum Staatsratsvorsitzenden der DDR
November	Massenprotest gegen Bau eines Kernkraftwerkes in Brokdorf
26.11.	Ausbürgerung Biermanns aus der DDR

1977

7.4.	Ermordung von Generalbundesanwalt Buback
Juni	Beginn der 1. KSZE-Nachfolgekonferenz in Belgrad
29.6.	Verfassungsbeschwerde gegen Mitbestimmungsgesetz durch Arbeitgeberverbände, Aufkündigung der »Konzertierten Aktion« durch den DGB
30.7.	Ermordung von Jürgen Ponto, Vorstandsvorsitzenden der Dresdner Bank
5.9.	Entführung von Arbeitgeberpräsident H. M. Schleyer
2.10.	Kontaktsperregesetz in Kraft
13.10.	Entführung einer Lufthansamaschine nach Mogadischu, deren Befreiung am 18.10.
19.10.	Schleyer ermordet aufgefunden

1978

	»Die Grünen« als Partei im Verlauf des Jahres erstmals an Kommunal-, Kreistags- und Landtagswahlen beteiligt
Februar	Kabinettsumbildung in Bonn; Druckerstreik um Arbeitsplatzsicherung
März	Ende der KSZE-Nachfolgekonferenz in Belgrad; Metallarbeiterstreik in Baden-Württemberg und landesweite Aussperrung
Mai	Zweiter Besuch Breschnews in der Bundesrepublik
6.6.	Rücktritt von Bundesinnenminister Werner Maihofer, FDP, Ende des Abhörfalles Traube mit dessen Rehabilitierung
28.11.	Streik der Stahlarbeiter im Ruhrgebiet für den Einstieg in die 35-Stunden-Woche

1979

1.3.	Verfassungsklage gegen das Mitbestimmungsgesetz vom Bundesverfassungsgericht zurückgewiesen
23.5.	Wahl von Karl Carstens, CDU, zum 5. Bundespräsidenten
2.7.	Strauß zum Kanzlerkandidaten der CDU/CSU gewählt
12.12.	NATO-Doppelbeschluß
27.12.	Einmarsch sowjetischer Truppen in Afghanistan

1980

22.8.	Rechtsradikaler Bombenanschlag auf Ausländerwohnheim in Hamburg
5.10.	Wahlen zum 9. Deutschen Bundestag
13.10.	Anhebung des Mindestumtauschsatzes für DDR-Reisen
4.11.	Ronald Reagan Präsident der USA

1981

11.–16.4.	X. Parteitag der SED in Ostberlin
16.5.	Rücktrittsdrohung von Bundeskanzler Schmidt zur Durchsetzung des NATO-Doppelbeschlusses
11.6.	CDU-Regierung in Berlin
6.8.	Bau der Neutronenwaffe in USA angeordnet
20.8.	Ankündigung einer »Wende« in einem vom FDP-Pressedienst verbreiteten Brief Genschers
10.10.	Erste große Friedensdemonstration in Bonn
11.–13.12.	Reise von Bundeskanzler Schmidt zu Gesprächen mit Honecker in die DDR
13.12.	Militärregierung in Polen
29.12.	US-Wirtschaftssanktionen gegen die Sowjetunion und Druck auf europäische Bündnispartner hinsichtlich des Osthandels

1982

5.2.	Vertrauensfrage von Schmidt im Bundestag positiv beantwortet
17.6.	Entscheidung der hessischen FDP für Koalition mit der CDU
9.9.	»Lambsdorff-Papier«

17.9.	Ende der sozialliberalen Koalition im Bund
26.9.	FDP-Niederlage bei Hessenwahlen
1.10.	Konstruktives Mißtrauensvotum gegen Bundeskanzler Schmidt, Helmut Kohl, CDU, neuer Bundeskanzler
17.11.	Tod von Breschnew
17.12.	Vertrauensfrage von Bundeskanzler Kohl, durch Stimmenthaltungen Wahlen am 6. März 1983 ermöglicht

1983

6.3.	Wahlen zum 10. Deutschen Bundestag, Bestätigung der konservativ-liberalen Koalition

Abbildungsnachweis

Bundesbildstelle, Bonn: 1, 2, 4, 9, 11
Gesamtdeutsches Institut, Bonn: 12
dpa: 5, 6
Globus: 7
Bundesamt für Statistik: 8

Personenregister

(Gerade Zahlen beziehen sich auf den 1. Band)

Sachregister

(Gerade Zahlen beziehen sich auf den 1. Band)